CROSSED PATHS

異途相逢

勞工運動與香港殖民統治

1938 — 1958

Labor Activism and Colonial Governance
in Hong Kong, 1938–1958

陸延 ｜ LU YAN ｜ 著

謹此紀念我的三位老師

陳絳（*1929-2019*）

Stephen Carl Averill（韋思諦／韋斯蒂 *1945-2004*）

Walter F. LaFeber（*1933-2021*）

目錄

中譯本序

Crossed Paths: Labor Activism and Colonial Governance in Hong Kong, 1938-1958（下稱《異途相逢》）於 2019 年 6 月由 Cornell University Press 出版，為其東亞研究系列叢書之一。該書寫作的初衷有二：第一是彌補這方面的研究空白；第二是尋求發現二十世紀後半葉香港成為「殖民地恐龍」的歷史脈絡。勞工運動研究曾為二十世紀末西方學界的熱門話題並有優秀專著出現，香港的勞工運動也於本世紀初由以往參與工運、青運的前輩梳理出書。[1] 然而，近十數年西方的史學界在世紀末後現代主義的影響下，更多地關注中產階級及其社會文化的形成與影響，而勞工運動研究則蛻變為研究城市化問題的一個細小支脈。至於香港的勞工運動與當地的殖民統治之間的互動，特別是香港勞工運動興衰與殖民統治的關係，更少有史家問津並做系統性考察。

2019 年由香港大批民眾參與的反政府抗爭以及抗爭中的種種現象，不僅將研究社會經濟轉型、貧富懸殊、社會運動等等問題重新提上學界的議事日程，更凸顯了香港這一國際化城市與國際政治之間縱橫交錯的關係。雖然香港歷史可以追溯至遠古，然而其城市化進程以及勞工社會的形成與發展，卻與一個半世紀的英國殖民統治密不可分。勞資關係（industrial relations）是香港勞工問題的一部分，但遠非勞工問題的全部。若將香港勞工問題等同於勞資關係，勢必一葉障目而失於偏頗。筆

1　研究中國勞工運動的專著，參見本書〈引言〉。

者在《異途相逢》的「引言」中已經指出，香港社會既有許多近現代中
國工商業中心的特徵，也有那些內地都市所沒有的重要內涵。從立法到
治理方式，英國殖民統治不僅將香港社會定格在大英帝國屬地的位置，
而且在佔領後近百年的時間內採取了與非洲殖民地相似的「間接治理
（indirect rule）」方式——以華治華、通過華人商界職界精英治理華人
社會。雖然這種「間接治理」在外來的殖民政權與本土的華人社會之間
造成了一個緩衝地帶，殖民地的建構依然把香港分為兩個截然不同的世
界：一邊是少於人口2%的外來統治者及歐美僑民群體，另一邊是佔人
口98%的華人社會。殖民地在立法和司法上不僅確保了兩個族群之間統
治與被統治的關係，更有效地營造了歧視中國勞工和加罪任何社會抗爭
活動的文化氛圍。

　　香港作為大英帝國屬地，直接受到英帝國殖民地治理政策變遷的影
響。本書以勞工運動與殖民統治為關注點，而選擇1938年至1958年為
研究時段，不僅意在彌補史學研究的空白，更因為這是英帝國殖民政策
從「放任主義」轉向「干預主義」的關鍵時段。這次政策轉向最初源於
倫敦為應對非洲及加勒比海地區大規模的勞工抗爭而採取的新對策。如
不少論者所言，當時的初衷着眼於改正放任主義的弊病，通過各種措施
（如政府給予殖民地社會發展更多投入、承認並在法律上保護勞工最基本
的權利、介入並調停勞資衝突）以期達到提升各個殖民地為大英帝國經
濟貢獻能力的最終目的。倫敦轉向干預主義導致多種始料不及的後果；
其中之一就是間接治理的式微。在香港，英國殖民政府的有關部門直接
干預勞工事務，取代華人精英的居間調停。從長遠看，這個轉變的重大
歷史意義更在於殖民統治香港的另闢新徑。自此，港英政府直接介入香
港社會，而且愈來愈積極地以各種手段重塑（engineering）香港社會。

　　同其他英國殖民地一樣，香港的華人勞工是施行干預主義新政策的

目標人群。然而，他們並非一個被動的群體。由於種種原因，三十年代後期香港政治氣氛緩和，勞工組織重振旗鼓而得以蓬勃發展。事實上，在工會依然沒有合法地位、官方實施干預政策之前，香港勞工已經行動起來，以其他名義組成各種團體。中國勞工的這種主動性，並非官方干預政策的恩施所能解釋。干預政策實施後，勞工組織幾乎瞬間在各行各業遍地開花，一方面重現了勞工運動日久彌新的傳統，另一方面更展示了在當時形勢下勞工活動追求的多重目標。二三十年代之交，日本對華侵略行動從蠶食到大規模侵佔領土，激起全港社會義憤。勞工階層不僅是香港最早發起大規模抗議活動的群體，當本地精英都加入救亡募捐時，勞工階層更用各種方式——包括募捐、抵貨、罷工——支援祖國的抗日戰爭。雖然香港勞工組織的救亡運動得到港英當局的默許，但是這種活動卻與後者所期望的將工會活動局限於改良勞資關係和勞工工作環境的經濟範圍分道揚鑣。這種分歧，只能從香港的特定環境與社會構成尋求答案。

與大英帝國其他殖民地不同，香港是從中國領土割讓的殖民地。雖然司法離異、主權易位，但是香港的地理環境仍然與祖國山水相依，人文、經濟、社會等等方面的深厚連結綿綿不斷。在英國佔領後的一百年，內地與香港不設關卡，人員往來無須旅行證件。從內地遷徙到香港的勞工，即使已經在港居住工作多年，仍然自稱為「僑港」居民。以「僑港某某團體」冠名的各種社會團體，更是比比皆是（筆者於 1990 年代初次訪港，仍然在街上見到不少這樣的招牌）。在全球所有英領殖民地中，這種本土民眾對祖國根深蒂固的認同感相當罕見。在其統治最初的一百多年時間中，港英當局遠遠高居於本地社會之上、更多地關注汲取殖民地的經濟利益，對華人於祖國的認同情懷根本不屑一顧。但是，當大英帝國轉向干預政策之際，殖民主義的命運也在急遽逆轉。特別是戰後重

佔香港之際，國際與地區局勢都發生重大變化。1949 年中華人民共和國
成立，本地居民對祖國的認同感亦從無關緊要的當地現象突然提升到關
係殖民地領土甚至大英帝國區域安危的高度。1950 年香港與內地之間設
立關卡，成為兩地社會文化逐漸剝離的現實基礎。與此同時，英國殖民
政府也對曾經在它積極鼓勵下蓬勃發展的香港勞工運動改變作法。雖然
其干預政策繼續不變，但逐漸減弱並最終根除港人對祖國的歸屬心理，
自此成為殖民政權大力推動的新社會工程。

　　三十年代末期開始的干預主義在大英帝國各個殖民地的執行效果
既不雷同，更未實現倫敦的建策初衷。在此大背景下，香港成為一個特
例。當亞非拉各洲絕大多數的前歐洲殖民地借倫敦改良新策之力而走向
民族獨立，香港卻成為「殖民地恐龍」，得以延年益壽。有論者曾將香
港殖民地位的延續歸因於中英兩國的外交協調。然而，基於對中英文各
種官私史料的深入梳理、排比印證，本書得出完全不同的結論。雖然香
港勞工運動與內地政黨及其領導曾經建立了密切聯繫，中國內地政黨與
香港本地的殖民政權在香港的影響力孰輕孰重，本書讀者也將有公平
判定。至於港英政府對勞工事務積極干預的經濟效果，本書已作詳細論
證，讀者亦當有公論。

　　雖然 2019 年的社會運動與二十世紀中葉的勞工運動不可同日而語，
本書梳理出來的一些歷史脈絡——如殖民統治及干預主義的興起與發
展、殖民治理方式與香港社會文化建構的關係、普羅大眾對祖國的心理
認同和歸屬感、香港底層社會的經濟狀況、勞工運動的動因與組織方式
等等——可以為研究二十世紀後半期香港歷史發展設立有據可依的歷史
界標。筆者認為，了解二十世紀後半期殖民統治與香港社會的演變，是
認知 2019 年香港大規模社會運動歷史成因的關鍵，因此祈望《異途相
逢》中文譯本為此鋪路架橋。本書除「引言」部分注重學術探討，其他

章節以敍述為主,力求深入淺出而適合大學高年級和研究生閱讀理解。筆者更期望能拋磚引玉,以此激發更多有識有志者重審香港歷史,在堅實深厚的史料基礎上獲得超越本土局限的新視野,重新認知香港的過去、現在與未來。

2019 年 12 月 23 日初稿、2020 年元旦修改
於新罕布什州多佛小鎮

本書翻譯過程中,李安瑜學長、李培德博士、文基賢(Christopher Munn)博士、鍾月英教授曾不厭其煩為筆者答疑解惑,出版過程中蒙葉敏磊博士鼎力支持、黎耀強副總編積極推進,學術分社郭子晴副社長悉心指導,特此向各位鳴謝致敬。翻譯過程中發現的英文原著筆誤或印刷錯誤之處,現已在中譯本內更正。尚遺錯誤之處為筆者之責,期待識者指正。

英文原著鳴謝

　　假如沒有許多師長和朋友的支持，本書無法順利走到它的出版終點線。四位同事及友人為本書的寫作提供了特別的幫助：Alan Smart 教授於 2007 年向筆者提起香港歷史檔案館所存英國勞工官員的檔案資料；他還提到，五十年代的香港飄揚着無數國民黨黨旗和中華民國國旗，其數量遠遠超過五星國旗。他的提示最初引發筆者對中國兩大政黨同香港勞工組織之間的關係以及香港殖民統治等問題的興趣。周奕先生曾於上世紀四十至五十年代積極參與戰後香港的青年運動及勞工運動，也是這些運動的研究者並有重要著作出版。他為我打開了香港工聯會檔案庫的大門，使我得以翻閱大量由基層工會印行的會刊和出版物。周先生不厭其煩地回答我的許多問題，及時回覆了無數郵件，有問必答，慷慨之至，筆者因此獲得書本上不曾傳遞的有關香港勞工工作和生活的知識。王淑楣主任不僅為我順利完成在工聯會收集資料的工作提供了關鍵性的幫助，她在退休後繼續為筆者的後續補充研究以及最終出版賜予鼓勵和重要幫助。高馬可（John M. Carroll）教授對本書的研究一直積極支持，為我在香港大學圖書館的香港特別館藏所作研究一次次提供便利，並慷慨分享最新學術信息及他對香港草根社會和香港歷史的見解。

　　本書採集資料過程中，曾蒙已故羅孚先生、羅海星先生為筆者答疑解惑。感謝吳秀聖女士為筆者開拓資料路徑，盧瑋鑾教授專述對 1950 年羅素街血案的兒時記憶，在美國的蔡偉傑教授慷慨分享他所收集的香港資料。同李培德博士、文基賢（Christopher Munn）博士、胡素珊

（Suzanne Pepper）博士、錢江博士，以及冼玉儀教授的談話也使我獲益匪淺。老友宮川陽子為我在香港濕熱的炎夏帶來清涼的歡笑和飯敍的愉快。在牛津大學採集資料時，剛剛到任的沈艾娣（Henrietta Harrison）教授熱情款待，給我意外的驚喜。劉維開教授和周惠民教授為我在台灣政治大學以及國民黨黨史館的研究指點迷津，沙培德（Peter Zarrow）教授為我在台北中央研究院近史所的資料搜集提供便利。陳其松博士和葉秋伶博士的慷慨支持，使我最終完成在黨史館和中研院的研究工作。

　　對許多檔案館館員和圖書館館員，筆者心存深切謝意。筆者工作的新罕布什州立大學戴夢得圖書館館際部的各位館員每次都有求必應，為我借來各種不同文字的書籍、地圖和縮微膠卷資料。香港歷史檔案館的許崇德先生業務精湛，總是有問必答、有求必應。香港大學圖書館香港特別館藏部的陳桂英主任及其團隊的專業服務精神令人肅然起敬。哈佛燕京圖書館的馬小鶴學長、哈佛大學法學院圖書館的韋慶榮女士、史坦福大學圖書館的薛昭慧女士賜予筆者各種幫助，筆者無法在此各盡其詳，僅此再致由衷謝意。

　　本書寫作期間獲得陳兼教授不斷鼓勵。我的導師高家龍（Sherman Cochran）教授雖然退休多年，在筆者離校後經常給予重要指導；他閱讀了本書「引言」的最後第二稿並提出了最有啟發性的建議。鄺智文教授、盧漢超教授、李嘉倫（Caroline Reeves）博士、Jan Zeserson 博士閱讀了本書部分章節並提出寶貴意見。Karen Alexander 為本書的文字潤色。Wake Forest 大學曾邀請筆者演講本書部分內容，張瓊教授也一再給予筆者鼓勵。新罕布什州立大學歷史系的同事們，特別是兩位系主任 Jan Golinski 教授和 Lige Gould 教授，以及 Kurk Dorsey 教授、Molly Girard Dorsey 教授、Cathy Frierson 教授、Judith Moyer 博士、Lucy Salyer 教授都給予筆者各種形式的幫助。地理系的藍圖教授耐心為筆者

指導地圖製作。來自歷史系的 Wheeler Fund，Rutman Fund，Dunfey Fund，以及新罕布什州立大學人文中心的研究資金和國際教育中心的旅行資金使筆者得以完成在香港、台北、倫敦和牛津的許多次研究旅行。崔麗甜（Christine Aiello）同學為本書地圖的製作提供了及時有效的幫助。三位匿名評審為本書提出了建設性意見，促使筆者在原稿上再作改進。康奈爾亞洲學術系列的主編 Mai Shaikhanuar-Cota 的敬業精神使本書的出版順利而迅速進行。不言而喻，雖然許多人為本書的最終面世提供幫助，本書論點和尚存問題仍為筆者之責。

　　筆者有幸蒙受四位女性的影響或幫助，在此僅表由衷的感謝與敬意：感謝我的姨母嚴波老師源源不斷永不枯竭的啟迪和理解，陳之卉老師的慷慨付出，樊小明教授毫無保留的支持，以及蕭敏老友持久的情誼。

列表及圖例

圖片索引

圖 1，2，3，6，20 由香港特區政府新聞署惠予刊印，圖 4，5，7，8，9，10，11，12，13，14，15，16，17，18，19，21，22 由香港九龍工會聯合會惠予刊印，特此鳴謝。

引用書名縮寫

FRUS   Department of State (United States), *Foreign Relations of the United States*

GDGM   《廣東革命歷史文件彙集》

GDZZSZL   中共廣東省委組織部，中共廣東省委黨史研究室，廣東省檔案館，《中國共產黨廣東省組織史資料》

GHZJ   原香港文化，教育，藝術社團慶祝香港回歸祖國（編），《光輝的足跡》

HGGJDD   廣東青運史研究委員會、東縱港九大隊隊史徵編組編，《回顧港九大隊》

HKAR   *Annual Report of Hong Kong*

LDAR   Commissioner of Labour (Hong Kong), *Annual Department Report*

QCJXQ   廣東青運史研究委員會研究室編，《青春進行曲：回憶香港虹虹歌詠團》

SCMP   *South China Morning Post*

USRC   Department of State, *United States Relations with China: With Special Reference to the Period 1944-1949*

WKYP	《華僑日報》
XGBZJYZL	方駿，麥肖玲，熊賢君編，《香港早期報紙教育資料選萃》
XGFJWJ	中央檔案館、廣東省檔案館編，《中共中央香港分局文件彙集 1947.5-1949.3》
XGFYZL	廣東婦女運動歷史資料編輯委員會編，《香港婦女運動資料彙編，1937-1949》
ZELWX	中共中央統一戰線工作部、中共中央文獻研究室編，《周恩來同志統一戰線文選》
ZGZYNJJ	中共江蘇省委黨史工作委員會編，《中共中央南京局》
ZGZYWJXJ	中央檔案館編，《中共中央文件選集》

引言

儘管社會、地區、或招工方式都會造成工人之間的區別和不平
等，但是他們〔在工廠裏〕共度艱難的經歷將很快消除這些差異。

Jean Chesneaux（1968）

無疑，在工業發展與工人階級的形成、階級覺悟和革命行動之
間，很難找到簡單的直接聯繫。

Emily Honig（1986）

雖然法律界定未變，但香港同大多數東亞和東南亞的前〔歐洲〕
殖民地一樣，在實質上已經於 1950 年代初實現了去殖民化。

John Darwin（1997）

　　工業化是世界歷史上的一段關鍵進程。在大規模改造歐洲社會以
後，近代工業開始進軍中國，為這個城市化高度發展、人口流動頻繁的
社會注入一股繼續轉變的強勁動力。反觀歷史，歐美歷史學家對工業化
於中國社會變遷的作用——特別是工業化在激發工人階級覺悟和削弱傳
統勢力方面的作用——提出了兩種截然不同的看法。[1]篇頭所引法國歷史
學者謝諾（Jean Chesneaux）的一段話代表觀點之一。他在對中國勞工
的開拓性研究中分析了上世紀最初三十年勞工運動與反帝運動並駕齊驅
的進展過程，特別強調工業化對激發工人階級覺悟所起的革命性效應。
他指出，在近代產業中「由冗長的工作時間、經常性的事故、工頭的粗
野行為，以及管理者嚴苛的約束而造成的無情效應」是成就「真正聯合
起來的無產階級」的關鍵。時隔二十多年，美國歷史學者韓起瀾（Emily
Honig）卻提出了相反的觀點。通過細心梳理上海棉紡業女工的生活與

1　Chesneaux，頁 70；Honig，頁 245。

工作相互交織的過程，她發現近代化工廠中「共度艱難的經歷」並不能造成一個「團結一致的無產階級」。近代產業既不能把農村姑娘自動轉變成工人階級中自覺的成員，也沒有把她們與傳統的社會關係截然分離。相反，她發現這些紡織女工的工作經歷依然處於傳統秘密會社的掌控之中。隻身一人到達陌生的大城市，這些農村姑娘都會感到孤苦無助。她們自然而然地被結拜姐妹這種傳統的民間社團所吸引，並從這種群體獲得相互支持。除此之外，地域與方言的差別在中國社會自古以來普遍存在，對工業化進程中形成的工人群體依然起着分化作用。更有甚者，帝國主義的入侵並不能成為女工團結的動力。在歷史演變過程中，這種外部力量實際上「進一步惡化了」上海女工之間已有的具體差別和分化傾向。

　　韓起瀾並非獨樹一幟。在研究中國勞工的同輩學者中，她的看法贏得不少贊同者。政治學者裴宜理（Elizabeth Perry）後來用「現地政治（politics of place）」一詞概括了韓起瀾率先採取的研究方法。[2] 歷史學者賀蕭（Gail Hershatter）的天津個案研究顯示，在二十世紀的前半段，近代產業對天津經濟只有「邊緣與過渡性的」影響，而產業工人依然保持着「緊密的親屬紐帶」。[3] 政治學者史謙德（David Strand）的北京個案研究表明，民國時期的北京不僅近代工業落後，那裏的勞工從生活方式到集體行動受到更為狹窄的現實利益所驅動。工頭掌控着工作的地盤以及僱工和僱主之間的關係，同鄉關係和各地方言更劃出勞工內部結幫分派的基本分界線。即使在民族主義運動席捲北京全市的當口，各個幫派的勞工仍然可以為了狹隘的本幫利益爭奪地盤而相互打鬥，以致分裂並破壞全市的群眾運動。從另一角度看，當時北京的勞工集體行動往往

2　　Perry, Part I.

3　　Hershatter，頁 7。

並非由工會發起，而是在縱橫交錯的傳統行會與地域組合的組織基礎上運作。[4]

　　從表面上看，這些地區性個案研究似乎另闢新徑。但是略作深究便可以看出，它們其實在一些關鍵問題上繼續探索了謝諾已經看到的問題。謝諾的著作首先指出了傳統社會組織對中國勞工的影響，並提出地域差別是中國勞工運動不平衡發展的原因之一。他特別指明，上海產業工人的主要成員為女工和童工，該地的勞工運動因此相對弱勢，而近代工業落後則是北京勞工運動不夠強勁的原因。他的這些觀點，都在韓起瀾和史謙德的研究中得到進一步的研究和拓展。在上海和北京這兩個經歷工業化過程的都市中，兩位後輩學者都發現並證實了地域差別和傳統社會組織的深厚力量。不過，他倆也恰恰在這些問題上與謝諾分道揚鑣。與謝諾不同，他們不再把地域差別和傳統社會組織看作是分裂產業工人的外在力量，而是把這些貌似外部的力量定義為中國產業工人在形成過程中與生俱來的內在力量。他們的研究旨在展示這種力量具有的內爆力（implosive power）。他們對傳統力量在近現代社會中重新審視、重新定位的結果，否定了謝諾做出的工業化進程直接催生工人階級覺悟這種線性發展的簡單邏輯。工人的團結和階級覺悟是謝諾的勞工研究的中心概念。繼而進行的地區個案研究中，取而代之的中心概念則是工作環境和工人生活的具體描述與分析。

　　然而，淡化工作環境的壓力與階級覺悟之間相互作用關係的觀點，並未獲得史學界的一致認可。至少有兩項堅實的個案研究，再度提出並強調了階級對立與勞工工作環境的重要關聯。在分析香港殖民地前期的階級形成時，社會學者陳偉群以海員為例，闡述了外籍遠洋郵輪上歐籍

4　　Strand，特別參見第 7、8、10 章。

海員與華人海員的不同待遇以及後者由此受到的歧視。他指出，對華人
海員造成屈辱的等級制度被普遍認可，是催生香港華人海員階級覺悟的
外在必要條件。[5] 歷史學者 Joshua H. Howard 對戰時的重慶兵工廠作了
深入研究後發現，體力和腦力勞動的區別基本上決定了兵工廠內的階級
差別。代表政府的經理人員管理、剝削並虐待工人而激發工人的抗爭，
最終催生他們內心的階級覺悟與階級意識。與此同時，黨派的領導、特
別是來自共產黨人的領導，不僅有助於工人組織起來，而且在引導他們
把潛在的階級對抗意識轉化成階級覺悟的過程中起了重要作用。[6] 上述
各項研究對我們理解中國勞工的歷史至少有兩點啟示。第一，中國幅員
遼闊，勞工的歷史發展因地而異，不可能處處雷同。只有將勞工歷史置
於特定的時空框架內審視，詮釋才有意義。第二，階級的形成並非一種
呆板的靜滯狀態，而是一個有活力的運動過程。正如以上兩項研究所強
調，勞工集體抗爭的過程，也就是階級形成的過程。

　　本書着眼於二十世紀三十年代至五十年代香港的工人活動，旨在重
新探討謝諾曾經強調的勞工政治覺醒的問題。與此同時，本書也汲取地
方個案研究的觀察方法及論點的長處，特別對可能促進或者阻擾勞工大
規模集體行動的工場以外的社會環境給予關注。本書選擇以香港為研究
對象，不僅因為它的人口結構與其他中國都市相似，也因為它與其他中
國城市的差異。香港是一個移民城市，來自中國其他地區的人口構成了
香港社會的基礎。由於這種類似內地城市的人口結構，對於「勞工階層
具有團結起來採取集體行動的能力」（如謝諾、陳偉群及 Howard 等人
所強調）或者「勞工階層因為內部分化的潛質而缺乏這種能力」（如韓起
瀾等提出的論點）的爭論，香港提供了一個有可比性的案例。同樣重要

5　　陳偉群，第 5 章。
6　　Howard，第 4、7、8 章。

的還有香港與內地城市的差異。在這個處於英國政府直接統治下的殖民地，殖民主義成為居港華人時時處處必須面對的現實。本書對香港勞工的研究，把外國勢力的控制從背景推到前台，以期在韓起瀾提出的上海女工在各種帝國主義勢力之間由於各種利益的誘惑而分化的案例以外，建立又一個具有可比性的案例。

勞工運動曾經在香港的歷史上留下了炫目的紀錄。1922 年的海員罷工和 1925-1926 年省港大罷工是其中特別值得一提的兩大事件。這兩次事件以其對中國勞工運動的發展所起的重要作用，吸引了當時和後輩學者不斷的關注。謝諾認為，這兩次在香港爆發的罷工都對中國勞工運動起到了非常積極的作用——海員罷工激勵了全國性的勞工運動，而省港大罷工又進一步推動了方興未艾的全國性勞工運動。[7] 既然香港與上海、漢口、重慶、北京等內地近代城市相仿，從來都是一個由來自不同地區、操不同方言的外地移民組成的社會，那裏的勞工為甚麼能夠成功戰勝地域及其他狹窄「現地政治」的掣肘而成為中國勞工運動的先鋒？香港的勞工運動是否僅限於二十年代這兩次著名事件，之後工人運動如何發展，自謝諾以後在史學界尚未有人做過系統研究和討論。本書着重研究二十世紀二十年代以後香港的勞工運動，特別是在英帝國治理下的香港殖民地的發展，不僅希望填補這一空白，更希望把中國勞工運動放在中國和全球的大背景下重新進行考察。

本書的資料收集始於大約十年前。當時筆者在香港歷史檔案館中

---

7   在謝諾之前，中國研究者對該段歷史至少有三項主要研究。鄧演達作為中華全國總工會的代表之一參加了在莫斯科的紅色勞工國際，在此期間於 1928 年寫作了關於現代中國勞工運動的第一本重要專著，後來出版面世。第二本主要專著是清華大學留美歸國的社會學家陳達所著，出版於 1929 年。1939 年 5 月，中國共產黨的高層領導人之一劉少奇為延安的工人學校學員作了關於中國勞工運動發展的報告。三人之中，劉少奇可能是唯一讀過前兩本專著的人。三人對海員罷工的起因和重要性做出了基本一致的結論。參見鄧中夏，第 4 章；陳達，頁 182-195；劉少奇，有關各頁。

翻閱史料，看到許多英國勞工處官員留下的內部報告，其中不少來自他們同中國工人和工運骨幹分子日常接觸的描述和觀察。有些報告特別提到，在香港的中國工人對「紅軍」於 1949 年迅速南下感到「大受鼓舞」。還有些報告專門分析在港工會的歷史。這些報告幾乎眾口一詞地強調兩點：在港華人工會的政治性和它們與大陸的密切關係。隨着研究的深入，筆者還在其他殖民官員的內部報告和回憶錄中讀到了相似的說法。當時的新聞報道、中國共產黨和中國國民黨的內部報告，以及勞工運動積極分子的回憶錄等，都留存了這兩個明確的主題。除了省港大罷工之後的十年中香港的群眾政治活動一度處於消沉時期，在港的中國工人一而再、再而三地發起各種大大小小的運動。他們不僅自始至終站在當地救亡運動的前沿，而且還活躍在抗日戰爭的前方陣地，在中國戰場上為盟軍執行秘密任務。特別值得一提的是，戰後英國重新佔據香港，中國勞工又掀起了一波接一波的工潮和社會抗爭。近幾十年的美國主流學術著作中所描述的上海或北京的勞工，大多關注眼前和小眾利益，他們必須憑藉外部力量的幫助才能團結起來、參加全國性的運動。與此相反，香港的中英文歷史記錄中呈現的卻是積極活躍地投入全國性政治運動並為全行業僱員爭取權利的香港勞工。為甚麼工頭或者秘密會社這種「地方性約束」在香港不如北京或者上海那樣有力？也許，香港工人的活躍是受到外來勢力擺佈的結果？

目前已有的學術研究發掘了二十世紀三十年代前的一些案例，但對上述問題沒有提供任何直接答案。1884-1885 年中法戰爭時期，駁船苦力拒絕為抵達香港的法國船隻卸貨裝船，開創了當地草根社會參與全國性對外抗爭的先河。根據歷史學者蔡榮芳的研究，三合會是這次駁船苦

力集體行動的幕後組織者。[8] 三合會在港為非法的秘密組織，它對體力勞工的影響、特別是對佔香港勞工人數極小部分的人力車夫的影響，最近又有一本專著加以證實。[9] 另有一本研究中國勞工領袖鄧中夏的專著，認為共產黨人組織動員工人的活動是香港勞工積極參加 1925-26 年省港大罷工的關鍵。[10] 這些專題研究與前面提到的幾個以個別城市為中心的勞工研究可謂異曲同工。他們都強調外力——如民族主義、秘密會社的組織能力以及黨派的引導作為影響勞工的外來力量——的重要性。從時間跨度看，這些研究的時段起於十九世紀後期，止於二十世紀二十年代。至於以後香港的勞工運動如何發展，特別是如何解釋港英勞工署官員對香港工人歷久彌新的政治傾向的觀察，在學術領域仍然是一片空白。

假如傳統形式的社會組織和黨派領導等力量在十九世紀後期至二十世紀二十年代曾經對香港勞工具有重要影響，這種影響是否在此後的幾十年繼續發揮作用？眾所周知，中國的秘密會社在底層社會無處不在，其勢力更能達到政界上層並廣及經濟領域，其影響不容小覷。但是，秘密會社的影響並非四通八達，而是直接為不同地域的具體環境所制約，由此獲得提升或遭受抑制。香港秘密會社的情況是否可以同上海青幫的勢力相提並論，它在香港工人中是否也有韓起瀾指出的青幫在上海紡織女工中的那種整體性影響，有必要在此進行對比。

青幫是在特定的歷史條件下登上勢力巔峰的。在半殖民地的上海，行政司法是三區分治——華界、法租界和由多國共同治理的英租界（也稱公共租界）。在不同程度上，這三個區域的政權都缺乏深厚的本土基礎。青幫以其在上海社會根深蒂固的優勢，為法租界警察提供偵探，並

---

8   Tsai，第 5 章。

9   Fung，第 2 章。

10   Kwan，第 3、4 章。

與法租界當局就販賣鴉片達成半官方的協議。作為回報，不僅青幫頭目在法租界得到官職並因此提升了他們自己的社會地位，青幫組織還能夠繼續壟斷非法卻一本萬利的毒品生意。當 1927 年國民黨在上海策動反共清黨時，法租界和英租界都敞開通道，為青幫打手快速地順利越界襲擊左派工會提供方便。這次行動也使青幫進一步鞏固了與國民黨政府的合作關係。歷史學者 Brian G. Martin 認為，青幫頭目「在此過程中，以它〔與上海的三個政權〕的關係作為砝碼去增進對其中每一方的影響力，由此使對方認為它所維持的這個關係於雙方都不可或缺」。[11] 由於青幫頭目在上海工部局和國民黨政府中都獲得重要職位，他們的勢力因此在易變的個人關係之外，進一步獲得組織與體制的支撐和保障。

在香港這個由中國被迫割讓的英國殖民地，秘密會社的處境則恰恰相反。香港既在英國殖民統治之下，又在華南地理大區域之中。[12] 處於這種雙重架構中的秘密會社（結拜兄弟團體）在香港儘管深入每個街區，卻在殖民體制中毫無地位或影響。雖然轉而處於英國治理之下，香港在地理上依然是華南的嶺南大區域的一部分。割讓後的一個多世紀，香港與華南之間沒有實行邊界管制，兩邊進出隨意。三合會是華南佔主導地位的秘密會社，在英國開始殖民統治初期依然以反清復明為宗旨。三合會利用香港可隨便進出的便利，將總部移至英國治下的香港，以避開清廷迫害。鴉片戰爭以後，三合會又積極參加華南地區的抗英鬥爭。從太平天國運動到辛亥革命，它的各個分部一直是一次次重大政治運動的支持者。孫中山開展反清革命，從組織興中會到同盟會以至 1912 年成立國民黨，都得益於各地三合會從社會底層給予的支持。這些對抗外國侵

11　Martin (1992)，引文見頁 286。又見 Martin (1995)，頁 64-92，以及 Martin (1996)。

12　香港與華南的地理與文化紐帶，參見 Davis，特別是引言及第 14 章。關於香港、特別是新界與內地產司法程序的近似，參見 Faure (1986)，及 Hase ；關於香港的人口及社會作為嶺南大區域一部分的論證，參見 Salaff，以及陸延（2014b）。

略、支持本國革命的行動，勢必引起英國殖民當局的驚覺。作為外來殖民政權，港英政府絕不能允許三合會這種具有反叛性的本土組織任意活動。佔領香港伊始，殖民當局立即制定鎮壓三合會的法令，並作為 1845 年第一號立法頒佈。〈三合會暨秘密會社條例〉把參加三合會定為「重罪」，凡三合會成員必須在其右頰烙印，監禁三年，然後驅逐出境。在以後的一個世紀，此項立法成為管控限制包括組織工會在內的華人政治活動的重要工具。每次內地重大政治事件波及香港，如 1884-1885 年中法戰爭、1911 年辛亥革命，以及 1949 年中國共產黨在全國取得勝利，殖民當局都會一次又一次地修訂此項立法，以應對新形勢下新的挑戰。

不言而喻，港英政府的積極鎮壓嚴厲限制了三合會的活動地盤。與青幫不同，香港的三合會完全沒有與當局合作或被當局收買的機會。嚴令苛法之下，在香港的三合會日益衰弱並進一步分化。據警務署記錄，1911 年辛亥革命以後，三合會失去了早先民族革命的目標，分裂成更小的幫派，並且開始改頭換面以「各種工會、慈善組織或體育俱樂部」等名義活動。換言之，三合會慢慢地蛻變成「我們今天所知道的那種犯罪團伙」。[13] 由於三合會本身的衰落，其犯罪活動也無法與青幫的活動同日而語。青幫的非法活動（如販賣毒品）在國民黨政府的默許下超越在上海的地盤，遠及長江中上游其他省份。[14] 而在香港活動的三合會，則於二十世紀蛻變成以街區為活動中心的混兒幫派。[15] 缺乏青幫在上海的那種政治勢力和社會網絡，香港的三合會從來沒有、也不能獲得與青幫相近的那種對工人的壟斷性全面控制。

13　Morgan，引文見頁 66。

14　關於青幫與紅幫在長江中上游地區販毒活動，參見蔡少卿，頁 233-240；又見 Frederic Wakeman（魏斐德）對國民黨緝私署與青幫合作的專題分析。

15　Morgan，頁 65。

正因為三合會在香港沒有政治勢力，秘密會社對當地工人的影響就不能與青幫在上海的情況相提並論。三合會的分化與積弱也使香港勞工界避免了上海青幫那種臭名昭著的合同工制。但是，三合會仍然對香港的勞工運動造成了其他方面的影響。本書第二、四、六章勾勒了三合會活動的模式及其與香港勞工運動交匯交錯的軌跡，並描述了三合會參與當地暴動所導致的嚴重後果。總體而言，三合會的勢力和實力基本朝着與港英當局能夠施展的控制力度的相反方向起落。儘管如此，從孫中山革命初期的活動到日佔時期，以至戰後香港的地方動亂與政治黨派的對抗衝突，三合會活動的身影依然時時顯現。

既然三合會作為一種傳統的內在力量在香港社會繼續存在，卻無法對勞工的工作和生活施展決定性影響，那麼，又是甚麼力量讓香港工人打開了眼界、戰勝他們狹隘的眼前利益，並看到「變革的前景」而積極行動起來？英國殖民部的官方文件提供了兩種截然相反的解釋。第一種說法出現於二十世紀三十年代初。當時的港督指責「共產黨蠱惑分子」煽動了香港的一次大規模民眾抗議活動。第二種說法來自四十年代後期一位與中國勞工及工運骨幹分子經常接觸的下層英國官員。他認為，勞工們急於改變自身經濟困境的渴望是勞工運動的原動力。筆者所發掘的中英文檔案材料，則首先指向三十年代前後出現的兩個平行發展的新趨勢。黨派的領導對當地社會和勞工企求改善處境的願望自然有重要影響，但是只有在那兩種新趨勢出現後，黨派領導和勞工改善處境的願望才在香港獲得了合理意義與合法地位。

第一個大趨勢是市民救亡運動。這個運動不僅是當時香港本地各種歷史紀錄中突出的主題，而且在英國官方文獻中得到了印證。當時的文字，如香港的主要報紙、共產黨的內部文件、以及救亡運動的參與者和觀察者後來發表的回憶錄，都描述了香港社會始於三十年代初的騷動不安，繼之以社會底層對各種全國性及地方性運動的自發參與此起彼伏、

長達二十年連綿不斷。二三十年代之交，日本對華侵略意圖日益明顯，侵略行動日趨囂張，引起香港社會的普遍憤怒，社會各界自發興起抗議日本和援助祖國的活動。雖然當時並沒有任何黨派的統一領導，普通民眾卻不約而同地群起參加街頭集會，抗議日本侵華。他們組成讀書會、歌詠會、討論會，經常聚在一起討論時事。這種自發的團體出現在工廠內、街區中，發起參與者有年輕人，也有專業人士，以及大、中、小學的學生。在各種自願結合的團體中，由工人組成的社團最為堅強有力。中日戰爭全面爆發以後，全市性的市民自發行動更向縱深發展。歷來小心謹慎、跟着港英政權亦步亦趨的商界領袖也開始紛紛參加民間義捐，支援中國政府保衛國土的行動。本書第一章描述了香港全市自發性救亡運動的興起，並將這些行動視為香港社會從長達十年的政治消沉中甦醒過來並邁向新歷程的開端。

勞工階層作為香港救國救亡運動的中堅力量，行動引人矚目。雖然內地和香港的救亡運動有着共同的目標，但是組織模式大不相同。香港的自發行動並非始於精英領導，而是由底層社會發起並始終由勞工起着主導作用。[16] 其他社會階層如學生或商界精英，大多在不同的時段參與本港救亡活動，之後陸續退出。但是勞工階層卻自始至終最為積極。從發起救亡活動到投入各種支援全國抗戰的工作，他們從未退縮也從未放棄。他們自發組織的歌詠隊、讀書會、俱樂部或是體育團體，成為團結勞工、引導志同道合者參加抗戰的重要渠道。特別值得一提的是，以同鄉關係或地區方言為基礎而形成的民間團體也為自發性的救亡活動提供了直接的組織基礎。在從傳統到現代的瞬間過渡中，籍貫或方言的區別不再是把香港分裂成許多小眾地盤的內爆力，而是將一切可以為祖國抗

---

16   關於政治與文化精英在內地救亡運動中的領導作用，參見 Coble ；關於商界精英所起的社會作用，參見陳麗鳳、毛黎娟。

敵服務的力量團結起來的最基層的凝聚力。當然，同鄉會為了全國性目標而團結起來的現象並不僅限香港一地。[17] 但是，正因為香港處於英國統治下已經將近一個世紀，救亡行動和由此表達的意願更加彰顯了香港華人內心與祖國的緊密聯繫。香港民眾積極參與愛國救亡，不僅將殖民地十年來死氣沉沉的社會氣氛一掃而光。更重要的是，參與祖國救亡運動使香港與內地黨派的組織聯繫得以重建，香港的勞工組織也因此重新活躍。重構的組織聯繫從戰前延續到戰後，並在一定程度上影響了此後香港勞工運動的發展軌跡。

除香港市民自發的救亡運動之外，英國官方發起在所有英屬殖民地直接干預勞工事務的新動議，成為三十年代香港面臨的第二大新契機。幾個世紀以來，倫敦治理英帝國的方法一向以自由放任為傳統。二十世紀三十年代末，倫敦遽然轉向，指令每個殖民地政府承擔管理勞工事務的責任，由此邁出直接干預殖民地勞工事務的歷史性第一步。此項決定成為英帝國在殖民地管理上的一個重大轉折。但是，以大英帝國指揮中心發起的摒棄傳統、重闢新途的歷史性變革，至今尚未在史學家筆下獲得應有的詮釋。迄今為止，這項歷史性變革僅僅被放在兩個相當狹窄的框架內敍述。在英帝國歷史這個傳統領域裏面耕耘的學者看來，倫敦對殖民地的治理政策於三十年代末轉向干預主義，無非是將英國的「好政府」傳統再度發揚光大。對研究非洲和加勒比海地區（即西印度洋群島）勞工運動的學者來說，倫敦往干預主義轉向，僅僅是一種政策調整，而

17　關於在上海的同鄉會為當地社會參加全國性的五四運動提供組織基礎的個案，參見 Goodman (1992)。

非摒棄長期以來的殖民統治傳統。[18] 1940 年在議會通過的〈殖民地發展
與福利法案〉對英屬殖民地增加了大量政府撥款，曾經被普遍認為是大
英帝國轉向政府直接介入殖民地治理的開端。但是，本書第一章從殖民
地勞工及殖民治理方式的視野提出了不同看法。倫敦於 1937 年作出在大
英帝國的所有殖民地建立勞工署的決定，應該被視為走向干預主義的開
始。此項決定不僅斷然改變殖民地治理制度和治理方法，而且對各殖民
地勞工運動的興起具有劃時代的積極影響。此前勞工工會在包括香港在
內的許多英屬殖民地沒有合法地位；1937 年的決策改變了勞工工會的地
位，並為改良殖民關係創造了新的機遇。

　　儘管源於不同的動因，中國民眾的救亡運動和英國殖民地勞工治
理方式的歷史性轉變共同推動了香港社會的覺醒。這兩大新趨勢在香港
異途相逢，將沉寂十年的殖民地引向積極的變革之路。在港華人的自發
行動來自他們內心深處對祖國的情感和認同，他們雖然已經定居香港，
但在心理上卻一直不能落地生根。從這個意義上看，香港社會其實同上
海、廈門、青島等中國近現代形成的工商業中心沒有太大區別。歷史上
有千千萬萬的中國人背井離鄉前往遙遠的城市謀生，而中國的工商業大
都市基本上都是由這些「國內遷徙者」所建成。[19] 絕大多數旅港華人來自
附近的廣東省，其餘是客家人、福建人，以及來自江西、湖南、浙江、
江蘇及山東等地的其他外省人。就如中國內地民眾移居他鄉尋求生計，

18　關於把英國干預主義的興起放在傳統的帝國歷史中所做的闡述，參見 Wicker、J. M. Lee、
　　Constantine 等人的著作，他們在大英帝國史的框架內對殖民地資源的需求作了較為全面的
　　分析。關於將英國的殖民地干預主義認為只是對勞工抗議的政策調整的說法，見 Cooper 的
　　引言及第 3 章。

19　關於國內遷徙問題，參見葛劍雄等，第 1 卷。雖然該書幾位作者沒有使用「國內遷徙者」
　　一詞，他們的分析闡述顯示，在中國廣大的地域發生的歷代遷徙，人數遠遠超出向國外的
　　移民。在他研究中國海外移民的專著中，Philip Kuhn（孔飛力）認為中國海外移民只是「一
　　個巨大的、以國內遷徙為主體的人口遷移運動中的分枝」。引自 Kuhn，頁 4。

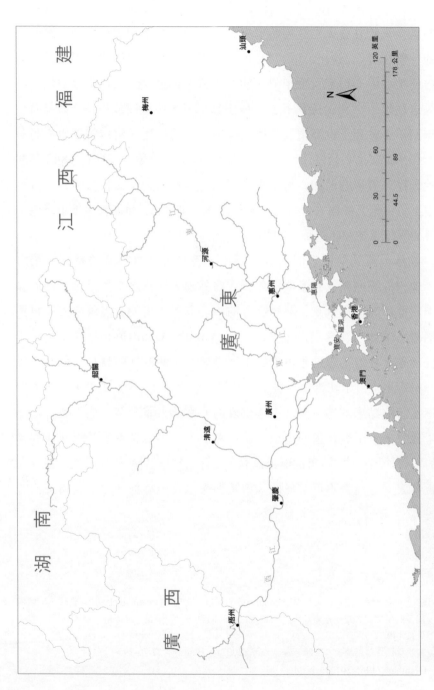

地圖 1.｜華南大區域中的香港（藍圖繪製）

這些廣東人和外省人也帶着希望來到香港尋求就業和致富機會。雖然上
海的「暫住者」（sojourner）心理得到學術界最多的關注，但幾乎所有
國內遷徙者的心理都大致相似。他們永遠不會把找到工作機會的城市看
作久居之地。[20] 無論遷移多遠，他們都祈望最終返回故里——如果有生
之年回不去，死了也要把屍骨運回家。如果遠途運送棺材的費用不勝負
擔，那麼骨灰也必須運回家鄉，以求落葉歸根。[21] 雖然英國從 1843 年起
統治香港，僑居心理在當地華人中不但從未減弱，反而日益強烈。直至
二十世紀中葉，中國人毋需任何旅行證件（如護照）而能自由進出香港，
在很大程度上加強了這種僑居心理。

　　但是，與其他城市的徙居者相比，香港勞工直接處於殖民統治之
下，他們的經歷因此有了明顯差異。在外國人統治之下生活，不僅加強
了中國勞工的僑居意識；英國官方的治理方式，更使大多數港人與殖民
政權離心離德。葛量洪爵士（Sir Alexander Grantham）在戰後十年
擔任港督，他的治理使香港的勞工運動發生了關鍵性的轉折。他有一段
話，精彩地道出了在港華人勞工的「異化」處境：「在港的大多數華人對
香港沒有一點忠誠感。同〔在港供職的〕歐洲人差不多，他們到香港是
為了謀生，直至退休返回內地，就如歐洲人〔供職完畢後〕返回他們自
己的家鄉一樣。」[22] 這裏的關鍵詞是「沒有一點忠誠感」。這個說法把「大
多數華人」定義為不可信任的、與歐洲人以及一小部分效忠英國統治並

20　關於上海僑居者問題，參見 Wakeman and Yeh 所編文集；Goodman (1995)。當然，把數量
　　較多的研究認為是僑居者心理「比別處更強」的說法，完全是一種誤解。見 Paulés，引文
　　見頁 146。

21　關於移民「落葉歸根」問題，參見 Sinn (2007)；Henriot，頁 76-79。

22　Grantham (1965/2012)，頁 112。

將香港視為家鄉的本地華人精英不同的「異己」。[23] 葛量洪的這段話，其實更道出了一種不言而喻的官方想法，並展示了一個由官方和私人行為共同造成的兩種人群相互敵對的現實。歷史學者文基賢（Christopher Munn）對香港殖民地早期的司法運作與警察行為進行了詳盡深入的研究，認為自英國佔領香港以來一再加強的「鎮壓性的立法」培養並確立了「官方把華人社會視為（可能的）罪犯的普遍共識」。[24]

在工場車間碼頭等工作場合，私人公司說了算。在官方把華人當作嫌疑罪犯的大環境下，外資公司對華人的種族歧視更直接而有效地激發了階級對立意識的萌生。正如社會學者陳偉群所言，工作場合同工不同酬，做同樣工作的白人海員卻可獲得比華人海員高得多的薪金和其他種種優待，正是引起 1922 年海員大罷工的根本原因。也正因為有着同華人海員相似的經歷和怨氣，當時港英政府封閉海員工會的行動，反而促成香港勞工團結起來、舉行幾乎囊括全港勞工的聲援海員大罷工。[25] 在 1925-1926 年省港大罷工以後，勞工有組織的活動受到嚴酷鎮壓。不僅殖民政府頒佈了〈1927 年非法罷工和非法閉廠條例〉以防範和制止勞工集體行動，更有甚者，工商界控制的報刊煽動恐赤情緒，營造了歧視社會抗爭的政治氛圍。[26] 然而，時至三十年代，日趨緊迫的民族危機再度激發香港的勞工重整旗鼓，加入保衛祖國的救亡運動。他們一如既往，再次向危難中的祖國伸出援手。

三十年代下半期大英帝國對應勞工問題的遽然轉向，給港英政府與華人勞工的現有關係注入了新的因素。1938 年，香港繼其他十一個英屬

23　關於香港華人商業職業精英作為一個社會階層並產生對香港的歸屬感，參見 Carroll，第 3、4 章。關於他們進入殖民體制的過程，參見 T. C. Cheng。

24　Munn，頁 12。

25　陳偉群，第 5 章，頁 194-195。

26　陳劉潔貞（2000）。

殖民地之後響應倫敦干預主義的號召，成立了勞工署。港英政府暫時停頓對中國工人的敵對措施，擱置反勞工立法，並作為調停人介入勞資糾紛。政府對勞工事務的直接干預，又使香港歷來的間接殖民統治方式有所改變。將近一個世紀以來，港英政府一直使用華人商界職界精英治理當地華人社會。[27] 在 1925-1926 年省港大罷工以後，這個由華人精英擔當的功能曾經在一定程度上轉由勞工顧問委員會承擔。然而，勞工顧問委員會不久便形同虛設，不再發揮任何實質性的作用（見第一章和第四章）。而三十年代末勞工署（後來升級為勞工處）的建立，意味着華人精英為殖民統治者治理華人社會的作用被進一步削弱。

在社會層面上，政府對勞工事務的直接干預，在殖民政權與中國勞工之間開闢了新的「接觸區」。確切地說，這是一種新的但是建立在不對稱權力架構上的互動關係。[28] 英國勞工官員造訪並檢查工廠作坊，與工人和勞工運動積極分子直接接觸溝通，並鼓勵他們組建工會。當勞資衝突爆發時，他們促使雙方回到談判桌上，並為解決分歧提出積極建議。然而在工廠和作坊內的勞工事務以外，殖民體制中的官員、特別是港督和勞工署署長，更是決定殖民地勞工政策以及影響改革成效的關鍵人物。他們對倫敦有關殖民地的進一步決策擁有相當大的發言權和影響

27　關於華人商業精英在香港間接殖民統治體制中的作用，參見 Henry Lethbridge 的三篇力作："A Chinese Association in Hong Kong: The Tung Wah"、"The Evolution of a Chinese Voluntary Association in Hong Kong: The Po Leung Kuk"、"The District Watch Committee: The Chinese Executive Council of Hong Kong?" 均載於 Lethbridge (1978)，頁 31-51、52-70、71-103。在此文集印行前，三篇文章都曾先在 *Journal of the Royal Asiatic Society of Hong Kong Branch* 刊載。Sinn (1989/2003) 與 Carroll 都對有關問題有進一步闡述。

28　「接觸區（contact zone）」的概念，最早由文學研究者 Mary Louise Pratt 對西班牙統治下的前印加帝國的政治 - 文學話語和知識創造進行分析後提出。她的着重點在於西 - 印「接觸區」社會空間內的文化互動。「接觸區」的概念近年常為跨文化研究者運用。在此，筆者借用這個概念描述香港殖民統治之下的社會空間。關於「接觸區」的概念，參見 Pratt (1991)，Pratt (1992)，特別是引言部分。

力。干預主義的歷史轉向，更凸顯了大英帝國從中心到地方的各個層次的殖民體制在貫徹新政策中的重要性。只要殖民統治中心繼續沿用由「在地官員」在每個殖民地決定具體操作方式的一貫方針，改良的干預主義成效如何，最終還將取決於當地的做法、特別是每一個殖民地關鍵性官員的做法。身為英王政府的忠實官員，並非意味着每個官員對倫敦制定的所有政策都會做出同樣的解釋，或者對中國勞工採取同樣的治理措施。當大英帝國的指揮中心在勞工事務上轉向干預主義之後，改良之路在香港這個新的「接觸區」能走多遠，最終取決於殖民地的實際執行官員。

綜上所論，基於香港既是華人社會又處於英國治下的雙重身份，研究香港勞工很難僅僅採用地方個例研究的「內部」視野。如果只注重分析勞工與生俱來的內在社會力量、特別是他們之間的傳統紐帶，只能獲得片面的結論。在內地的其他地方或不同的時段，民族主義和殖民主義對中國工人來說可能只是次要的力量。而在香港勞工運動的興起、復甦和退潮的整個過程中，民族主義和殖民主義的力量始終貫穿交織其中，成為突出而持久的基調。現有的研究已經證明這是香港二十世紀二十年代的情況。讀者將在本書中進一步看到，從二十世紀三十年代開始，抵抗日本侵略、革命以及殖民政策中干預主義的介入，都與中國勞工運動在香港的重振旗鼓相偕而行。當香港的命運起伏跌宕，民族主義和殖民主義這兩大主題也並陳於世人眼前。1941 年，香港在不到三週的時間輕易淪為日本佔領地，長達一世紀的英國殖民統治於瞬間消失，香港也融入中國戰場，成為抗日游擊戰的區域之一。戰爭結束，英國重新恢復對港殖民統治。與此同時，英國也期望接續戰前初始的改良勞資關係的政府干預政策。改革最終將走向何方？

反觀大英帝國後期的歷史，干預主義政策在經濟上的長期效果雖然並不如意，在政治上卻產生了未曾預料的長遠影響。與倫敦的初始願望相

悖，改良措施沒有把每一個殖民地都變成為大英帝國不斷下金蛋的肥鵝。但在另一方面，干預主義政策賦予勞工組織合法權利，殖民地勞工爭取合理待遇的鬥爭往往就此與民族解放運動融為一體。研究非洲、加勒比海地區、中東歷史及勞工運動的學者，已經對這個過程作出相當充分的闡述。[29] 當然，雖然埃及和巴勒斯坦的勞工運動此起彼伏，中東地區卻不是研究大英帝國改良殖民地勞資關係的動議與成果的可比案例。除了面積有限的塞浦路斯以外，中東地區在此階段只有英國的監管地或保護地。[30] 因此，在中東決定並執行勞工政策的是當地人組成的政府或政權。儘管這些政府或政權可能受到英國或多或少的操控，大英帝國的中心並不直接決定那裏的勞工政策。香港在英國干預主義實行後的經歷，應該與英屬非洲殖民地或英屬加勒比海地區更有可比性。英國不僅在那些地區擁有重要的殖民地，那裏的勞工運動還直接推動了倫敦改革勞工政策的歷史性決定。

　　無庸置疑，這些地區的每個英屬殖民地特有的社會、經濟、人口架構，都會造成各地特殊的政治氣候並影響勞工運動的走向。為避免偏離正題，筆者在此僅對直接有關勞工問題與殖民地政治進程的關係略作勾勒。與香港比較，英屬加勒比海和非洲殖民地有兩個經歷特別值得一提：第一，那兩個地區幾乎所有的殖民地都走過了勞工運動與民族解放運動融為一體的歷史進程；第二，幾乎所有贏得獨立的前英國殖民地都採用了與英國相仿的政治體制。在英國繼續統治這兩個地區的後期，當地領袖人物逐漸深入參政，成為反殖民主義運動的一個部分。不過，

29　關於英屬非洲的分析，參見 Gutkind、Cohen、Copans 合編的文集，特別是其中 Stichter 對肯尼亞的分析。又見 Cooper。關於英屬西印度洋群島，參見 Post，Sewell。關於中東，參見 Beinin and Lockman (1987)，Lockman (1996)。這兩本研究中東勞工的專著僅將英國殖民地政策作為背景處理，並沒有深入探討。

30　關於英帝國對於中東地區官方政策的概述，參見 Darwin (2009)；關於英國在中東活動的較新而全面的研究，可參見 Harrison 的專著。

雖然勞工運動為這些前殖民地的獨立做出了重要貢獻，兩個地區追求獨立的過程仍然有明顯差異。在加勒比海地區，投入反殖民主義鬥爭的勞工領袖最終成為去殖民化過程中的民族領袖。Alexander Bustamante (1884-1977)（布斯塔曼特）就是眾多突出的例子之一。作為牙買加的勞工領袖，Bustamante 曾經因為領導反殖民主義鬥爭而被英國殖民當局投入監獄。牙買加最終獲得獨立後，他進入第一屆政府並任總理。這種從勞工運動步入民族獨立運動的經歷並非牙買加獨有，而是加勒比海地區相當普遍的現象。一位勞工運動積極分子因此認為，「勞工運動」在這些殖民地通向自治政府的「社會革命」中起了「主要作用」。當牙買加和特立尼達以及該地區其他較小的前英屬殖民地實行全民選舉，「工會領袖被選入政府各個部門，自治政府因此通過勞工運動找到了自己的發言人」。[31]

然而，這個從勞工領袖轉為政治領袖的過程並沒有在英屬非洲殖民地重演。在那裏，反殖民主義運動的民族領袖往往在受過高等教育的精英中產生。第一個獲得獨立的非洲國家加納就是一個例子。獨立前，加納在英國統治下被稱為黃金海岸。在非洲大陸上，它是經濟最發達最富有的英屬殖民地。由礦工和鐵路工人組織的勞工運動在二十世紀三十年代尤為引人矚目。從三十年代末至四十年代末，連續不斷的罷工活動使倫敦意識到「（在黃金海岸實行）憲政體制的改進迫在眉睫」。[32] 在此當口，新的政治領袖已經從現代知識分子中出現，替代了曾經是英國間接殖民統治時期不可或缺的部落首領。恩克魯瑪（Kwame Nkrumah 1909-1972）在接受了英美教育後於 1947 年回到祖國，成為黃金海岸第一個政黨「黃金海岸聯合大會」的一名領導人。不久，他又組織了另一個「人民大會黨」。英國人注意到，恩克魯瑪能夠「把握公眾的意願」，他的影

31　　Daniel，頁 163、169、171。
32　　CP (49) 199，轉引自 Cooper，頁 259、頁 550 注 99。

響「不僅遠及鄉村而且深入工會」。[33] 歷史學者 Frederick Cooper 認為，
當英國從黃金海岸撤離時，倫敦的中心意圖是希望讓獨立後的地區在政
治和意識形態上與英國保持一致。當加納義無反顧地走向獨立之際，共
產黨人實際上已贏得愈來愈多的群眾支持。於是，政治上相對溫和的恩
克魯瑪與激進的共產黨人相比，便成為英國積極支持的對象和選擇。[34]

　　勞工運動與反殖民主義的政治鬥爭在加勒比海和非洲地區交相發展
並相互支持的情形，在香港的勞工歷史上也有類似的經歷。然而，組織
起來的香港勞工在戰後卻沒有進一步提出終止殖民統治的要求。香港最
終於 1997 年擺脫殖民地身份，勞工組織對此並未起到關鍵作用。英國的
歷史學者 John Darwin 於香港回歸當年著文，提出香港是大英帝國去殖
民化進程中一個特例的觀點。在他看來，香港之所以沒有像其他前英屬
殖民地一樣，成為「一個從原來的英國政治體制和價值觀脫穎而出的翻
版」，是因為那裏沒有「源於本地的民族主義」團結當地居民去形成一個
新的國家。Darwin 認為，中英外交協調的互動，造就了香港較其他英屬
海外領地更為長久的殖民地歷史。香港的實際地位，等同於中國在二戰
以後按照國際協議運作的條約口岸。他認為，中國在 1949 年以後有能力
終止英國在香港的統治，但是並未採取如此舉措。因此他斷言，基於中
英兩國就香港問題的彼此協調，香港作為英屬殖民地「雖然法律界定未
變，但香港同大多數東亞和東南亞的前〔歐洲〕殖民地一樣，已經在實
質上於 1950 年代初實現了去殖民化」。[35]

　　筆者同意 Darwin 關於香港的殖民地位處於中英國際關係框架之內
的說法，但是對他關於香港在二十世紀五十年代初已經「在實質上」去

33　CO537/4638，1949 年 5 月 10 日，引自 Cooper，頁 257。

34　Cooper，頁 202、432-434。

35　Darwin，引自頁 16、30；下劃線在原文中為斜體字。

殖民化的觀點不能苟同。這個說法完全從英帝國史的角度解釋問題，採取「官方思考模式」，並站在大英帝國指揮中心的外交官和殖民部官員的位置思考香港的殖民統治，完全忽略了在當地的殖民政權對殖民地的治理操作。看到中英雙方政府外交協調而使英國繼續控制香港是一回事，但是抹煞那裏的外國統治這個基本核心事實，卻是 Darwin 觀點的最大失誤。到底英國的治理「在實質上」保持了還是廢除了在香港的殖民統治，不是取決於倫敦的官員如何想。是否「在實質上」去殖民化，必須以當地殖民政府以及整個殖民體制如何管治香港華人為檢驗標準。

當香港的殖民政府於二十世紀三十年代開始干預勞工問題時，它是否考慮到不久的將來在香港去殖民化呢？當改良性干預措施在香港實施後，中國勞工的民族意識是否像英屬加勒比海地區和英屬非洲那樣得到不斷提升與加強，或是逐漸消退呢？當三十年代所有的轉變都剛剛開始時，對上面第一個問題的回答，應該是否定的。而對第二個問題的答案，則無人可以預料。當時只有兩個眾所周知的事實。首先是中國勞工對祖國一如既往的認同，其次是英帝國指揮中心已經下了彌補殖民治理缺陷的決心。本書旨在通過梳理、記載香港殖民政府貫徹倫敦改良決策的行動及其與行動起來的中國勞工的互動，對香港「實質性」的地位從實地的角度作出鑑定。

本書通篇基本不用「工人階級」而是採用「中國勞工」或「中國勞工大眾」一詞，以期涵蓋包括技術工人和體力工人的大群體。雖然該詞本身表述的概念較為粗略，它卻能夠更加確切地描述香港勞工大眾的整體。作為一個「自在的階級」，香港工人階級的來源囊括了新界的農民和來自華南及其他省份的遷徙人口。[36] 就本書而言，筆者認為社會學者

36　關於新界農民轉為香港工業勞力的例子，可見吳渭池，頁 12-19。吳渭池出生於新界一個農民家庭，十二歲成為孤兒，以為鄰居放牛謀生。十多歲時，他通過香港的海員宿舍找到了遠洋郵輪上的工作，從此成為海員。1945 年 9 月，吳渭池是組成籌備委員會恢復香港海員工會的領導人之一。又見遠生，〈海員工人的燈塔：介紹香港海員工會〉，《工人的活路》，頁 18-20。

Charles Tilly 所作關於歐洲無產階級的這個定義——「使用在自己掌控以外的生產手段去掙工資的人們」——最為貼切地描述了絕大多數在香港的中國工人和體力勞動者。[37] 筆者按香港第一位勞工主任的做法，把街頭小販也納入香港勞工的範疇，可能超出了 Tilly 定義的範圍。雖然他們不同於出賣體力或技藝而領取工資的產業工人，這些勞作的群體事實上一無所有。在不斷向工業化邁進的香港，他們的「生活方式」與體力工人相差無幾甚至更加不堪。在他們所認同的市民運動中，這些人會傾向於同產業工人採取一致行動。雖然本書着重討論產業工人的活動，但讀者會發現，他們的集體行動採用了多種方式，並有其他與產業工人的工作生活相近的底層群眾參與。

　　本書共分六章，記載香港勞工運動從二十世紀三十年代至五十年代在戰爭、革命、殖民統治改良、殖民地重建、以及殖民政府干預的大環境下的興衰過程。第一章描述英國首次在香港進行勞工狀況調查的由來，以及在市民自發救亡運動中勞工集體行動的復活。第二章轉向戰時經歷，着重闡述戰時抗日活動與戰前市民自發救亡活動的內在聯繫，以及抗敵戰場造就未來勞工運動中堅力量的作用。第三章討論四十年代上半英國重佔香港的計劃及其實施，這次行動與全球反殖民主義共識的實質性對抗，以及華南抗日地方武裝在國際國內政局變幻之際的微妙地位。第四章以戰後勞工運動為重點，分析勞工領袖和勞工組織的變化，殖民政府與中國勞工的關係，以及重組的香港殖民政府在勞工問題的處理上偏離倫敦改良政策的舉措。第五章敍述港英殖民政府有關勞工的立法行動，組織起來的香港勞工抗爭，以及北京剛成立的中央人民政府對香港勞工運動的處理方法。第六章討論左右兩派勞工在香港與亞洲最新

37　Tilly，引文見頁 1。

政治氣候下的調整，以及讓多方措手不及的 1956 年的血腥暴動。

在本書着眼的二十多年中，外敵入侵、抵抗運動和革命運動的交匯衝擊使世界各地特別是亞洲發生翻天覆地的巨變。香港勞工在此間的親身經歷是本書的着重點。假如過去的勞工運動已經在香港留下了深厚傳統，那麼市民自發的救亡運動和英方的改良性干預主義又為重新發揚光大這個傳統營造了良好環境。勞工群體原有的「內部（或傳統的）」社會組合方式，包括秘密會社、結拜姐妹、同鄉會等，都具有加強或削弱勞工團結的可能。外部力量——如殖民政府的直接干預或中國黨派的領導——也可以提升或抑制香港的勞工運動。其實，當三十年代末大英帝國在它沉寂的遠東殖民地着手改進勞資關係時，任何人都無法預見其長期效應。到底這種干預將把香港引向何方？請見以下敍述。

第一章
新起點

在平靜的外表下，二十世紀三十年代的香港終於走到了劇變的臨界點。一股強勁的工業擴張浪潮開始重新塑造這個都市近一個世紀以來偏重貿易的經濟體系，重建都市景觀，重組人口結構。全港有史以來的第六次人口普查顯示，1931 年從事工業生產的人數已經超過了從事貿易、商業、保險及銀行業的人數。[1] 位於港島東北角的筲箕灣變成了新的工業區。越過維多利亞港，北岸的九龍半島也在接二連三地建造新的工廠和車間。從上海陸續不斷遷來香港的華資企業，更進一步推動着這裏為海外市場提供商品的輕工業。不過，新興的輕工企業雖然數量眾多，大多數都規模微小；近一個世紀來一直控制本港經濟的歐資企業依然高居主導地位。

香港進入工業化時代的當口，恰逢中國和整個亞洲的非常時期。1931 年 9 月，抗日戰爭的第一槍在中國的東北三省打響。日本的關東軍對當地各個中國軍營突然發起全面進攻，迅速佔領東北全境。從蠶食戰術到 1937 年發動全面戰爭，日本的對華侵略戰爭不斷升級，並給香港的政治和經濟帶來直接的衝擊。沿海地區工業發達都市的企業家紛紛向南或向西轉移產業，許多人將工廠遷到香港。不滿政府不抵抗政策的各種持不同政見者，也轉向香港建立他們的活動基地。為了逃避政府對救亡運動積極分子的迫害，內地的年輕人紛紛來到香港，不少人準備從這裏出發去華北和東北參加抗日游擊隊。香港本地的工人也開始舉行自發的群眾集會抗議日本侵略，發起募捐活動支援祖國抗敵，抵制日貨，抵制與日本有關的各種工作。

然而，香港華人社會中日益加劇的危機意識，並非這個殖民地的所有居民都感同身受。在三十年代，這個華南都市基本因循着近一個世紀以

---

1   Hong Kong Government, "Report on the Census of the Colony of Hong Kong, 1931," 101-2, 152.

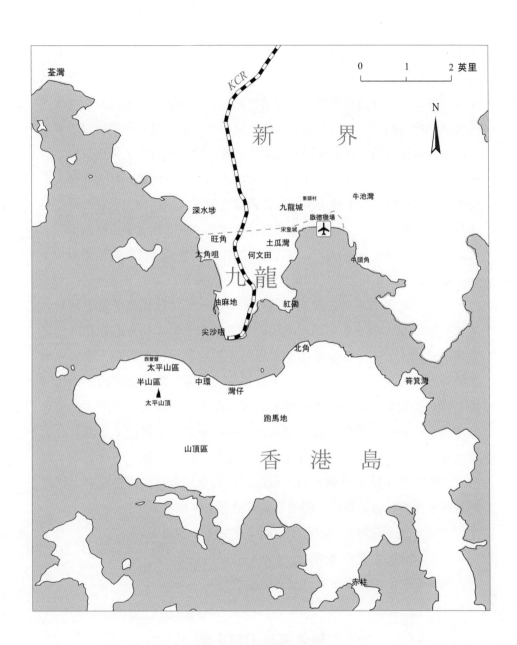

地圖 2.　　| 香港和九龍（海岸線據美國陸軍 1945 年香港地圖繪製）

來的傳統架構，社會一分兩半。一邊是高高在上的歐美裔僑民社會，另一邊是底層日益騷動不安的華人大眾。這種社會的分裂首先以種族為界，其次又以財富和權勢為重要標杆。拔地而起高達 1,800 英呎的太平山被歐洲僑民稱為維多利亞峰，形象地展示着近一個世紀以來英國殖民統治之下形成的縱向等級分割。在華南濕熱的夏季，峰區比山下至少低攝氏五度；通過立法，香港殖民當局劃出峰區作為歐洲人的法定保留地，華人除傭人以外無權居住。峰區以下的中區，分佈着富有的華人、歐洲人，以及歐亞混血族群的豪華住宅，還有歐洲傳教團體的建築。被稱為太平山區的山腳，住滿了來自華南的內地移民；他們簡陋的住所和各種各樣的飯館酒樓、商店、戲院、歌舞廳和妓院，組成了港島的平民區。

　　三十年代的香港殖民政府依然規模不大，日常運作趨於繁瑣而拘泥形式。在以往大部分的時間，殖民政府並不在乎華人社會的存在。它把管理「當地人」的負擔交給了樂於同殖民政府積極合作的華人商界和職界精英。然而到了三十年代後期，這種在大英帝國廣泛使用的「間接統治」方式開始發生質變。港英殖民政府屈尊下問、直接着手華人社會治理事務。從間接統治到直接治理的這個轉折並非完全自願。香港社會大踏步邁入工業化進程的重大變化迫使殖民政府面對現實，而倫敦為了應對全球性的殖民統治危機，向大英帝國各個殖民地發出改良號召，更促使香港殖民政府摒棄傳統，開始直接管治勞工事務。

　　三十年代，沉寂十年的勞工運動又在香港悄然醞釀。

　　三十年代，大英帝國開始反省歷來的殖民治理方式。

　　站在歷史的新起點，香港重新整裝前行。

倫敦轉向干預主義

　　三十年代伊始，此起彼伏的抗議和騷動震撼着大英帝國在非洲和

加勒比海地區的許多殖民地。在英國對農產品和工業原材料的需求驅動下，那裏本來依賴村落內自給自足經濟的農民，成為受僱於甘蔗莊園的農場工人或銅礦僱用的礦工。在其遍佈全球的眾多殖民地，大英帝國向來採取自由放任政策，任由私人大公司主導海外領地的經濟、汲取最大利潤。自由放任政策的結果，使各殖民地勞工的基本生活需求被完全忽視。[2] 當 1929 年大蕭條波及全球，物價急遽下跌。全球經濟的劇烈變化與各個殖民地由工業化造成的重大社會轉變以及僵化的殖民地治理方式交織碰撞相互作用，造成了一個全新的政治氣候，以火山噴發的勢頭向大英帝國迎面襲來。

此時，英屬各殖民地的勞工對無法承受的勞動條件的默默忍耐終於走到了盡頭。二十世紀二十年代，英屬加勒比海地區的中產階級首先發起反殖民主義的鬥爭。到三十年代，加勒比海地區以及非洲的勞工階級成為反殖民統治的主要力量。1934 年，勞工抗議和罷工首先在特立尼達的甘蔗園和糖廠爆發；第二年，北羅德西亞的銅礦、聖基茨島和英屬圭亞那製糖業又爆發大規模罷工。1935 年，非洲銅礦產業帶突然爆發的罷工把幾十年來勞工所經受的種種虐待呈現在世人眼前——他們長時期地忍受着不能維持基本生活所需的極低微工資、非人的工作條件、歐籍管理人員日常的辱罵和虐待以及警察的暴行。[3] 1937 年，特立尼達和巴巴多斯的油田和甘蔗園爆發罷工，繼而發生大規模騷動，波及英屬圭亞那和牙買加。1939 年，罷工在蒙巴沙、達勒思薩拉姆的港口以及鐵路沿線爆發。這些此起彼伏的工潮和抗議行動，有的在工會領導下興起，有的在

2　以英屬牙買加為例，歷史學者 Thomas C. Holt 的專著對那裏的種族問題、勞工問題，以及殖民統治之間縱橫交錯的關係作了分析。根據豐富的史料，他闡述了強大的跨國公司通過改變牙買加經濟的模式而造成一種特有的工資架構，據此保證公司基本使用季節工和支付維持最低生計的工資以獲取最大的利潤。參見 Holt，特別是第 10 章。

3　Parpart，特別是第 3 章以及頁 47-61；以及 Henderson。

舞蹈俱樂部、宗教組織以及各種群眾團體的人際網絡中構建組織基礎。[4]
抗議者的中心訴求是改變侮辱人格的極低工資。在他們於 1938 年遞交牙
買加總督的一份請願書上寫下的這些話語中，勞工們內心的悲憤躍然紙
上：「我們是奴隸的後代⋯⋯我們今天依然是經濟奴隸，莊園的主人用租
金吸乾了我們的血汗。」[5] 同先前中產階級領導的反殖民統治活動不同，
新興的勞工運動獲得當地民眾的廣泛參與。尤其重要的是，勞工階級提
出殖民地治理方式必須改革的要求，作為他們幫助大英帝國解決當前經
濟危機的條件。[6] 此時，英國本土正面臨軸心國進攻的威脅。加勒比海地
區和非洲經久不息的民眾抗議導致停工停產，中斷重要農產品和石油等
戰略物資的供應，對大英帝國的困境無疑是雪上加霜。

　　面對全球規模的勞工抗議，倫敦不得不重新審視幾個世紀以來對殖
民地的自由放任政策。三十年代中期，Malcolm Hailey 男爵領銜開始
了由眾多專家參與的非洲調查，以期發現英國殖民治理中的弊病。他們
的工作最終成就了《非洲調查》這一巨著，促使 Hailey 向英國政府建議
在非洲殖民地改變「間接統治」的治理方式。[7] 相對執政的保守黨而言，
英國工黨更為執着地提倡改良殖民地治理方式、改變自由放任政策並實
行政府干預措施。工黨在下議院的代表更建議殖民部為各個殖民地的教
育、健康和住宅等社會事務承擔責任。當然，他們的觀點都是在大英帝

4　　關於英屬西印度群島的罷工和騷動，參見 Daniel；以及 Holt，尾聲，特別是頁 384-386；
　　Sewell，第 2 章，特別是頁 13-22。關於英屬非洲的勞工抗議，參見 Cooper，頁 58。

5　　引言見 Hart，頁 15。Hart 曾是工會骨幹，於 1939 年擔任工會諮詢會的秘書，1942-48 年
　　間任牙買加國有鐵路僱員工會主席，1949-1953 年間任牙買加總工會副主席，1946-1953 年
　　間任加勒比海地區勞工聯盟秘書。

6　　Sewell，頁 20。

7　　當然，Hailey 男爵並不主張終止殖民統治。他於 1938 年 12 月在 Chatham House 所作的
　　演講是他為大英帝國殖民統治所作的眾多雄辯之一。他的中心觀點之一是「我們的（殖民）
　　治理體制必須盡早與受過教育的非洲人聯手」。參見 Hailey。關於 Hailey 為大英帝國殖民
　　統治作廣泛宣傳工作的評論，見 Louis 專著。又見 Cell，第 15、16 章；Wolton，頁 38。

國作為治理委託人的改良設想基礎上產生，而不是直接回應各殖民地被統治民族的要求，使其實現自治政府的願望。

　　來自工黨作為反對黨的壓力，迫使本來對改良很不情願的殖民部建立了勞工顧問一職，以監督殖民地勞工事務。這一職位的建立成為大英帝國中心邁向改良性干預政策的第一步。[8] 1938 年，主管殖民部的殖民地大臣 Malcolm MacDonald 承認，「造成殖民地動亂的最基本原因是各殖民地的社會經濟處於非常低的水平」。他為此提議組成一個西印度洋地區皇家調查團去當地考察。[9] 皇家調查團於 1938 年底出發前往西印度洋地區；它的最終調查報告幫助殖民部在議會中成功推動並通過 1940 年的〈殖民地發展與福利法案〉。殖民部把這個法案的「初衷」定義為「保護並促進殖民地居民的利益」，並把「首要重點」放在「改善各殖民地的經濟地位」。[10] 推動這個法案的關鍵人物 Malcolm MacDonald 竭力辯明，這次政府採取改良性干預政策的非凡舉措，並非為了「在本次重大危機中通過收買人心或者獎賞以取得各殖民地的支持」。他認為法案「開拓了新的空間」，並「確立了我國納稅人對殖民地屬民最大範圍的發展、並對殖民地的良好治理負有最終責任和對此直接作出貢獻的義務」。[11] 1940 年的法案替代了 1929 年通過的同名法案，而新法案更明確了英國為其海外殖民地承擔的宗主國義務、並為海外屬地的社會福利增加了撥款。[12]

8　　參見 Malmsten。Constantine 第 8、9 章探討了殖民部與財政部就如何分配財政資源的問題而產生的分歧，由此導致殖民部對大幅度支持殖民地發展的保留態度。

9　　殖民地大臣備忘錄，1938 年 6 月，CO 318/433/1/71168，引自 Cooper，頁 68；"Cabinet meeting conclusion, 15 June 1938," CAB 28(38), 12-13, 17; "Cabinet Meetings, 29th July 1938," CAB 36(38), 20.

10　Colonial Office，*Statement of Policy on Colonial Development and Welfare Presented by the Secretary of State for the Colonies to Parliament by the Command of His Majesty*（殖民大臣代表英王政府向議會提呈殖民地發展與福利政策的敘述和評價），引文見頁 4、6。

11　House of Commons，下議院辯論，1940 年 5 月 21 日第 5 系列，第 361 卷，第 42、45 列。

12　J. M. Lee (1967)，引文見頁 13。

儘管官方的討論着眼於英國是否應當為殖民地承擔更多的財政責任、並最終達成肯定性共識，此項改革的最初動力，實際上源自正在悄然改變的殖民地政策。遠在 1940 年的議案在議會通過而成為立法之前，殖民部已經對殖民治理採取了歷史性的改革行動。1937 年，當時的殖民地大臣 W. Ormsby-Gore 向各個殖民地發出了一項咨文，鼓勵「較大較重要的英帝國屬地」以建立勞工署作為它們「致力的目標」。不過，咨文的語氣仍然是溫和而有保留的，承認有些殖民地政府依然明確拒絕對當地勞工事務擔當責任。對這些反對的聲音，殖民大臣用了妥協性的口吻，稱他自己「並不堅持對各個不同地方採用統一的體制」。[13] 儘管如此，十一個殖民地對殖民地大臣的號召響應積極，於 1937 年成立了勞工事務署。它們包括英屬索羅門群島保護地、錫蘭、馬來亞聯盟、柔佛、吉達、吉蘭丹、肯尼亞、馬耳他、沙撈越、海峽殖民地和烏干達。次年，香港旋即成立勞工署。至 1941 年，大英帝國各個殖民地已有 43 個勞工署和 150 名勞工事務官員。[14] 通過在遍佈全球的各殖民地建立治理勞工事務的官方機構，大英帝國的指揮中心告別自由放任傳統，邁出了走向社會操控新路的步伐。

香港之所以選擇躋身於最早響應倫敦改良號召的各殖民地行列，根本原因還在於本地的實際需要。到 1938 年，香港已經在從貿易中心向工業中心轉變的路上愈行愈遠。1931 年的人口普查顯示，香港 850,000 的居民中有百分之十三在工業部門工作，而介入工業生產的實際人數遠遠大於此數。無數編外工人沒有正式合同，卻是各種工業不可或缺的勞動力。當時的材料表明，1930 年的香港至少有 800 家工廠。到 1938-40

---

13   Colonial Office, *Labour Supervision in the Colonial Empire, 1937–1943*, 1; for Ormsby-Gore's 1937 circular, see Colonial Office, *The Colonial Empire in 1937–1938*, "Appendix II," 78–79.

14   Colonial Office, *Labour Supervision in the Colonial Empire*, 4.

年間，工廠已有 1,000 家，四分之一設在九龍。[15] 當時，上海依然是全
國最大的工業中心。當戰爭的陰影逐漸籠罩全國而最終戰火遍及各地，
香港因禍得福，工業化進程急追直上。1938 年時，全面抗戰已經將近一
年，香港接受了又一輪來自內地的工業投資。單單上海就有二十多家工
廠遷港，而且都是至少有 200 個工人的有相當規模的廠家。[16]

香港勞工狀況

　　遠在二十世紀三十年代勞工抗議席捲大英帝國之前，惡劣的經濟待
遇、種族歧視、帝國主義劣行等力量已經迫使香港的勞工訴諸抗議和罷
工行動。二十世紀初，技術工人、特別是造船修船業的木工和各種機工
開始組織起來。[17] 到二十年代，三次集體抗爭的浪潮開啟了香港勞工運
動的新篇章，推動勞工運動從溫和抗議轉向激烈的抗爭。1920 年，六千
名機工舉行十九天罷工，獲得提高工資的勝利。1922 年，香港海員在
工會領導下進行長達一個多月的罷工，繼而得到十二多萬名產業工人、
私家傭工以及辦公室職員的同情與參與，發展成為一場跨行業的全港總
罷工。三年後，香港工人投入省港大罷工，抗議英國警察在上海和廣州

15　Ngo，頁 122、126。他引用的這些統計數字來自中文材料，大多估計偏低。Ngo 引用的官
　　方紀錄顯示，1927 年香港有工廠 1,523 家，1940 年 1,142 家。當時一本英文的工商業指南
　　估計 1927 年有工廠 3,000 家，1940 年達到 7,500 家。又見〈香港華資工業史〉，載於陳大
　　同和陳文元（編），無頁碼。1937 年，上海是全國工廠最為集中的城市，共有 22,376 家工
　　廠和小規模機械化作坊僱用 60 萬名工人。

16　*GDGM* 44：239。

17　現有研究對香港勞工組織的起始有兩種不同說法。陳明銶將香港勞工運動視為大廣東地
　　區勞工運動的一部分，並強調從事貿易及非農業勞動力對於珠江三角洲地區工人階級形
　　成的重要性。他把 1909 年成立的華人機器總工會（研機書塾）視為香港工人建立組織的
　　里程碑。詳見 Ming K. Chan (1975)，第三部分。新聞工作者周奕曾經出版了一部非常詳
　　細的香港工人運動史，他把 1896 年成立的船藝工塾視為香港最早成立的工會。參見周奕
　　(2009)，頁 19-20。

屠殺手無寸鐵的示威者。從產業工人到普通體力勞動者以致私家傭工，
二十萬香港勞工全體罷工並返回廣東老家。長達十六個月的罷工導致整
個殖民地的經濟和市政管理全面癱瘓。[18]　雖然這幾次罷工已經明確顯示
香港勞資衝突正變得日益尖銳，殖民政權卻遠未認識問題的迫切性，也
未尋求長期應對措施。省港大罷工結束以後，華民政務司設立了勞工次
署，但這個無所作為的機構在成立兩年後即被廢棄解散。[19]

　　1938 年，香港殖民政府在勞工事務治理方式上邁出了歷史性的一
步。該年華民政務司建立勞工主任一職，標誌着政府直接介入勞工事務
治理的開始。受任的 Henry R. Butters（柏特士，1898-1985）已有在
港服務十六年的經歷。自蘇格蘭的格拉斯哥大學畢業後，柏特士考上遠
東政務官（Far Eastern Cadet），於 1922 年到達香港。語言培訓完成
後，他歷任區裁判官、華民政務司助理、華民政務司首席助理。擔任這
些職務使柏特士有機會經常接觸普通民眾。他在擔任港島和九龍地區裁
判官期間，曾經對一名歐洲人處以 10 元港幣的罰款，對他醉酒後拒絕向
人力車夫付費並同印度籍警官一起毆打人力車夫示以懲誡。還有一次，
柏特士判處一名中國男子兩個月監禁，懲罰他在一次金錢爭執中摑了一
名中國女子耳光。[20] 當他被任命為香港的第一位勞工主任時，柏特士正在
第二輔政司長任上。擔任勞工主任後一年，他又被調任升職為香港財政
司司長。[21]

　　作為香港的首任勞工主任，柏特士的第一要務是為這個迅速發展

---

18   關於 1920 年到 1926 年的三次罷工，參見周奕（2009），頁 22-51、62-82；陳明銶
      （1975），頁 268-356。關於香港華人精英為終止省港大罷工在工會與殖民政權之間的斡
      旋，參見 Carroll，第 6 章。

19   參見 Butters，頁 126。

20   *SCMP*，1930 年 10 月 9 日，第 8 頁；*SCMP*，1933 年 3 月 31 日，頁 9。

21   Miners。又見 Colonial Office, *The Dominions Office and Colonial Office List*, 1939，頁 665。

的勞工社會建立可信的基本數據。佔領香港近一個世紀以來，除了當地發生瘟疫而威脅歐洲僑民安全時，殖民政權對當地民生問題基本視而不見，缺乏整體性的了解。在倫敦新政策的指導下，柏特士親力親為進行實地調查，走訪了大大小小的工廠以及四個礦業生產區。與當時大部分的殖民地官員不同，柏特士甚至走上街頭採訪苦力、小販、各種體力勞動者和工廠工人。在調查的基礎上，他完成了長達七十頁的《香港勞工和勞工狀況報告》。整個報告共分十二章：〈引言〉和〈總結與建議〉之外，還有〈中國〉、〈香港社團〉、〈香港社會立法之歷史〉、〈立法對自由契約的干預以及緊急法〉、〈工廠和作坊〉、〈工資與生活費用〉、〈住房〉、〈工傷事故、醫療處置和賠償〉、〈教育〉，以及〈個案〉等章節。最後一章〈個案〉記錄了柏特士在香港和九龍街頭對中國勞工所作的隨機採訪。

　　柏特士的報告成為香港有史以來第一次全方位記錄當地勞工狀況的官方文件。總體而言，這份調查顯示了中國內地與香港殖民律法從兩個方面對香港勞工大眾的生活與工作發生的直接影響，而香港殖民律法則有着更強大的規範和約束作用。柏特士指出，香港是「中國地域的一部分」，香港社會也由 97.7% 的中國人組成。基於這些事實，柏特士首先關注到在港華人的僑居心理。他認為，他們絕大多數「覺得自己在香港只是臨時居民」，他們的社團名稱也往往冠以「僑港」字樣。[22] 在香港和九龍街頭對不同職業的勞工進行隨機採訪時，柏特士再次發現僑居香港的華人大眾視內地的家鄉為人生之根的強烈信念，進一步驗證了他的觀察與判斷。他的二十名受訪人中，除了一位家居新界的農民，其餘十九位都來自中國內地。因為在家鄉種地無法溫飽，或是因為廣州的工廠關

22　Butters，頁 107、108。

閒而失業，這些人才來到香港謀生。這些受訪者當中仍有半數以上每月都給老家的親人匯款。[23]

在三十年代，僑港的中國工人成為支撐香港輕工業飛速發展的主力軍。香港最早發展而實力雄厚的工業主要為貿易和城市生活服務，其中主要有造船修船業、製糖業、發電、煤氣以及電話等公用服務業。新興的產業集中於棉紡織業、編織、橡膠製品、以及手電筒和五金業。殖民當局僅僅登記註冊二十人以上的工廠和作坊，其他小規模的工業運作雖然多如牛毛，卻不在官方統計之內。即使如此，從 1933 年至 1938 年的五年期間，單單註冊工廠和作坊的數量就增加了一倍，從 403 家增加到 829 家。1939 年的註冊工業企業為 857 家，其中 303 家在香港運營，554 家在九龍。[24] 一項 1940 年的統計列出 2,000 家華資工廠；該數據可能包括了未註冊的作坊在內。[25] 雖然很難精確統計實際運營的工廠作坊數量，柏特士根據現有資料選出二十六種「最為重要的工業」。表 1 根據他的統計，顯示在此二十六個行業中勞動力的分佈情況。

在註冊工業企業中共有 54,690 名工人，其中男工 28,470 名，女工 26,220 名。如前所述，這些數據僅僅紀錄了香港工業大軍的一小部分。未註冊的工廠和作坊僱用了數量更加龐大的勞動大軍。除此之外，還有無數包括苦力、碼頭裝卸工以及街頭小販在內的「流動性工人」。這些人構成了這個城市的工業運作不可或缺的一部分。柏特士無法確切統計這些流動工人的數量，只能從小販的情況來推測流動性勞工的總體概況。1938 年，註冊的小販共有 11,722 名，而同年「實際從業的小販人數是

---

23   Butters，頁 57-63。

24   Butters，頁 109、132。

25   〈香港工業史〉，陳大同、陳文元（編），《百年商業》。該書無頁碼。

表 1. 1939 年香港主要工業的工人數量

工人數	行業
10,400+	造船
5,000-6,000	橡膠製品工廠（包括外包工）
4,000-5,000	印刷工廠
3,000-4,000	五金製品
2,000-3,000	手電筒、煙草
1,000-2,000	糖品、餅乾、醃製食品、公共服務設施、成衣業
500-1,000	電池、電鍍、傢具、工程、玻璃器皿、鏡子、各種帽子、香燭、報業、青豆加工、襪子、糖業
500 以下	釀酒、水泥、油品加工

來源：Butters，頁 133。

註冊人數的六倍」。換言之，小販的實際總數大約在 70,000 人左右。[26] 到底有多少人在工廠作坊以外做外包加工，也難以估計。這些註冊工廠作坊以外的流動性勞工，有的在家參與部分生產流程，如給橡膠鞋上鞋面，獲得每雙 1.5 至 2 分錢的加工費；有的是在糖果店做採辦原材料和送貨的苦力，作為學徒基本沒有工資。[27] 參加香港工業生產的勞工總數，肯定是官方註冊的工廠作坊統計數據的好幾倍。因此，工廠的圍牆不能作為劃定香港工人階級的界線。由於香港與內地之間沒有邊境管制，戰亂頻繁的內地不斷為香港注入新的勞力供應，而勞力的進出也呈雙向流動。在香港的流動性勞工與工廠工人之間的轉換更是經常發生。許多行業、包括技術性高的造船業，工程時有時無，對工人的需求變動大，船塢通過實行判工制而取得更高的效益和靈活性。一些新興產業，特別是

26　Butters，頁 134。

27　參見 Butters，頁 158，以及本書第二章，其中討論了在一家糖品店服務的苦力的工作與生活。

輕工業，對工人的技術要求不高，這種判工制基本就不存在。

　　柏特士持有進步理念，並將改善勞工狀況視為己任。在考察迅速發展的新興工業時，他將低劣的工作環境視為「首要關注點」。在剛剛建立的許多華資工廠或作坊，惡劣的廠房設施是普遍現象。許多華資作坊為了節約投資並儘快啟動生產，匆匆將為居家設計的唐樓改作廠房車間。僅港島就有 409 處工業作坊在改建的唐樓樓層中運營。九龍的情況更加不堪，共有 1,041 處作坊設在唐樓樓層中，並以深水埗、大角咀、旺角等處最為集中。[28] 在視察一個製衣作坊時，柏特士看到這樣一個極端的景象：「一名熨衣服的男工被懸掛在房樑上，用着也是從房樑上懸掛下來的熨衣板進行他的日常工作。」當時許多華文報紙都在港島的中環付印；那裏的印刷所也是在並非為工業生產設計的老舊建築中運作。[29]

　　當然，香港的殖民政府向來選擇讓企業自行處理與經濟有關的事務，無視工廠環境擁擠、設備的安全隱患、長工時和低工資等問題。超長時間工作是勞工在香港必須接受的慣例。一般工廠的標準工作時間是九小時，從早上七點至中午，再從一點到五點。然而，許多工人——特別是編織業、橡膠廠，以及手電筒工廠的工人——都選擇超時工作直到晚上八點，儘量從極低的計件工資「多掙出點錢」。各個不同工種的不同工資計算法之間，常工、電車汽車司機與搬運工人的薪酬相差很大。一名油漆技工的最高月薪可達 150 元，而膠鞋廠或紡織廠的女工卻只能掙得 20 分至 60 分日薪、即 6 元至 18 元月薪。香港歷史悠久的造船修船業僱用的技術工人，從電工到車工、製帆工和製模工，日薪從 1 元至 1.4 元不等；最好的銅匠和鉗工每天可掙 1.55 元至 1.6 元。鋸工、鍋爐修理工，還有鐵匠的工資較低，日薪在 0.7 元至 1.2 元之間。他們平均 30 元

28　Butters，頁 136。
29　Butters，頁 135。

至 42 元的月收入同電車和巴士公司的工人相似；一般售票員月薪在 30
元至 39 元之間，而駕駛員的月薪在 36 元至 45 元之間。以上均為男性技
術工種的收入，基本能夠供養一妻一兒的小家庭。在政府內服務的男性
苦力卻另當別論，他們月薪只有 13 元，只夠自己糊口和支付在集體宿舍
內一個疊床的鋪位，無法供養妻兒。這種只得一人溫飽的收入，與在輕
工業中佔絕大多數的女工收入相等。女工是橡膠業和五金業的主要勞動
力；如果不算加班工資，月薪只有 6 元至 15 元。[30]

　　對這些月入 30 元至 50 元有家室的男工和月入 6 元至 18 元的女工
來說，他們平常的日子過得如何？柏特士將他們的收入與中國勞工日常
必須的衣食住費用作了對比，發現他們的收入遠遠不夠維持基本生活所
需。雖然中國勞工的日常三餐主要是米飯和蔬菜再加一點點鹹魚，但是
收入愈低，三餐的開銷在收入中所佔的比例就愈大。即使是那些月入 30
元以上、收入相對高些的工人，也無法負擔正常的住房費用。一般住房
的租金是如此高昂，勞工大眾根本無法租住公寓，更勿論租住一棟像樣
的房子。他們只能租住一般公寓中再次分割後的一小部分空間。柏特士
所記錄的「普通」中國人住所，就是所謂的唐樓，一種老式的三到四層
的樓房，佔地面積大約十四呎見寬、四十四呎進深。在這種唐樓裏，往
往一層樓就會有二十五個成人分住在很多隔開的單間裏。結婚的夫婦會
花 5 元至 6 港元的月租住在一個小隔間（cubicle）；單身工人就會租個
「床位」（bedspace）或者閣樓。還有人甚至再找個同伴分租一個月租金
2.5 元的床位。柏特士注意到，即使把他們的生活空間壓縮到如此不堪的
地步，一個家庭的租房費用仍然大大超過合理比例，「常在他們收入的三
分之一以上」。[31] 至於女工，多半都在新興的輕工業工廠工作；她們低微

30　Butters，頁 142-148。
31　Butters，頁 139、149。

的薪水只能充作一家人的輔助收入。如果單身，她們就只好湊合着過了。

　　香港勞工工資低微、工時冗長，不得不選擇最低標準以下的居住環境。這個普遍現象進一步在柏特士的街頭採訪中得到印證。在他留下紀錄的十名男工和十名女工中，八名曾經受僱於各種工業企業，包括歐資的太古船塢，華資的盧國寶（Lo Kwok Po）紡織廠，著名的馮強橡膠廠，以及中華書局。這些工人的工資收入相差很大。收入最高的是在太古船塢工作的一名四十五歲的鐵甲工，月薪 45 元。以此收入，他租下整整一層的唐樓，再把它分成多個隔間和床位，留下一個隔間給自己和妻子以及兩個女兒居住，餘下的都出租賺錢。收入最低的是一名三十一歲的電池廠女工；她每天工作十一個小時，日工資只得 0.21 元，即月薪 6.3 元。她和經常失業的海員丈夫帶着三個孩子，住在一個隔間裏。其他幾位工人的收入略有不同。一名十七歲的紡織女工是計件工資，日薪在 0.2 元 -0.3 元之間；另一名手電筒工廠工人日薪 0.35 元；還有一名有五年工作經驗的橡膠廠女工日薪是 1.26 元。雖然收入相異，他們的居住情況大致相似。依然單身的都租住床位，有的人還同母親或者結拜姐妹合住一個床位。已經結婚的工人，都是全家擠在一個隔間裏。

　　除此以外的十二名受訪者可以大致歸類於「流動性工人」，其中包括一名外包工，四名苦力（兩名女性兩名男性），一名人力車夫，一名米店的伙計，一名女傭和一名小販。此外，柏特士還採訪到永安公司的一名職員，一名住在主人家船上的漁夫，還有一名新界的農婦。較之其他的流動工人，永安公司的那名職員可謂生活優裕。他月入 30 元，由公司提供食宿，平日出入西裝革履。其餘的受訪者中，收入最高的是一名裝卸茶葉的苦力。貨船來的時候他每週可掙 5 元至 6 元；但是貨船走後他只能去裝卸蔬菜，每天只得 0.3 元。那位小販已是六十歲的老婦，每天只能掙到 0.15 元。因為收入如此可憐，她只能苛扣自己每天的口糧，飢一頓飽一頓，常常拖欠每月 1 元的床位費。一般來說，年輕力壯的可以掙

得多些過得好些。年老體弱的如一名六十歲的苦力，曾經在太古船塢做過油漆匠，但他放棄了相對高的收入，因為那個工作「太累太危險」。

當時一種流行的說法把香港工人工資低下、勞動環境惡劣的問題歸咎於市場上過分充足的勞動力。這個解釋只從供需關係方面道出了一部分的原因。柏特士的報告對殖民政權及其規章制度作了相當篇幅的討論；他以較為隱晦的方式指出，官方的漠不關心是導致香港基礎性勞工問題的根本原因。在〈香港的會社〉、〈香港的社會立法的歷史〉，以及〈立法程序對契約自由及緊急立法的干預〉等章節中，他更直白地敍述了殖民政府對任何受到當局懷疑的華人社團進行積極鎮壓的一貫歷史。儘管殖民政府曾經做了一些恩賜般的調查，這種調查所提出的社會改良建議卻從未付諸實施。

從香港成為英國殖民地的第一天開始，殖民政權就對維護殖民地的生存環境保持着高度警覺。鑒於香港處於中國地理與社會的大環境中，殖民法制拒絕賦予華人組織工會的權利。柏特士特別指出，有三項立法成為香港政府的守護利器，用來扼殺對任何可能危及殖民地利益的華人組織。它們包括 1845 年制定的〈會社條例〉（其後於 1887 年和 1911 年兩次修訂），1922 年制定的〈緊急狀況處置條例〉和 1927 年制定的〈非法罷工和非法閉廠條例〉。按照〈會社條例〉，所有社團必須在總註冊官辦公室註冊或者得到特別豁免，而這個總註冊官的職位後來就改名為華民政務司司長。這項最早用來對付三合會的法規，因此也成為殖民政權監視華人社會的關鍵機制。二十世紀二十年代，當海員工會領導的罷工發展成香港的「第一次總罷工」時，殖民政府啟動〈緊急狀況處置條例〉，宣佈香港海員工會非法並迫其解散。1925-1926 年省港大罷工時，殖民政府再次動用〈緊急狀況處置條例〉，剝奪香港總工會的合法地位並迫其解散。用柏特士的話來說，1927 年制定通過的〈非法罷工和非法閉廠條例〉是香港有史以來「第一個……明確對付工會的立法」。他不無

圖 1.　　1938 年的太古船塢

圖 2.　　|1930 年代的皇后大道

嘲諷地寫道，香港政府竭力執行這一條例的成果，就是「把香港僅存的
一些工會變成只能為死人喪葬提供幫助的互助社團，而不是有能力改進
活人〔工作〕條件的組織」。[32] 柏特士寫作報告時曾經查詢香港警察所掌
握的社團信息；當時全港共有大約 300 個社團，其中的 84 個工會共有
44,000 成員，其餘的則為手工業或商業行會、宗親團體、地域團體、海
員宿舍，以及社交俱樂部。[33]

　　除了這些苛刻而禁制性的法律，柏特士還討論了涉及勞工問題的其
他官方措施。殖民體系的三個分支中，市政局對社會問題最為關注最為

32　Butters，頁 116、117。
33　Butters，頁 119。

積極。但相比行政局和立法局，市政局的權力最為有限。1919 年市政局仍然名為潔淨局時，已經為干預廠房擁擠的問題訂立了條規。另外一項官方舉措是 1921 年成立的童工問題調查委員會。這個委員會對於「僱用兒童承擔工廠以外的各種非技術性雜活，特別是讓他們負重往山頂區域搬運磚頭和其他材料」等現象感到震驚。調查委員會還認為華人的工作時間「普遍地過分冗長」，而「工資幾乎到處都是計件制」。委員會因此指責使用童工的做法「壓低了成人工資的基本水準」。**34**

根據童工問題調查委員會的建議，香港於 1922 年通過了〈工業部門僱用童工條例〉，明確禁止有危險性的行業使用童工、工廠不得僱用十歲以下的童工、每名童工工作時間以九個小時為限、每名童工必須每週休息一天等規定。這個條例還指定華民政務司司長為少年工庇護官，同時設立一男一女兩名視察官的新職位。此項立法為其他補充條款和至少兩項勞工立法開創先例，導致 1927 年的〈工廠條例〉和 1932 年的〈工廠及作坊條例〉的制定。這幾項立法把勞工庇護官和工廠視察官的職位制度化，並把女工和童工及少年工列為被保護的群體，禁止他們受僱於危險性行業或做夜班。

無疑，上述有關勞工的立法既出於善意，也帶有殖民地主人的恩賜意味。但是，香港真正的問題不在於針對勞工問題不斷出台或更新法律條規，而在於官方完全缺乏執行這些法律條規的意願。比如，市政局最早提出的處理工業部門過分擁擠的條規「從來沒有得到立法局的肯定」。整個殖民體制中，只有華民政務司才有權力處理勞資糾紛並促使雙方達成妥協或者做出仲裁。省港大罷工以後，華民政務司設立了一個勞工顧問委員會，指定華民政務司司長為顧問會主席，他的首席助理為顧問會

34　Butters，頁 120。

秘書。顧問委員會的成員由政府官員和四個歐資大公司的代表組成，沒有華人、也沒有勞工代表參與，成立以來一直無所作為，形同虛設。[35]

沒有組織工會的合法權利，沒有法律對最低工資和最高工作時限的保障，沒有任何在處理勞工問題的機制中獲得即使是象徵性的發言權，中國勞工自然不得不在柏特士所形容的「擁擠的住房、貧困、疾病和失業」的困境中苦苦掙扎。[36] 儘管他也提到內地「過量的」移民是這許多問題的原因之一，但是他對法律的制定及執法情況的敍述，實際上把殖民政府視為目前許多勞工問題的根本原因。他敦促政府採取更加積極的行動保護勞工，並取消那些迫害性的落後於時代的嚴法苛例。作為殖民體系的一員，柏特士贊同倫敦所制定的「向前看」的政策。他甚至提出，香港殖民地不應該把中國勞工視為僅僅是「關在服役營房裏的工人」，而「必須首先把他們作為公民對待」。[37] 這個想法，在當時的殖民地官員中可謂鳳毛麟角。

在報告的最後一章〈總結與建議〉中，柏特士提出了殖民政府能夠而且應該做的兩方面工作。第一方面的工作是訂立法規，對工作時間及工作條件、以及勞工集體行動等問題制訂有法可依的條文。他認為，1937 年剛剛制定的〈工廠和作坊條例〉過於狹窄，只涉及註冊工廠和作坊裏面的工人，而他們「僅僅是全體勞工中的一小部分」。他建議政府重新制定有關條例，將服務業、漁業和農業部門的所有勞工都包括在內。第二方面的工作是通過體制改革把勞工署重新定位。柏特士指出，目前勞工事務的處理權力分屬市政局和華民政務司屬下的勞工庇護官，但是兩個機構的權力相互抵銷。「市政局有制定規章的權力和規定勞工庇護

35　Butters，頁 125。

36　Butters，頁 110。

37　Butters，頁 164。

官權限的義務，而勞工庇護官則擁有否決市政局制定的規則和建議的權力」。[38] 這種兩個執行機構相互制衡的設置，不僅是荒唐的雙重架構；事實上，這種設置使香港治理勞工事務的行政機構有名無實、形同虛設。他建議政府通過制定〈工會條例〉、〈勞工賠償條例〉、〈行業委員會條例〉（取代目前的〈最低工資條例〉）和新的〈工廠和作坊條例〉等四項新條例來重建治理架構。柏特士相信，這些條例將有助於推動發展「貨真價實的」英國式勞工工會，防止勞工「參與中國政治，或鼓勵他們的自我膨脹」。[39] 換言之，這些制度上的修改，將會抵銷內地對勞工的吸引力並由此維持香港對他們的影響。

柏特士關於制定各種新條例的建議值得論者重視。假如這些保障勞工權益的條例一旦制定並付諸實施，香港殖民法制將有可能告別過往，迎來積極變革。當時實施的條例，如〈緊急狀況處置條例〉和〈會社條例〉，在柏特士看來都已經「過時了」。以他的想法，那些條例必須重訂甚至被新的工會條例所代替，「以便將香港勞工工會的地位提升到與英國勞工工會相同的地位」。[40]

在倫敦為殖民地勞工問題尋求解決辦法的當口，柏特士的種種建議把大英帝國指揮中心的意向落實到在香港推行政府直接干預勞工事務的各項具體方案上。他寫出了〈工會條例〉草案，並提交立法局審議。但是，香港立法局一如故往，對他的提案視而不見，從未將草案放到議事日程上進行討論。直到 1948 年 3 月，香港第一個〈職工會及勞資糾紛條例〉才在立法局通過一讀。那時的香港，已經成了一個完全不同的世界。

38　Butters，頁 165。

39　Butters，頁 166-168。

40　Butters，頁 165-166。

香港民間救亡運動

就在香港殖民體制的核心部門竭力抵制倫敦指示、拒絕改變現狀的時候，香港的勞工沒有選擇坐待恩賜。在死氣沉沉的政治氛圍中捱過了將近十年之後，不少人為「許多十年來似乎已經完全消失滅絕的工會突然都恢復了活動」而感到驚訝。柏特士注意到，這些工會組織是「在愛國情懷感召之下復甦，它們都具有民族感情和政治參與的特質」。[41] 對有些參加重建工會的人來說，他們曾經身體力行、創造了香港工人心繫祖國安危參與祖國政治的傳統，現在他們只是重振旗鼓。對另一些剛剛投入社會運動的人來說，他們是在面臨外敵入侵的國難中發現了香港這個傳統、並以自己的行動將前輩參與祖國政治的傳統發揚光大。

1938 年，中國的全面抗日戰爭已經持續一年。日本向中國大陸擴張，自二十年代末開始蠶食進攻，繼而不斷升級。在 1928 年的選舉中，鷹派的立憲政友會提出不惜採取軍事手段捍衛日本在華利益的外交政策，擊敗對手民政黨，當選主政。[42] 政友會當選首相田中義一兩次派遣海軍陸戰隊前往山東，阻止北伐軍統一中國的行動。日本皇軍更不遺餘力地鼓吹用戰爭手段排斥其他國家、由日本獨佔中國的國策。1931 年，駐紮在中國東北的日本精銳部隊關東軍蓄意製造「九一八事件」（即西方所稱「滿洲事件」），迅速佔領東北三省。自此，日本進步歷史學家所稱的侵華「十五年戰爭」拉開序幕。

日本侵華行動激起了僑港華人的震驚和義憤。1928 年日本海軍陸戰隊在濟南殺害 2,000 名中國平民，史稱「濟南慘案」，在香港成為重大新聞。商界精英控制下的媒體如《華僑日報》和《工商日報》，及時報

41　Butters，頁 118。

42　Jansen，頁 365-372。

道濟南慘案，接連幾個星期連篇累牘地登載事件經過及其在內地和世界各地的連鎖反響。少數特別勇敢的香港華人甚至走上街頭，當眾發表演說，號召同胞發起集體行動抗議日本侵華。他們立刻被警察拘捕，並被法庭處以罰款、送進監獄服苦役。這些零星的抗議行動成為三年後持久而大規模運動的序曲。1931 年的「九一八事件」爆發後僅僅幾天，成千上萬的僑港華人走上街頭或在室內舉行大規模集會，憤怒譴責日本侵華行動。在灣仔街頭舉行的一次抗議集會上，幾名冷眼旁觀的日本僑民在人群旁邊冷言冷語，當場激起參會民眾義憤。他們轉而攻擊灣仔沿街的日商店舖，和平的抗議由此轉向激烈行動。接下去的幾天，幾名日僑在街頭遭到攻擊，成為日軍侵華的替罪羊。殖民政府調動警察驅散抗議群眾，警民雙方發生激烈衝突。由於警力不足以應付遍及全港此起彼伏的群眾抗議，港督不得不動用英國守軍鎮壓抗議集會以恢復秩序。[43] 當抗議活動最終平息，港督的官方報告承認有十四人在此番衝突中死亡，其中包括六名日僑和八名華人。而港府內部的消息卻表明，英軍在行動中一共打死了至少 400 名抗議民眾，並拘捕監禁 200 名以上抗議民眾。當時擔任港島裁判官並任第二警察指揮官的葛量洪親眼目睹抗議運動，感嘆香港華人的反日情緒「實在是相當激烈」。[44]

　　僅僅對日本侵略者心懷激憤，當然不足以掀起一場全港性的持久抗議活動。位於西營盤的高陞戲院是香港三大粵劇舞台之一，被殖民當局指認為策劃掀起反日行動的據點，責令戲院在十月份停演三天，以示懲誡。理髮匠的行會組織煥然工社，也被當局指為「積極策動與反日運動

43　Lu Yan（陸延）（2014 a）。

44　"The Governor's Statement in Legislative Council on 1st October 1931, in regard to the Anti-Japanese Agitation," CO 129/536/6, 62; Grantham (1968), 8.

相關的不滿情緒」的非法組織，並勒令解散。[45] 實際參與發起這次抗議運動的聯絡點，當然遠遠超過外來政權僥倖發現的一兩個節點。事實上，每一個街區都有一個非正式的消息網絡，其傳遞信息動員民眾的能量超過本街區而遠達更廣大的區域。香港華人普遍懷着同仇敵愾的悲憤心情，只要某個商店發生抵制日貨的行動，立刻就會有一大群行人駐足聲援。他們伴着砸毀日貨的聲音鼓掌歡呼，把更多的聲援者吸引過來。家住灣仔的梁柯平當時還是一名二年級的小學生。她家附近住了許多碼頭工人，時常發生這樣的抵貨行動。由於殖民當局實行嚴厲的新聞檢查制度，凡是有反日言論的文章都不得登載上報，許多報紙因此撤下已經排版的文章，留下許多空白的「天窗」。不過，香港華人也有他們自己的辦法來避開官方新聞檢查，以他們自己的方式表達反日義憤。過新年時，賀年卡成了大眾的宣傳工具。那些年，他們不再選用財神爺的圖像或「恭喜發財」這類字眼，而在賀年卡上印着內地著名抗日英雄的照片。香港華人就是用這種別具一格的賀年卡，來表達與祖國同心同德、支援抗戰的強烈心聲。[46]

在香港這次救國運動中，勞工大眾率先衝鋒向前。民眾大規模抗議活動之後，連受到官方認可的商界精英也加入了援助中國保衛國土的行列。在一定程度上，這個舉措繼續了他們自二十世紀初就已開始的涉足內地政治的行動。[47] 歐亞混血的百萬富翁何東為抗戰做出的多方面貢獻尤其令人矚目。他從世紀初就開始暗中支持中國建立強有力的國家政權，之後又送三子何世禮去英國和法國接受軍事訓練。何世禮畢業後加入中

---

45   "Order by the Governor in Council, No. 617, 1st October 1931," in CO 129/536/6, 51; "Order by the Governor in Council, No. 686, 9th October 1931," in CO 129/536/6, 52; William Peel to J. H. Thomas, 16 October 1931, in CO 129/536/6, 23–25.

46   梁柯平，頁 1-2。

47   關於香港商界精英於 1900-1925 年間涉足內地政治的討論，參見 Chung 的著述。

國軍隊，成為國軍的一名指揮官，為保衛祖國效力。1935年，中國政府借蔣介石生日之機發起「獻機」募捐運動，何東一人就捐出購買一架飛機的巨款。相比之下，其他商界精英依然選擇遵從殖民地的謹慎做法，以集體捐款的方式參加獻機運動。當1937年全面戰爭爆發，商界以香港中華總商會和東華醫院為領導機構，立刻發起救助戰爭難民的募捐活動。總商會又成為半官方的機構，匯總並向中國政府轉交全港募捐款項。[48] 救國運動這時已經遍及全港，幾乎所有的僑港華人不分貧富貴賤一起參與。電影界的明星、娛樂場所的小姐、工廠工人、街頭小販、商店伙計、學校教師、大中小學的學生，以及官辦的香港大學的學生，都組成了他們各自的救國團體，舉行各自募捐和聲援祖國的活動。[49] 當時密切關注救國運動的一位觀察者注意到，在1937年下半年全港一下子就出現了150多個救國組織。[50]

救國運動能夠在三十年代後期的香港如此蓬勃發展，除了源於深藏華人心底的歸屬情懷，還得益於殖民地略顯寬鬆的政治氣候，以及殖民當局在面臨軸心國威脅時對華人社會和中國政治採取的新的應對方式。1936年，日本與納粹德國簽訂反共條約，使英國在亞洲的殖民地腹背受敵。當時歐洲已經戰雲密佈，英國以避免歐亞兩處同時作戰為第一要務。雖然英國對中國抗戰心懷同情，卻選擇小心謹慎的「寬厚中立」一策，給予中國「道義支持和有限的物質援助，同時避免任何與日本的衝

48　總商會的行動，參見周佳榮、鍾寶賢、黃文江（編），頁53-55。

49　有關香港救國運動的英文資料非常少見，原因當然不言自明——歐美僑民不關心華人社會，而英文出版物都以他們為讀者市場。儘管如此，當年對香港救國運動的中文媒體報道比比皆是。目前提到香港學生救國運動的英文著述，除筆者發表在美國學界研究近現代中國史的領軍刊物 Modern China 上的文章，只有 Cunich 寫作的香港大學校史；參見該書頁387-393。

50　GDGM，第44卷，頁211。

突」。[51] 香港政府同意讓三十多個中國官方和半官方機構在本港運作，以採購轉運海外戰略物資。[52] 這樣，大約 60%-70% 從海外採購的物資通過香港從鐵路運入嶺南地區，或者由漁民們駕着成千上萬艘帆船沿海岸北上，送往祖國抗敵前線。[53] 當國民黨與共產黨重新組成統一戰線一致抗敵，香港當局也放鬆了反共政策。通過駐重慶的英國大使牽線，允許共產黨設立了八路軍駐港辦事處。

　　這種非正式的安排，當然只是在握手點頭之際達成的共識和默許，隨時可以反悔取消。事實上，八路軍駐港辦事處始終處於香港警察的密切監控之下。由於當地商界精英所營造的反共社會氛圍，辦事處也沒有能夠得到當地民眾直接而廣泛的支持。[54] 八路軍駐港辦事處工作一年後，警察突襲並拘捕當值的辦事處人員，迫使辦事處於 1939 年春關閉當時作為掩護的粵華貿易公司。[55] 相比之下，國民黨作為政治黨派在香港雖然也屬非法，實際上卻享受着更多的寬容和自由。當然，這種包容也有它的界線。日本駐港總領事對香港殖民當局不斷施壓，敦促港府制止本地的一切抗日言論和行為。在任港督羅富國（Geoffrey Northcote）本人非常同情中國抗戰，但在日本總領事持續施壓和本國「寬容中立」的政策下，他也不得不對中國政府提出溫和但是明確的警告。他對到港動員民眾募捐的廣東省長吳鐵城說，假如像吳鐵城或宋子文這樣「有名的中國

51　Bradford A. Lee，頁 18；Chan Lau Kit-ching (1990)，第 6 章。

52　CO 129/580/3，頁 36-38。

53　Snow (2003)，頁 29。

54　商界精英營造反共社會氛圍的問題，參見 Chan Lau Kit-ching (2000)。

55　辦事處當時以做茶葉貿易的「粵華公司」為前台進行日常工作。被查封的經過，參見連貫，〈抗戰初期在香港〉、〈回憶八路軍駐香港辦事處〉，連貫同志紀念文集編寫組（編），頁 277-279、280-287。連貫當時是辦事處日常工作的實際負責人。

人」不「積極抑制」港島的反日活動，「形勢將會變得愈來愈難，甚至反彈」，以致殃及目前正在香港合法運作的許多中國機構。[56]

三種黨派領導

即使沒有日本方面的經常性施壓並要求港府壓制華人「反日活動」，英屬香港對 1925-1926 年的省港大罷工也是記憶猶新，無法對華人的社會活動放鬆警惕。但是，殖民政權對吳鐵城和八路軍駐港辦事處這種空降而來的高層次人物與機構高度警惕，將其作為監控對象，實在是張冠李戴，錯選目標。三十年代末的香港已是今非昔比；民間救亡運動的「煽動者」並非二十年代那些勞工運動積極分子。當香港勞工大眾在三十年代初開始自發展開反日抗爭時，三個在香港活動的中國黨派都是潛在的領導力量。這三個黨派對大眾社會採取了不同的溝通方式，而它們應對外敵入侵的不同舉措及其在香港當地社會的不同組織方式，最終決定了它們各自在香港民眾中產生的不同號召力。

國民黨是中國最老的現代政黨，也是組織省港大罷工的兩個主要政黨之一。大罷工以後不久，國民黨從尋求改變政治制度的反對黨轉而成為執政黨，並以保衛現行制度為己任。作為執政黨，它同英國的關係也從對抗轉為合作與相互協調。共同追捕逃到香港的共產黨人成為它們之間最成功的合作。一旦香港警察抓到共產黨人，他們即刻被遣返內地，送入那裏的監獄和刑場。[57] 但是，殖民地當局嚴禁任何政黨在香港取得合法地位，國民黨因此也從未能夠公開活動。由於殖民政府採取堅決的遣

56 "Memorandum of Interview," from Northcote to Colonial Office, September 25, 1939, CO 129/580/3, 43.
57 Chan Lau Kit-ching (2000)，頁 1044-1061。

送出境措施，國民黨曾經號稱擁有 139 個支部和 20,000 名黨員的港澳總支部於 1926 年被迫解散。[58]

　　基於無法在英屬香港公開活動的現實，國民黨與大眾社會、特別是香港勞工的聯繫，基本繼承了它早年初創組織時的傳統。當年孫中山秘密組織興中會（即國民黨前身），香港的三合會曾經為他提供了草根社會的基礎支持。通過三合會的渠道而進入勞工群體，依然是國民黨成為執政黨後的基本做法。國民黨缺乏與勞工大眾直接的組織聯繫，但保持與三合會的既定關係，可以從國民黨最為重要的「勞工領袖」馬超俊的個人經歷中略見端倪。

　　馬超俊（1886-1977）號稱香港工人出身，實際上不過是十幾歲時在九龍船塢附近的一家馬宏記機器廠做過兩年學徒。不久他遠渡重洋前往舊金山，先在一家華人開的工場做工，然後進了一家機器廠。在舊金山時，馬超俊參加了海外華人社會中的主要三合會組織致公堂。十八歲時，馬超俊在舊金山遇見了前來美國向海外華人籌款的孫中山。他的反清革命激情受到孫中山的賞識，被派往日本擔任國民黨的聯絡人。自此，馬超俊成為一名職業政治家。孫中山死後，他在國民黨內積極有效地調解派系鬥爭，並成為組織國民黨右翼反共攻勢的一名干將。[59] 儘管馬超俊在國民黨內擔任要職，指導黨內勞工事務，並作為中國勞工代表參加國際勞工聯合會會議，他作為工人的經歷和作為香港或內地任何地方的「勞工領袖」的經歷，可以說是微不足道。[60]

　　儘管如此，國民黨在香港的兩個支部和在澳門的一個支部依然對各

58　　陳希豪，頁 150-151。陳希豪曾任上海特別市黨務指導委員會訓練部部長；該書即陳希豪於部內訓練班講課大綱的基礎上整理而成。

59　　郭廷以、王聿均、劉鳳翰，頁 5-8。

60　　郭廷以等，頁 63、80-81。

個工會及其成員具有相當影響力。在國民黨影響下的勞工包括海員、屠夫、碼頭工人，在工廠及公用事業部門如電車、巴士、電力公司、煤氣公司、港九鐵路等機構服務的工人和在酒店旅館及餐館酒樓的服務生和勞工，以及私家傭工。雖然國民黨於 1926 年後在香港被迫解散當地組織，香港的工人依然把領導國民政府的國民黨視為正統。1939 年 7 月國民黨在香港重組總支部，很短時間內便擁有了 5,000 名成員。[61]

就在國民黨組織從香港消失的十餘年間，一個新的反對派勢力在此建立活動基地，開始吸引許多反對國民政府對日綏靖政策的異見人士。這個反政府勢力的形成起源於二十年代國民黨內部的派系鬥爭。1933年，持不同政見的政界軍界領袖終於揭竿而起，發動福建事變，建立與南京相對抗的中華共和國。他們反對蔣介石的領導及政策，提出不同的社會經濟改革方案、包括「耕者有其田」的綱領，並號召全國各派力量團結起來共同抗擊日本侵略。[62] 然而，福建事變被政府迅速鎮壓，事變領導人紛紛逃亡香港避難。在此，這些大多來自華南地區的政界軍界領袖重組力量，於 1935 年成立中華民族革命同盟，推舉出身廣西並曾任廣東省長的李濟深（1885-1959）擔任主席。同盟的其他主要領導人物還有1932 年在上海奮力抗擊日本進攻的十九路軍將領、為全國人民視為民族英雄的蔡廷鍇（1892-1968）和蔣光鼐（1888-1967）。

中華民族革命同盟以香港為基地，成為華南和西南地區救亡運動的主要領導力量，並為廣東廣西以及福建各省的救亡運動積極分子提供了牽線搭橋的組織網絡。在 1935 年 12 月公佈的公開聲明中，中華民族革命同盟提出八項任務，其中五項均注重動員軍隊和全國各界人民進行

61　〈駐港澳總支部黨務沿革概要〉，見中國國民黨中央委員會第三組（編），頁 201-208；特別頁 203-205。

62　關於在福建事變中建立的中華共和國的各項對內對外政策及其他文件，參見福建省檔案館所編資料集。又見姜平、羅克祥，頁 107-119，以及吳明剛。

抗日戰爭。[63] 當宋慶齡夫人和其他社會及政界領袖於 1936 年 6 月在上
海發起救國會時，中華民族革命同盟立刻派出代表參加會議，又在香港
成立了救國會的分部華南救國會。中華民族革命同盟支持救國會發出的
建立國共統一戰線共同抗擊外敵入侵的號召，但是它對中央政府的態度
比救國會更為激進，呼籲全國各黨派聯合起來，推翻蔣介石領導的國民
政府。[64]

　　抗日救亡和反對蔣介石領導下的政府這兩個共同綱領，使中華民族
革命同盟與中國共產黨成為同路人，兩個黨派內的許多成員也保持着密
切聯繫和私人友誼。不少失去組織關係的共產黨人開始靠攏這個反政府
的異見黨派。1934 年至 1939 年間，中華民族革命同盟在香港發行《大
眾日報》，以 *Public Herald*（大眾先驅）為英文標題。[65] 雖然中華民族
革命同盟的組織網絡基本限於華南和西南，但其組織網絡和《大眾日報》
為香港民間悄然興起的新一代救亡積極分子提供了發現同志、擴展活動
的重要平台。[66] 關心國是的香港青年發現《大眾日報》是他們能夠發表意
見和尋求知音的論壇。每當他們的文章在上面登載，就會有志同道合的
陌生人響應。他們原先似乎是孤軍奮戰的活動，很快變成了一呼百應、
活力四射的社會運動。

　　對共產黨人來說，三十年代上半葉是他們遭受全國範圍毀滅性打
擊的至暗時刻。因為香港不受中國政府的管轄和直接干預，共產黨的華

63　姜平、羅克祥，頁 122。

64　姜平、羅克祥，頁 123。

65　該報部分報紙依然可以在香港大學的香港專題庫藏找到。目前對該報有紀錄的見 Kan Lai-bing and Grace H. L. Chu 所編香港報紙目錄，其中把該報名稱列為 *Public Daily News*，基本是中文的英譯。鑒於香港大學圖書館有館藏資料，這裏採用香港大學圖書館目錄所用英文。

66　參見方少逸，頁 101-109。

南機構最初以此作為避難所。然而，香港殖民當局的反共意識形態和當地的反共文化，以及早期共產黨人的政治幼稚和草率行事，都給共產黨組織造成嚴重破壞，並使它喪失群眾基礎。在激進的政策影響下，共產黨人採取上街發表演說、組織所謂的「飛行集會」等行動策略，結果卻招來警察拘捕並被投入監獄、驅逐出境。這個時期的共產黨領導堅持以共產主義理論指導激進行動，無視香港大眾要求抵抗日本侵略的普遍訴求。有意思的是，香港殖民總督也把壓制激進的共產黨視為第一要務，認為共產黨的蠱惑分子是造成 1931 年大批民眾舉行反日抗議集會的根本原因。[67] 但是，稍微審視歷史資料就可以發現，共產黨的內部文件恰恰提供了反證。歷史學者陳劉潔貞指出，在香港的共產黨組織遭受港英警察多次突然襲擊，到 1931 年已經是「一個徒具其名的空殼」。至 1934 年，接二連三的警察突襲、監禁和共產黨內部的叛變已經把它基本打垮解散。[68] 從更廣的視野看，香港共產黨組織的這些經歷不過是全國其他地方黨組織的側影。上海是當時中共中央的所在地，地下組織遭到毀滅性打擊，中央機構最終轉移江西並與受了重創的紅軍一起於 1934 年下半年走上長征之路。各大城市的共產黨地下組織遭受滅絕性打擊是一次全國性事件，而非香港一地獨有。[69]

　　三十年代後期，失去組織聯繫而流散各地的地下黨員與遠在西北的中共中央各自積極努力，終於重新接上關係。1935 年，中共中央和紅軍的基本部隊經過輾轉二萬五千里長征，終於到達貧瘠的陝北，重新建立根據地。回顧慘痛的失敗和歷史教訓，中共領導層擯棄在「白區」（即國民黨統治區域）的激進政策。香港和澳門當局與中國政府基本保持友好

67　　CO 129/586/3，頁 78-79。

68　　參見 Chan Lau Kit-ching (1999)，第 10 章，特別是頁 168、174-175。

69　　關於上海地下組織被摧毀的討論，參見 Stranahan，第 3 章。

關係，也被視為同一意義的白區。由獨處陝北的中共中央作出的這項政策調整，正巧同來自莫斯科的意見相符。這時，中共駐第三國際的代表團剛剛擬就《為抗日救國告全體同胞書》，提出建立統一戰線的號召，並在法國巴黎印行的《救亡報》上公開發表這一聲明。[70] 駐第三國際的中共代表團隨即派遣林育英（林仲丹，1897-1942）帶着指示前往剛剛抵達大西北的中共中央駐地。林育英是最早的共產黨人之一，又是工運領導人。他化名張浩，扮作商人，經新疆和內蒙於 1935 年 11 月輾轉抵達延安。[71] 駐莫斯科代表團所作的同各個黨派特別是國民黨結成統一戰線的指示，於 1935 年底在瓦窰堡召開的中共中央政治局會議上通過。[72] 自此，注重務實並有豐富工運經驗的劉少奇被任命負責領導華北的白區工作。時任中共中央總書記的張聞天（洛甫，1900-1978）多次撰文，具體闡述白區工作的政策與問題。[73]

雖然中國共產黨組織一度遭受全國性重挫，兩年的組織空白卻開放了一個意外的空間，使一大批青年在沒有直接組織領導的環境中得以鍛煉成長。他們有的是失去組織關係的共產黨員，有的是救亡積極分子。香港抗日救國會就是由這樣的一些年輕人組成，是目前所知當地最早的救亡團體。它以失聯的共產黨人為領導，以勞工為群眾基礎。周楠（1907-1980）是香港抗日救國會主要組織者，出身於廣東的貧困農戶，

---

70   中國蘇維埃中央政府和中國共產黨中央委員會，〈為抗日救國告全體同胞書〉，見中共中央書記處（編），《六大以來》，第 1 卷，頁 679-682。

71   李維漢，〈回憶張浩回國時的一點情況〉、王鶴壽，〈忠心為國雖死猶榮〉，中華全國總工會中國工人運動史研究室（編），《張浩紀念集》，頁 21、3-13。

72   〈中共中央關於目前政治形勢與黨的任務決議；一九三五年十二月二十五日中央政治局通過〉，《六大以來》，第 1 卷，頁 734-745。

73   劉少奇，〈肅清立三路線的殘餘：關門主義冒險主義〉，最初發表於北方局的刊物《火線》，重印於《六大以來》，第 1 卷，頁 754-759；洛甫，〈關於白區工作中的一些問題〉，1936 年 10 月 18 日，《六大以來》，第 2 卷，頁 79-98；洛甫，〈白區目前黨黨中心任務〉，《六大以來》，第 2 卷，頁 126-144。

只讀完小學就進了工廠做工。1927 年，他在香港一家電池廠工作，並秘密加入共產黨。他的聯繫人於 1930 年被捕，使他失去組織聯繫。[74] 周楠一邊打着各種零工，一邊閱讀了所有能夠找到的馬克思和列寧的著述以及艾思奇的作品。《大眾日報》刊行後，周楠經常投稿，馬上吸引了不少志同道合的年輕朋友。他們於 1935 年秋天發起成立了讀書會，不久便有了一百多名會員。到年底，讀書會成員決定成立香港抗日救國會。雖然沒有任何黨派領導，這個完全自發的組織不斷壯大，最終發展到四、五百名會員。他們大多數是工人，其餘的是學生、教師和店員。1936 年9 月，香港抗日救國會舉行秘密集會紀念「九一八事件」，警察突然襲擊，逮捕了參會成員，香港抗日救國會被迫解散。周楠正巧作為它的代表去上海參加全國各界救國聯合會的全體代表大會，因而躲過一劫。[75]

　　當思想激進卻毫無經驗的香港抗日救國會被當局輕易摧毀之際，又一個秘密的救亡組織在香港底層社會出現。1936 年，華南救國會做為全國各界救國聯合會的南方支部在何思敬與中華民族革命同盟的朋友們共同努力下在香港成立。何思敬（1896-1968）曾是廣州中山大學的社會學教授，於 1932 年秘密加入中國共產黨。他因參加廣州的救亡運動被政府通緝，中華民族革命同盟的朋友獲得消息後立刻給他通風報信。何

74　該次警察行動是對中共南方局的一次重大打擊。周楠的聯繫人莫叔寶在該次警察行動中被捕，繼而變節，出賣了他的許多同志，導致更多的人被捕。參見 *GDGM*，第 19 卷，頁1-2。以下關於香港抗日救國會及周楠的敍述主要基於何錦洲的回憶，並比較對照了兩份同時代文件：大盛（即李富春）於 1931 年初關於南方局向中央做的報告和吳有恆於 1941 年在延安時所做《香港青年工作報告》。

75　香港救國會成員舉行紀念「九一八」活動而遭逮捕，繼而解散組織的事件，吳有恆於 1941年向中共中央所作〈香港青年工作報告〉中有具體闡述，該報告指事件發生於 1937 年。參見 *GDGM*，第 44 卷，頁 130。該報告中的洪標即為周楠在香港地下工作中使用的名字。何錦洲的紀念文章使用了洪飆。諧音字被替代使用，是歷史文件中常見現象。雖然兩份文件互相印證了該次事件的確切性，其發生年份卻有出入。根據各種歷史事件的排比，本書採用何錦洲所錄 1936 年，即救國會全國代表大會召開的時間。

思敬匆匆出逃，來到香港避難。1936 年 5 月，何思敬往上海參加由宋慶齡等召集的全國各界救國聯合會，回到香港後即與中華民族革命同盟攜手成立全救會的華南分支。[76] 在這些具有豐富政治經驗的社會活動家領導下，華南救國會採取了小心謹慎的策略，避免任何大張旗鼓的行動而招引警察注意。對渴望參加救國運動的青年來說，華南救國會不僅成為他們新的集結點，而且是他們進一步尋求共產黨組織的中轉站。

被華南救國會吸引的青年中，有些很快參加共產黨並成為香港的共產黨地下組織領導成員。吳有恆（1913-1994）是一名來自廣州的大學生。「九一八事件」後東北淪陷，他才剛剛考入大學。1936 年春，吳有恆決定放棄學業來到香港，準備從這裏坐船去東北參加抗日游擊隊。找到華南救國會後，他立刻被當地的救亡工作所吸引，決定留在香港。1936 年 9 月，二十三歲的吳有恆秘密加入共產黨，不久便擔任剛恢復不久的中共香港市委領導工作。同時，他以華南救國會代表的身分，找到已經解散的香港抗日救國會成員，引導他們加入新成立的救亡組織。[77] 在此後的四年中，吳有恆成為香港群眾運動的密切關注者和紀錄者，直到他於 1940 年離開香港前往西北參加中國共產黨第七次全國代表大會。[78]

年輕、熱情，並且充滿愛國激情——這是周楠和吳有恆等許許多多從救亡積極分子成為共產黨人的共同特點；對祖國的熱愛使這些年輕人把救國運動和共產主義運動連在一起。由於這些青年的參加，正在從幼年走向成熟、從幼稚激進走向政治老練的共產黨獲得了新鮮血液，並因此與社會基層繼續緊密相連。這些三十年代加入共產黨的一代新生力量

---

76   參見何思敬，頁 19；方少逸，頁 100-109。1933 年，方少逸是廣州中山大學的學生。

77   關於吳有恆的個人歷史及活動，參見〈香港青年工作報告〉和〈吳有恆關於香港市委工作給中央的報告〉，*GDGM*，第 44 卷，頁 127-517；又見吳有恆，頁 243、247。

78   *GDGM*，第 44 卷，頁 41。吳有恆是香港的五位代表之一，其他四位包括三名工人以及九龍支部書記。

與二十年代領導勞工運動的共產黨人有一個鮮明的區別。與早期共產黨人不同，他們不是抱着書本從莫斯科或者大都市空降各地的外來者，而是從本地社會運動中產生並在本地成為群眾運動領導者的「原生態」共產黨人。[79] 新一代的共產黨人中，當然有不少像吳有恆那樣受過相當程度教育的青年；然而他們給香港群眾運動帶來了不一樣的引導。他們本身來自基層社會，不僅繼續保持與草根社會的聯繫而且繼續與之互動。這種行為方式使三十年代的共產黨人擁有比國民黨和中華民族革命同盟更強大而堅實的組織優勢和社會影響力。國民黨必須通過三合會才能聯繫民眾，而中華民族革命同盟則自始至終都是一個以政界軍界精英為主力的團體，從未建立深入大眾社會的組織基礎。抗日戰爭全面爆發以後，國民政府對日宣戰，並與其他政黨組成統一戰線。中華民族革命同盟也於 1938 年解散，領導人及成員返回內地參加抗戰。只有共產黨人留在了香港，繼續保持着與草根社會的緊密聯繫。

勞工運動與「勞工問題」

當工廠工人、學生、店員和公司寫字樓文員聯起手來共同組成抗日救亡的秘密組織，他們的行動反映出香港的一個新現實。[80] 日軍侵華戰爭節節升級之際，成千上萬的中國人不得不背井離鄉走上逃難之路，國家的戰難也成為個人的滅頂之災。1937 年全面戰爭爆發之後，香港的總人口由 1931 年的八十萬激增到 1938 年的一百八十萬。大廣州於 10 月份淪陷，更多的難民湧到香港，以致五萬人無力支付房租，露宿街頭。

79　關於共產黨與國民黨作為二十年代勞工運動領導的區別，參見陳明銶（1975）。

80　關於救亡運動的學術討論，迄今基本關注於它的精英領導或是政黨領導，以及知識分子的引領作用。參見李雲漢，Israel，Coble。

事實上，露宿者中有一半並非剛剛來到香港的難民，而是香港本地的工人。他們不是剛剛失去工作，就是因為工廠無法全日開工而減少了工薪收入。[81] 難民的湧入使香港勞力市場爆滿，由此產生的連鎖效應導致供貨短缺、通貨膨脹，以及實際工資和絕對工資的下降。外敵入侵之下被迫失學的青年學生也加入了尋找工作的人群。一直關注社會動態的吳有恆注意到，香港有大概四分之一的工人是青年，其中包括許多學齡青少年，他們一般每天勞作 16 至 18 個小時，每月的工薪僅僅是 8 元至 10 元。[82] 戰亂和逃難的非常境遇，最終消除了學生和工人之間的差別。國難當頭，不僅整個中華民族為了生存而奮力掙扎，他們每個人也在為自己的生存苦苦掙扎；民族和個人為了生存而進行的抗爭最終合而為一。

　　雖然香港勞工自 1927 年以後便失去了政黨的領導，但在三十年代後期略為舒緩的政治環境下，勞工組織又迅速地重新恢復。曾經組織了香港第一次總罷工並於省港大罷工後被取締的海員工會，現在再次重建，並成為最活躍的工會之一。在長達十年的反共白色恐怖下，早期工會成員一直默默地團結周圍的海員同事，維持着在殖民地仍有合法地位的娛樂性工人組織。1929 年，遠洋輪「日本皇后號」上出現了餘閒樂社，由幾位與共產黨組織失去聯繫的早期勞工積極分子曾壽隆、張東荃等發起組織。出海航行時，餘閒樂社組織海員演出粵劇，以排遣漫長行程中的寂寞；上岸回到香港後，餘閒樂社以共同基金為生病或失業的海員提供幫助。1937 年，海員們進行了兩次努力，試圖把餘閒樂社正式登記為工

81　〈香港職運報告〉，*GDGM*，第 44 卷，頁 13。又見吳有恆，〈吳有恆關於香港市委工作給中央的報告〉，*GDGM*，第 44 卷，頁 237-517，數據見頁 239、363。以下稱該文件為「吳報告」。

82　〈香港青年報告〉，1941 年 1 月 25 日，*GDGM*，第 44 卷，頁 127-236；引文見頁 206-207。這個報告從行文和內容上看，很可能出自吳有恆筆下。他可能於 1939 年 11 月到達延安後先寫了職運報告，然後寫了青年報告，最後於 1941 年 2 月中完成市委工作報告。

會。他們的第一次申請立刻遭到殖民當局拒絕。他們再次努力，徵集了
上千位海員聯署簽名，終於成功將組織註冊，定名香港海員工會。當時
在「日本皇后號」上工作的曾生（1910-1995）曾經是廣州中山大學學
生，因為參加抗日救亡活動被政府通緝而逃到香港，成為船上的「走鐘
仔」。作為船上唯一受過高等教育的海員，曾生成為餘閒樂社的積極分子
和領導骨幹。當海員工會在他積極活動下終於註冊成功時，他已經是一
名中共秘密黨員。[83]

　　重新組織起來的香港勞工又一次以行動支持祖國的抗日戰爭。全面
戰爭爆發不久，3,500 名中國海員離開他們服務的日本輪船以示抗議。在
太平洋輪船公司旗下的四大「皇后號」（日本皇后號、加拿大皇后號、俄
國皇后號和亞洲皇后號）上服務的 845 名船員離船，抗議該公司為日本
運輸戰略物資。抵制日本的罷工行動也在岸上蔓延。1937 年下半年，海
員和碼頭工人發起了大約十七次罷工，參加人數共達 8,399 名。[84] 1937
年 11 月至 1938 年 2 月間，香港的各家船塢有 3,300 名工人舉行了四次
罷工。在香港九龍船塢，2,000 名碼頭工人舉行了長達九天的罷工，拒絕
為載運日貨的船隻卸貨上岸。在美孚石油公司，500 名工人拒絕為運往
日本的貨品裝船，迫使公司取消訂單。這些罷工抵貨行動，有些有共產
黨人秘密參與，有些完全由工人自行發起。在香港最大的糧行宏記，400
名碼頭工人舉行罷工，拒絕為運往日本的糧食裝船。有的碼頭工人自發
地採取更極端的行動，把即將運往日本的戰略物資鎢礦石倒入海中。在
太古船塢，5,000 名工人集體罷工，拒絕修理日本船隻，甚至說服了公

83　　參見周奕（2009），頁 89-92；曾生，頁 59-63。

84　　吳報告，*GDGM*，第 44 卷，頁 399。

司找來的替工一起罷工。[85] 在日本駐港總領事嚴密監視和香港新聞檢查的嚴苛規程下，有關中國工人抗日罷工的新聞完全無法見報。然而，他們勇敢的行動受到地下共產黨人的支持和關注，並記錄在他們的內部報告中。多年以後，這些事跡終於公之於眾，為研究者提供了認知香港勞工和他們的救國行動所不可或缺的史料。這些紀錄表明，香港勞工抵制日本的罷工運動在 1936 年至 1939 年間迅猛發展。

除了罷工和抵貨，香港華人勞工還為祖國抗敵積極募捐。他們的行動在 1938 年達到高潮，而一次在深水埗由瓜果小販發起的全港募捐尤為令人動容。繼全港紀念「七七事變」一周年活動以後，在深水埗這個剛剛興起的工業區做買賣的三名小販一起決定舉行三天義賣，把全部收入捐給中國政府以支援抗戰。小販是香港勞工階層中收入最低的群體，他們的生活困境在前述柏特士調查報告中可以略見端倪。他們每天起早摸黑，販賣蔬菜瓜果只能賺得微薄的利潤。三位小販深明大義的舉動感動了許多人。義賣的消息迅速傳開，附近的紡織廠工人立刻響應，參加義捐。聰明的工人更想出巧妙的辦法，要求廠主捐出同工人總捐贈數目相等的義款。在社會壓力之下，廠主不得不也加入義捐活動。這些消息不日傳遍全港，其他區域的工人和小販紛紛仿效，「全港沒有一個市場不進行了義賣」。工人們經常組成幾百人的隊伍將義款送往匯總中心華商總會。他們一路走去，用着「震動山嶽」的聲音齊聲高呼：「救國呀！」短短三個星期，義捐數量達到 700,000 港元。「八一三抗戰」一周年之際，單單小販義捐就達到 1,180 元。[86] 在接下去不到一年的時間，小販繼續舉

85　〈香港職運報告〉，*GDGM*，第 44 卷，頁 11-40，引文見頁 16-18；吳報告，頁 387-390；又見曾生，頁 83。

86　〈瓜菜販義賣賑款昨交華商會〉，《星島日報》，1938 年 8 月 13 日，頁 10；吳報告，頁 234-246。

行義賣，總共籌集 300,000 元送交中國政府。[87] 當時一位關注事態發展的人描述了在深水埗舉行的一次二萬人大遊行，將那天籌集的義款送往華商總會的情形：

> 在義賣運動發展的最熱烈的時期，深水埗小販把義賣所得款項結清以後，再把款項由九龍區送到香港華商總會（由他匯轉）的一天中組織了空前未有的將近兩萬人送款的遊行，群眾由各工廠、街道匯合起來，包括了各式各樣各個階層的群眾，工人手中拿着各種標語，舉着各工廠、商店義賣競賽的數字，唱着救亡歌曲，更有廣州留港童子軍為前導，國術館、體育會的群眾耀武揚威，在群眾之前呼後擁中出現着貼滿標語的汽車、腳踏車，糾察隊橫立於其旁，故意在那些採用日貨原料的、用救國名義剋扣工人工資的資本家工廠面前遊來遊去 …… 這樣偉大的群眾遊行在香港還是第一次。[88]

在盛大的遊行背後，香港底層社會的救亡組織積極分子發揮了關鍵作用。許多小販其實都是文盲，社會接觸面有限。如果沒有救亡組織積極分子默默的幫助，他們無法單靠愛國激情興起並組織聲勢如此浩大的運動。青年積極分子、特別是被解散的香港抗日救國會的成員，重新組成「課餘社」並在當局登記成功。那些青年成為小販們義捐的幕後支持者。他們幫助傳播消息、設計義賣現場和義賣傳單。通過他們的組織網絡，他們把深水埗小販義賣和工廠工人義捐的消息傳送到香港的各個角落。這些有文化的青年人贏得了小販們「無比的信任」。更有意思的是，與小販們相比，這些青年對於那些吸引公眾注意的活動抱着更為謹慎的

87　〈今年「八一三」義賣小販自辦〉，《華僑日報》，1939 年 6 月 7 日。
88　〈香港青年工作報告〉，*GDGM*，第 44 卷，頁 213-214。

態度。他們對自己的香港抗日救國會在兩年前被摧毀的經歷記憶猶新，而他們當中現在已經有人秘密加入中國共產黨。雖然他們對那次二萬人大遊行非常躊躇不決，但小販們的熱情最終征服了猶豫的青年。[89]

　　香港勞工舉行罷工抵貨和義捐活動，雖然聲勢浩大、規模可觀，卻也為此付出了巨大代價。柏特士注意到勞工超長的工時和特低的工資之間的不平衡，對社會問題特別關注的地下共產黨人也留下了相對應的數據。針對日本船隻和日貨貨運的罷工導致許多華人海員失去工作。吳有恆代表共產黨香港市委所做的內部報告估計，「戰爭以後最少也有五千二百個海員工人為了反日鬥爭而失業了」。至 1939 年 11 月，全港海員失業人數達到 16,000 名。總體而言，海員失業率為 53%，居各行業工人失業率榜首。據另外一份共產黨內部報告估計，香港七個行業的平均失業率為 22%（見表 2）。[90]

表 2. 1939 年部分行業失業人數估計

行業	現有勞動力	失業人數
海員（遠洋輪）	30,000	16,000
紡織業	60,000	5,000
機動車駕駛員	6,000	3,000
印刷業	7,000	500
煙草業	5,000	2,000
造船及修理	50,000	10,000
建築業	50,000	10,000
總計	208,000	46,500

89　〈香港青年報告〉，*GDGM*，第 44 卷，頁 214。為了防止港英當局的懷疑，課餘社幾經易名，一度改稱新生社，後又改稱晨鐘體育社。

90　吳報告，頁 390；〈香港職運報告〉，*GDGM*，第 44 卷，頁 11。

地下共產黨人的內部報告還留下了工廠主降低勞力費用等各種具
體做法的記錄。因為難民湧到香港、充斥勞動力市場，僱主以香港計件
工資的慣例獲得汲取利潤的更大空間。當然，正常生產秩序也因戰亂受
到衝擊。在一些工廠，僱主採取不解僱工人的辦法，讓他們隨時待命開
工。工人們常常會「在工廠坐了一天沒有賺到一個銅板」；有訂貨時，他
們卻會「連續做二十多個鐘頭」。當香港的物價以兩倍甚至三倍的速度上
漲，這種做法進一步削減降低了工人的收入。[91] 青年工人構成在僱勞動力
的四分之一，他們在店員、紡織工人以及私家傭工中佔居更高的比例。
雖然他們的失業率相對較低，四分之一的青年工人卻是拿着學徒的工資
做着技術工人的工作。[92] 這種以學徒工代替技術工的辦法不僅為僱主降低
勞力成本，更造成中年工人失業或半失業的現實。在一些運營狀況不錯
的行業，工人訴諸集體行動，罷工行動取得一定勝利。三十年代末在中
華書局香港分廠發生的幾波工潮，即為諸多工人集體抗爭的事例之一。

中華書局是中國政府指定的印鈔工廠。1933 年，中華書局建立香港
分廠，並為上海調往香港的長工提供免費宿舍和相對高的工資。可是，
工人不久就發現，他們的工薪完全跟不上香港通貨膨脹的速度。1937
年，分廠不斷發生各種勞資糾紛。到 9 月份，廠方決定增產 20%，把
夜班時間從六小時延長至九小時，並取消分紅和每月兩天的賞工（休息
日）。這些決定立刻導致一次嚴重工潮。從上海調來的七百名長工和臨
時工集體罷工十天，迫使廠方接受工人要求的八小時工作條件。1938 年
3 月，勞資雙方就新合同中的苛刻條件進行協商，最終談判失敗，罷工
又一次爆發。這次參加罷工的工人達到一千名。勞工主任柏特士參與調
停，最終以有利於工人的條件達成勞資協議，結束了長達兩個月的勞資

91　〈杏港職運報告〉，*GDGM*，第 44 卷，頁 13。
92　〈香港青年工作報告〉，*GDGM*，第 44 卷，頁 207-208。

糾紛。[93]

　　1938 年 12 月，中華書局香港分廠發生第二波勞資糾紛。表面的起因有二：一是兩名工人在工作時間發生爭執被開除，二是公司就印鈔中出現的三張廢鈔對當班工人開出高額罰金。對此，關心香港工人狀況的柏特士卻另有更深入的看法。他認為，工人在戰時被迫遷徙，由此產生的焦慮和相關問題是這次罷工的主要原因，工人罷工因此具有合理合法的經濟動機：

　　　工人們的騷動不安已經有好幾個月了，根本原因是他們離開了上海的家室來到陌生的香港殖民地，他們覺得前景不明，處境不安全。最近的兩次事故再次將這種不安升溫。管理部門宣佈發放工資後停止生產，開除了六十九名他們眼中的帶頭滋事者。當工廠重新開工，工人回到車間，一個部門的七百名工人開始了靜坐和絕食抗議。[94]

　　柏特士提議再次由他居間調停，被中華書局斷然拒絕。他沒有提到的是，這次罷工很快演變成為一次全港性事件。當地民眾對工人深感同情，送來食品和其他各種援助。有一份中文資料稱，中華書局的罷工甚至引來了《泰晤士報》的記者。公司方面因此感到社會壓力，回到談判桌上。[95] 最終，柏特士受公司邀請參加仲裁。他對勞工代表身份的合理性表示支持，反對將他們作為滋事者進行處罰。公司同意重新僱用六十九

93　周小鼎，〈周小鼎關於香港中華書局分廠黨總支工作的談話紀錄〉，1941 年 1 月 11 日、13 日，*GDGM*，第 44 卷，頁 73-125，引文見頁 101-103；朱亞民，頁 252-267。

94　Butters，頁 119。

95　參見朱亞民，頁 262-263。筆者曾經對該時期《泰晤士報》作了翻檢，並未發現有關中華書局事件的報道。按常理推斷，即使真有該報記者訪問並寫出報道，這次事件偏限於地方，被該報採用的可能性微乎其微。

名勞工代表，但是對兩名在工作時間打鬧的工人依舊按原來決定給予開除處分。這次罷工最後以工人的勝利告終。但是，如柏特士所估計，它還是種下了「今後衝突的種子」。[96]

　　1939年，中華書局第三次也是最後一波勞資衝突爆發，並且由公司方面在充分準備之後率先發起。8月7日，在公司宣佈大規模裁員的同時，幾百名警察突然來到中華書局設於紅磡、九龍、宋皇臺和土瓜灣的員工宿舍。[97] 公司宣佈，印鈔任務已經完成，大部分工人將被解僱並獲得相當於兩個月工資的遣散費。香港殖民當局除了派出警察，又以其他方式為資方提供支持。華民政務司對1,200名被解僱工人中佔居多數的上海工人發出限期8月底離開香港的通知。工人們認為這一連串的動作是報復他們在前一年集體抗爭的勝利，拒絕接受工廠的條件，要求恢復工作。在雙方僵持的幾個月中，香港、上海、東南亞、法國以及菲律賓等地社會團體的捐贈維持着中華書局工人的生活。上海青幫的杜月笙正在香港躲避戰難，被資方請來居間調停。12月中，警察以「發表侮辱英王的言論」拘捕了十三名工人。在杜月笙調停過程中，香港當局還使用警力威嚇前來談判的勞工代表。來自殖民當局和資方的壓力和恐嚇，以及支撐1,200名工人基本開支的重重困難，最終迫使抗爭的工人接受杜月笙調停的條件。他們於1940年2月中止了持續七個月的抗爭，接受相當於六個月工資的遣散費離開香港。至此，香港在戰爭前夕為時最長的勞

96　Butters，頁119；周小鼎，頁104-109；朱亞民，頁260-264。朱亞民和周小鼎的兩份紀錄對兩名被開除的工人稍有出入。朱亞民說只有一位工人被開除。這裏筆者採用周小鼎的紀錄，因為他當時也是中華書局的工人並任中共地下黨總支委員，而且報告寫於事後不久。

97　中華書局的〈中華書局港廠啟事〉和〈中華書局港廠員工公鑒〉均登載於《華僑日報》，1939年8月8日，頁4。

資糾紛落下帷幕。[98]

　　雖然中華書局的勞資糾紛主要涉及上海來的工人，但從各方面看，這次工潮都是一次香港事件。不僅中華書局的工人自始至終得到當地社會的廣泛同情，殖民當局也成為三年多以來勞資糾紛的直接參與者，並在支持工人和支持資方兩項選擇之間前後搖擺。這種看起來似乎自相矛盾的行為，其實反映了殖民政府內部不同部門、或者更確切地說是不同層次的殖民政府部門在處理勞工問題上的明顯分歧。剛剛上任的勞工主任柏特士在他的調查報告中對勞工表示同情，而且在中華書局進行調停的過程中對勞工的合理要求予以支持。雖然他在報告中對中華書局的勞資糾紛只留下相當簡潔的敍述，工人們對他的公平處置非常認同。當資方宣佈接受他的調停條件後，工人們高呼各種口號，其中一個就是，「尊重勞工司仲裁！」[99] 很可能因為柏特士對勞工表示的同情，也可能他正處在調任財政司和交接工作的過程中，他沒有參加中華書局最後一波勞資糾紛的調停。直接參與處理這次衝突的是柏特士的頂頭上司華民政務司司長，選擇直接支持資方。官方這種一百八十度的轉向，其實更加符合香港殖民地一向的執政原則：只要擾亂英王領地的秩序，任何人都必須受到懲罰並被逐出香港。

　　在 1938 年和 1939 年間，殖民當局到底對中華書局香港分廠內部勞工組織有多少了解，目前很難根據柏特士的簡短敍述作出判斷。雖

98　參見周奕（2009），頁 111；朱亞民，頁 264-267。朱亞民是工人談判的領隊，據他回憶，當時警察進入談判現場時，他命令工人代表一律坐下，以防止任何衝突發生而給資方提供動武鎮壓的口實。

99　當時工人的紀錄，包括朱亞民的回憶和周小鼎的內部報告，都稱勞工主任為「勞工司」，而當地報紙如《華僑日報》則稱其為「勞工處長」。這些用詞都有相當隨意性，與 Labour Office 的職稱以及在殖民地政治架構中的地位不相符合。工人將 Labour Office 與華民政務司（Secretariat for Chinese Affairs）並稱「司」，而事實上 Labour Office 為華民政務司屬下的一個部門。

然香港為監控顛覆性政治活動已經於 1934 年建立了政治部（Special Branch），有論者認為該部直至戰後才開始真正展開活動。[100] 然而，1938 年也是殖民當局對活躍的勞工運動和救亡運動明顯提高警惕、並宣佈實行〈緊急狀況處置條例〉的時刻。那年 1 月，殖民當局引用〈緊急條例〉，再次宣佈香港海員工會非法並將其封閉。[101] 雖然當局沒有提出其他任何理由，它所選擇的打擊對象並非無的放矢。香港海員總是站在勞工抗爭的前列，這次反日抗爭亦同樣如此。海員工會裏面已經有共產黨人在活動並發揮領導作用；他們的身份可能還沒有暴露，但海員工會顯示的強大活力至少表明它本身已經形成了有效而有力的組織。在中華書局香港分廠內也有一些剛剛參加共產黨的青年工人。從上海來的朱亞民當時才二十一歲，目睹廠方對工人的不公待遇而感到憤憤不平。當他知道香港成立了印刷工會，立刻前去參加了它的籌備委員會，並動員廠內另外兩名工人一起參加工會。此後，他一直在香港印刷工會和中華書局工人之間擔任聯絡工作。他的自覺行動引起地下黨員的注意，不久朱亞民於 1938 年春天秘密加入了共產黨。他是中華書局香港分廠 1,800 名工人中僅有的三十五名共產黨人之一，並在黨內擔任組織工作。[102]

　　共產黨人只是在中華書局香港分廠中活動的幾個黨派團體之一，而每個黨派都力圖擴大在工人中的影響力。國民黨在工人中有無黨員，目前未見具體記錄，但有三名工人參加了國民黨的青年組織三民主義青年

100　參見羅亞，頁 5。

101　周奕（2009），頁 94。

102　朱亞民，頁 1、258-260。朱亞民原名朱復，該名字也在吳有恆關於香港青年和職工運動的報告中出現；周小鼎在回憶錄中也提到朱復之名。各種材料對中華書局香港分廠的工人人數所說不同：從 1,400（朱）到 1,500（Butters）到 1,800（周）。此處採用周小鼎的數字，因為他列出了各個部門的具體人數，而且也包括了臨時工。

團。[103] 廠方則扶持建立了各種同鄉會，鼓勵他們之間的摩擦和衝突，以期達到分而治之的目的。這些同鄉會在中華書局香港分廠的三次重要罷工中沒有起到任何作用。在工人中最得人心的是印刷工會。經過兩次罷工的勝利，參加印刷工會的人數從 900 名增加到 1,100 名以上。單單中華書局的職工就佔了整個香港印刷工會成員的三分之一，香港印刷工會特別在中華書局香港分廠設立一個支部。[104] 據共產黨人自己觀察，中華書局分廠的三十五名秘密黨員都是在香港成為勞工運動積極分子，然後再加入共產黨組織。他們「討論最多最有趣最熱烈的是群眾鬥爭問題，不大重視討論發展黨員的問題」。[105] 因為他們是在香港勞工運動中秘密入黨，作為共產黨人在中華書局工潮中的領導作用也是在第一次工潮以後才真正開始。他們對領導「群眾鬥爭」以改進工人工作及報酬條件的熱情，為最後一次工潮爭取了較好的結果，並以此證明他們是中華書局內所有黨派和團體中最有能力最能奉獻的力量。

　　站在香港巨大的社會鴻溝的兩邊，殖民當局和勞工大眾在本地和全球時局急遽轉變的推動下摸索着新的前進方向。為了大英帝國的生存，

103　周小鼎，頁 75-76、84、90。

104　周小鼎，頁 101；〈唐克鄧衍基黃一甦關於香港反汪工友回國服務團的報告〉，*GDGM*，第44卷，頁 47-72；引文見頁 48。

105　周小鼎，頁 97。

倫敦已經認識到重新審視勞工問題和改善勞工管治方式的必要。環繞勞工問題而興起的干預主義新潮，使香港殖民當局和勞工大眾第一次有了直接接觸的機會。當殖民當局擔負起處理勞工問題的責任，香港開始告別近百年來隨機應付勞工問題的歷史，並擴大現有殖民體系，設立了專門的勞工署。港英政府第一位勞工主任柏特士在當地切實推行帝國中心對勞工的改良性干預政策，親自開展實地調查而獲取第一手資料，調解勞資衝突並取得建設性的解決辦法。柏特士起草的〈行業委員會條例草案〉於 1940 年 6 月在立法局二讀通過，成為正式條例。[106] 但是，柏特士起草的〈工會條例草案〉卻付諸東流。立法局將其束之高閣，從未列入議事日程。[107] 作為殖民體系中持進步理念的成員，柏特士希望在殖民地建立英國式的勞資關係，通過合法的工人集體行動促使資方改善中國勞工的工作和生活條件，建立起與中國政治劃清界線的勞工組織。他的規劃是對母國政治中以工黨為首的在野黨的積極回應，但是他的設想必須等待整整十年才會在香港付諸實施。

在香港社會鴻溝的另一邊，中國勞工卻等不及殖民者的恩賜而自覺動員起來。他們心繫祖國安危，以各種方式組成救亡團體；一旦工會在香港得到合法地位，他們的勞工組織立刻復甦並投入爭取改善僱用條件的鬥爭。雖然英文的官方記錄只留下中華書局的個例，但戰前香港的勞工運動已經與救亡運動並肩前行，成為當地令人矚目的群眾運動。與二十年代的省港大罷工不同，三十年代重新復甦的勞工運動以反對帝國

106　參見 *Hong Kong Government Gazette* 1940 (Supplement)，第 261 號；*Hong Kong Hansard* 1940，頁 73-74、87。立法局的會議錄沒有三讀的紀錄，但是發表的〈勞資委員會條例〉顯示該條例於 1940 年 6 月 21 日即二讀的後一天正式立法。一項立法只經二讀便得通過實屬罕見。由立法局會議紀錄看，可能該條例並未引起重要爭議。當時柏特士已經從勞工主任升任財政司執行司長，香港也已完全處於佔據大廣東的侵華日軍威脅之下，香港防務成為當務之急。

107　參見 Miners。

主義為主旨，不再針對英國，而是指向日本的軍事擴張主義。香港華人中最為熱切地尋求全國性領導力量的勞工活動積極分子在中國共產黨身上看到了希望。雖然這種認可沒有立刻導致勞工組織的架構重建，青年勞工積極分子為共產黨的主張和領導能力所吸引，勢必導致勞工基層組織的轉向，並為共產黨和香港的勞工運動帶來新的活力。

　　日軍兵臨邊界，迫使中國勞工和港英當局面對迫在眉睫的危險。當共同敵人在前，勞工為戰難中的祖國所牽掛，殖民地官員則為大英帝國的安危而擔憂。組織起來的中國勞工與勞工主任柏特士的短暫合作揭開了香港歷史新的一頁，但卻遠遠未能回答勞工事務的眾多問題。香港的殖民政權到底能在勞工事務的改革之路上走多遠？怎樣的改革才會讓勞工滿意？三十年代全港救國運動此起彼伏，而殖民當局在應付中華書局工潮的過程中，從建設性協調轉向居高打壓，預示着勞工事務改革前途難卜的未來。雖然重新組織起來的勞工和殖民當局都開始準備面對勞工治理問題，他們卻不得不轉而應付更緊迫的挑戰：1938 年 10 月，日軍終於兵臨城下。

第二章

戰難和抉擇

1938 年 10 月，日軍攻佔廣州及周邊地區，香港殖民地面臨近在咫尺的威脅。連續幾個月來難民如潮水般湧入香港。到 11 月，每天抵港的難民已達 11,000 人之多。駐紮廣州的日軍刻意顯示武力，派遣戰鬥機飛臨新界，多次挑起邊界事端。[1] 備戰成為每個香港居民眼下日常生活的一部分。從 1938 年開始的防空演習到次年春天進一步升級；全港被劃成二十二個分區，以期獲得演練和組織防空的更好效果。[2] 港府敦促非戰鬥人員離港，並於 1939 年 8 月起撤離歐美裔婦女和兒童。結果，「所有下週離港的郵輪艙位全部訂光，可還有長長的預備訂單無法滿足需求」；倫敦《泰晤士報》駐港記者這樣寫道，「從早到晚，所有的人都趕着去銀行取錢」。[3] 到 9 月初，遠洋郵輪已經一艙難求，「人們出頭等艙的價錢去買三等艙的票⋯⋯因為大家都急着要離開這裏」。[4]

廣州淪陷後的三年裏，香港歐洲僑民社會的情緒跌宕起伏，有時充滿了僥倖的自得，有時又如驚弓之鳥，隨時準備飛逃。日軍偶爾挑起邊界衝突，事後再作道歉，更加劇了普遍的不安。各次衝突事件之間，緊張情緒總會略有鬆弛。如此循環往復，一廂情願的想法便應運而生——日本絕對不敢攻打香港，因為大英帝國堅不可摧。雖然常有邊界衝突，「生活的享樂不受絲毫干擾⋯⋯從高爾夫到曲棍球、遊艇和衝浪運動等等，英國人一定保證他們能夠繼續享受所有的體育愛好，一樣都不少」。[5] 有些被指定撤離的歐洲婦女在開船的那天跑到廣州，也有人設法把自己列

---

1   *Times*（倫敦），1938 年 7 月 26 日，第 11 版；1938 年 7 月 29 日，第 13 版；1938 年 11 月 26 日，第 11 版。

2   〈昨晚筲箕灣開始防空，上中下各區不日舉行〉，《華僑日報》，1939 年 3 月 16 日，第 2：1 版；〈防空行動組織化，港九二十二分區工作概況〉，《華僑日報》，1939 年 3 月 31 日，第 2：1 版；〈本月下旬防空大演習〉，《華僑日報》，1939 年 4 月 10 日。

3   *Times*，1939 年 8 月 25 日，第 11 版；1939 年 8 月 26 日，第 9 版。

4   宋慶齡致 Grace Granich，1939 年 9 月 3 日，《宋慶齡書信集》，頁 150-156，引文見頁 151。

5   Selwyn-Clarke，頁 57、63。

為醫護或者其他政府服務的「必要人員」而躲避撤離。有些已經遣散至澳洲的人又回到香港和丈夫團聚。除了少數頭腦清醒的人看到戰爭必不可免，對大多數歐洲僑民和華人居民及來港難民而言，日軍的進攻來得如此之快，香港這個殖民地會如此迅速地淪陷，完全出乎他們的意料之外。

　　僥倖心理和種族歧視更使香港官方的備戰行動受到嚴重干擾。直到1940 年底，官方的基本看法是香港在戰略地理上無法防守。然而，出於爭取美援的急迫需要，英國首相邱吉爾一直竭盡全力扭轉這種消極態度。他要求香港成為抵抗日軍進攻的模範，以此向美國證明英國投入太平洋戰場的決心。[6] 防禦日軍進攻的戰備工程時鬆時緊。最初，港島上建成了六十個防空設施；雖然這些對 160 萬居民來說不過是杯水車薪，但那些堅固的岩石加鋼筋水泥結構的工程似乎成了官方防禦規劃堅不可摧的象徵。[7] 英國守軍新任指揮官賈乃錫（A. E. Grasett）少將於 1938 年11 月抵達香港，堅信黃種人的日軍在訓練、裝備和協調指揮等各個方面都遠遠不是英軍對手。也許日軍可以輕易打敗三流的中國軍隊，但它肯定將成為英軍手下敗兵。[8] 為了對付即將到來的攻城防禦戰，當局儲存了包括罐頭牛肉、大米、大豆以及食用油在內的大量食品。然而，就在Grasett 抵達香港前一個月，軍方已經叫停修建位於新界南端、意在防衛九龍的醉酒灣防線（也稱小馬其諾防線）。1940 年 6 月，當局開始徵用商用大樓和私家車輛，以備不時之需。這些從食物儲備到防空演習以至種種醫療和交通方面的戰備行動，無非顯示了官方當時漸漸達成的共識，那就是──香港「無法堅守、但是必須防守」。[9]

6　Snow (2003)，頁 40-41。
7　謝永光，頁 12。
8　Lindsay，頁 3。
9　Snow (2003)，頁 40；謝永光，頁 10-11、192。

最後關頭才開始的中英協作

日軍對香港的進攻與突襲珍珠港同時發起，突如其來的襲擊驚醒了還在睡夢中的香港居民。1941 年 12 月 8 日早晨，日本的進攻以空襲啟德機場開始，旨在摧毀那裏的幾架英軍戰鬥機。有些從來沒有經歷戰爭的人駐足觀看，驚嘆「如此逼真的演習……」；而已經在內地經歷戰事的人卻馬上意識到，戰爭終於來到了。[10] 九龍保衛戰只堅持了四天。醉酒灣防線很快崩潰，由印度兵和剛剛到達香港的加拿大新兵組成的防軍匆匆從九龍撤回港島。[11] 日軍在勸降遭到港督拒絕後，從 12 月 13 日開始猛烈砲轟港島。灣仔的海軍船塢、港島東部的發電站、北角的儲油罐都成為砲擊的主要目標。不僅那些戰略目標被一一擊中，就是居民樓和醫院也未能倖免。五天砲轟之後，日軍登陸港島。一週後的聖誕日，港督楊慕琦（Mark Young）宣佈投降。日軍在九龍的半島酒店設立臨時指揮部，楊慕琦在那裏的燭光下簽署了降書。雖然當局認為香港可以支撐至少幾個月，而邱吉爾也不斷地號召這個殖民地英勇堅守大英帝國的東方前線，香港僅僅抵抗了十八天就遭淪陷。

當然，香港迅速失守的深層原因依然在於殖民當局的傲慢、僥倖心理和防禦裝備不當。只不過這些問題都要到事後才變得明確凸顯。在日軍進攻的緊急情勢下，許多人認為是潛伏的第五縱隊向日軍提供情報、並在九龍淪陷之前就打起了太陽旗。更有人對香港只堅持了十幾天而不是原先以為的幾個月而深感震驚。強大有力的種族主義信念對防禦準備的影響，只能在回首往事檢討紕漏時才有可能察覺。種族歧視一葉障目，使 Grasett 少將無視香港防禦準備的許多紕漏，更使他大大低估對手

---

10   唐海，頁 7；薩空了，頁 1。

11   謝永光，頁 62-80。

的進攻準備與能力。種族歧視還使港英當局拒絕中方提供的援助，失去有可能延長抵抗過程的機會。[12]

直到日軍逼近香港的最後一刻，英方才開始考慮尋求中方支援。1941 年 10 月底，英軍和警方派遣代表求見代表八路軍駐港辦事處的廖承志。中共內部文件顯示，英方代表「緊急」請求中共游擊隊破壞佔領海南島的日軍飛機場，以阻止它據此襲擊香港。廖承志發往延安的三份電報顯示，雙方討論了英方向中方提供爆破裝置、炸藥以及訓練中方人員等細節。他們還討論了為中共在海南和廣東的游擊隊提供武器彈藥的問題。12 月 7 日，雙方舉行最後一次會談，英方同意讓中共在香港開設一個貿易公司作為半公開機構的掩護，並確定在廣州灣向在東江和海南地區活動的游擊隊移交武器彈藥。中共方面同意送十名戰士到英方接受爆破技術的訓練。[13] 然而，日軍進攻就在幾小時後發動，這些好不容易達成的共識瞬間化為烏有。九龍淪陷後，英方再次與共產黨人接觸。通過來到香港參加保衛戰的新西蘭記者貝特蘭（James M. Bertram, 1910-1993）牽線，港督楊慕琦的代表直接找到廖承志，希望東江游擊隊加入保衛香港的戰鬥。中方再次提出必要的武器和彈藥問題。過來談判的港督代表保證向上級轉告這些要求，但從此杳無音訊。英方尋求當地最活躍

12　中國記者唐海當時在港，記錄了官方自以為是的傲慢心態。英文學術著作中，Philip Snow 的著述最為生動而全面地描述了瀰漫於官方和歐美僑民社會的種族主義思想和行為。參見 Snow (2003)，第 1 章。

13　〈廖承志致毛澤東周恩來電〉，1941 年 10 月 25 日；〈廖承志致毛主席周恩來電〉，1941 年 11 月 14 日，見 *GDGM*，第 38 卷，頁 165-166；廖承志，〈與遠東英軍談判合作抗日給中共中央的電報〉，1941 年 10 月 25 日，1941 年 11 月 14 日，1941 年 12 月 7 日，見廖承志文集編輯辦公室（編），第 1 卷，頁 105-110。又見《曾生回憶錄》，頁 209。據曾生回憶，因為英方堅持派遣英軍監督武器使用情況，並拒絕中方游擊隊進入九龍和新界地區，雙方前幾次會談並沒有成功。曾生沒有直接參加談判，而且是多年以後的回憶，這裏以廖承志當時的文件為敘述基礎。

的抗日力量支持的努力，就此半途而廢。[14]

假如意識形態的差異是英方在尋求與中共合作時猶疑不決的原因，那麼它與國民黨和中國政府之間的合作也並未走得更遠。1938 年，陳策將軍來到香港做左腿截肢手術，之後留在香港主持與英方情報交流工作。日軍兵臨城下時，陳策的正式身份是中國政府駐港特派軍事代表，兼任國民黨港澳總支部主任。1941 年 12 月，他與英方開始密切接觸，協調軍事與維持治安問題。日軍進攻前兩天，他會見前來求助的英方代表團，其中包括港府的情報署長麥道高（David Mercer MacDougall，1904-1911），英軍負責情報工作的 Charles Boxer 少校，華民政務司司長那魯麟（R. A. C. North），以及一位警方代表。當時英方獲悉，香港的三合會正在外敵壓境之際策劃暴亂，當局亟需陳策伸出援手。[15] 陳策聞訊立刻行動，召集三合會和在港青幫的頭目，將他們手下那些「忠勇愛國之熱血健兒」組成「香港中國抗戰協助團（A.B.C.D. Chinese Corps Hong Kong）」，並將指揮部設在跑馬地的三合會總部忠義慈善會。陳策的私人秘書徐亨隨同各幫派首領前往港島各個街區，說服街區三合會成員維持秩序。他們向各街區的三合會團體保證，每個成員將得到每天 5 港元和一個麵包的報酬。至 12 月 21 日，這些費用總數達到 200,000 元，並以每天 30,000 元的速度繼續攀升。所有費用先由中方墊付，英方承諾戰後歸還。[16]

由於陳策的協調和三合會的配合，港島在抵禦日軍進攻期間免於內

---

14   夏衍（1985），頁 465。著名作家夏衍當時在中共的《華商報》工作；他的回憶錄記載了 12 月 12 日或 13 日的會談；當時他本人在場參與。

15   徐亨，頁 15；陳策，頁 167；Snow (2003)，頁 60。徐亨和陳策的材料沒有提及三合會計劃暴動的事，也在情理之中。此處引用 Snow 論述，基於他所看到的警察的檔案和其他英方材料。

16   徐亨，頁 18；陳策，頁 173；關於英方所做戰後歸還款項的承諾，見 Snow (2003)，頁 60。

亂。然而對殖民政權來說，武裝當地一個有潛在顛覆性的勢力去對抗外敵入侵，無疑又製造了另一種難以估量的危險。當日軍於 12 月 18 日在港島登陸，陳策將軍提出以 1,000 名香港中國抗戰協助團團員支援英軍，英方沒有立刻回應。直到聖誕前的午夜，英方才把二十箱手榴彈和七十五件左輪槍送到三合會的總部。正當陳策準備下令各位忠義志士衝鋒上陣時，英方又要求他暫時待命。[17]「但因英軍遲疑不前」，陳策嘆道，「卒不能達到殲敵願望」。[18]

到了撤退的最後關頭，中英雙方才達成毫無保留的相互信任；他們相互支持，成功突圍。當時陳策並不知道港督已經決定投降，他宣佈自己寧願在突圍中喪生也不願向敵寇投降。英軍為他調遣五艘魚雷艇；幾十名英軍軍官和士兵也加入了他的突圍隊伍。中英兩軍突破日軍重重狙擊逃離香港。[19] 在穿越新界崎嶇的山路時，他們遇到了一支附屬東江游擊隊的地方武裝，通過它獲得了渡船、食品給養和一名向導。經過四天艱難跋涉，突圍隊伍終於到達廣東省東北部的惠州，安然脫險。[20]

17　陳策，頁 172、175。

18　陳策，頁 172-173。

19　中英文材料對突圍的人數有不同說法。陳策的紀錄是「70 多名」英軍官兵，其中 3 名在突圍中陣亡。Snow 的紀錄是 62 名英軍。謝永光的說法是 72 名中英官兵。參見陳策，頁 178；謝永光，頁 156；老冠祥，頁 116。

20　這支地方武裝由梁永元帶領，他曾在陳策手下服務。參見陳策，頁 178。麥道高隨同陳策突圍，可能因為他的語言能力有限，對路上情形語焉不詳，僅僅把遇到的當地游擊隊都含含糊糊地說成是「當地人」。參見 MacDougall，頁 23。Snow 根據 Ronald Homes 少校於 1944 年 7 月 12 日所做報告，認為梁永元曾經是當地土匪，而非意志堅定的共產黨人；他最終於 1942 年 10 月與東江游擊隊決裂並發生衝突。參見 Snow (2003)，頁 375，腳註 143。中共內部文件進一步提供了東江游擊隊幫助陳策及其隊伍撤退的材料；參見林平，〈林平致中央並恩來電〉，1943 年 4 月 20 日，*GDGM*，第 38 卷，頁 253-257。該電說明陳策與五十多人是東江游擊隊協助「救助並護送」下撤出香港地區的第一批人。引文見頁 257。東江游擊隊的大規模救援行動，見本章具體敍述。

從草根運動到武裝抗敵

在遭遇陳策的突圍部隊時，東江游擊隊進行抗日活動已有三年，並為中國政府和當地民眾所周知。他們的活動範圍主要在惠陽和寶安縣沿着東江下游一帶方圓約 800 平方英哩的區域。當香港於 1941 年底淪陷，這支活躍在英王領地東北方的抗日游擊隊已經跨越了稚嫩的初創時期並戰勝了極度的坎坷與艱難。陳策的突圍部隊出境以後兩個月，香港大學前醫學院院長賴廉士（Lindsay Ride，1898-1977）又同幾名戰俘成功越獄，一起穿越新界崎嶇的大山逃往中國大後方。東江游擊隊給他們留下了深刻的印象。「在所有中國人組成的隊伍中，他們是最活躍、最可靠、最有效並最積極抗日的隊伍」，賴廉士這樣評價東江游擊隊。「從新界一直到九龍的日佔區都在他們的實際掌控之下」。[21]

東江游擊隊的組成，既是一項由共產黨發起的行動，更是當地民眾對中國政府軍撤出後的無政府亂局和侵華日軍殘暴統治的回應與反抗。就在日軍於 1938 年 10 月初登陸大亞灣並進攻廣州的時候，香港的共產黨領導層在紅磡舉行了一次秘密會議。廖承志向其他兩位會議參加者吳有恆和曾生傳達了來自西北的指示。共產黨中央預計日軍將很快攻佔大廣州地區，因而希望在香港的黨組織發展游擊戰爭、抵抗日本佔領軍。吳有恆當時擔任香港市委書記，曾生作為地下黨員擔任海員工會的領導。兩個年輕人都爭着要去組建游擊隊。討論下來，大家認為吳有恆在香港承擔着領導 600 多名地下黨員的責任，不能輕易走開；而曾生來自東江地區，是組織領導游擊隊的更好人選。[22]

21　Lindsay Ride（賴廉士），〈廣東各種軍事勢力的掌控區域〉，作於 1942 年中，引自 Chan Sui-jeung（陳瑞璋），頁 56。Ride 的生平，參見 Ebury。

22　《曾生回憶錄》，頁 93-94；賀朗，頁 9-10。

當香港還在享受着最後的和平與安寧時，120 多名工人和學生離開家人悄然北上，前往曾生的家鄉惠陽縣。他們有的一人獨行，有的三倆結伴同往。這些北上的人們至少有一半是通過惠陽青年會而加入曾生領導的游擊隊。香港地下黨市委的兩名成員劉宣和周伯明也加入了北上的行列，擔任年輕人的培訓工作。到達惠陽後經過篩選，只有三十多名志願者成為最初的游擊戰士；大多數志願者的體格不符合參戰的需要，轉而成為「民運人員」，投入動員村民參加抗戰的工作。[23] 這支小小的隊伍開始與附近的中國政府軍隊聯繫，希望得到承認並獲得武器彈藥。他們從國軍 151 師溫淑海旅長手中獲得十枝步槍，並被他命名為「惠寶人民抗日游擊總隊」。[24] 1939 年，東江游擊隊又被任命為（中國）第四戰區第三游擊縱隊新編大隊。雖然新編大隊並未因此獲得第四戰區的任何給養或武器彈藥，這支游擊隊很快獲得戰區長官嘉獎，表彰它「最能執行命令，最能打擊敵人，最能得到準確情報，最能在軍風紀上起模範作用」。[25]

來自政府軍隊對東江游擊隊最初的有限支持並沒有維持多久，雙方的關係很快惡化。政府方面試圖控制這個最為活躍最為堅決抗敵的游擊隊，將其收編。遭到拒絕以後，政府軍開始了大規模圍剿，試圖將東江游擊隊全部殲滅。1940 年春季，政府軍伏擊東江游擊隊，將其趕出東江地區。在此艱難時刻，游擊隊收到上級指示，命其返回原基地、重建游擊區。當時，東江游擊隊的力量已經從 700 人之眾減少到 100 名左右。

政府軍與東江游擊隊從最初合作到翻臉衝突，僅僅是日益劇烈的國共衝突的一個側面。1937 年，兩黨同意組成第二次統一戰線，一致抵抗日本侵略。國民黨對於在敵佔區進行游擊戰爭並成功建立抗日基地的共

23　《曾生回憶錄》，頁 97-98。

24　《曾生回憶錄》，頁 100，103-104。

25　《曾生回憶錄》，頁 124、128-129、139。

產黨深懷戒意，從 1939 年起就動用精銳部隊封鎖延安地區，禁止一切工業品和醫藥物品的輸入。防共政策迫使共產黨領導下的游擊隊、特別是在長江以南的部隊調整組織部署和戰術方法。1940 年 5 月，曾生領導的游擊隊同王作堯領導下在東江西南方的東莞地區活動的一支游擊隊合併。他們公開宣佈，新成立的部隊接受共產黨領導，並將其命名為「廣東人民抗日游擊隊」。[26] 抗戰勝利前，這支地方抗日武裝必須同時在兩個前線反擊敵人：一面同中國政府軍及日本佔領軍統領下的偽軍作戰，一面對日本佔領軍進行游擊戰。這支隊伍從糧食到武器彈藥以致最基本的醫藥和醫護用品樣樣缺乏、沒有絲毫保障，但卻愈戰愈強。它的隊伍從 120 名志願者開始發展，到 1943 年重新命名為東江縱隊時已有 3,500 名之強。[27]

東江游擊隊的力量，並非僅僅因為中國政府的寬容或壓迫而增強或減弱。游擊隊本身缺乏經驗，造成了它的初期錯誤判斷和挫折。但是這支部隊靠着堅定意志、愛國熱情和當地人民的支持堅持了下來。從游擊隊指揮員到初期志願加入的游擊隊員，所有成員一開始既沒有軍事技能、更沒有戰場經驗。在沒有任何訓練的情況下，東江游擊隊就投入戰場打了它成立之初的第一仗。在 1938 年剛剛成立時，共產黨曾經派來幾位有過戰場經歷的老戰士，幫助訓練這些來自廣東和香港工廠、學校及田間的志願者。新四軍派來了曾經參加北伐戰爭的鄭晉（又名鄭天保）和經歷了紅軍長征的盧偉良，擔任東江游擊隊的軍事顧問。[28] 他們給游擊隊員進行基本軍事訓練，之後一直留在隊伍裏。經濟上，東江游擊隊依靠在東南亞和北美的海外華僑資助；由孫中山夫人宋慶齡組織的保衛中

26　《曾生回憶錄》，頁 104、124、127-128、142-149、153-157、168。

27　《曾生回憶錄》，頁 318-323。

28　《曾生回憶錄》，頁 107，125-126。

國同盟為他們送來海外籌集的醫藥、捐款以及衣物和被褥。[29] 雖然這些外界捐贈支持了游擊隊每日必須的給養，但遠不足以使東江縱隊的志願者們在極度艱難的處境下支撐了七年之久。

東江游擊隊為何能夠在逆境下愈挫愈勇，外界觀察者各持不同看法。作為戰前香港殖民體系中的保守成員，賴廉士從局外人的角度斷定，共產主義的信仰灌輸是把一般群眾拖進武裝抗敵的主要原因。他於戰俘營出逃後跋山涉水穿越新界山區，注意到游擊隊裏有共產黨的領導力量。他認為「政治性的鼓動演說……對取得中國農民支持並在他們心目中灌輸共產主義意識形態起着重要作用」。[30] 與賴廉士相反，在美國空軍第 14 軍服役的飛行員克爾中尉（Lieutenant Donald Kerr）得出了完全不同的結論。戰爭接近尾聲時，克爾中尉的戰鬥機在啟德機場附近被擊落，他成功跳傘逃生並得到東江游擊隊戰士的及時救助。在被轉移去中國大後方之前，克爾中尉與東江游擊隊共處達一個月之久。他從年輕的翻譯譚天（1916-1985，英文名 Francis）口中了解到，共產黨領導的「實際行動」是取得游擊隊員擁戴和當地群眾支持的關鍵。[31] 這兩個完全相反的解釋，一個似乎居高臨下帶着不屑的意味，一個似乎又過於簡短扼要，無法說明為甚麼幾乎樣樣匱乏的東江游擊隊能夠在武裝齊全的英軍被日軍繳械投降後，成為廣東包括香港地區的唯一一簇「積極抗日的星星之火」。[32]

沒有廣泛的社會支持和民間救亡運動所激發的蓬勃動力，就不會有東江游擊隊的存在。單單是「政治性的鼓動演說」絕不可能使這些游擊

29　《曾生回憶錄》，頁 132-133。

30　Ride，頁 41。

31　參見譚天，〈和克爾中尉隱蔽在一起的日子裏〉，《回顧港九人隊》，第 1 卷，頁 82-85；Kerr，頁 144，腳註 101，以及第 18 章，頁 249-269。

32　此語見 Snow (2003)，頁 77。

隊員在無比艱難的環境下堅持如此之久。遠在游擊隊開始發展前，許許多多為了拯救危亡中的祖國而奔走呼號的青年已經在為游擊隊的出現鋪墊下一塊塊社會基石。組織發起游擊隊並成為司令員的曾生就是個活生生的例子。他的親身經歷展示了救亡運動與武裝抵抗、草根社會與共產黨領導、香港勞工運動復甦與戰時抗敵間密不可分的因果關係。

　　在曾生抵達坪山建立游擊隊的兩年前，他還是廣州中山大學的一名學生。為了逃離內地政府的政治迫害和尋找共產黨，曾生來到香港，成為「日本皇后號」遠洋輪上的一名走鐘仔（即聽到客艙內客人打鈴即作回應的服務生）。就像他在中山大學參加救亡運動一樣，曾生立刻將遠洋輪變成了他救亡活動的平台。很快，他在同船的海員中找到志同道合的朋友，其中不少是二十年代就參加共產黨但失去了組織聯繫的早期共產黨人。曾生觀察了解海員的生活，發現鄉里關係的相互支持對這些離鄉背井在外謀生的人具有特別重要的意義。因此，他把這些從惠陽和坪山來的海員組成互助團體。餘閒樂社由此重新活躍，海員們在漫長的航程中可以排演粵劇而自娛自樂排遣孤寂。

　　曾生在「日本皇后號」上的社會活動很快就帶上了政治色彩。當全面抗戰爆發，「日本皇后號」上的船員開始為乘客演唱抗日救亡歌曲、表演救亡劇目，以此為祖國的抗戰募集捐款。[33] 各個遠洋輪上也都紛紛組成餘閒樂社，最終在 1937 年組成餘閒樂社全港聯會，會員從最初的 17,000 名發展到一年後的 30,000 名。1937 年 8 月，餘閒樂社和其他海員互助組織共六十多個團體聯手，成功在港英政府註冊並建立香港海員工會。四個月以後，工會被殖民當局無故查封。那時，曾生已經是有着一年黨齡的共產黨員，並承擔着中共香港市委的組織任務。[34]

33　《曾生回憶錄》，頁 59-62、63、76-77。

34　《曾生回憶錄》，頁 70-72、78。

　　由於這段經歷，曾生更加關注鄉親關係的聚合力。他在廣州政治環境相對寬鬆之際回到中山大學，於 1937 年完成學業並獲得學士學位。不久，他說服母親，變賣了家裏的田地而籌資 500 元，回到香港開辦了專門接受海員子弟的海華學校。曾生還以惠陽人的身份參加了香港的惠陽青年會。以他特有的組織能力，曾生成為海員勞工運動和惠陽青年活動之間的重要紐帶。最早參加東江游擊隊的 120 名志願者中，大部分來自曾生個人積極參與的三個組織——海華學校，惠陽青年會，海員工會。[35] 1938 年末，其他在香港和在海外的僑團組織又共同發起組織歸國服務團，為在大廣州地區和海南島共產黨領導下的游擊隊送去各種組織動員、宣傳及醫療服務的人力資源。[36]

　　以曾生的經歷觀察，鄉里關係顯然對推動和擴大救亡運動起到了積極的聚合作用。然而，救亡運動還得益於其他各個不同民間團體，在本質上跨越了地域界線，走向全國人民尋求同生共存的更大目標。東江游擊隊中層骨幹蔡國樑（1912-1952）的經歷還表明，青年團體是許多人走上抗日武裝鬥爭之路的重要橋樑。從戰俘營逃出來的歐美人士，大多都經蔡國樑指揮的中隊救助，前往中國大後方。[37] 蔡國樑出身於廈門的一個漁民之家；因為他做工的淘化大同罐頭廠在香港開了分廠並僱他為工頭，蔡國樑就成了香港的一名新移民。當時他的名字叫蔡順法。在工廠裏，他對工人之間的互助特別熱心，自動為他們組織識字班，贏得許多工人的尊敬。在廠外，他又參加了當時住在九龍城附近的海員、小販和菜農的子女組成的學德勵志社。當時的學德勵志社有大概八十多名社

35　《曾生回憶錄》，頁 86-89。

36　《東江縱隊史》，頁 24。

37　參見 Ride，頁 39。

員，其中約有四五人已經加入了共產黨。[38]

　　蔡國樑在勞工中熱心公益而受到大家愛戴，引起地下共產黨人周伯明的注意。兩個年輕人見面一談，各自都覺得相見恨晚。兩個月後，蔡國樑說起他想加入共產黨的想法，很快被接受參加共產黨。當曾生組建他小小的游擊隊時，蔡順法已經把他的名字改為蔡國樑。以他在工友中的號召力，蔡國樑馬上動員了廠裏十七名工人一起趕赴東江。他的兩個妹妹蔡冰如和蔡仲敏也都是淘化大同罐頭廠的工人和婦女活動積極分子。她們跟着哥哥參加了游擊隊。蔡冰如成為一名護士，蔡仲敏則加入了情報部門的工作。[39]

　　東江游擊隊最初的志願者大都來自城市。對絕大多數城市青年來說，在鄉村開展游擊戰是個巨大的挑戰。一般籠統的說法是，意志和決心使他們戰勝了從城市到鄉村的適應與過渡的挑戰。但是，一位非凡的青年女性以她具體的親身經歷給這個過程留下了寶貴的歷史紀錄，使後人能夠更深切地體會東江游擊隊戰士們看似平常而不平凡的生命歷程。蔡松英（1926- ）出身於一個郵局職員的家庭，和蔡國樑沒有親戚關係。還在讀小學的時候，她就成了一名救亡運動積極分子。當時蔡松英和同學們一起組織了一個「螞蟻兒童劇團」，在學校演出救亡歌曲，還去附近的鄉村地區表演，宣傳救亡運動。部分螞蟻兒童劇團的成員又義務擔任夜校的小教員，為一百多名報童和擦鞋童掃盲。小學畢業後，因為家境困難，蔡松英不得不中斷學習，先後去捷和鋼鐵廠和中華漆廠做工，做油燈的噴漆工作。不過她並沒有停止參加救亡活動。工作之餘她參加了一個讀書會，與其他會員定期碰頭，討論祖國的戰事和現狀。1940年初，十四歲的蔡松英瞞着家人悄悄離開香港，參加了由香港學生賑濟

38　　*GDGM*，第 44 卷，頁 219。

39　　周伯明，〈深切懷念蔡國樑同志〉，*HGGJDD*，頁 24-27。

會組織的第四次回國服務團。七個月後，蔡松英返回家中，答應父母做個安分守己的女孩，家裏也同意讓她繼續讀書上中學。剛剛上到高一，香港淪陷，蔡松英不顧母親的反對而再次離家。通過救亡團體的各種渠道，十七歲的蔡松英找到東江游擊隊，成為港九獨立大隊的一員。像游擊隊裏許多女隊員一樣，她沒有擔任衝鋒陷陣的戰鬥任務，而是成為在當地民眾中進行宣傳教育工作的「民運員」。

　　雖然蔡松英在職員家庭長大，從來沒有享受過奢華，在新界鄉間從事民運工作的種種挑戰依然遠遠超出她的想像。她把從事民運工作總結為「過三關：第一關是語言關，第二關是腳底關，第三關是黑夜關」。位於香港和廣東省之間的新界，當地居民說着不同的方言，而許多居民只說客家話，聽不懂來自城市的廣府話。蔡松英是在香港長大的佛山人，為了和新界的村民溝通，馬上學會了客家話。但是「腳底關」就不是那麼好過。村民赤腳走路，對穿鞋的城裏人心生隔閡。為了成為他們認可的「自家人」，蔡松英脫去鞋襪，光腳和村民一起在地裏幹活，光腳走上處處荊棘的山間小路，光腳走下海灘收蠔。她的腳底沒有村民那種長年赤腳而生成的厚繭，常常被山路上的草根和海灘上的尖石與貝殼劃得鮮血淋漓。為了獲得村民信任，她咬緊牙關絕不穿上鞋襪。在漆黑的山間行走，更是城裏姑娘從未做過的事。「當在一個村做完宣傳、上完課和教完夜校，便要摸黑由一條村走到另一條村」。她常常是一人行動，不能打手電或點火把，以免引人注意。為了防止有人告密或連累幫助她的村民，她通常只在山裏找個岩洞或者在草地上過夜。做民運工作的三年八個月中，睡在村裏的夜晚加起來不到一個月，對她來說是莫大的享受。有一次，蔡松英在疲勞工作一天後摸到山上，找了一個稍微平整的地方就地躺下，摸到一塊石頭當作枕頭就睡了。早上醒來，發現那塊「石頭」

竟然是個骷髏頭！[40]

　　正是在曾生和蔡國樑這樣的青年領導努力下，東江游擊隊才能夠從民眾的救國運動進一步發展、並建立武裝抗敵的游擊基地。在此基礎上，像蔡松英這樣十幾歲二十出頭的民運員們，憑着每一個人的堅定決心和頑強意志，把東江游擊隊和當地普通的村民緊緊聯繫在一起。他們不單單是「搞宣傳」或者像賴廉士所說的進行「煽動性的政治演說」。他們是以自己的行為給目不識丁的村民村婦傳遞着一個重要的信息：我們東江游擊隊和那些騷擾香港遠鄉近郊的土匪是完全不同的武裝力量。在那些僻遠的村落，過去的殖民官員鮮有光臨。現在，這些民運員們為村民們帶來了新的組織方式。他們幫助村民建立民兵以自衛；他們組織起兒童團、婦女會和抗日青年隊，使每個人成為抗日戰爭的一分子；他們建起夜校為村民掃盲，使他們獲得參與社會的有力工具。他們給窮鄉僻壤帶去村民們從來都買不起的藥品和基本醫療救助。當新界地區在 1942 年遭受乾旱饑荒時，民運員們幫助村民開荒播種，游擊隊則從廣東地區運入糧食，還運入豬苗給村民飼養，待生豬長大後以同豬苗等重的豬肉歸還「借貸」。[41] 在香港從英屬殖民地瞬間變成日軍佔領地時，東江游擊隊的民運員成為軍事抗敵以外的組織力量，在把村民們引向團結抗日的同時，也把社會進步帶到了鄉間。

「人民的游擊隊」

　　香港淪陷，把這個英領殖民地併入了廣闊的中國戰場。協約國指定

40　〈蔡松英〉，張慧真、孔強生（編），頁 1-19。

41　張婉華、戴宗賢，〈回憶西貢區的民運工作〉，*HGGJDD*，頁 101-117；蔡華，〈港九大隊女戰士〉，徐月清（編），《活躍在香江》，頁 97-101。

蔣介石為中國戰場統帥，主持軍事與政治決策。在廣東南部活動的東江游擊隊也迅速拓展抗敵區域，進入港九新界。就在英軍投降之際，東江游擊隊總部立刻派出幾十名精銳部隊，兵分兩路進入日佔區。東路分隊挺進西貢半島，西路分隊進入新界、控制從羅湖到元朗、荃灣和沙田的一帶區域。[42] 1942 年 2 月，這支隊伍被正式命名為「香港九龍人民抗日游擊大隊」，以蔡國樑擔任大隊長。這支當地民眾習稱為「港九獨立大隊」的人民游擊隊，兩年後發展到 800 人之強。日軍佔領香港時期，港九獨立大隊牢牢控制了新界地區，它的情報網更深入到敵軍控制的香港市區。[43] 游擊戰爭的需要使部隊組織架構經常調整。大隊屬下的重要分支包括幾個短槍隊，分駐於不同地區，專門執行突襲日軍和清除罪大惡極的漢奸的任務。海上中隊最初由幾名在東江地區的海員籌備，繼而又有幾百名漁民參加，承擔運輸給養、保護漁民和抵禦海盜的工作。市區中隊活躍在港島和九龍，搜集敵軍情報，為東江游擊隊及盟軍傳遞信息，散發傳單開展心理戰，偶爾破壞交通設施以達干擾敵軍行動的目的。[44]

西貢半島從九龍的山脈由西向東延伸，東南北三面環海，沒有可通汽車的公路；雖然基礎建設落後，卻為游擊戰提供了特殊的地理優勢。在東江縱隊領導下，港九獨立大隊在此建立基地，一葉輕舟即可越過大鵬灣到達東江游擊隊在大陸的總部。半島人口稀少，農民住在相距甚遠的各個村落，漁民俗稱蜑家，按當地習俗世代居住船上。交通的落後使日軍的機動優勢轉為劣勢。從九龍市區往西貢只有一條公路，最遠到達半島西南邊的坑口，無法調動大量部隊。山間小道是進入西貢大部分地區的唯一路徑。有了當地民眾的支持，這裏就是游擊隊施展身手的絕佳戰場。

42　東江縱隊史編寫組，頁 57；陳達明，頁 26。

43　《曾生回憶錄》，頁 349。

44　《港九獨立大隊史》編寫組（編），頁 177-179。

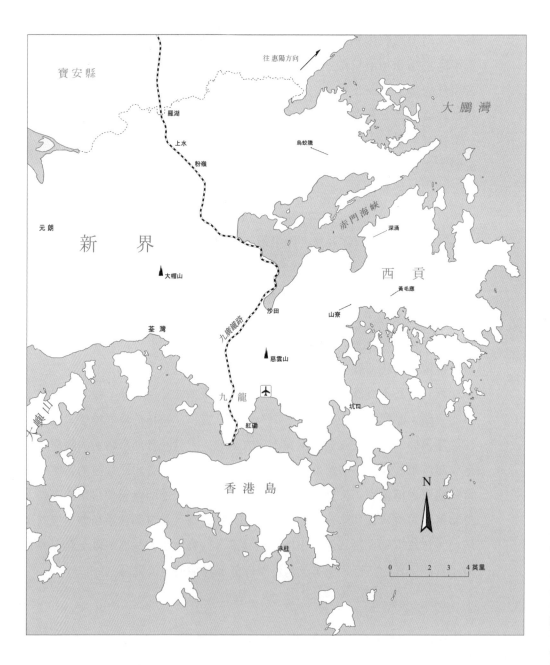

地圖 3.　│新界（海岸線據美國陸軍 1945 年香港地圖繪製）

　　在二十多名像蔡松英那樣堅韌不拔、無私奉獻的青年男女的努力下，西貢和新界廣大地區的一百多個村莊漸漸認識了這支人民的游擊隊。[45] 游擊隊的到來為當地提供了維持社會安定的力量。自1938年廣東地區淪陷，一撥又一撥土匪竄入新界，以各個村莊作為打劫目標。這些土匪有的是多年操此營生的老手，有的是被打敗的政府軍的散兵游勇。當港英統治崩潰，有些當地平民百姓也幹起打劫的勾當。家住荃灣的何卓忠（1919-2005）當時剛剛二十出頭，村裏的幾個熟人就過來鼓動他一起合伙打劫「趁機發財」。他拒絕不幹，被他們恥笑為懦夫。[46] 1941年香港淪陷，鄉村的新界立刻有十幾股土匪出現；而三五成群包括像何卓忠村裏那幾個鄉居組成的小劫匪更是「多如牛毛」。[47] 有的土匪為了方便打劫，甚至打起日本的膏藥旗嚇唬村民。有的土匪還在打劫時對試圖抵抗的村民濫施私刑。何卓忠記得，土匪來到那時依然是鄉間的荃灣木下村，試圖打開一家富商的店舖，但未能得逞。惱恨之餘，劫匪往店門潑上汽油點火燒店。當時正是颳着乾燥北風的冬季。大火立刻從點燃的店舖蔓延，一夜之間，村裏唯一的一條街被燒成灰燼。[48]

　　一開始，新界的村民把剛剛到來的東江游擊隊員當成了新來的又一股土匪。但是游擊隊員很快向他們證明，他們不僅是一支紀律嚴明的部隊，而且是一支為人民服務的軍隊。當游擊隊第一次來到烏蛟騰時，他們見到的是個人去屋空的村子。村裏人害怕劫匪，全都逃進了山裏。他們還堅壁清野藏起了所有的東西，鎖上每家大門，使游擊隊員連飲水都找不到。最後，他們發現了一位沒能逃走的老婆婆。看到游擊隊隊長江

45　數據參見張婉華、戴宗賢，〈回憶西貢區的民運工作〉，*HGGJDD*，第2卷，頁101。

46　何卓忠，頁46。

47　徐月清（編），〈懷念敬愛的父親〉，《活躍在香江》，頁184-192；又見《曾生回憶錄》，頁214。

48　何卓忠，頁50。

水穿過她家倒塌的圍牆走進院子，老婆婆雙腿跪地，懇求江水別把她唯一一隻下蛋的母雞奪走，因為那是她賴以換取一點點零錢買鹽買油的母雞。老婆婆的哀求讓江水聽了心酸；他立刻掏出自己口袋裏所有的錢，總共 1.5 元，統統給了老婆婆。他還招來隊員把老婆婆家的圍牆修好。雖然這些對游擊隊員來說是小事一樁，幫村民幹活也是家常便飯，這個尋常的舉動卻贏得了整個村落毫無保留的信賴。[49] 烏蛟騰村民成為游擊隊全心全意的擁護者，港九大隊的成立儀式便在烏蛟騰舉行，大隊也把無線電台設立在了烏蛟騰。

在游擊隊進駐的另外一個村子山寮，村長是個有心人。他從旁仔細觀察，確定這些帶槍的兵和其他軍隊不一樣。自從他們來到村裏，天天認真操練，而且紀律嚴明。他們嘹亮的歌聲和整齊的步伐還帶着一種「樂觀的精神」。這位村長的判斷也影響了村裏人的看法。消息就從山寮迅速傳開，吸引了一位走投無路的生意人前來求助。徐觀生是做魚行買賣的，也是他們村子裏有威望的士紳。他家為了躲避劫匪已經三次逃離村子，有一次還是扔下吃了一半的飯菜匆忙出逃。雖然一家人倖免於難，但他們的宅子和整個村子都被搶得蕩然無存，連食鹽也被洗劫一空。到了山寮，徐觀生碰到了他那已經參加游擊隊的侄子，這讓他更加有了信心。他第一次會見的是游擊隊彬彬有禮的領導，兩人當場討論了怎樣消滅土匪和團結抗日的辦法。從此，徐觀生成為東江游擊隊的堅定支持者。在游擊隊領導的建議下，他表面上裝出和日軍合作的樣子，暗地裏努力動員其他商人為游擊隊籌集糧食；他甚至不惜以自己的身家性命冒險，用自己的宅子為游擊隊儲存糧食和掩護情報人員。[50]

---

49   陳達明，頁 59-60。陳達明本人戰前在香港教書，1941 年 2 月開始任港九大隊政治委員。

50   徐月清（編），頁 187-189；鄧民友，〈觀生叔助我搞情報〉，《活躍在香江》，頁 172-73；陳達明，頁 59。

在那些相對閉塞的新界村落裏，東江游擊隊不僅成為保護社會平安穩定的重要力量，更為當地帶來重大的社會變遷。游擊隊一旦得到當地民眾信任，也就得到了他們毫無保留的幫助。為了避開日軍巡邏，所有的游擊隊物資必須在晚間運輸；沒有當地民眾特別是客家婦女的幫助，穿越崇山峻嶺的運輸工作根本無法完成。按照習俗，客家婦女是田間耕作的主力。她們不裹小腳，挑着重擔可以健步如飛。所以，「只要部隊一有運輸任務，她們不管白天黑夜，隨叫隨到，絕不推辭，不論路途多麼遙遠，不論是涉水或是爬山，她們都是精神抖擻地挑起擔子就走」。[51]當地民眾有黑夜不出門的習俗；但是為了支援游擊隊抗日，他們打破了這個傳統。大家還想出各種辦法幫助游擊隊傳遞情報、運送軍糧。婦女們會把情報單子藏在她們的髮髻裏或者禮盒裏，順利通過敵人崗哨的盤查。村民把糧食藏在棺材裏通過敵軍哨卡送到游擊隊。[52]孩子們組成兒童團，成為最積極最可靠的情報員和偵查員。

在幫助當地社會從殘酷的戰亂中求得生存的同時，東江游擊隊還帶來一種削弱社會陋習的持平效應。蜑家是華南地區向來受到歧視而被邊緣化的社會群體。他們只能住在船上，不能上岸居留。[53]當東江游擊隊進駐新界之初，蜑家偶而幫助他們運送部隊、物資給養以及從戰俘營逃出來的人。這種幫助漸漸成為經常的需求。1942年春，港九獨立大隊宣佈「破除對漁民的舊習俗舊規矩」，動員他們參加游擊隊。東江游擊隊的民運員幫助漁民和漁婦組成「游擊隊之友」，婦女會和姐妹會。東江游擊隊

51　張婉華、戴宗賢，〈回憶西貢區的民運工作〉，*HGGJDD*，第2卷，頁108。

52　蔡仲敏，〈西貢人民對港九大隊的支持〉，*HGGJDD*，第2卷，頁95-98。

53　在許慎（公元100年左右）編輯的《說文解字》裏，「蜑」字的解釋為「南方夷也」。香港的船民曾是上世紀人類學者關注的一個課題；參見 Eugene N. Anderson, "The Boat People of South China（華南的船民），" E. N. Ander (1972)，頁1-9。Anderson 於六十年代中期發表的一篇文章估計當時華南地區有大概三百萬船民；參見 E. N. Anderson (1970)，頁1。

組織了海上巡邏隊，防範抵禦海賊、保護漁民安全。游擊隊還引進在大西北共產黨區域內廣泛實行的互助組，幫助漁民組成漁業合作組。通過有力合理的組織以及游擊隊的保護，漁民捕魚量提高了，出海也不再顧慮重重。他們還可以售出鮮魚以購買糧食，補充當時只有六兩四錢的成人定量口糧，購買油鹽菜蔬等生活必需品。[54]

　　游擊隊受到漁民擁護，它的號召也得到了漁民響應。在不到半年的時間裏，五十多名青年漁民參加了游擊隊；有的人甚至把全家所有的兒子都送來參軍。袁容嬌是位三十多歲的寡婦，丈夫死後一個人無力撫養所有的孩子，只好把兩個女兒送人。游擊隊到來以後，她成為最堅定的支持者。當港九獨立大隊號召大家參加海上中隊，袁容嬌把自己最大的兒子送去參軍。她鼓勵剛剛才十三歲的兒子要像岳飛那樣「盡忠報國」，她自己則經常為游擊隊遞送情報，運送部隊和給養。她的漁船成為游擊隊的稅收站；漁民把 3-5% 的捕撈收穫繳付游擊隊，作為獲得游擊隊武裝護漁的報酬。在香港淪陷以後海外援助終止的情況下，這種物質形式的稅收成為東江游擊隊繼續抗敵的重要經濟支柱。[55]

　　在戰難中，游擊隊和當地民眾互相依存，成為彼此賴以生存不可或缺的依靠。1943 年，日軍對香港周邊的鄉村加強統治力度，多次進行掃蕩。依賴村民的掩護，常常以小分隊方式分散行動的游擊隊員得以避開突然降臨的敵人。深涌是個小村莊，處於新界東西部之間戰略要衝，港九獨立大隊在此設有一個收稅站，其工作人員借住於士紳李華清家寬敞的屋宅。日軍於 1942 年 8 月突襲，到達村裏搜尋游擊隊員。主人李華清堅決否認他和游擊隊有任何干係，幫傭的何娘也把稅站的張發攬在身

54　《活躍在香江》，頁 81-82；蕭春，〈開展漁民工作的回憶〉，*HGGJDD*，第 1 卷，頁 122-126。

55　陳志賢，〈大鵬灣的海燕〉，《活躍在香江》，頁 83-85；〈千方百計籌軍餉〉，頁 151-154；《港九獨立大隊史》，第 13 章。

邊，說他是自己的兒子。[56] 在另一個村莊黃毛應，村民把三分之一的青壯年都送去參加游擊隊，還打開村裏的教堂給港九人民游擊隊舉辦成立典禮。1944 年末，日軍得到情報突然襲擊。在附近開會的幾名民運員得到村民報信，順利脫逃。惱怒的日軍對五名村民施加酷刑，將他們吊在火上拷問。兩名日軍士兵用一條木杠壓斷了村民鄧福的脊樑骨；村民鄧德安被燒得全身起泡，三天後不治身亡。然而酷刑之下，沒有一個人招出游擊隊的去向。[57]

衝出「沒有明天的世界」

同新界的鄉村一樣，香港城區在日軍佔領以後變成了人間地獄。搶劫、姦淫和任意槍殺威脅着每一個無辜平民。不過，香港城區的無政府狀態與內地其他城市的情況有所不同。香港的混亂局面最初由本地流氓惡棍拉開序幕；英軍還沒有撤出九龍之前，地痞爛仔就開始在光天化日之下對居民敲詐勒索。[58] 而殖民統治的中心地帶托福於陳策將軍，秘密會社被他約束在手，淪陷之前的港島安然無事。陳將軍撤離香港後，英軍投降，搶劫和姦淫便如燎原野火般在港九全部城區迅疾蔓延。爛仔到處向行人和居民勒索「保護費」。「那上海街上到處是破枕頭」，因為劫匪闖入公寓民宅搜尋財物，知道人們常常會把錢財藏在枕頭裏面，沒有找到財物就把捅破的枕頭胡亂扔到街頭洩憤。內地來的記者薩空了（1907-

---

56　張發，〈懷念何娘〉，《活躍在香江》，頁 179-183。

57　張婉華、戴宗賢，頁 106。

58　參見 Snow (2003)，頁 55-57；陶希聖，〈重抵國門〉，葉德偉（編），頁 317-338。陶希聖是國民政府重要的宣傳家，也是蔣介石《中國之命運》一書的撰寫人。香港陷落時，陶希聖已經離開汪精衞的傀儡政府，在準備回到重慶前暫住九龍。〈重抵國門〉一文敍述了他和家人在九龍度過的膽戰心驚的日子。關於陶希聖作為《中國之命運》撰寫人，參見陳伯達，頁 1-2。

1988）和朋友一起躲在港島的一所學校；他們躲過了日軍，卻沒躲過在那裏一個一個街區挨家挨戶徵討「保護費」的爛仔。1942 年 1 月末的一天，薩空了一個人在荷李活道撞上幾個爛仔。他們一個拿槍頂着他的胸膛，另一個拿出匕首給他看。雖然當時還有其他行人在這條石梯路上上下下，看到這個情勢都趕快溜之大吉，沒人過來阻攔。碰巧，薩空了那天一分錢也沒帶。他同爛仔商量，能否把身上穿的絲綿袍脫下來換命。沒想到，爛仔們在他身上從頭到腳摸了一遍以後，把絲綿袍還給了他，揮揮手讓他走了。「他們忙了半天，只得了一張當天的華僑日報，我對他們真是很抱歉」。寬容的薩空了這麼想着。「我懂得這群人也是為了生存才行劫，他們的心地，還是良善的」。[59] 當然，他算是運氣好的。因為知道很多人為了防範劫匪把錢縫在衣縫當中，搶劫的爛仔往往命令被搶的人把所有衣服、包括內褲都脫下，然後把前一個受害人的衣服扔給他穿上。情急之下，有些人更想出奇招，把錢包好貼在腳底板上。[60]

在佔領軍的鐵蹄下，婦女是最悲慘的受害者。她們認為，在機關槍和子彈下喪生要比遭受強姦好得多，因為這樣可以一了百了。單單是「敵軍士兵軍靴的聲音」就會讓每個女人嚇得鑽進任何可以躲藏的地方。隨時都會降臨的威脅，特別是經常發生的日本兵集體強姦，逼得香港居民想出一個「消極防禦辦法」。每個街區的居民相互約定，只要敵兵來敲門，他們一面假裝沒聽見，一面開始敲響任何可以發出響聲的東西。這樣，「這一家敲了以後，那一家立刻響應；於是一家跟着一家，要不了多久，整條街上都發狂一般的響起銅鑼、洋油箱、面盆、碗碰碗的各種聲音了，天翻地覆的鬧着，使來找女人的敵兵，感到心寒而不敢再來找事」。連續幾個小時在城區各條街道的敲擊聲也讓佔領軍總部大丟面子，

---

59   陶希聖，頁 332；薩空了，頁 91-92、140-41。

60   夏衍（1980），頁 189-202。這篇回憶寫於夏衍安抵大後方的 1942 年，引文見頁 189-190。

只好派出軍警趕去出事地點，驅散鬧事士兵。敲打的鬧聲也被居民用來驅趕勒索「保護費」的地痞爛仔。當時在香港的記者唐海記得，在寂冷的冬夜裏，「那一片連接的敲東西聲音是淒慘的，使人有一種說不出的恐怖」。[61]

頗有諷刺意味的是，由地痞爛仔發起的第一輪搶劫、姦淫和勒索在佔領軍禁令下得以制止，日軍以此彰顯它的仁慈。鬧事的爛仔們一旦被抓，便被就地正法。可是，這種對華人中非法分子的嚴厲懲罰，馬上被「最最野蠻的混亂」所取代。日本佔領軍宣佈三天「假日」，日本兵立刻發起對香港的全面搶劫。有的士兵「從手腕到手肘戴滿了半打羅萊克斯手表」，在山頂區放哨的日本兵甚至穿上了女人的貂皮大衣。[62] 佔領軍又進行了有組織的劫掠，把84%的庫存糧食運往日本的其他戰區。佔領初期，所有的糧店和市場全部關門歇業，居民靠着各自僅有的儲存勉強渡過難關。[63] 如果這樣的情形繼續兩個月，當地居民認為「香港一定會發生人吃人的慘劇」！[64]

日本佔領軍成立的戰時臨時政府軍政廳努力制止士兵攻擊騷擾歐籍僑民，但是日軍對中國居民的野蠻行徑卻從未停止。著名醫生李樹芬是戰前立法局的一名保守派議員；戰鬥一停止，日軍軍官立刻來找他，要求他為皇軍找女人。為了保護自己十五歲的女兒，李醫生把她從頭到腳

61　唐海，頁103。

62　Snow (2003)，頁81。

63　關於三天「假日」期間日本軍隊和士兵有計劃與自發的劫掠，參見 Snow (2003)，頁81、86-87；關於市場糧店關閉，參見陶希聖，頁322。

64　唐海，頁103。據唐海記載，香港當時共存有940,000擔大米，其中800,000擔（約合107,000,000磅）被日軍運往海外戰區。Philip Snow 指出，港府儲存的127,000磅大米被日軍運走了107,000磅。這個數字對1,800,000人口來說，實在是微乎其微，因為127,000磅大米不夠全港居民一天的食用。顯然這是個筆誤。見 Snow (2003)，頁86-87。

紮了繃帶放在醫院病房裏，直到把她轉移出香港。[65] 他的病人中很多是被日軍強姦的婦女，「年齡從十歲出頭到六十多歲的老婦⋯⋯ 有的人牙齒被打歪，鼻樑骨被打折，身上被刺刀捅得傷痕累累；將要待產的孕婦被強姦後流產；年輕而稚嫩的女孩在遭受輪姦的劇痛和創傷後完全發瘋」。但是，因為中國人把受到姦淫視為無法訴諸言語的恥辱，依然有無數的案例沒有紀錄、受害人沒去尋求救治。李醫生認為，當時估計的 10,000 被強姦受害人遠遠低於實際數字。[66]

　　當全香港在 1942 年初由極度的混亂轉為所謂的「正常秩序」，日軍立刻發佈公告，命令無居所或無職業者離開香港；許多人趁機逃回內地。不到一個月，二十五萬人逃離香港。接下去的幾年裏，香港人口以平均每月 23,000 人的速度減少。1943 年春，佔領軍進一步加強措施，抓捕沒有居住證的人、特別是流落街頭的窮人和乞丐，並將 10,000 人投入北角的難民營，等待強制遣送出境。每天有大約一千人被裝上帆船馳往無人居住的荒島，或者乾脆開到公海後任船漂流，那些人就這樣死在海上。[67] 殺戮、逃難、遣送出境和饑荒使香港人口急遽減少。至 1945 年 8 月日軍投降時，香港只剩下 500,000～600,000 人。[68]

　　由於貿易停頓、運輸周轉日益艱難，香港的糧食供應問題並沒有因為人口急遽減少有所緩解。1942 年初開始的「正常秩序」包括每個成人每天配給糧食 6.4 兩。[69] 對一般人來說，舊秤 6.4 兩大米就是一頓飯需

65　李樹芬（1964），頁 145。筆者未能在李樹芬著作的中文版《香港外科醫生》（1965）中找到這個段落。

66　李樹芬（1964），頁 111。

67　蔡榮芳，頁 265。香港大學馮平山圖書館館長陳君葆也在日記中記錄了日軍從 1943 年中以後抓捕窮人的行動。參見陳君葆，第 2 卷，頁 80、381。

68　Endacott and Birch，頁 139、141-142。

69　1942 年 1 月底，佔領軍對每人每日大米定量限於 4 兩，不久後增加到 6.4 兩（相當於 240 克）。參見劉智鵬、周家建，《吞聲忍語》，頁 141-142。

要的份量，因為香港大多數居民攝入蛋白質非常有限，而從糧店賣出的配給米都是「夾雜着玻璃碎片、陶瓷碎片還有死蟑螂」的碎米。[70]　雖然1942 年和 1943 年的頭幾個月仍有不少人出入中式酒樓或西式餐廳，普通民眾的日常三餐已經是稀薄的米湯了。飢餓不堪的人們開始吃榨過油的花生渣餅、蕃薯葉甚至是樹皮來充飢。只有在日軍控制的工廠和公共服務事業機構裏工作的工人是例外，他們每人每天的配給是整整一斤即16 兩大米。雖然百業蕭條，為軍事需要服務的造船修船業卻依然運行良好。船塢高級管理層由日軍指派，從科級部門往下依然由本地人管理。[71]一天一斤的定量在當時可謂奢侈；大多數人的唯一需求就是生存，「大米」成為生存的同義詞。[72]

　　在日軍佔領下的香港成為一個「沒有明天的世界」，一個逼迫人們作出不同選擇的世界。[73] 一向選擇與征服者合作的華人商界職界精英在英國殖民體系中維持其勢力，到了日軍佔領時期也依然因循傳統。不過，他們馬上認識到，新的征服者與英國殖民者相比，偏見更強、種族歧視更為激烈、行為更加無理傲慢。[74] 絕大多數留在香港的人只能在無可奈何的情況下「吞聲忍語」。[75]　但是，一些非凡的青年卻做出了另一種選擇。當救亡運動在香港如火如荼地展開時，他們有些人過於年幼、或者在相對優裕的環境中無憂無慮地享受着家庭的庇護。如今在日軍的鐵蹄踐踏

70　"Lady May Ride," in Sally Blyth and Ian Wotherspoon (eds.), 13.

71　〈麥穗林〉，張慧真、孔強生（編），頁 123-131，引文見頁 124、125。日軍管轄工業內的工人獲得額外糧食配額，可參見麥穗林的敍述。當時他在日立船廠（由黃埔船塢改名）做工，假期去九龍世運公園做泥工以賺取每日一斤的米糧。其他有關在私人工廠做工的回憶從未提到相似待遇，更多地提到在 6.4 兩配給制度下忍飢受餓的經歷。

72　Endacott and Birch，頁 142。

73　關禮雄，頁 66。

74　Lethbridge (1969)，引文見頁 85、107。

75　劉智鵬、周家建一書書名。

下，他們拒絕忍語吞聲！已經十六歲的劉潔雲 (1926-) 出身於九龍一個基督徒家庭。戰爭摧毀了她家本來舒適安逸的生活，她不得不停學去中華書局做工。她親眼目睹中國人被日本兵橫施暴行，她自己在廠裏也動輒橫遭日本人耳光相向，敢怒卻不敢言。日復一日她感到「國仇家恨」的重壓使她無法忍氣吞聲。通過她在醫院開電梯的姐姐，劉潔雲找到了地下抵抗組織。香港淪陷十個月後，她正式參加宣誓儀式，成為港九獨立大隊市區中隊的一名成員。[76]

市區中隊一開始由東江基地派遣兩名游擊女戰士組建，以剛剛二十出頭的方蘭（孔秀芳，1922-1998）擔任隊長。這是一支在「沒有槍聲的戰場」戰鬥的特殊隊伍。[77] 雖然名取雅致秀美的蘭花，方蘭卻是久經沙場的社會活動積極分子和游擊隊員。她在三十年代末就已是香港救亡運動中的骨幹分子，也是最早加入東江游擊隊的志願者之一。她手下的市區中隊戰士，大多是像劉潔雲那樣的新兵。他們戰鬥在心理戰的前沿，幫助戰俘越獄，收集敵軍情報。到戰爭末期，這支隊伍擴大到 300 人之強，其中包括工廠工人、清潔工、銀行職員、家庭主婦、教師，甚至在日本憲兵隊服務的華人僱員。[78]

正如東江游擊隊草創時期那樣，救亡運動形成的社會基礎也為市區中隊提供了吸引志願者的渠道。日本佔領香港的第一年，東江游擊隊即派遣林冠榮潛回香港發展地下抗敵運動。他在九龍船塢找到工作，聯繫到以前自強社等三十年代工人救亡組織的成員，並把「決心尋找抗日游擊隊，參加抗日救國運動」的幾名青年工人重新組成一個讀書會。他們

---

76   劉潔雲（2012a）。

77   市區中隊初建的情況，參見陳敏，〈二月行動〉，*HGGJDD*，第 2 卷，頁 1-10；黎成，〈戰鬥在沒有槍聲的戰場〉，*HGGJDD*，第 2 卷，頁 52-57。

78   *HGGJDD* 包括至少十四份市區中隊成員或有關他們的回憶錄；參見第 2 卷，頁 11-17、35-41、44-85。

成為「抗日游擊隊之友」，為游擊隊搜集敵人修理軍艦和鐵路運輸戰略物資等方面的情報。到戰爭結束前，九龍船塢中有二十多名青年工人成為游擊隊的正式成員。[79]

對於那些為在戰爭中喪生的親人報仇而參加地下抵抗工作的游擊隊員來說，面對面與敵人周旋，既要異乎尋常的勇氣和堅韌的意志，更需要堅守自我克制的行為準則。鄭斌是個十多歲的少年，在日本憲兵隊做雜役。他的母親和兩個妹妹在日軍空襲廣州時被炸死，從此鄭斌立志為家人報仇。通過同事，鄭斌找到了在牛奶公司工作的地下游擊隊員張景。兩人經過多次交談和「考察」後，鄭斌被接受加入游擊隊，成為市區中隊的一員，承擔在憲兵隊搜集情報的任務。為了取得日本憲兵信任，鄭斌殷勤地為憲兵們跑腿並提供額外服務。雖然只上過兩年小學，他很快學會了日語的基本對話；他的日語說得流利順暢，打電話過來的人常常錯把他當作日本人。為了建立游擊隊的聯絡點，鄭斌還專門在憲兵隊附近租了一間屋子。在憲兵隊為敵人安排會議時，鄭斌有過很多次的衝動，想在那裏放入炸彈炸死敵人，為死去的親人報仇。比他只大了四五歲的張景成熟許多，待鄭斌如親兄弟，說服鄭斌打消了念頭。鄭斌最終忍住個人復仇的衝動，繼續利用他獨特的崗位為抗戰的最後勝利而不斷努力。[80]

正如為親人復仇的願望激勵着鄭斌，對親人的愛也讓許多人意外地成為地下游擊活動的參加者。方蘭的母親馮芝老人就是這樣一位志願者。她在女兒參加戰前救亡活動時就默默地給她許多支持。家裏窮，她會典當了衣服為女兒帶回家開會的同學們買菜做飯。香港淪陷前三天，方蘭從東江基地回到香港籌辦地下抵抗運動。馮芝老人從來不問女兒有

79　黃燈明，〈紅磡區的抗日游擊戰士〉，*HGGJDD*，第 2 卷，頁 66-70。

80　鄭斌，〈往事回顧〉，*HGGJDD*，第 2 卷，頁 58-65。

關工作的問題，但是女兒每次出門，她都會隨着一起同行為她做掩護。1943 年，她正式成為游擊隊的情報傳遞員。一年後，馮芝老人在上輪渡時遭到警察搜身，她隨身攜帶的日軍戰艦活動情報被發現，立刻被投入監獄。雖然受盡酷刑，老人拒絕招供，堅稱自己是個帶貨的水客。從老人攜帶的情報，日軍又根據筆跡偵查，發現並逮捕了在船廠做繪圖員的另一位地下游擊隊員張詠賢。在 1944 年 6 月，六十二歲的馮芝老人和年方十八的張詠賢（1926-1944）一起被處決。[81] 失去親人的劇痛反將方蘭的其他兄弟姐妹推上抗敵的前沿；他們志願加入「游擊隊之友」，為游擊隊提供聯絡點或製作傳單，繼續他們母親沒有完成的工作。[82]

　雖然天天經歷危險，地下游擊隊員在日復一日的工作中看到了比尋求自我生存更為深層次的意義。那個在荃灣村被熟人慫恿、但拒絕參加搶劫團伙的小伙子何卓忠，最終找到了一條不同的求生之路。何卓忠（1919-2005）出身於一個「貧寒困苦的家庭」，四五歲時父母不得已把他賣給了別人。他的養父曾與人合伙開糖廠，不久便因經營不善倒閉。養父吸食鴉片的陋習更增加了許多無謂的開支，收養何卓忠四五年後，整個家庭就過起了「坎坷、潦倒的生活」。[83] 何卓忠還沒有上完三年小學，就在十二歲時輟學做工。他做過腐竹作坊的工人，建築工地的搬運工，還在德士古火油公司做過倉儲苦力。這些負重的工作往往超過他的體力，加之平時一直營養不良，才十幾歲的何卓忠突然大口吐血，不得不放棄工作回家休息。到二十歲，何卓忠在長沙灣一家未註冊的糖果店當了雜工，每天清晨五點就要出門採購白糖、乾柴和其他輔料，回到店裏參加製糖和包糖，下午四點左右再挑着一百多磅的糖果擔子從長沙灣

81　柳明，〈碧血繁花相映紅〉，*HGGJDD*，第 2 卷，頁 11-17；陳達明，頁 141。

82　紀文，〈地下火〉，*HGGJDD*，第 2 卷，頁 40。

83　除了特別註釋以外，關於何卓忠的生平和活動，均引自何卓忠手寫的自傳《何卓忠回憶錄》。

步行經深水埗、九龍至香港一路給各個商家送貨。送貨完成回到工場時
已是過了午夜；洗完澡洗完衣服時已經凌晨兩點。因為每天睡不到四個
小時，他常常半睡半醒挑着擔子走路。只有撞到騎樓柱子或者行人，他
才在別人的辱罵聲中或者劇烈的疼痛中突然驚醒。因為窮，他過着連牲
口都不如的生活，「常是一天吃一餐飯，有時甚至兩三天才吃到一餐」。
何卓忠這樣寫道，「常受村中叔伯的鄙視，蔑視和欺侮 …… 使我形成一
種嚴重的自卑感」。[84]

　　日本佔領香港以後，何卓忠找了一份在荃灣區政所做雜役的工作。
在地痞的把持下，區政所的頭目私吞了三分之一的配給糧食。何卓忠親
眼目睹外地人在那裏被惡棍毒打取樂，日本軍警對中國人施加毒刑、侮
辱婦女，但他卻敢怒不敢言。一次偶然的機會，他被一名交際廣泛的翻
譯介紹到日本軍政府屬下的漁業組合工作，專管向漁民徵稅的工作。何
卓忠知道漁民都做兩本帳，給他看的是虛帳；他也趁勢眼開眼閉，讓他
們從捕撈所得中多留一點辛勞的收穫。這時，他的工資比在區役所當雜
役高出許多。只要朋友熟人有需要買糧買藥或者有殯葬開銷，何卓忠都
有求必應、立刻解囊相助。[85]

　　何卓忠待人忠厚慷慨，引起一位已經成為地下游擊隊員的同事注
意。何卓忠本人從 1937 年起就想參加抗日活動，只是無法找到報國之
門。當地下游擊隊員試探他的口氣時，何卓忠立刻響應。儘管對方告誡
他有關地下抵抗工作的種種危險，何卓忠絕不改變主意。雖然他很想去
東江基地參加游擊隊，經地下游擊隊員勸說後，何卓忠同意繼續待在漁
業組合為游擊隊收集敵人情報。1943 年春，何卓忠成為東江游擊隊的
正式成員，他從此「每天到處打聽敵人情況，將敵情用了最薄的紙寫成

84　《何卓忠回憶錄》，頁 45。
85　荃灣的區政所後稱區役所。

最小最小的字，然後捲成最小的一條條，交與李文輝〔何卓忠加入游擊隊的介紹人〕轉達給部隊」。[86] 他還發展了二十多名同事加入地下抵抗運動。有時候，他要動員的發展對象已經是地下游擊隊員，雙方對視之下，往往不禁失聲大笑。經歷種種艱險，何卓忠不僅在殘酷的戰爭中生存了下來；他的機智勇敢戰勝了殘忍的敵人、也戰勝了敵人給中國人民帶來的屈辱，更為他自己在不屈的鬥爭中贏得了人生的尊嚴。

舉足輕重的地方武裝

在裝備和軍力上，東江游擊隊遠遠不及當地駐守日軍，自然無法改變華南的戰略態勢。從本質上說，這是一支為了地方自衛治安和抵抗侵略軍而組成的隊伍。在土匪橫行的戰爭時期，游擊隊的震匪剿匪行動贏得了新界民眾的普遍擁護和支持。清除臭名昭著的漢奸顛覆了日軍的統治基礎，也讓當地民眾揚眉吐氣。日軍對新界的掃蕩行動以及在全港城區大規模搜索方蘭及其他地下游擊隊員的努力，反映並證實了它對中國人民抗敵決心的深度恐懼。東江游擊隊在廣大民眾支持下，成為中國人民不屈意志的象徵。

雖然立足並着眼本地，東江游擊隊對於中國戰場以致國際戰場的重要性在香港淪陷和盟軍反攻的兩大歷史轉折關頭突然顯現。當英軍繳械投降，中國政府軍節節敗退，大約 800 名從內地來港的政治、文化和社會知名人士被困於陷落的殖民地。[87] 一旦他們被日軍拘捕，結果不外兩種：不是被日軍用作宣傳工具，就是被處決。在日軍對香港發起進

---

86   《何卓忠回憶錄》，頁 77。

87   800 人可能是比較保守的估計；有些最終逃離香港的人在回憶錄中提到，那時被困的各界知名人士大概在 1,000 人左右。

攻時，重慶就派來飛機，接走了大部分政府高層官員留在香港躲避戰難的家屬。與此同時，共產黨領導層立刻對香港的地下組織下達指示，促其儘快組織營救困於香港的政府外社會知名人士和政界反對派領袖。為此，共產黨中央匯給東江游擊隊 200,000 元，專門用於營救行動中為逃亡人士購買出港證和支付沿途旅行費用。[88]

在混亂的局面下從香港和九龍近兩百萬居民中尋找幾百名中國人，無異於大海撈針。況且，自從日軍對香港發起進攻，為了躲避敵軍砲擊或者地痞爛仔勒索以及香港陷落後敵人要求的所謂「合作」，他們當中許多人已經搬了家。在營救小組找到他們之前，有的人甚至已經五六次轉移住所。為了在茫茫人海中找到這幾百個人，地下組織動用了在旅館酒店及在貿易商行工作的勞工積極分子；他們熟悉過往人士的行蹤，成為這次營救行動的中堅力量。營救小組核心成員之一的陳文漢（1911-1953）是勞工運動積極分子，又是對市區街道瞭若指掌的汽車駕駛員。出逃人士在他和營救小組成員的精心安排下，從居所經過旅館、貿易行、咖啡店和冰室等出逃路線上的重要節點順利出港。[89]

為了給撤離行動開闢安全通道，早在撤離行動前幾個星期，東江游擊隊便着手清除新界地區的土匪隊伍。其中一支小分隊由曾鴻文帶領，進入大帽山地區。曾鴻文於 1938 年參加共產黨之前曾加入孫中山的同盟會，而且是三合會的一名頭目。他以本地的做法召集 400 名土匪頭目同他見面。「曾大哥」以他的威望以及這些土匪們習慣的語言，勸戒大家在國難當頭時刻不要騷擾自己的同胞，把槍口指向入侵的日本鬼子。幾天之後，他又下令處決了幾名罪大惡極的通敵慣匪。當地民眾為「曾大哥」

88　〈前言〉，黃秋耘等，《秘密大營救》，頁 1-3；《曾生回憶錄》，頁 215、224。

89　梁廣，〈緊急營救號令〉，何小林、郭際（編），《勝利大營救》，頁 5-7；潘柱，〈虎口救精英〉，黃秋耘等，《秘密大營救》，頁 29-36；黃施民，〈緊急搶救的日日夜夜〉，《秘密大營救》，頁 37-40。

的行動鼓掌叫好，又為他提供了更多的情報。在組織嚴密、更有戰鬥力的游擊隊面前，大多數劫匪乖乖地撤出了大帽山區域，剩下的少數土匪也被很快清除。這樣，曾鴻文用相對和平的方法開啟了新界西部的撤離通道。[90] 另外一支小分隊由黃冠芳率領，進駐新界東部的西貢半島。戰前是香港一名工人的黃冠芳，同樣以說服與嚴懲並用，清除了二十多股在這裏流竄的土匪。神槍手劉錦進戰前是名鄉村教師，被當地民眾親切地稱為「劉黑仔」。他帶領的短槍隊突然襲擊幾個漢奸並將其處決，既平息民憤，也為營救行動掃除了障礙。幾名公開與日軍合作的地方人士與游擊隊暗中合作，使這支小分隊開啟的撤離通道向南一直達到九龍城。[91]

　　香港陷落幾天之後，人們一直擔心的事果然發生了。日軍開始使用影院開映前的時間放映幻燈片，展示佔領軍的告示，要求來自內地的知名人士出來與它合作，特別「邀請」著名京劇演員梅蘭芳、電影導演蔡楚生和司徒慧敏等五位文化界人士前往半島酒店。面對這一新的威脅，二十多名作家、導演和電影演員匆忙逃離香港。他們於 1942 年 1 月 5 日啟程，付了數倍費用乘坐漁船前往澳門。為了避免陸路盤查並出具他們沒有的「良民證」，這些逃亡者在到達澳門以後又坐小船沿海岸向西航行。他們最後在廣東西部上岸，徒步進入仍在中國控制下的廣西境內。[92]

　　雖然這一批撤離人員順利出逃，大多數人並沒有採用他們選擇的逃亡路線。對許多體力差或者經濟條件不濟的人來說，從香港坐小漁船出海、在海上和陸路躲避日軍巡邏、還有支付高昂的交通費用等等都超出了他們的實際能力。雖然走出已經淪陷的香港本身就挑戰重重，大多數

90　曾鴻文，〈在茫茫的大帽山上〉，《秘密大營救》，頁 105-111。

91　黃冠芳，〈戰鬥在九龍交通線上〉，《秘密大營救》，頁 65-73。

92　司徒慧敏，〈一九四二年從香港撤出的經過〉，《秘密大營救》，頁 333-356；夏衍 (1980)。司徒慧敏的回憶提到，共十六人與他一起出逃；夏衍給的數字是二十一人。其中的差別可能由於逃亡過程中有其他人加入。

被營救出港的人最後基本採用了東江游擊隊開闢的通道，由新界往北進入中國大後方。

　　歷史的演變常有出人意料的轉折。為了緩解糧食和燃料危機，日軍向所有在港無居所無職業者發出驅逐令，從而為營救行動帶來絕佳機遇。八路軍駐港辦事處主任廖承志、多年後成為中華人民共和國外交部長的著名記者喬冠華，以及擔任八路軍辦事處日常領導工作的連貫等三位已經公開身份的中共人員於 1942 年初最早撤離。他們用帽子和墨鏡遮掩眉目，由營救人員安排從香港坐船到達九龍。從東江游擊隊派來的交通員又伴隨他們三人一直走到西貢。夜幕降臨，他們再次登船，在黑暗中避開敵軍巡邏艇，順利渡過大鵬灣，上岸後又步行十多里，於 1942 年 1 月 3 日安全到達坪山的東江游擊隊基地。[93] 戰爭期間，他們三人都留在廣東，協調營救行動和游擊戰爭。

　　由廖承志、喬冠華和連貫三人走過的路線對體力的要求相對輕鬆，很多里程以舟代步。國民黨元老如廖承志的母親、六十二歲的何香凝，以及五十五歲的柳亞子，都在游擊隊安排下一路得到漁民支持者的照應，經過這條大部分坐船的路線離開香港返回內地。[94] 相比之下，經由新界西部大帽山和元朗的路線對體力的要求很大。撤離人員一般三五成群組成不起眼的小組分批出逃。最早撤離的一批大概有二十多人，包括左翼作家茅盾、廖沫沙、鄒韜奮以及他們的家屬。他們於 1942 年 1 月 10 日上路，在共產黨地下組織安排下與當地青年一同走出香港。遇到崗哨的查問，當地青年就為這些北方佬回答盤查。為了使撤離者安全通過新界，港九獨立大隊派出小分隊沿途護送。自從第一批人員順利撤出後，

93　黃冠芳，頁 70-72；連貫，〈黨中央的重大決策：香港淪陷後我的營救著名民主人士和义化人脫險的回憶之一〉，連貫同志紀念文集編寫組（編），《連貫同志紀念文集》，頁 290-294；《曾生回憶錄》，頁 219-220。

94　江水，〈護送何香凝廖承志母子倆的經過〉，*HGGJDD*，第 1 卷，頁 62-66。

每天或隔一天就有一批撤離人員走過茫茫的大帽山返回內地。[95] 慢慢地，撤離的隊伍從二十多人減為十人以下，直至二月底營救行動基本完成。

東江游擊隊的營救行動不僅限於左翼作家和反對派政治領袖。國民黨高官的家屬以及他們攜帶的大量行李也在游擊隊的幫助下逃出淪陷了的香港、運出新界崎嶇的山地。余漢謀將軍的夫人連同她的一百多個箱子由游擊隊員肩挑手抬通過東路撤出。南京市長、同時也是國民黨勞工領袖的馬超俊的太太兩姐妹也由港九獨立大隊護送出境。[96] 著名影星胡蝶出逃時還帶了無數件行李箱子，給護送和運輸的游擊隊員帶來許多麻煩。[97] 儘管如此，游擊隊員忠於職守，不畏艱辛，完成了上級交付的工作，將這些社會名流送達安全區域。

港九獨立大隊不僅營救中國人，還向在戰俘營內外的英國人及盟國人士伸出援手。為此，大隊專門於 1942 年初成立了三人國際工作小組，由黃作梅為組長，兩名會英語的組員林展和譚幹協同工作。戰前黃作梅在海軍船塢當文員，贏得同事信任而被選為香港華人文員協會主席，連任五年。同曾生和吳有恆一樣，國際小組成立時，黃作梅和林展已經秘密參加共產黨，而譚幹也已經成為候補黨員。[98]

以聯繫並救援被困香港的盟國人員為目的，國際工作小組開始為已經安抵大後方的盟國人士向他們留在香港的親屬送遞信件和消息。但是，救援盟國戰俘的工作卻阻礙重重。由於日軍防守嚴密，東江游擊隊

95　《港九獨立大隊史》編寫組（編），第 1 章，頁 19-20；李健行，〈九龍樞紐站〉，《秘密大營救》，頁 41-50。

96　張婉華，〈「不夜天」茶座〉，《勝利大營救》，頁 97-103。

97　黃冠芳，〈電影明星胡蝶九龍遭劫記〉，*HGGJDD*，第 1 卷，頁 67-71。

98　林展，〈港九大隊國際工作小組〉，*HGGJDD*，第 1 卷，第 72-77。林展文中提到，小組開始還有一名成員盧陵，小組利用當時已離港的盧陵母親的住宅開會。不久盧陵本人也離開香港。

派出的信使很難接近戰俘。已經從戰俘營逃出來的賴廉士請游擊隊帶信去戰俘營，信使在接近戰俘營時不幸被守兵擊斃。[99] 不過，國際工作小組認為，他們碰到的最大障礙是英國人對中國人以及來自中國游擊隊所傳信息完全缺乏信任。國際工作小組試圖同各種國際人士聯絡，從一般的歐洲僑民到歐亞混血人士和戰前的港府高官，包括醫務總監司徒永覺（Selwyn Selwyn-Clarke，1893-1976），沒有一個人對游擊隊提出的幫助作出積極回應。[100] 戰後有一名英軍作者 Oliver Lindsay 認為，戰俘營的大多數人從未試圖逃跑的原因是多方面的。他們一是擔心自己逃脫之後會使留下來的其他戰俘受到懲罰；二是擔心萬一不能脫逃就會被處死刑，因此不如在戰俘營等待戰爭結束；三是因為他們的體力由於營養不良而日益衰弱，無法嘗試越獄。[101] 從戰俘營脫逃後開始主持英方營救行動的賴廉士也認為英國人心存疑慮。戰俘們「不知道在十哩或五十哩以外就是安全區域；他們無法判斷那些控制着他們必須穿越的地帶的中國人到底是親日還是親盟軍」。[102] 從另一個角度，賴廉士的說法也佐證了國際工作小組的看法。

　　確實，沒有東江游擊隊的支持和幫助，任何救助行動無法在香港周邊內外邁出一步。為了幫助戰俘越獄，賴廉士組建了英軍服務團（British Army Aid Group，簡稱 BAAG），總部設在香港以北八十英

99　Ride，頁 127。

100　林展，頁 74。少數英國人在賴廉士脫逃後也自行逃出戰俘營，其中包括警司 W. P. Thompson 和 Gwen Priestwood 女士。參見 Priestwood (1943)。Thompson 在該書中被指為 Anthony Bathurst，而賴廉士和艾潑斯坦的回憶錄中都稱其為 Thompson。Thompson 曾經向艾潑斯坦建議一起越獄，被艾潑斯坦拒絕。波蘭出身的無國籍記者艾潑斯坦（Israel Epstein）與另外四名戰俘在 Thompson 和 Priestwood 一起越獄的同一日從戰俘營脫逃成功。參見 Ride，頁 58、123；Epstein，頁 144-145。

101　Lindsay，頁 187-189。

102　Ride，頁 52。

里的惠州。英軍服務團曾派出多名華籍成員前往香港戰俘營聯繫被囚人
員。賴廉士承認，「所有這些行動全部得到中共領導的游擊隊的幫助」，
因為「進出香港的所有陸路都必須通過共產黨〔游擊隊〕控制的區域；
沒有他們的允許，沒有一個人——不管是華人還是外國人——能夠穿越
這個區域」。[103] 英軍服務團的 Y 挺進點因此就設在西貢北部大灘海邊的
東江游擊隊機動總部裏面。[104]

相對英軍服務團所表示的有限度信任，東江游擊隊以提供最大程度
的幫助作為回應。國際工作小組組長黃作梅甚至把家裏的主要成員都動
員起來為此努力，並為此付出了慘重的代價。1942 年下半年，剛剛成立
的英軍服務團為了建立市區聯絡站，在深水埗開設了一家廣恆雜貨店，
由港九獨立大隊提供兩名工作人員。為了使雜貨店顯得名符其實，黃作
梅請自己的父親充任店主，大妹小弟擔任店員。通過雜貨店，英軍服
務團向香港淪陷區的人員轉送各種情報、活動資金、指令以及文件。[105]
1943 年夏天，英軍服務團的一名情報員被捕，供出雜貨店實為聯絡點
的秘密，黃家在雜貨店的三名成員因此被捕。[106] 雖然黃作梅的父親和大
妹被當日釋放，黃作梅的弟弟黃作材被日軍監禁二週，以此懲戒黃家。
十多歲的黃作材被投入地牢，同四十多名中國人和一些盟軍人士關在一
起。隔着他們的大統間是用鐵欄分開的單人牢房，關押着「被電鞭抽打
至遍體血痕」的前香港醫務總監司徒永覺。[107] 雖然少年黃作材不久被釋
放，在敵方密切監控下，游擊隊不得不暫停與黃家的聯繫。當游擊隊重

---

103 Ride，頁 103。

104 Ride，頁 216。

105 林展，頁 75-76；Ride，頁 61-62。

106 林展，頁 76；黃作材，頁 3。

107 Selwyn-Clarke，頁 84。

新派人聯絡黃家時，他們的父親已經因為斷糧而被活活餓死。[108]

以無私的奉獻精神與慷慨之心，東江游擊隊援救了至少一百多名盟軍人士從戰俘營越獄成功，並幫助他們安全通過新界前往大後方。黃作梅的「不完全」估計包括八十九名「國際友人」，其中有二十名英國人，八名美國人，五十四名印度人，三名丹麥人，兩名挪威人，一名俄國人和一名菲律賓人。[109] 英軍服務團的統計給出更高的數字。由東江縱隊營救的人員中包括「33 名英軍和盟軍越獄者，400 多名印度人，其中 140名盟軍服役軍人的脫逃完全由它〔東江游擊隊〕安排才得以成功；還有近 40 名越獄的美國人」。[110]

當盟軍反攻逼近太平洋西岸，東江游擊隊的地面配合成為盟軍行動的關鍵支柱。沒有來自游擊隊的精確情報，盟軍無法對日本軍用設施發起有效空襲行動。這時，在重慶的國民政府駐香港情報機關已經喪失功能。1943 年 4 月，佔領軍破獲中統（中國國民黨中央執行委員會調查統計局）的香港情報站，並抓捕了所有四十多名工作人員。此次事件被中統視為抗戰以來「犧牲最大，死事最慘」的打擊；之後中統針對佔港日軍的情報工作基本終止。[111] 為了對駐港日軍展開攻擊，盟軍已經派出兩名富有經驗的特工人員前去偵查。雖然他們多次嘗試，卻無法接近防守嚴密的主要目標、位於九龍南端的啟德機場。無奈之下，盟軍只能求助於東江游擊隊。東江縱隊總部派出劉黑仔和另一位港九獨立大隊部的中

108　黃作材，頁 3-4。

109　黃作梅，〈東江縱隊營救國際友人統計〉，《華商報》，1946 年 2 月 19 日。

110　Ride，頁 305。

111　被捕情報人員中，八名被判死刑並被斬首，二十一名死於酷刑，兩名被釋放以後死亡。雖然國民黨後來在香港重新建立特派員辦事處，但它的活動轉向搜集地區共產黨情報。由於辦事處工作不力成績匱乏，指導港澳黨務的吳鐵城大為震怒，「中共分子何以能在敵後不斷活動，而未見我方同志工作表現？」參見劉維開，頁 477-500，引文見頁 494。

層指揮員吳展前往現場偵察。兩位游擊骨幹穿成生意人模樣，在機場外圍仔細勘察並做了詳細紀錄。為了得到機場內部結構信息，他們求助於當地民眾，請他們的孩子們幫助。這些十多歲的少年假裝在機場玩起貓捉老鼠的遊戲，帶上捲尺潛入機場建築內部。經過三次「遊戲」，他們帶回機場建築結構和建築材料的詳細數據。當機場的四層結構草圖從東江游擊隊傳到盟軍手中，他們的代表感到「非常驚訝」。僅僅用了幾天功夫，游擊隊就完成了受過專業訓練的職業特工幾個月都完不成的任務。[112]

　　盟軍對啟德機場開展空襲期間，美國空軍現役軍人也有了直接接觸東江游擊隊員的機會。1944 年 2 月 11 日，美國空軍 14 軍的克爾中尉駕駛 P-40 戰鬥機加入空襲編隊，飛臨啟德機場上空。在同迎戰日機的對抗中，克爾中尉的飛機被擊中起火。他及時跳傘出艙並操縱降落傘往北飄去，在慈雲山安全降落，暫時避開了從機場衝出來追殺他的敵軍士兵。他第一個遇到的人是一名當地老婦，指給他錯誤的方向，差點把他送上返回機場的道路。就在克爾走投無路時，他看到一個「小孩」向他跑來。這是港九獨立大隊的李石（1929-2009），正在去游擊隊送信的路上。見到這個白人士兵和他穿的制服，李石立刻意識到這是「我們的抗日盟軍」。他招手讓克爾跟着他，跑上一條蜿蜒的山路。克爾找到一塊大岩石下的凹洞，李石搬來許多雜草蓋住洞口讓他暫時隱蔽，又跑去附近的村裏找到一位民運員報告克爾的情況，然後才繼續他遞送情報的任務。[113]

　　克爾迫降後的十八天裏，日軍出動了 2,000 名士兵，漫山遍野地

112　吳展，〈調查日寇香港啟德機場〉，*HGGJDD*，第 1 卷，頁 92-96。

113　Kerr，頁 178-181。這是克爾中尉在新界躲藏期間和轉移到惠州以後養傷期間所寫紀錄。他的後代 Andrew H. Kerr、David C. Kerr，以及 Kathleen Ibeng Kerr 整理，後由李海明、韓邦凱譯成中文。在英文紀錄中，Ride 根據英軍服務團一名在惠州遇到克爾中尉的成員所述，提及東江游擊隊救助克爾中尉的行動。該敍述遠遠不及克爾中尉在當時所記錄詳盡。中文方面，當年參加營救克爾中尉的當事人在八十年代後發表了短篇回憶錄，也可同克爾中尉的自述相互印證。

仔細搜尋美軍飛行員。在游擊隊派來的村民引導下，克爾必須經常改變隱身地點，從一個地方搬到另外一個隱蔽地點。直到這些東躲西藏的日子過去之後，克爾才慢慢了解到，游擊隊不僅付錢給那些為他送飯的村民，而且對一個想要向日本皇軍告密的村民提出警告，要他對克爾中尉的安全「負責」。[114] 當然克爾還有不少從未了解的事情。當他躲在九龍山區的時候，港九獨立大隊千方百計將敵人的視線引向別處。市區中隊在香港市區展開心理戰，力圖轉移敵人視線。隊員們到處張貼傳單，宣佈東江縱隊成立的消息。當日軍的搜尋稍事鬆懈，克爾中尉最終從九龍地區坐船轉移出境時，獨立大隊的海上中隊又在相反的地區對日軍發起攻擊，將敵人的注意力引向別處。[115] 此後，克爾和護送他的游擊小分隊再行隱蔽，直到日軍搜索部隊撤離，他們才重新上路，往東江游擊隊的坪山基地行進。[116]

接下去的一個月，克爾開始和護送他的游擊隊一起在崎嶇的山路上步行；由於他在戰鬥機被敵人擊中時腿部受傷部位發炎，游擊隊員做了一個簡易轎子，把他抬着一直送出山區。游擊隊員如此的奉獻精神和一路上表現的機智勇敢，常常使克爾驚嘆不已。當時，游擊隊指派了曾經在香港的教會學校學會英語、並喜歡好萊塢電影的譚天給他做翻譯，他們兩個因此常常在一起聊天。在一次討論游擊隊的時候，克爾問他年輕的翻譯「這些游擊隊穿甚麼制服，他們如何表明自己的身份」時，克爾得到的是使他終生難忘的回答：

114　Kerr，頁 241-242、250-251、253-254。

115　李兆華，〈掩護克爾中尉脫險記〉，*HGGJDD*，第 1 卷，頁 78-81；譚天，〈和克爾中尉隱蔽在一起的日子裏〉，*HGGJDD*，第 1 卷，頁 82-85。

116　Kerr，頁 260-269。

你如何知道誰是游擊隊呢？我們幾乎一無所有，我們不像常規軍那樣穿得整整齊齊，而且擁有很多武器；我們穿着各種各樣的衣服 —— 有的人甚至連鞋子都沒有，有的人只能穿草鞋，大家基本得不到甚麼東西。但是，日本人依然特別害怕我們，而我們已經同他們周旋了兩年。

克爾聽完，心服口服：

是的，確實如此。在其他人認為毫無希望、只能指望他人救助的情況下，這些人盡其所能、堅持戰鬥。雖然他們的物資如此困乏，他們卻毫不氣餒，堅信他們終將贏得勝利。

游擊隊最終贏得了勝利。譚天的一番話，只不過隱隱暗示了香港社會在抗日戰爭中經歷的翻天覆地的變化。在這個被侵華日軍佔領的地區，裝備精良的英軍已經投降，而缺乏武器彈藥的勞工和村民團結在共產黨領導的游擊隊周圍，繼續抵抗。用譚天那扼要的語言來說，他們的抵抗運動就在「幾乎一無所有」的情況下進行：缺乏武器，缺乏醫藥，缺乏幾乎所有必要的物資。但是，他們絕不缺少決心、信心和來自廣大民眾的支持。他們是在自己的國土上為了自己的生存而戰。過去一個世紀，英國殖民當局對普通大眾不屑一顧，而正是這些曾經毫無輕重的普通民眾堅持着殖民者無法進行的抗日戰爭。投身抗戰，使這個底層社會

行動起來，走向劇變。

　　軍事佔領香港沒有造就日本侵略者所期望的新秩序，更沒有激起在東南亞曾經曇花一現的那種對日本「解放者」的熱情。但是，在這個前英國殖民地確實出現了另一種新秩序。戰爭將原來基於香港市區的變革活力轉向農村。而在市區，原來的舊秩序繼續延續。誠如社會學家Henry J. Lethbridge 所言，戰前殖民體系中的華人精英一如既往，繼續他們與征服者的合作，以維護「他們既有地位和利益」，並以此掌控當地社會。[117]　而在香港周邊的鄉村或是在勞工階層，卻完全找不到這種集體通敵的記錄。以大眾為主力的抗日游擊戰將香港的鄉村變成社會活動基地。這種自下而上的巨變轉而繼續延伸至市區。當舊秩序在香港城區崩潰，新一代的救亡積極分子在鄉村建立武裝抗敵的基地。雖然東江游擊隊的武力不足以向侵略軍發起正面攻擊，但足以在廣大鄉間除暴安民，贏得鄉村士紳的讚許。當曾經受到社會歧視的船民與一般村民並肩戰鬥，當客家人與本地人一起抗敵，抵抗運動在保家衛國的同時，也在動搖歷史遺留的社會屏障與陋習。

　　武裝抗敵為那些在戰前香港社會毫不起眼的人生帶來新的意義和新的憧憬。為祖國而戰而不是苟且偷生，賦予抗日戰士以無比的自豪。抗戰使這些僑居者成為社會的主人和自己的主人。幫助社會知名人士和盟軍並奮不顧身施以援手的行動源自游擊隊員們內心的人道主義力量，這些行動同時也使這些平凡的游擊隊員跨越了現實的社會鴻溝。他們的英勇作為，使他們與受援者成為平等的人類。他們的志願行動，比任何說教都更能說明他們工作和犧牲的重大意義。很多年後，這些普通的抗日戰士依然為自己能對抗戰的最終勝利作出貢獻而心存自豪。當戰爭

117　Lethbridge (1969)，引文見頁 109。

結束，無數的游擊隊員放下武器重返平民生活，成為工廠工人、汽車司機、電車售票員、機械工人、清潔工、酒店服務員、私家傭工和餐室招待。

在經歷了戰難和抵抗運動的香港，勞工運動將以新的面貌再次登上歷史舞台。

第
三
章

重
佔
殖
民
地

太平洋戰爭爆發，香港與亞洲其他歐屬殖民地被迅速納入大日本帝國版圖，成為歷史巨變的重要契機。從英屬緬甸到馬來半島、印度尼西亞和菲律賓，各地民族主義者在瞬間揭竿而起支援日軍，使日本得以在短短六個月內攻佔從西太平洋至東南亞的大片區域。[1] 但是，東京遲遲拖延兌現承諾，拒絕正視前歐屬殖民地人民實現國家與民族獨立的訴求。較之從前的殖民者，日軍更加嚴苛地榨取資源，導致當地民族領袖對「解放者」的熱情迅速降溫。然而日本迅速顛覆歐洲各國在亞洲的殖民統治這一事實，無意中又催生了另一個現實。爭取民族獨立曾是少數先覺者的夢想，現在轉而成為千千萬萬平民百姓的共同意願。英屬亞洲殖民地去殖民化和民族獨立的進程在日本的殖民統治下加快了步伐。

更具有諷刺意味的是，日本以民族解放的名義攻佔前歐屬殖民地，也向西方盟國提出了去殖民化的挑戰。為了戰勝軸心國，西方盟國不得不竭力爭取反殖民主義的話語權，並將它列為戰爭目標之一。出於現實考量而非理想主義，美國總統羅斯福一再堅持去殖民化主張。他清醒地看到，內爆的可能一直在威脅着盟國大英帝國的生存。在大英帝國最重要的「領地」印度，甘地領導的國民大會黨正在進行不合作運動，拒絕支持英國抗禦軸心國的戰爭。如果在英屬亞洲的這個核心區域爆發反殖民起義，不僅英國將會遭受不可挽回的損失，盟國對抗軸心國的戰鬥力也將受到嚴重削弱。早在美國正式參戰前，羅斯福就於 1941 年 8 月在北大西洋的紐芬蘭島附近同英國首相邱吉爾舉行首次會見，以期協商制定一份表明兩國參戰目的的共同聲明。這次歷史性的會晤產生了由兩位領導人簽署的《大西洋憲章》。四分之一世紀前，美國總統威爾遜就曾經提出民族自決原則，口吻崇高但卻從未認真付諸實行。在《大西洋憲章》

---

1   關於東南亞各個歐屬殖民地組成民族獨立軍支援日軍進攻的歷史，參見 Lebra。

第三條中，這項原則再次得到重申。[2] 在憲章裏，兩位簽署者共同保證「尊重所有的民族選擇他們自己政府的權利」；他們同時宣佈，「希望看到那些被強力剝奪了主權和自主政府的民族重新獲得主權和自主政府」。

雖然《大西洋憲章》以宣傳為主要目的，對戰後政治框架的建塑並不具有任何實際約束力，憲章依然把西方大國抬上了道義的公眾舞台，接受全世界的觀察和審視。[3]《大西洋憲章》突出了去殖民化的道義責任，使任何阻撓去殖民化的努力變得不合時宜。香港陷落後一年零兩個月，美國和英國終於放棄長達十多年的頑強抗拒，於 1943 年 2 月宣佈廢除在中國的治外法權。[4] 然而，在香港歸屬問題上，中國政府去殖民化、爭取主權的努力卻依然必須應對來自這兩個國家的巨大阻力。[5] 當歐洲戰場上的戰略平衡轉向有利於同盟國的方向時，高尚的道德原則又一次被現實利益蹂躪踐踏，成為只有嘲諷意義的明日黃花。

香港仍然不能歸還中國

在《大西洋憲章》簽署後不到兩年，英國對香港的決策傾向便發生一百八十度的轉變，從決定放棄香港轉為決意重佔香港。為了成就這個轉向，殖民部外交部內有關部門以及其他政府機構都作出了各自的積極

2　關於威爾遜在巴黎和會期間對中國、埃及、印度以及朝鮮等國代表提出民族自決的請求所做回應，Manela 的專著是近期出版的一個綜合比較分析。

3　關於《大西洋憲章》的宣傳目的，參見 Wilson，第 9 章，引文見頁 149。關於美國主要談判代表、副國務卿 Sumner Welles 的近期專著，使用了不同的語言但是說明了相同的意思，認為憲章「在本質上是一個公開說明，但不是⋯⋯ 正式條約」。參見 O'Sullivan，第 3 章，引文見頁 51。Wilson 和 O'Sullivan 的兩本專著都證實，美英雙方就《大西洋憲章》進行的談判，主要不是去殖民化問題，而是確定兩國戰後分割獲取世界市場和原料的問題。

4　1930 年，已有十個國家廢除了在華治外法權，它們是蘇聯、德國、奧地利、波蘭、芬蘭、希臘、捷克斯洛伐克、波斯、墨西哥和玻利維亞。參見 H. L.。

5　Koo，第 5 卷，頁 27-35。

貢獻。為了實現這個轉向，英國在中國的商界領袖更是竭盡全力推波助瀾。同英方的積極努力相反，中方卻選擇乞求國際善意，強調同西方國家領導和高官達成諒解。兩邊不同的取向當然是不同決策的結果。中英兩國各自權衡利弊而決定輕重緩急，香港回歸的進程因此走向與《大西洋憲章》背道而馳的方向。

　　1942 年是英國本國及其亞洲殖民地生死存亡的至暗時刻，倫敦做出了永久放棄香港的決定。外交部將香港和馬來亞定為「非必要」領地，必須為英國「保持真正重要的利益」作出犧牲。[6] 然而，作為英國海外殖民「領地」的代言人，殖民部立刻對此決定進行反擊。在強勢的助理政務次官 Gerard Edward Gent（1895-1948）帶領下，殖民部不僅竭力主張保住香港殖民領地，而且組建了「香港計劃小組」為英國重佔香港制定具體實施方案。[7] 幸運的是，外交部的一次人事變動使這項「香港是英屬香港」的政策最終獲得保障。1944 年 7 月，主持外交部遠東司並一向反對殖民主義的 Ashley Clarke（1903-1994）調任里斯本，成為英國駐葡萄牙全權公使。他的工作由 J. C. Sterndale-Bennett（1895-1969）接手。新任司長否決了前任對香港的決定。與此同時，英國在海外的秘密行動組織「戰略行動執行中心」（Strategic Operations Executive，簡稱 SOE）將香港定性為應對戰後中國重新崛起的戰略制衡基地。這項評估有力地加強了政府內部重佔香港的呼聲。1944 年，戰略行動執行中心甚至設計了一系列方案，包括從開展各種宣傳攻勢、將英國國旗偷運入港以造成香港普遍支持英國的假象，到「通過行賄和貪污等有效活動」趕走日本人和方便盟軍進駐香港等措施。[8] 雖然這些方案最終未能付諸實

6　　參見 Lee、Petter 合著，頁 124。
7　　Tsang (1997a)，頁 39-42。
8　　Snow (2003)，頁 191、237-239。

施，內閣和外交部都曾一一予以仔細斟酌。1944 年 11 月 8 日，英國副首相艾德禮首次將重佔香港的政策公之於眾；他在議會下院宣佈，香港將在戰爭結束後被保持在大英帝國之內。[9]

與英方堅定果敢的行動相反，中方爭取香港回歸的動作小心謹慎、猶豫不定。戰爭期間，中國政府基本依賴美國的善意而登上國際舞台。雖然中方在收回香港問題上作出了嚴詞聲明，但政府除了不斷懇請美國的幫助之外，從未制定行動規劃。1943 年初，中國政府派遣蔣介石夫人宋美齡前往華盛頓，其使命包括非正式地取得羅斯福總統對香港回歸中國的支持。羅斯福深明英國的抗拒心理，對此提出了折衷建議。當時，中國外交部長宋子文作為蔣介石的私人代表已經留駐華盛頓有三年之久。在一次交談中，羅斯福總統向宋子文提出，中英雙方都可以在香港問題上做出「大方的姿態」，並且「在出乎眾人意料的情況下同時發表公開聲明，一方將香港歸還中國，另一方把香港定為自由港」。[10] 既然得到美國總統支持，中國外交部便着手規劃收回香港，將任務交付部內歐洲司。1944 年 9 月，歐洲司交出草案，提議就收回香港以及租借下的新界等問題同英國開展談判。但是，如何實施這個草案，外交部並未提出任何後續執行措施。[11]

負責規劃的部門沒有制定收回香港的具體措施，使中國先前響亮的公開聲明啞然失聲。不過，這個過錯並非如英國歷史學者曾銳生所言，

9　　"British Empire (Hong Kong)（大英帝國〔香港〕），" *Hansard Parliamentary Debates: House of Commons*，1944 年 11 月 8 日，第 5 系列，第 404 卷，第 1352-3 列。

10　　"Memorandum on Dr. Soong's Conversation with the President, March 31, 1943（宋博士與總統對話備忘錄，1943 年 3 月 31 日），" T. V. Soong Papers，第 32 文件箱；胡佛研究所，引見於 Liu Xiaoyuan（劉曉原），頁 138。

11　　Tsang (1997a)，頁 34-37。

可以完全歸咎於個別官員的失職。[12] 由於中國政府從未將香港問題視為重大要務，個別官員或部門的行動自然成為這種戰略選擇的具體表現。自1939 年起，蔣介石的政府將消滅政敵共產黨作為中心任務，調動其最精銳部隊前往西北包圍延安。政府對其他國家大事漫不經心，以致政府軍在迎擊日軍 1944 年打通大陸交通線的豫湘桂會戰中屢遭慘敗。多年來，美國外交官送往華盛頓的報告中充斥着中國官場腐化、裙帶關係氾濫的內容；在美國政府內部，重慶的聲譽已經一落千丈。豫湘桂會戰的可恥結局更使美國對蔣介石的政府失去信心。

　　當中國政治建構的門面轟然傾塌，香港問題就被埋到了廢墟之下。英方注意到，中國對收回香港問題的官方態度在 1944 年 11 月間明顯軟化。當時剛從美國回到重慶的外交部長宋子文同怡和洋行的大班 John Keswick 有一次「長長的對話」，明顯釋放出中方有關香港的新信號。Keswick 在戰時同時兼任蒙巴頓勳爵主持的盟軍東南亞戰區指揮中心與英國駐華大使館的政治聯絡官以及英國戰略行動執行中心一個分部的領導。[13] 他發往倫敦的報告稱，宋子文在與他的談話中聲言「中國當然希望收回香港，但是我個人認為不應該為此對英國施加壓力」。宋子文還提醒 Keswick，假如中國取消新界的租賃，失去這個依託的香港殖民地將無法生存。對此，他強調自己對英國的「基本常識」很有信心。「中國除了對〔這個〕殖民地表示興趣以外不需要做更多的動作」，宋子文說，「英國政府自然會遵循合理的路線採取行動」。[14] 自然，不管中方怎麼說怎麼

12　Tsang (1997a)，頁 37。

13　宋子文對史迪威事件持不同看法，他因此失去蔣介石信任，被召回國。參見 Kuo Tai-chun and Lin Hsiao-ting。

14　"Extract of Letter from Mr. G. Willinger, Chungking, dated 13th November, 1944 addressed to Mr. J. C. Sterndale Bennett, Foreign Office（G. Willinger 先生 1944 年 11 月 13 日發自重慶致外交部 J. S. Sterndale Bennett 先生的信件摘要）," CO 129/592/8, "Future Policy of Hong Kong," 頁 175-176。關於 Keswick 在戰略執行中心的職務，參見 Snow (2003)，頁 191。

做，英方已經對重佔香港下定決心。然而宋子文同大班的悄悄對話，依然給英方吃了一顆定心丸。麥道高於 1945 年 4 月前往重慶，進一步驗證了中國官方這個新的態度。他發現，那裏所有的英國人對艾德禮在議會下院所做關於維持香港殖民地地位的聲明都「持保留意見」。相反，「相比 1942 年，中國人對不能立刻收回香港的前景更願意妥協」。[15]

在盟國即將取得最終勝利的前夜，英國重佔香港的準備行動也加快了步伐。倫敦對於英國前殖民地大班的觀點更是倍加重視。事實上，由在華主要英商組成的英商中華協會（The China Association）自 1943 年起就開始積極游說殖民部。當時大英帝國的防禦處於最為脆弱時刻，放棄香港已是政府內部的共識。[16] 重佔香港成為新的決策後，殖民部於 1944 年 12 月致函英商中華協會，邀其推薦兩名代表「與本部就戰後香港有關經濟事宜進行保密性磋商」。[17] 這個邀請自然對英商中華協會正中下懷；它立刻推出太古洋行的資深總裁 G. Warren Swire（1883-1949）和滙豐銀行的總裁 Arthur Morse（1892-1967）以「個人名義」與殖民部進行「秘密」會商。從 1945 年 2 月起，兩位大班開始參加殖民部遠東行動計劃小組的每月例會，與會人包括 Gerard Edward Gent，J. J.

15　D. M. MacDougall to Gent（MacDougall 致 Gent），April 18, 1945, CO 129/592/8，頁 141-142。

16　"Secret," letter from British embassy in Chongqing to J. C. Sterndale Bennett of Foreign Office（〈密件〉，英國駐重慶大使館致外交部 J. C. Sterndale Bennett），February 21, 1945, CO 129/292/8。該信提到李樹芬已經於 1943 年底向 Keswick 建議「戰後，英國應該〔對香港〕保持一段時期控制」。參見 Willinger's letter to Ashely Clarke on December 31, 1943（Willinger 致 Ashely Clarke 信件，1943 年 12 月 31 日）。

17　Minute by A. Ruston, January 29, 1945（A. Ruston 所作備忘，1945 年 1 月 29 日），CO 129/582/8，頁 3；N. L. Mayle to E. A. Armstrong (War Cabinet Offices), January 8, 1945, CO 129/592/8，頁 179-180。

Paskin，N. L. Mayle，麥道高和 Alice Ruston。[18] 基於這些討論的「非正式和保密性」，他們決定「不留紀錄」。值得一提的是，當大班和殖民部遠東行動計劃小組的成員一次次舉行規劃重佔香港的討論時，美國正在降下它一直高舉的反殖民主義大旗。在 2 月底舉行的第一次例會上，Gerard Edward Gent 向 Swire 和 Morse 兩人保證說，英國已經「在一定細節上」「就恢復英屬領地事宜將由英王政府制定政策、並由英國文官執行這些政策的問題⋯⋯同美國達成共識」。[19] 在美國走向全球超級大國的勢力巔峰之時，英美達成如此的默契，同時也意味着英國重佔香港至多只會碰到一些枝節問題，而不再需要應對有的論者所謂的「各種重大困難」。[20]

儘管官方對許多問題留下的紀錄殘缺不全，已公開的檔案足以顯示英國在華商界領袖人物對官方的戰後重建香港殖民地構想的影響。在一份以「香港」為題共兩頁十二點備忘錄中，G. Warren Swire 具體闡述了「香港必須仍然是英國人的」各項理由。他將香港的重要性歸結為「貿易基地和我們在遠東利益的象徵」，「轉運港口」，「在新加坡和⋯⋯日本之間有着現代化造船和修船設施」的唯一服務中心，「英國保險業的一個重要中心」，而且還是「法治和秩序的綠洲」。當然，G. Warren Swire 很明白，亞洲和全世界各地正在掀起反對歐洲殖民統治的洶湧浪潮。他能夠感受到政府內對各殖民地民眾輿論的敏感心態，因此在備忘錄中把在香港重新恢復英國統治說成是顧及「在香港有着巨大資產」的

---

18   Minutes by Paskin, January 8, 1945（Paskin 所作備忘，1945 年 1 月 8 日）；Memo by A. Ruston, January 29, 1945（A. Ruston 所作備忘，1945 年 1 月 29 日），CO 129/592/8，頁 2-3。

19   Minutes by Ruston, February 27, 1945（Ruston 所作備忘，1945 年 2 月 27 日），CO 129/529/8，頁 5-6。

20   參見 Steve Tsang (1997a)，頁 42-44；Tsang 認為英國戰勝了「各種重大困難」才成功重佔香港。

中國人和華商利益的舉措。[21]

　　G. Warren Swire 的辯解為英國官員準備了強大的火力，幫助他們有效回擊美國支持中國收回香港所做的最後一次嚴肅而認真的努力。1945 年春，赫爾利作為羅斯福總統的私人代表來到倫敦，就中國國內局勢以及戰後亞洲規劃同邱吉爾和外交大臣艾登進行協商會談。為應付赫爾利將會提出的中方收回香港的要求，Gerard Edward Gent 為殖民部起草了七點備忘錄，大多基於 Swire 的十二點意見。Gent 起草的文件中將英國描述為通過治理香港而成為東亞地區秩序的保衛者。香港殖民地不僅是「一個為遠東提供各種行業和貿易的自由港」，而且是地區騷亂與革命的安全避風港。同 Swire 一樣，Gent 強調英國對香港擁有權利，因為基於「英國政府的引導」香港才從「一個荒蕪的海島」轉變成為「世界上最偉大的海港之一」。他辯稱，「英國式的法治和秩序」使香港在革命動盪中擔當起「一個特殊角色」，「為所有同中國有關係的國家提供了一個安定有序的中心地帶」。他因此斷言，英國通過香港而惠及各國的作用「也將在戰後具有至少同等的意義」。[22] 在殖民部的辯解之上，外交部的說法更為重佔香港戴上了國家使命的光環。「在香港問題上，我們對希望看到遠東穩定繁榮的各個國家負有重大責任」，外交部的 H. Brideaux-Brune 這樣強調英國統治香港的全球意義：「作為一個主要人口中心和航運、商業以及其他活動的樞紐，香港對繼續實現這些目標有着特殊意義……因此，重新取得這個殖民地並恢復它曾有的秩序和繁榮，是我們這個國家的使命。」[23]

21　"Hong Kong," by G. W. S., CO 129/592/8.

22　G. E. J. Gent to Sterndale Bennett, March 29, 1945（G. E. J. Gent 致 Sterndale Bennett，1945 年 3 月 29 日），CO 129/592/8，頁 154-155。

23　H. Brideaux-Brune, "Hong Kong," March 31, 1945（H. Brideaux-Brune，〈香港〉，1945 年 3 月 31 日），CO 129/592/8，頁 150-151。

英國政府內各部門就重佔香港作為不容外交談判的「國家使命」達成共識，也為邱吉爾奮起反擊來自美國的壓力增加了底氣。在同赫爾利的會談中，邱吉爾強烈反對美國將軍力轉向愈來愈混亂的中國，竭力爭取美軍繼續駐紮東南亞，以協助英國穩定該地區的局面。當赫爾利提出香港去殖民化的議題時，邱吉爾的反應更為激烈。作為一名堅定不移的帝國主義者，邱吉爾畢生篤信大英帝國對世界的偉大貢獻。他把美國對中國收回香港的訴求的支持譏諷為「美國的偉大幻想」。不容他人多言，邱吉爾宣稱他將「為〔維護英國的〕香港戰鬥到底」。對此，赫爾利從現實角度提醒邱吉爾，他自己剛剛在議會發表的演說還肯定了《大西洋憲章》的基本原則，一旦英國堅持佔領香港，將可能給俄國以口實而對華北提出領土要求。這時，早已不耐煩的英國首相乾脆利落地告訴赫爾利：「英國絕不會被《大西洋憲章》的原則所束縛。」他更以極端的言辭斬釘截鐵地宣稱：「要想大英帝國放棄香港，除非先從我的屍體上跨過去。」[24]

邱吉爾與赫爾利會談不久，美國迅速放棄反對殖民主義的原則，英國重佔香港就此不再受到任何掣肘。就在赫爾利即將結束倫敦之行時，羅斯福總統因腦溢血於 1945 年 4 月 12 日突然逝世。接任的杜魯門缺乏國際事務經歷，也沒有羅斯福那種全球性的視野，對中國反殖民主義的民族主義抗爭毫無同情心。以他承擔一個超級大國處理國際事務的重任，顯然力不從心。這個突如其來的變化，當然也意外地將英國重佔香港的行動推入平滑的跑道。英國駐美國外交官注意到，這裏官方和民間的想法開始出現差異。反殖民主義的思想依然主導着美國輿論和媒體。他們在《芝加哥日報》看到「相當多的輿論」希望看到英國「通過放棄，

---

24   Patrick Hurley to the Secretary of State（赫爾利致國務卿），1945 年 4 月 14 日，*FRUS, 1945, The Far East: China*，第 8 卷，頁 329-332。

把那個了不起的中國城市〔香港〕還給中國人民」，以此取得中國諒解。
《紐約時報》也認為「當前〔英國〕重佔〔香港〕的立場不可能永遠繼續
下去」。與此相反，從華盛頓方面過來的報告卻認為杜魯門政府「沒有像
羅斯福總統那樣強烈地希望改變香港和其他帝國領地的現狀。從各方面
看，美國自己佔取太平洋地區的意向，已經使早先那種批評得到緩解」。[25]

　　在當英美兩國不顧國際輿論、準備摒棄《大西洋憲章》基本準則
的新態勢下，中國阻止英國重佔香港的努力更面臨巨大的困難。中英雙
方為如何安排日軍在香港的投降儀式爭論不休。中國政府為此做出外交
姿態，強調香港是蔣介石指揮下的中國戰區的一部分，堅持中國主持受
降儀式的權利。然而這種表面的強硬態度毫無實力的依託。蔣介石把與
共產黨爭奪地盤並在戰場上殲滅他們視為頭等大事。日本投降以前，中
國政府軍在距離香港僅 300 英里的地方已經駐紮了至少 60,000 人的部
隊，其中包括孫立人將軍（1900-1990）的新一軍和石覺將軍（1908-
1986）的第十三軍。但是，政府從未向他們發出向香港挺進的命令。[26]

　　與中國相反，英國的外交與軍事各部門以快速而有效的行動貫徹了
倫敦維持海外殖民地的決策。1944 年春，在美國依然強烈反對英國重
佔香港時，蒙巴頓總司令的盟軍東南亞戰區將指揮中心從印度的德里遷
至英屬錫蘭的康提。美國的史迪威將軍一眼就看穿了這次遷移的動機。

25　"Extract from Telegram from Washington to Foreign Office dated 26th August, 1945（由華
　　盛頓發往外交部電報摘要，1945 年 8 月 26 日），" CO 129/592/8，頁 78。

26　六萬軍隊的估計應該低於中國政府到達香港周邊的實際軍力；該數字參見 Tsang (1997a)，
　　頁 45-46。1945 年 8 月 11 日，美式裝備的第十三軍已經輕易擊敗日軍、攻克廣東廣西邊境
　　的梧州；參見石覺，頁 3、192-193。第十三軍之後徵用民船沿西江順流東下，於日本投降
　　後到達廣州，並經香港赴東北與共產黨軍隊作戰。孫立人的新一軍在 1945 年 6 月已經駐紮
　　廣州。參見鄭錦玉，頁 156 孫立人照片說明。此外，中國政府還於 1945 年 7 月從贛南調第
　　六十三軍和第六十五軍往粵北，與東江游擊隊作戰。從那裏，只需要三至四天就可以進軍
　　攻佔香港。關於第六十三軍和第六十五軍活動情況，參見《曾生回憶錄》，頁 432。

他在日記中寫道，遷移顯示了英國意在太平洋地區、「並介入香港」。[27]
1945 年 8 月，新當選的工黨首相艾德禮繼承邱吉爾處理香港問題的策
略，直接通知杜魯門總統，香港將由一名英國指揮官接受日本投降。[28] 當
日本投降在即，倫敦立刻下令英國太平洋艦隊指揮官組織海軍力量，準
備重佔香港。日本投降前一天，英國太平洋艦隊的行動得到上級指揮中
心即美國太平洋艦隊的及時批准。裕仁天皇宣佈投降後兩小時，英國海
軍艦隊立即馳離悉尼港。當倫敦與華盛頓迅速協調外交細節之際，向香
港進發的英國太平洋艦隊又在沿途得到及時擴充。8 月 27 日，由兩艘航
空母艦、四艘驅逐艦、兩艘巡洋艦和一艘反空戰輔助艦、八艘魚雷艇、
一艘魚雷負載艦和六艘掃雷艇組成的龐大艦隊在海軍少將夏愨（Cecil
Harcourt）指揮下馳離菲律賓，執行代號為「艾瑟萊德行動」（Operation
Ethelred）的任務。[29] 與此同時，由二十五人組成的殖民部香港計劃小組
在麥道高帶領下，從倫敦飛往錫蘭待命。小組於 9 月初英國軍政府重新
佔領香港後一週抵達香港。[30]

　　就在夏愨少將的龐大艦隊向西疾馳之際，倫敦再作地面預案，防
止香港附近的中國軍隊佔領香港。在赤柱戰俘營，前輔政司司長詹遜
（Franklin Gimson）是在押戰俘中職位最高的官員。他在關押期間與
倫敦保持着斷斷續續的聯繫，日本投降後即試圖執行英王政府代表的職
責，但未立刻獲得成功。關押期間，他曾與日軍配合，壓制了一些性情

27   Stilwell，頁 332。史迪威將軍當時擔任職位僅次於蒙巴頓的盟軍東南亞戰區第一副總司
      令，負責中緬印戰區。在 1944 年的緬甸戰役中，年過六旬的史迪威親率士兵穿越叢林，而
      英軍拒絕參加戰鬥。史迪威懷疑，英方旨在保存實力，以期戰後重佔失去的殖民地。關於
      英美在緬甸戰役問題上的衝突，還可參見 Tuchman，第 17 章。

28   Fedorowich，頁 38、40。

29   Snow (2003)，頁 242、258。

30   Fedorowich。

剛烈的戰俘，因此與戰俘營主管建立了良好關係。倫敦通過英國駐華大使於 8 月 10 日給詹遜發出指令，經過英軍服務團與東江游擊隊的秘密通道於十二天以後傳到他手中。在接受倫敦授權以前，詹遜已經於 8 月 18 日宣佈在香港重新行使英國治理權。[31] 他所組建的臨時文官政府於 9 月 1 日轉由當日成立的軍政府接管。

　　當英國從海上、空中和陸地全方位地投入力量、以武力重新佔領香港時，香港的普通民眾到底心裏在想甚麼呢？他們中的大部分人肯定不知道，中國政府軍隊已經在幾個星期前到達本地區，卻在離香港只有幾天行軍路程的地方駐足不前。然而，經歷了抗日戰爭的香港社會，內部已經產生了巨變。就在夏慤少將的艦隊於 1945 年 8 月 30 日駛入維多利亞港時，香港華人用響亮而絢麗的方式表達了他們的情感。「中國鞭炮到處響起，人們又升起在佔領時期被藏起來的米字旗」，英國官方的紀錄這樣寫道：「但是，在每一艘民船上，在幾乎每一棟建築上，都飄揚着中國的國旗。」[32] 當英軍與日軍在半島酒店會見商定交接事宜時，九龍再一次成為「興奮歡慶的區域」。英文《南華早報》的記者這樣寫道：「一串串鞭炮從各個街區的所有樓房上面盡情地拋向街面，投向朝着戰俘營走去的日軍。在所有的建築上和屋頂上，中國國旗高高飄揚。」[33]

31　Snow (2003)，頁 202-203、249-250；Ride，頁 285-286、299；Endacott and Birch，頁 229。

32　Donnison，頁 202。

33　"Meeting with Japanese（與日本人相遇），" *South China Morning Post*，1945 年 9 月 4 日。在香港重光的日子裏，幾乎每個人都注意到到處飄揚的中國國旗，而英文《南華早報》也特別留心這個現象。Stuart Braga 引用了《南華早報》1945 年 9 月 3 日的報道稱「昨天有許許多多的中國國旗，但只有很少的英國國旗」。參見 Braga，頁 437。

反對英國重佔香港的聲音

　　以強大的武力支持堅定的決心，英國在爭取光復香港的競賽中又一次把中國打得落花流水。然而，武力重佔香港雖易，在重佔的香港恢復英國殖民統治卻另當別論。太平洋戰爭和日軍佔領已經決定性地改變了歐洲殖民勢力同亞洲前殖民地人民之間的關係。用武力重佔香港只能達到象徵性目的，因為武力無法重建殖民統治。還在英國重佔香港開始以前，殖民統治的合理性早已在全世界遭到質疑。

　　雖然殖民統治在亞洲早已不合時宜，香港戰前的政治體系中自然有着殖民統治的堅定支持者。愛丁堡大學醫學院畢業的李樹芬醫生是戰前立法局的非官守議員。他在日軍佔領時期親眼目睹日軍暴行，香港陷落一年多後便設法逃到內地。到達中國的戰時首都重慶後，他又於 1944 年前往倫敦和華盛頓。在重慶時，李樹芬於 1943 年遇到 John Keswick，竭力動員這位影響廣及政經兩界的人物促使英國考慮「在戰後一段時期」繼續控制香港。[34] 到了倫敦，他又向殖民部的 Gerard Edward Gent 寫信進言，闡述英國重佔香港的有益之處。李樹芬預計戰後中國必將內戰重啟，認為「在一定時期」由英國繼續統治香港將是「一項智慧而行得通的政策」。他反對正在醞釀中的香港政制改革。在他看來，這項改革意味着對華人開放選舉，而這些華人「並非英國臣民」，並且「無法肯定他們有權投票後是否會贊成〔現有制度〕」。[35] 處於倫敦政界以外，李樹芬可能並不知道英國政府內部已經作出了重佔香港的決定。雖然急切希望英

34　From British Embassy, Chongqing, to J. C. Sterndale Bennett of F. O. on February 21, 1945（英國駐重慶大使館致外交部 J. C. Sterndale Bennett, 1945 年 2 月 21 日），CO 129/592/8，頁 75-76。

35　Li Shufan to G. E. Gent（李樹芬致 G. E. Gent），1944 年 3 月 7 日，FO 371/41657，〈香港的未來〉，頁 5-7。

國重返香港，在他的文字語言中一而再、再而三地出現了「在一定時期」
回復英國統治這個詞，顯露了這位殖民統治堅定支持者對世界大局朝着
去殖民化和民族自主的方向大步前進的重重憂心。

　　與李樹芬相反，有些長期關注英國在港殖民統治的西方人士開始
強調，英國應當追隨正在興起的去殖民化潮流。當然，他們對如何推行
這項時代使命的方式各持己見。有的人看到變革英國治理方式的迫切需
要；有的人認為把香港歸還中國的時刻已經到來。在中間偏保守的人士
中，John V. Braga（1908-1981）的闡述既有觀察力又相當雄辯。他是
香港第一位葡籍立法局議員 José Pedro Braga（1871-1944）的第八個
兒子，他寫的長達二十二頁的呈文被殖民部存入檔案並在部內傳閱。殖
民部官員注意到，Braga 是香港著名的「英葡裔」居民。在香港本地，
他以鑒賞收藏義大利名貴小提琴而知名，戰後在中華電力公司任執行秘
書。[36] 以「中國的反英情緒」為題，Braga 的呈文詳細記錄了他和他的中
國朋友或熟人所經歷的「英國人的不文明行為」以及他本人的強烈不滿
與苦惱。他的呈文先是通過一位英國議會議員送達外交部，然後於 1946
年 2 月中轉到殖民部。當時英國政府內部正在進行有關香港軍政府向
文官政府移交權力的討論。Braga 並不支持將香港還給中國，但是他認
為，改變一般英國在港僑民不文明的日常行為將有助於推廣互相尊重的
風氣，並由此改進中英關係，將香港殖民地保留於大英帝國以內。

　　在 Braga 筆下，種族歧視和種族主義行為在英國治理下的香港比比
皆是。他所列舉的親身經歷的幾個例子中，有些發生在只接待富有而「體
面」的華人的銀行，有些發生在郵輪公司的訂票處或豪華酒店的電梯裏。
在那些地方，「體面的」華人經歷着刻意的無視與冷淡、直截了當的蔑

36　關於 Braga 在中華電力公司的職務可以在 1948 和 1958-1960 兩個出版物得到印證。參見
　　Hong Kong's Who's Who & Residents Register 1947/4, Luzzatto and Remedios (eds.)，頁 35。

視甚至人身攻擊，每每讓他感到震驚。他親耳看到一個銀行的「英國職員……迫不及待地從他的辦公桌後跳起來」，先是迎接一位英國婦人，然後是一位英國軍官、一位丹麥人和一位瑞士人。在這位英國職員殷勤服務各色歐洲人士的同時，一位「衣着入時的華人女士」已經早於那些人到達並在櫃枱邊耐心等候多時，而那位英國職員對她卻始終視而不見。忍無可忍之下，這位華人女士嘴裏蹦出「帝國主義！」這幾個字。還有一次，「一位出生美國的華人老太太」去一家「有名的輪船公司」購買一等艙船票。那裏的英國領班對她大聲咆哮，因為她選擇在「午餐前幾分鐘到達」。再有一次，「一個慍怒的英國男人在電梯裏把一位中國人的帽子打掉，理由是他沒有對剛剛走進來的一位歐洲女士摘帽」。在 Braga 自己工作的地方，「某先生」在低級職員面前大聲訓斥他的高級華籍職員。當 Braga 對「某先生」建議今後避免這種令人尷尬的方式時，某先生這樣回答：

> 哦，不，Braga，你錯了。讓那些黃皮膚的中國人覺得他們是和我們這些白種人處於同一社會層次上嗎？這輩子休想！如果你在意這些該死的東西，你就會馬上發現他們失去了對你的敬意，他們會無法駕馭。他們就是無知，把和善看作是軟弱。中國人和印度人一個德性；他們得寸進尺。所以，粗暴手段是駕馭東方人的唯一辦法，是讓他知道自己的位置、使他對你保持敬意的唯一辦法。

Braga 是位敏銳的觀察者，他認為英國對殖民地的武力征服是香港的種族歧視經久不衰的根源。「英國割取香港後最早到達的一批人」對當地民眾採取的是「征服者對被征服民族」的態度。在香港居住的幾十年中，Braga 觀察到這種征服者的姿態「在戰前許許多多的英國人身上都司空見慣」。他提出幾個改革建議，包括設立一個宣傳處，出版一本引導英國人與中國各階層人士日常交往的行為準則小冊子，向各個英國銀行

和洋行的總裁呼籲、挑選能夠尊重中國人的職員，並對中國人開放至今為止只接納歐洲人的香港會所。[37]

Braga 對英國人的種族歧視行為深惡痛絕，卻依然希望英國統治繼續下去，這種心態是個非常有意思的現象。這樣的矛盾心理只有從葡萄牙裔居民在香港殖民地所處的特殊地位才能得到解釋。在香港「嚴格而刻板地以種族、職業和區域劃分的等級制度中」，葡裔人士被視為「有缺陷的歐洲人」，但是依然居於當地華人之上。他們憑藉語言等優勢，成為香港各大洋行中的「職員階級」，在英國殖民統治之下享受着優裕的生活。[38] 可是，他們必須無可奈何地忍受着次等民族的從屬地位，壓抑着心中的不滿，有的人還得為嘗試掙脫這個等級束縛而付出慘痛代價。私底下 John Braga 寫道，戰爭結束後「歐洲人在香港的日子已經屈指可數；中國人用不了幾年就將獲得一切」。[39] 雖然他送交英國政府機構的呈文寫得含蓄很多，他私下裏直白的想法應該並非他一人獨有。不管情願與否，歐洲僑民社會的成員在看到中國國旗在重光的日子裏到處飄揚的景象時，心中可能都會浮現與 Braga 同樣的想法。

Braga 的呈文送抵外交部和殖民部時，正逢倫敦計劃軍事佔領結束後的工作，他的想法與官方設定路線基本一致，獲得兩個部門共同的關注。外交部的官員讀了以後「很感興趣」並決定「採取他那個為前往中國的英國人製作一本小冊子的辦法」。[40] 1946 年暮春，戰前港督楊慕琦正在準備重啟文官政府工作。Braga 的呈文也由殖民部轉到香港，徵求他和其他高官的意見。輔政司司長麥道高、華民政務司司長杜德（R. R.

37　John V. Braga, "Anti-British Feeling in China," 引文見頁 20、23、25、32-34，CO 129/595/1。

38　Coates，頁 4-8。

39　John Braga to James Braga，1946 年 3 月 27 日；引文見 Braga，頁 447。

40　G. V. Kitson (Foreign Office) to N. L. Mayle (Colonial Office)，1946 年 4 月 5 日，CO 129/595/1，頁 14。

Todd）和楊慕琦為此有所討論。值得注意的是，麥道高和杜德兩人都「不同意 Braga 先生的大部分說法」。楊慕琦爵士為此也寫下了相當官樣文章的話。他認為，兩位司長「一致承認，有關改善中國人和英國人之間關係的任何行動應當經常性地受到關注」。[41] 同外交部的官員一樣，楊慕琦爵士本人認為 Braga 關於展開英方宣傳攻勢的想法「是個很好的主意」，並贊成「建立一個宣傳處」。不過，他明確表示不贊成對只向歐洲人開放的香港會所立刻進行改革。[42]

殖民體系內部這次例行公文往來基本不為世人所知也從未有學者關注。然而區區小事一樁，卻突出了與楊慕琦總督廣為人知的公眾形象背道而馳的另一面。眾人至今津津樂道的是楊慕琦代表進步理念的形象，他所推動的香港政制改革，以及在他任下廢除了作為種族歧視象徵的〈山頂條例〉。也許他同 Braga 一樣，比在香港和中國的很多歐籍僑民都更加希望清除種族主義行為和言論。然而上述官方內部意見交換也顯示，他仍然希望保留種族等級制度中絕大部分現有機制。楊慕琦和 Braga 兩人所推崇的改革只是動了現有制度的皮毛，卻繞過了根本性的殖民統治問題。

儘管官方和接近官方圈子的人小心翼翼避免觸及關鍵的殖民主義問題，其他各界人士卻選擇直擊要害。他們與官方相左的想法超越了任何既得利益，他們嶄新的觀點直接來源於對中國正在進行的革命性蛻變的實地觀察。一位在華中的湖南省工作並在中國人當中生活多年的英國傳教士這樣寫道：「戰後的中國不是義和團時代的中國，也不是 1936 年的中國……這個中國熱烈地期望被其他國家視為平等的伙伴。」[43] 雖然這

---

41   Mark Young to T. I. K. Lloyd，1946 年 7 月 9 日，CO 129/595/1，頁 1-9 頁，引文見頁 7。

42   同上，頁 8。

43   Mrs. Riley to J. Belcher, M. P., n. d., CO 129/593/1，頁 25-27。外交部和殖民部的答覆顯示，Riley 太太這封信，其中提到她的傳教士兄弟，是 Belcher 議員寫於 1946 年 11 月 29 日來信的一份附件。參見 Belcher to Foreign Office, November 29, 1946, CO 129/593/1，頁 24。

位傳教士遠在中國，無法直接同家鄉的議會議員聯繫，他的想法和對中
國的觀察被他住在西約克郡的姐姐瑪格麗特・萊利太太（Mrs. Margret
Riley）長篇引用，寫進她那封寄給議員的信，最後送達外交部。這位在
中國的英國傳教士說，由於他所接觸的人都是普通中國民眾，而且「大
多數是來自社會各個階層的基督教徒」，他十分肯定地判斷，目前英國重
佔香港和九龍的行動在中國人當中「正在產生最為惡劣的印象」。他認
為，無論就民族自豪感日益上升的中國而言還是「從我們自己利益的角
度看」，英國重佔香港的行動真是「愚蠢之至」。[44]

　　這位英國傳教士雖然「基本與歐洲人沒有接觸」，卻對世界時事非常
了解。他知道，在英國重佔香港以後發生了兩件大事。一件是源於平山
建立機場的計劃在當地引發的衝突，另一件是葡籍警察在香港打死一名
中國小販而引起的當地民眾抗議活動。他認為，基於中國人日益要求獲
得國際尊重的現實和《大西洋憲章》的反殖民主義原則，英國繼續佔據
香港「因此必須受到批評」。他不認為中國正在進行的內戰可以作為英國
官方佔領香港的藉口。他指出，收回這些被迫割讓的領土「是中國人內
心的由衷意願」。一個更得人心的做法是「英王政府做出直白的聲明，表
示將在以後的幾年……逐漸地歸還〔香港〕」。[45] 無獨有偶，這正好是羅
斯福總統在戰時曾經向中國和英國推薦的辦法。萊利太太完全贊成她兄
弟的想法：「一個曾經〔與我們〕並肩作戰並承受巨大損失的盟友被如此
對待，實在是太不公平了。」她認為，如果英國繼續佔領香港，將「對
我們的威望造成打擊」。[46]

　　兩名對華長期觀察者完全同意這個觀點。牛津大學畢業的新西蘭記

44　Mrs. Riley to Belcher，頁 26。

45　Mrs. Riley to Belcher，頁 25。

46　Mrs. Riley to Belcher，頁 27。

者貝特蘭自「七七事變」前不久抵達中國，始終大力支持中國抗戰。通過對 1936 年的西安事變等重大事件和對華北前線的八路軍隨軍紀行的各項及時而深刻的報道，貝特蘭成為國際知名記者。報道中國戰事之際，貝特蘭路過香港，利用他的廣泛人脈為宋慶齡夫人組織的保衛中國同盟拓展了國際網絡。日軍進攻時，貝特蘭又來到香港參加保衛戰，作為一名槍手投入戰鬥。英軍投降後，他被投入戰俘營，監禁近四年。[47] 戰爭結束後，英國官方認為他是新西蘭外交部門「非常可能的」人選，而且「他的看法將一直受到新西蘭政府的慎重對待」。因此，他的言論特別受到英方關注。1946 年 3 月，同萊利太太的兄弟一樣，貝特蘭認為「對經歷着特別壓抑的中國政治氣氛的許多人來說，英國這個殖民地可能是自由民主政治的榜樣」。[48] 但是，這絕不意味着民主政治的榜樣必須通過重佔殖民地的方式實現。雖然中國政府目前集中精力在華北打內戰，致使英國輕易重佔華南的香港，貝特蘭認為「香港問題……遠遠沒有了結」。貝特蘭這樣表述他的「個人觀點」：

> 香港必須回歸中國；愈早把這一點對有關各方講明愈好。最好的時機當然是日本投降之際；那次良機不僅永遠不再，而且因為外交糾紛留下陰霾，不會被輕易忘記。雖然維護英國私人利益是暫時保持英屬香港的一個理由，即使如此，〔重佔時〕連這個都沒有提及。在我看來，假如英國政府當時對戰時盟國做出大方的舉

---

[47] 貝特蘭最有名的作品應該是他隨着八路軍在華北轉戰後的報道，《華北前線》（1939）。該書出版後立刻被譯成中文並於 1939 年在上海出版。戰後貝特蘭回到家鄉，入職奧克蘭大學教授英國文學，並繼續撰寫一些有關中國的文字。參見 Bertram (1993)。

[48] "Extract from the Report dated 7th March, 1946, made by Mr. James Bertram（貝特蘭先生 1946 年 3 月 7 日所作報告摘要），" CO 129/593/1，頁 40-41，引文見頁 40。

動，由此而來的公共利益應該遠遠超過私人利益。[49]〔下劃線為原文所有〕

貝特蘭對於英國去殖民化紀錄的犀利評判，是他對香港和中英關係的觀察獨具慧眼之處。他指出，印度的經歷已經說明，英國對放棄殖民帝國極為勉強：「一貫拖延決定、直到最後的一刻，曾幾何時已經成為歷屆英國政府的習慣。」因此而來的結果，是對殖民地本身的巨大傷害，因為「在早可預見的情勢逼迫下的匆促應對，不會是最好或者最明智的決定」。[50] 正如他許多出類拔萃的報道一樣，貝特蘭這個預見不幸言中。一年後，印度在從英國殖民統治下最終贏得獨立的同時，也遭受了史無前例的領土撕裂、民族衝突的曠世慘劇。

富有同情心的貝特蘭以相對委婉的語氣力圖說服他的讀者，而波蘭出生的猶太裔記者艾潑斯坦（Israel Epstein，1915-2005）則更直截了當，毫不留情地抨擊殖民主義制度。艾潑斯坦剛剛出生後，第一次世界大戰突然爆發。德國軍隊兵臨城下之際，母親抱着他逃離祖國前往日本，同在那裏工作的父親會合。艾潑斯坦兩歲時，他們全家來到中國、定居天津。青年艾潑斯坦很早入行新聞業，記者生涯使他有機會接觸中國社會，由此產生對中國普通民眾的深切同情。和貝特蘭一樣，艾潑斯坦後來也來到香港，為宋慶齡夫人組織的保衛中國同盟服務。他在香港陷落後被投入戰俘營，但不久便與四位同伴勇敢脫逃，回到內地大後方。記者的工作使他能夠在國民黨統治下的重慶和共產黨治理下的延安兩地比較觀察，他所親眼目睹的現實對比更將他推向左翼陣營。就在戰爭剛剛結束時，艾潑斯坦與他的英國妻子邱茉莉（Elsie Fairfax

---

49　"Extract from the Report dated 7th March, 1946, made by Mr. James Bertram," 頁 41。
50　同上。

Cholmeley，1905-1984）一起離開中國移居紐約。他在那裏與許多戰時相熟的記者朋友重逢敘舊，並在美國和加拿大的各種報紙上發表報道，闡述中國為實現社會變革而正在進行的卓絕奮鬥。他和熱衷社會活動的邱茉莉一起參加了由許多政界、文化界和電影圈內著名自由派人士組成的民主遠東公共政策委員會。[51] 艾潑斯坦在美國從事新聞工作時，英國殖民部注意到他以「香港的過去與未來」為題的一篇文章。他以曼哈頓作比喻，從美國視角對香港現狀進行審視。他問道，假如「別國抓住曼哈頓死死不放」，美國人會作何想？

　　從英國殖民體制在香港造成的社會問題入手，艾潑斯坦進一步揭露英國統治造成的深遠危害。他指出，雖然英國統治下的香港「有一個貌似現代的治理體系，然而那裏的居民沒有政治權力、更不能參加選舉」。在他看來，最不能容忍的是那裏尖銳深刻的社會分裂。一方面，「滙豐銀行雄偉壯觀的大廈，富麗堂皇的香港大酒店，告羅士打酒店，半島酒店，還有中國百萬富翁的豪宅，展示着華麗富貴而現代的門面」；另一方面卻是「灣仔那裏一條街接着一條街的妓院，西區的貧民窟裏人滿為患、肺結核傳染率與其他類似的地方同居世界榜首，超出了語言可以形容的程度。『閣樓』、『隔間』、『床位』成為香港房地產業習以為常的詞彙」。艾潑斯坦承認，香港是孫中山接受了西方「進步思想」的地方，也是中國追求自由主義的民主同盟的活動基地。但是他並不認同貝特蘭把香港視為自由民主政治榜樣的這個觀點。以他看來，香港並沒有對中國政治發展起到積極作用；事實上，它成為中國的富人和軍閥「囤積財富的倉房」。他特別點明香港發展與內地政治之間的相悖關係，「由帝國主義創造的香港對中國革命的一再失敗和動盪不安做出了了不起的貢獻，因此

51　Epstien，參見第 10、13 章，以及頁 224-229。邱茉莉的生卒年份，參見 "Israel Epstein," *The Telegraph*，2005 年 6 月 14 日。

它得以在相對的穩定中獲得發展」。然而,這個殖民地的生存必須依賴內地;一旦一個「團結穩定的中國」成為現實,她可以毅然決然「中斷香港作為轉口貿易口岸的地位」。因此,艾潑斯坦在他的結語中留下了一句名言:「殖民地的香港靠着借來的時間苟延殘喘。」這句話將被許多人、包括在中國出生的歐亞裔作家韓素音和澳大利亞記者 Richard Hughes 在多年後一再重複。[52]

從英國傳教士到新西蘭著名的自由主義記者和堅信社會主義理論的猶太新聞工作者,這些人政治立場迥異,卻發出了同一個反殖民主義的呼聲。但是,他們的聲音無法動搖英國的既定政策。倫敦並非對這些敏銳而雄辯的聲音掩耳不聞。對決策官員來說,最重大的挑戰不是輿論,而是規劃一個既可重振香港殖民統治、又能避開國內和國際批評鋒芒的最佳方案。

英國收回政制改革承諾

楊慕琦總督通過倫敦轉發的密件,看到了所有這些批評英國在香港倒行逆施、重返殖民統治的意見;他只對 Braga 一人的建議作出了回應。雖然他接受加強英方宣傳力度的建議,但是改變僑港英國人種族歧視日常行為的試驗,只能排在他的議事日程之末。[53] 戰後廢除歧視中國人的〈山頂條例〉,在他看來可能已經為香港終止種族歧視的使命寫下了句

52　I. Epstein, "Hong Kong: Past and Present(香港:過去與未來)," CO 129/593/1, "Unofficial Views," 頁 43-46。「香港靠着借來的時間生存」一語,由 Richard Hughes 於六十年代出版的 *Hong Kong: Borrowed Place, Borrowed Time*(《香港:借來的地方,借來的時間》)一書得以廣為流傳;Hughes 從韓素音那裏知道了這個表述,韓素音說她最先從上海來的一位生意人那裏聽到這個說法。

53　Mark Young to T. I. K. Lloyd at Colonial Office,1946 年 7 月 9 日,CO 129/595,頁 7。

號。廢除〈山頂條例〉確實有着重要的象徵意義。不過條例的廢除並不意味着峰區在事實上對所有人開放。除了歐洲人和有錢有勢者，那裏依然是大多數人可望不可及的禁區。對於楊慕琦來說，系統性地改革戰前帶歧視性的殖民體系完全沒有必要。他繼續支持把英國人放在各個機構的領導位置；下面將討論的勞工處組建工作就是這樣一個實例。

楊慕琦於 1946 年 5 月返回被戰爭中斷的總督職位上，直到 1947 年 7 月離職退休。在此期間，香港的政制改革成為他所有工作的重中之重。1946 年 5 月 1 日，香港文官政府接替軍政府履行職責。楊慕琦在公開演說中宣佈了英國政府的改革意向：「英王政府正在考慮，同大英帝國其他地區一樣，香港居民也將得到治理他們本地事務的更全面的相應權利。」具體而言，這個「更全面的相應權利」將通過「一個有更大代表性的市政局」來體現。[54] 1946 年 10 月，以楊慕琦冠名的改革計劃送呈殖民部，建議三十名市政局議員中的二十名由選舉產生。同時，立法局也將重新調整，增加非官守議員。1947 年 7 月，倫敦批准了楊慕琦計劃。[55]

在戰後反殖民主義浪潮遍及全球的大背景下，楊慕琦的改革計劃並非意在順應世界潮流，而在逆向而行，重振香港的殖民統治。他預期，政制改革的目的在於使華人逐漸參與英國式政治體制並建立當地自治政府，以此邁出把香港保留在大英帝國之內的關鍵一步。然而，他的政制改革計劃有相當的局限，其中對財產數額和居住資格的苛刻要求使大多數的華人居民無法獲得選舉權利。不僅如此，楊慕琦計劃還包括對華人和英國臣民的鮮明區別。華人必須具有在過去十年中曾在香港居住六年的歷史才能獲得投票資格，而英國臣民在同樣時段只需一年的居住歷史

---

54   "Governor's Speech, 1st May, 1946(總督演講，1946 年 5 月 1 日)," CO 129/595/4, "Arrival of Governor in Hong Kong: Resumption of Duty（香港總督到達述職），"頁 19-21，引文見頁 21。

55   Tsang (1988)，頁 33-34、46。

就獲投票資格。這些條件的設定標註出香港政改同民主參政「一人一票」
的基本準則之間的遙遠距離。當然，如果楊慕琦計劃最終付諸實施，市
政局的權力將在某些方面超越戰前殖民體制的局限。市政局將會有權提
名兩個立法局的議員，並且有權任命市政官員。最重大的改革之處在於
它將獲得不受其他力量牽制的財政和政治獨立性，即使是港督也失去了
對它的控制權。[56] 儘管改革幅度非常有限，楊慕琦計劃依然使行政局和立
法局的非官守議員們驚慌失措。很顯然，一旦這些改革舉措付諸實施，
他們在香港政界和財界的既得利益將會大打折扣。幸運的是，楊慕琦不
久退休，葛量洪（1899-1978）被任命為香港第二十二任總督，反對政
改的既得利益者盼來了強有力的救兵。

　　葛量洪對香港並不陌生。他剛過二十就考上了遠東政務官，於 1922
年來到香港，直到 1935 年離開。在港十三年間，他擔任殖民體制中各
種層次較低的職務，獲得對這個嚴格的等級社會的深切理解並由此深諳
「香港套路」。那時候，下級官員必須以「極度恭敬的態度」對待大班和
政府中的處級官員。「當我們向他們告辭時」，葛量洪這樣回憶道，「我
們必須面對他們、向後一步一步地倒走着離開」。年輕的葛量洪對當時
政府的行事風格相當不以為然，認為它「冗長繁瑣到了極點」。[57] 他於
1935 年前往百慕達受任輔政司，從此為自己的仕途闢開了一條通途。在
那個風景優美而風平浪靜的島嶼上服務三年以後，他被調往牙買加，經
受了那裏正風起雲湧、並與其他加勒比海群島的民眾抗爭交相呼應的勞
工運動。二戰爆發以後，他被調往尼日利亞。雖然他對此任命並非心甘
情願，認為西非氣候對歐洲人的體質特別有害，但是這個職位卻是他特
別期望的榮升斐濟總督並同時擔任西太平洋高級專員的必要鋪墊。後來

56　關於這些計劃中的改革措施，詳見 Tsang (1988)，頁 33-35。
57　Grantham (1968)，頁 6。

回首往事，葛量洪帶着揶揄的口吻說，當年決定去西印度洋地區完全像是「賭了一把」，由此得以在大英帝國殖民系統中節節高升。[58] 確實，從1862 年至 1941 年，英國共有八十五名大學畢業生考取遠東政務官，僅僅三名官至總督之尊，而他正榮列這三位佼佼者之中。[59]

雖然楊慕琦和葛量洪都有在加勒比海地區和西非殖民地供職的經歷，葛量洪對楊慕琦的香港政改計劃並不看好。以他對華人社會的觀察與經驗，葛量洪認為楊慕琦完全誤解了香港。楊慕琦以為向華人開放政府職位就可以使香港在英國的指導下走向自治政府並繼續留在大英帝國。葛量洪卻認為楊慕琦是一廂情願，因為「香港永遠不可能獨立。它不是繼續維持殖民地地位，就是重新收入中國版圖成為廣東省的一部分」。[60] 港粵緊密相連的地理位置並非葛量洪批評楊慕琦計劃的唯一原因。在當下，葛量洪特別強調的是華人並不具備在香港參與政治的能力。他聲稱，構成香港人口 97% 的華人「大體來說都對政治漠不關心」。[61] 此後，他又在倫敦一而再再而三地重複這一觀點。在他的影響下，不少人都跟着唱起了同樣的論調，重複着他們所認同的葛量洪關於香港的真知灼見。可他們從來沒有想過，葛量洪的這個說法，不過是他為了一個過時的制度在生死攸關的緊迫關頭爭取生機而想出來的託辭。

事實上，葛量洪對香港勞動大眾的政治能量有過直接經歷和確切了解。他在職業生涯中已經親歷兩次重大政治危機：第一次是在二十年代的香港，第二次是在三十年代末的牙買加。當葛量洪作為總督重返香港，這些經歷給他的思想留下了深刻的烙印，並將影響他治理戰後香港的決策。

---

58   Grantham (1965)，頁 19；Grantham (1968)，頁 8。

59   另外兩位是第十二任香港總督梅含理（Francis Henry May，1912-1918）和第十七任港督金文泰（Cecil Clementi，1925-1930），Lethbridge (1978a)，引文見頁 31。

60   Grantham (1965)，頁 111。

61   Grantham (1965)，頁 111-112。

圖 3.　　｜葛量洪總督

香港和牙買加一樣，勞工大眾構成當地社會的主要人口。在那些年月，勞工的政治運動對殖民統治帶來嚴重挑戰。1925 年，二十萬中國勞工集體離開香港，抗議英國警察在上海和廣州槍殺示威者。香港不僅因此經歷經濟衰退，歐洲僑民的日常生活也失去了往常的舒適和平靜。葛量洪對 1925-26 年的省港大罷工輕描淡寫，宣稱他當時最在意的是他自己年末的婚禮不要因此推遲。幸運的是，他的婚禮確實如期舉行。「做為一名下級官員，我不怎麼在乎當時的政治」，他這樣說。「不過我得執行額外的巡視治安任務，而所有的僕役都走了，我還得自己做飯和處理各種家務，真是覺得好麻煩」。在香港的最初十年，葛量洪確實更在意自己事業的步步晉升。兩次回國休假時，他都用來參加律師資格的考試和在皇家保衛帝國學院（Imperial Defence College）接受對高級官員的培訓。不過，1931 年在香港爆發的反日示威，依然使他清楚地認識到華人強烈的愛國情感。那次示威運動導致示威者同警察和英國軍隊的衝突，400 名示威者因此喪生。[62]

往西印度洋的調動帶來葛量洪的晉升，也讓他直接涉足那裏 1938 年蔓延許多島嶼的勞工騷亂和抗議。他寫道，「牙買加經歷了非常嚴重的罷工和暴亂」。不過他認為，當地工人的工資不夠維持生計，並非歐洲投資公司的責任。在他看來，那是因為牙買加的人口爆炸「遠遠超過了維持人口生存的手段」。作為新來的輔政司，葛量洪位居牙買加總督之下、萬人之上。從參加立法局的日常會議到制定政府財政預算，他都必須親力親為。在那些不尋常的日子裏，他曾經「前無古人後無來者般地緊張工作」，以致他和太太只好把「晚間社交活動」減少到每週兩次。儘管如此，在大規模社會動盪中觀察總督 Arthur Richards 的所作所為使葛量洪體會了殖民統治的真諦。在葛量洪眼裏，Arthur Richards 是殖民地總督的典範：「堅定，對弱勢人群抱有同情心，持有進步的政治理念，既不反動也不感情

---

62   Grantham (1965)，頁 15、18；Grantham (1968)，頁 8。

用事。」[63] 這些素質強調的是君臨天下者方能實施仁慈之政，這種態度也將成為葛量洪重返香港接任總督後面對又一個「艱難時期」的執政準則。

等待葛量洪的香港是戰爭留下的滿目瘡痍，當然也有些許值得稱道的改變。1947 年 7 月，葛量洪搭乘的飛機在啟德機場降落，隨即換坐渡輪前往港島。這時，日本投降已有近一年，在他眼前的維多利亞港依然是「徹底的靜寂」。整個港灣只停泊着幾艘破爛不堪的貨船，沒有來自世界各地的各色船舶，也失去了往昔的熱鬧和擁擠。他不久便知道，全港70% 的歐式建築和 20% 的唐樓都被破壞，至今無法居住。不過，他也看到「許多不同種族的人群雜陳相處」，而且「過去的市儈風氣大大消退」。大班們和政府高官不再自視為高高在上的「半人半神」。對他來說，這些都是非常重要的社會進步。[64]

作為香港通，葛量洪很明白誰是可以在香港說了算的主人。以他看來，香港是轉口港，貿易「對香港居民至關重要」。[65] 要讓香港擺脫維多利亞港眼下那種可悲的境況而重新繁榮，當然需要投入勞動力。但是自上而下的管理技巧在他看來是關鍵。滙豐銀行的總裁 Arthur Morse 曾經在戰爭後期為殖民部重佔香港出謀獻策，在葛量洪眼中是重振香港繁榮當仁不讓的頭等人物。事實上，Morse 對英國重佔香港如此心切，已經為此交付 500 萬英鎊給殖民部香港行動計劃小組使用，且無須政府作保。1946 年重新執政的香港文官政府也立刻任命他為行政局的非官守議員。[66] 對葛量洪來說，另一位香港重振繁榮不可或缺的人物是立法局裏最為雄辯思路最為清晰的非歐籍議員羅文錦。他是受過英國教育的律師，

---

63 Grantham (1965)，頁 32、36-37。

64 Grantham (1965)，頁 99、103-104；*Annual Report of Hong Kong*（《香港年報》）1947 年。

65 Grantham (1959)，頁 120。該文為葛量洪對中亞皇家學會於 1958 年 11 月 10 日所做演講。

66 Grantham (1968)，頁 10；Grantham (1965)；又見 King。

又是歐亞混血，熟人稱他 M. K.。羅文錦雖然以發表激烈言辭公開抨擊種族歧視而聞名於香港政界，「在骨子裏卻是精英界的保守分子」。[67] 葛量洪認為 M. K. 具有「第一流的頭腦、了不起的道德勇氣和明察秋毫但依然洞察全局的能力」。每次主持立法局會議，葛量洪都「迫不及待地等着前頭的人把話說完，輪到 M. K. 發言」。不負他的厚望，羅文錦也每次「總是說到點子上」。[68] 在應對楊慕琦政改計劃的戰鬥中，羅文錦也順理成章地成為最關鍵、最勇猛的鬥士。

葛量洪自己不贊成楊慕琦的總體計劃，更竭力反對其中限制總督權力的設想。在返回香港任職前，他曾往倫敦去殖民部述職，特別點明自己反對市政局不受任何外力約束的改革計劃。他以牙買加為例，敦促殖民部考慮給予總督「在一定情況下重新掌握部分或全部市政局功能」的權力。這次會商基本說服了殖民部接受葛量洪對總督權力的詮釋。[69] 因為楊慕琦退休前剛剛獲得倫敦批准政改計劃，落實該計劃的具體工作由繼任的葛量洪接手。以政治學者胡素珊（Suzanne Pepper）的觀察，葛量洪的行政機構採取了「以舊法辦新事」的策略，施展官僚系統的慣有伎倆，採取拖延戰術對付楊慕琦計劃的實施。立法機構更用了兩年時間起草執行計劃的條文。當條文終於送到立法局討論時，羅文錦立刻帶領非官守議員群起而攻之，把如此難產的條文當即扼殺在搖籃。[70]

67　Pepper (2008)，頁 96。

68　Grantham (1965)，頁 110。

69　Minutes by Goldsworthy，1947 年 7 月 28 日，1947 年 8 月 1 日，CO 129/609/2，"Future Policy: Constitution—Municipal Council（未來的政策：政制／市政局），" 頁 2-3；又見 "Extract from letter received from T. M. Hazlerigg dated 24.11.1947, to Mr. Roberts-Wray（1947 年 11 月 24 日 T. M. Hazlerigg 致 Roberts-Wray 先生的信件摘要），" 頁 6。Hazlerigg 在信中向殖民部發出預警稱，大約有 2,000 名「雜七雜八的人，包括辦公室僕役、電梯員、看門人和類似的人」已經滲入可以提名市政局參選人的華商總商會。

70　Pepper (2008)，頁 96；又見 "Minutes of the Legislative Council, June 22, 1949（1949 年 6 月 22 日立法局會議紀錄），" *Hong Kong Hansard* 1949，頁 184-205，特別參見頁 188-205。

就在香港政改遭到攔截時，中國政治局勢也在飛速變化。倫敦對華政策的相應舉措因此開始發生有利於葛量洪的轉向。在內戰戰場上，中國共產黨的軍隊一次又一次贏得關鍵性戰役，從劣勢轉向優勢，迅速向南挺進。葛量洪以此提出的在香港進行直接選舉將為「共黨滲透」敞開路途的觀點，在新形勢下獲得殖民部的高度重視。在香港，一小部分有影響的專業和商界人士依然對政制改革心存希望。他們組成的「香港革新會（Hong Kong Reform Club）」既有華人也有其他族群；另外一個「香港華人革新會（Hong Kong Chinese Reform Association）」則以華人成員為主。這兩個團體從各方面繼續努力，推動政制改革。然而到1949 年，他們的聲音開始變得猶豫不決。到 5 月份，香港華人革新會的主席甚至說，政改目標不在於建立「自治政府」而是培養「地方自治」的能力。[71] 這時候，倫敦的殖民部已經放棄了在香港推行政制改革；它的注意力轉向應付一年來此起彼伏的馬來亞共產黨起義。預感中國共產黨的全國勝利可能在東南亞產生接二連三的多米諾骨牌效應，倫敦找了各種遮羞的藉口，一步步地從已經公開宣佈的香港政改決定向後退卻。1952 年，尚未試行的香港政改正式偃旗息鼓。[72]

共產黨撤離華南

就在英國頂住反殖民主義輿論的壓力、成功重佔香港時，共產黨人也在重新調整戰略部署，將視線轉向遠離香港的區域。歷史的發展常有出人意料的嘲諷意義。當香港政改在「共產黨滲透」的驚呼中被不明不

71　S. Y. Wong（黃新彥），"Reform Platform（政改宗旨），" *Hong Kong Standard*, 引自 Pepper（2008），頁 97。

72　Tsang (1988)，頁 165。

白地慢慢挪出歷史舞台，共產黨領導下的華南最活躍的抗日力量也自動從香港和大廣東地區撤離。雖然兩邊並未就這些舉措進行任何協調，他們各自的轉向卻使英國牢牢地抓住了失而復得的香港。

戰爭結束初期，共產黨領導的東江游擊隊曾經有過短暫的歡慶和喜悅。然而，政府軍對東江游擊隊迅速發起一次又一次攻擊，戰勝日本侵略者的興奮迅即消散。日本投降後，東江縱隊立刻獲得 3,000 多名新的志願者，游擊隊總人數一度達到 14,000 名。[73] 迅速的擴充只是曇花一現。1945 年 7 月，駐紮江西的第六十三軍和第六十五軍受政府命令南下廣東。到 7 月底，這些部隊攻入東江縱隊在廣東北部和中部建立的基地。東江縱隊於 8 月初在韶關的一次戰鬥遭到重創，戰鬥還導致 120 名當地居民死亡。面對擁有十一個師的強敵，東江縱隊只能選擇退出許多基地，分散部隊以求保存力量。[74] 國民黨政府於 1945 年 10 月下令在整個廣東省全面圍剿，以期在三個月內完全消滅所有共產黨領導的游擊隊。[75] 當國共兩黨在美國協調下於 9 月在重慶開啟談判時，廣東實際上已經成為重啟戰爭衝突的全國內戰八大戰區之一。

華南地區東江游擊隊的窘境，也是戰時和戰後共產黨領導下的軍隊的基本寫照。同獲得源源不斷的美式武器裝備供給的中國政府軍隊相比，共產黨軍隊雖然擁有廣大民眾的支持，卻沒有武器彈藥和各種裝備醫藥的保障，在物質條件方面處於絕對劣勢。儘管美國對國民黨政府感到失望，較中國共產黨而言，它在意識形態上依然更為可取。當日本侵華戰爭戛然中止，美國立刻派遣空軍和海軍陸戰隊前往中國，幫助蔣介石把困頓於西部和其他偏遠地區的政府軍空運海運至華北、華東及沿海

73　《曾生回憶錄》，頁 434。

74　《曾生回憶錄》，頁 432-433。

75　《曾生回憶錄》，頁 437。

的各個戰略要地。在戰火重啟的全國內戰中，國民黨政府因此迅速取得
戰略優勢。光復北京就是這樣一個例子。雖然它在共產黨控制的區域，
政府軍於 1945 年 10 月初輕易佔領這個舊朝古都。「在獲得美國援助的
中央政府軍面前，共產黨不堪一擊」，美國領館的軍事參贊這樣評論道。
「共產黨的勢力範圍正在縮小，他們的勢力中心正在向北撤退」。[76]

　　共產黨人對美國的一邊倒感到震驚。他們曾經希望，同國民黨的分
歧有可能在美國調停下轉向政治解決之路。他們無法忘卻 1927 年蔣介石
對共產黨的大屠殺，而新四軍於 1941 年慘遭政府軍隊伏擊的悲劇更是記
憶猶新。現在，從美國對政府軍源源不斷的援助行動中，共產黨人似乎
看到了歐洲正在進行的悲劇也在中國重複上演。1945 年初，左翼的希臘
人民解放軍在同英國率領的盟軍武裝對抗一個月之後，與之簽訂停火協
定並放下武器。在英國政府扶持下，戰時通敵者和右翼人士組成希臘政
府，開始大規模鎮壓這支二戰時期反抗法西斯入侵的抵抗力量。[77] 中國共
產黨人深知，外國勢力的干預在這個現代希臘悲劇中起了關鍵作用。他
們以盟軍駐希臘的英國司令朗諾德‧斯科比中將（Lieutenant General
Ronald MacKenzie Scobie，1893-1969）之名，將這段經歷稱為「斯
科比危險」。[78] 當蔣介石在美國壓力之下於 1945 年 8 月多次向延安電邀
中共領導人會談時，共產黨人對談判前景已經不抱任何幻想。

　　其實，國共雙方的高層談判在 1945 年年初已經開始，從未獲得實質
性進展。雖然美國駐華大使赫爾利居間竭力斡旋，雙方在有關安排共產

76　"The Chargé of China [Robertson] to the Secretary of State（臨時代辦羅伯岑致國務卿），"
　　1945 年 10 月 14 日，*FRUS 1945, the Far East, China*，第 7 卷，頁 579-589。

77　Mazower，結語，特別參見頁 368-375。1944 年和 1945 年間的事態發展導致幾千名反法西
　　斯抵抗者和左翼人士入獄。

78　〈中共中央關於日本投降後我黨任務的決定〉，1945 年 8 月 11 日，中央檔案館（編），《中
　　共中央文件選邊》，第 15 卷，頁 228-231，引文見頁 230。

黨軍隊及共產黨控制區域內政府這兩個關鍵問題上拒絕妥協。最初，共產黨人已經和赫爾利共同商定五項協議草案，其中包括聯合所有武裝力量，組成聯合政府，以及承認所有黨派的合法地位。[79] 重慶的國民黨政府一口拒絕了這個草案，提出以共產黨軍隊整編入政府軍作為考慮其他條件的前提。[80] 3 月 1 日，蔣介石發表公開講話，拒絕放棄國民黨「做出最後決定的權力」，雙方的高層會談因此破裂。[81] 與此同時，赫爾利否定了他的下屬提出的為共產黨人提供一小部分武器裝備的建議，理由是這樣做將破壞「美國支持國民黨政府和蔣介石作為政府總統的既定政策」。[82] 7 月，國共高層談判重啟，最終促成毛澤東率領中共代表團對重慶的四十三天訪問。但是這些努力的最終結果，不過是再次堅定了國民黨對獲得美國援助的信心，並使共產黨對他們的誠意進一步喪失信任。

對「斯科比危險」的警惕、對自己物質劣勢的認識以及自我防禦的需要決定了共產黨有關重慶談判的對策。從日本投降到國共和談的幾個月之間，中國共產黨中央作出了軍事上採取保守對策的決定。此前一段時間他們曾經過於急進冒險，由此導致的失敗直接催生了共產黨戰略的調整。1945 年 8 月 11 日，中共中央作出〈關於日本投降後我黨任務的決定〉，估計短期內將有根據地的擴大，但是也必須準備長期戰爭。該決定將可以預見的未來分為兩個階段。第一為「目前階段」，旨在「集中力量迫使敵偽向我投降……猛力擴大解放區，佔領一切可能與必須佔領的

---

79   "The Five-point Draft Agreement, November 10, 1944（五項協議草案，1944 年 11 月 10 日）," Department of State，頁 74。美國國務院編，*United States Relations with China: With Special Reference to the Period 1944-1949*，以下將引為 *USRC*。

80   "The Three-Point Plan（三點協議）," *USRC*，頁 75。

81   "The Generalissimo's Statement of March 1, 1945（最高統帥 3 月 1 日的聲明）," *USRC*，頁 83。

82   "Ambassador Hurley's Recommendation against American Aid to the Chinese Communists（赫爾利大使關於反對援助中國共產黨的建議）," *USRC*，頁 87。

大小城市與交通要道」。更重要的是可以預料的第二、即「將來階段」：
「國民黨可能向我大舉進攻。我黨應準備調動兵力，對付內戰。」[83] 然
而，「目前階段」擴大共產黨區域的努力卻屢遭失敗。當毛澤東率領的代
表團還在重慶談判，中共中央於9月中為應對蘇聯軍隊從東北撤退的傳
聞進行了全國性戰略調整。以該地區戰略地位之重要，中共中央認為「東
北為我勢所必爭」，並為此決定集中軍力，採取「向北推進向南防禦」的
「戰略方針」。[84] 該決定得到赴渝代表團同意後，立刻發往華南和華中的
省級黨組織貫徹執行。[85]

　　1945年雙十節那一天，中共代表團與政府終於達成妥協議案。雙方
簽訂的十二點備忘錄以「政府與中共代表會談紀要」為標題公之於眾。
不過，雙十協定並非最後協定；雙方一向存在的兩個關鍵分歧依然沒有
得到解決。當時，關於共產黨地區的地方政府問題留作他日後議。至於
軍隊統一問題，以共產黨做出讓步、減少部隊數量並從政府核心地區撤
出游擊部隊而暫時得到妥協。中共同意在廣東、浙江、蘇南、皖南和皖
中、湖南、湖北，以及河南等七個地區「立刻解散抗日武裝」。經過整頓
的中共武裝力量將撤至隴海路以北至蘇北和皖北一帶。[86] 上述七個區域經
濟發達又接近首都南京，中共部隊的撤出使政府暫時略為寬心。

83　〈中共中央關於日本投降後我黨任務的決定〉，*ZGZYWJXJ*，第15卷，頁228、229。

84　〈中央關於確定向北推進向南防禦的戰略方針致中共赴渝談判代表團電〉，1945年9月17
　　日，*ZGZYWJXJ*，第15卷，頁278-280；〈軍委關於奪取東北的戰略方針與具體部署的指
　　示〉，1945年9月28日，*ZGZYWJXJ*，第15卷，頁299-301。

85　〈中共赴渝談判代表團關於向北推進向南防禦的戰略部署等給中央的復電〉，1945年9月19
　　日；〈中央關於統一分散堅持的部署給廣東區黨委的指示〉，1945年9月19日；〈中央關於撤
　　退江南部隊向北進軍問題給華中局的指示〉，1945年9月20日；〈中央關於必須控制江北給
　　華中局的指示〉，1945年9月26日；*ZGZYWJXJ*，第15卷，頁280、281、286-287、298。

86　"Summary of Conversation Between Representatives of the National Government and of the
　　Chinese Communist Party（政府與中共代表會談紀要），" 最初由中國政府於1945年10月
　　11日發佈，作為附件49載於 *USRC*，頁577-581，引文見頁579。

　　雖然這些安排都是表面文章，重慶談判的結果在事實上導致東江縱隊撤出華南。為了貫徹雙十協定，東江縱隊和在廣東的政府軍將領坐到了談判桌邊，為東江縱隊的撤離確定細節。長達數月的會談在廣州舉行，美軍軍官居間推動並協調困難重重的討價還價。在此期間，參與談判的東江縱隊政委尹林平從廣州回香港安排部隊撤離事宜，原訂乘坐的火車「意外」出軌。幸運的是，他到了火車站沒有買到票，坐上另外一班車而倖免於難。還有一次，東江縱隊談判代表團的電台被政府的特工損壞，不得不借用美軍的電台。[87] 1946 年 5 月底，關於東江縱隊撤離的具體安排終於談判成功。當縱隊的各個分隊從根據地出發前往集結地時，有些分隊卻在沿途遭到政府軍襲擊，其他分隊不得不在行軍路上隨時保持高度警惕。1946 年 6 月 26 日，三艘美軍軍艦抵達大鵬灣執行運送任務，許多已經遣散復員的東江游擊隊員聞訊而來，要求把他們一起帶去華北。慷慨的美軍軍官同意在軍艦荷載能力內儘量滿足他們的願望。最終，撤往華北的游擊隊員從原定 2,400 名增加到 2,583 名。[88] 到達山東煙台後，北撤部隊正式入列剛剛被重新命名的中國人民解放軍。[89]

　　東江縱隊北撤成為華南和香港地區共產黨活動的一個里程碑。在日本投降和英國重佔香港的過渡時期，東江縱隊解放並控制了九龍以北的新界地區。在中共中央指示下，華南局指派譚天度為代表，與英方談判有關共產黨在香港戰後的地位等事宜。譚天度（1893-1999）是最早參加共產黨的中共黨員，戰時在東江游擊隊控制下的區域擔任東（莞）寶

87　《曾生回憶錄》，頁 461-462。

88　《曾生回憶錄》，頁 478。

89　北撤的東江縱隊沒有參加東北戰役，而是留在華北接受訓練。1947 年，前東江縱隊被編入中國人民解放軍兩廣縱隊，縱隊內有許多政府軍投誠士兵，久經沙場的東江縱隊隊員成為縱隊骨幹力量。三年後，他們重返廣東，成為攻佔華南的主力。參見《曾生回憶錄》，頁 491-494。

（安）行政督導主任。雙方會商在英方軍政府剛剛成立的 9 月初開始，最初的翻譯工作由黃作梅擔任，後來翻譯由英方人選接手，直至 10 月下旬談判結束。黃作梅不久被任命為共產黨的新華社香港分社主任。[90] 中英雙方就香港問題的會商與重慶談判基本同時進行；談判結果使中共在戰後的香港獲得一定的活動餘地。[91]

東江游擊隊在戰時對盟軍的支持和戰後對新界地區的實際控制，給了中方談判有利籌碼。英方同意給予共產黨在香港「半合法」地位並允許其設立「半公開」的機構。[92] 譚天度提出的具體要求包括英方允許共產黨在香港發行報紙雜誌，允許中共設立一個無線電台，英方保證共產黨非戰鬥人員和受傷的游擊隊員的安全，給予新界居民糧食救濟，不擅自進入共產黨控制的區域。與此對等的交換是東江游擊隊撤出港九新界地區。為了表明誠意，東江縱隊於 9 月 28 日發表《東江縱隊港九獨立大隊撤退港九新界宣言》，公開聲明將於一週時間撤出。[93] 10 月初，英方同意了譚天度代表共產黨提出的大部分要求，包括「允許我人員在港、九居住、來往、從業的自由」。[94] 這些安排基本劃定了直至 1997 年共產黨在港活動的範圍。

英方與中共的這些安排基本建立於互惠基礎之上。英方當時處於行

90　譚天度，頁 60。譚天度不懂英文，加以受戰前用詞影響，在文中用了不夠確切的「港督代表」一詞；當時的軍政府沒有「港督」一職。當時的談判沒有在殖民地檔案中留下文件，有可能是因為這些具體細節過於地方性，或者因為這項非正式談判沒有正式協議文本。但是，在接下去的幾十年中，中國共產黨在香港的活動方式和範圍基本證實譚的敍述的可信性。因為雙方同意將這些協定作為內部秘密，譚天度直到 1997 年香港回歸中國時才將之公諸於眾。

91　譚天度，頁 60-63。

92　譚天度用了「半公開」一詞，而在香港的法律制度下，更確切的詞彙應該是「半合法」。

93　該宣言重印於《港九獨立大隊史》，頁 190-191。

94　〈廣東區黨委致中央電〉，1945 年 10 月 2 日，*GDGM*，第 38 卷，頁 527-528；〈林平致中央電〉，1945 年 10 月 9 日，*GDGM*，第 38 卷，頁 529-530。

政人員短缺、警力不夠的窘境，不得不要求東江游擊隊幫助維持地方治安。英方代表深知游擊隊的能力和他們在當地民眾中的威信，在與譚天度和游擊隊領導商談時，提出港九獨立大隊推遲撤離的要求。雙方很快達成共識，讓一部分獨立大隊隊員在新界繼續停留三至四個月。此後，東江縱隊的領導和英方軍事代表在半島酒店多次會面、商討細節安排。1945 年 10 月，復員的港九獨立大隊隊員組成四個自衛隊，每隊二十至三十名不等。英方軍政府為每名自衛隊員配置步槍，發放每月 60 元港幣的津貼以及服裝。由於英方依然沒有能力顧及新界地區，這些自衛隊的服務期最終超過了預先商定的三至四月，一直延續到將近一年後，1946年秋天才完全終止。[95]

　　不言而喻，互惠的安排都出自實際需要。共產黨和英方在戰後香港做出這些具體安排，並非完全沒有先例。三十年代後期，日本侵華行動加劇，英方也曾允許共產黨領導的八路軍在港建立聯絡處，同時將其置於政治部的嚴密監控之下。戰後共產黨在香港獲得較大活動餘地，並非由於英方對共產黨的信任度提高，而是因為英方急切需要在香港重新站住腳跟。特別值得一提的是，英方在 1945-1946 年間認為共產黨與國民黨不同，對英國在港重振殖民統治不具備像國民黨那樣的直接威脅。英方對中國兩大政黨這種估計，將會在四十年代後期由於國共兩黨在大陸實力的重新平衡而發生決定性改變。

　　中國共產黨「向北推進向南防禦」的新戰略，也促其調整包括香港在內的華南地方黨組織機制。1945 年後期，中共中央指令廣東地區的游擊隊向北移動至湖南邊界。已經控制小城市的武裝部隊，也被要求做好準備「退至鄉間堅持游擊」。而且，「港九、汕頭、廣州等大城市不

95　　譚天度，頁 65；《港九獨立大隊史》，頁 184-185。

要勉強去打。但可能取得武裝時必須取之」。[96] 從大城市轉向農村地區使共產黨保存實力，並為全國性的長期內戰做好準備。共產黨高層領導於1946年通過一次對外訪談，再次表明其近期中心意向僅限於本國的政治鬥爭，而不糾纏香港問題。1946年12月初，毛澤東接受英國情報人員Colonel Gordon Harmon 的訪談；英國外交部的內部通訊這樣記錄了毛澤東的態度：「只要你們的政府官員善待香港華人」，他自己現在「對香港不感興趣，也不會讓它成為我們和你們國家之間的爭執焦點」。[97] 日後香港發展證明，中方不干涉香港事務和英方在香港善待當地華人成為中國政府1949年至1997年間一直堅守的兩條對港原則。

　　1945年至1947年間，共產黨在香港的組織也就「半公開」的地位重作相應調整。1945年8月，中共中央接受廣東區黨委書記尹林平的建議，對組織內人員作出新的安排，「同意以香港為中心建立城市工作，但上中層統戰工作必須與城市工作嚴格區分，不能混合，領導人亦須定兩套，直屬〔廣東〕區黨委」。[98] 第一套領導系統定為「公開」系統，其成員在香港社會推動對共產黨的同情心和善意，他們的身份因此為大眾和警察所熟知。連貫曾經於三十年代在八路軍辦事處工作，這次被任命領導「公開」系統的統一戰線工作。第二套系統注重群眾工作和群眾組織，繼續保持秘密狀態。戰爭期間一直在華南領導共產黨的梁廣，被任命領導第二條秘密戰線的工作。[99]

96　〈中央關於創立湘粵邊根據地等給廣東區黨委的指示〉，1945年8月11日，*ZGZYWJXJ*，第15卷，頁225-226。

97　J. R. Boyce (Acting Consul in Beiping) to British Embassy in Nanjing, December 30, 1946(代理領事 J. R. Boyce 致南京的英國大使館，1946年12月30日)，FO 371/63318。Harmon 於12月4日至11日訪問延安。

98　〈中央致尹林平電〉，1945年9月17日，引自袁小倫，頁26-27。

99　〈林平致中央電〉，1945年9月8日，*GDGM*，第38卷，頁517；〈廣東區黨委對廣東長期堅持鬥爭的工作佈置〉，*GDGM*，第38卷，頁523-524。

經過幾個月的籌備，香港的兩個領導系統於 1946 年夏天部署完成。香港工作委員會指導公開和半公開以及為港英政府允許的活動，簡稱「工委」；其成員公開與港府機構和香港社會接觸。香港城市委員會是香港共產黨組織的內部分枝，簡稱「城委」，領導香港和整個處於國民黨政府統治下的華南地區的活動。工委和城委都由香港分局領導，以方方（1904-1971）為書記，直接接受由周恩來主持的南京局領導。1947 年 5 月起，香港分局直接接受在西北的中共中央領導。[100]

國共兩黨內戰所造成的政治地理格局變化，直接影響了香港共產黨組織系統的上述調整。1947 年春，國共兩黨內戰加劇，雙方談判中止。在南京的中共代表團被召回延安，指導華南地區共產黨組織的南京局因此撤銷。局勢的變化也凸顯了香港對整個戰略部署的重要性。共產黨在華北和東北遠未確定勝局，而香港依然是在敵人控制下的華南的一部分。共產黨中央決定默認香港為英國統治，也在領導層的一部分人員中導致糾結的心理。在共產黨取得全國勝利後歷任外交部各項職務而最終成為外交部長的喬冠華，當時在香港進行國際關係分析。他對英國持有相當的保留：「英國當時對中國也採取兩手政策。一方面和蔣介石拉得很緊，另外對我們也不拒絕。」[101] 從現實需要出發，共產黨利用英方的默許，將香港視為全國戰略的一部分。周恩來於 1946 年 10 月就這樣預計，「港目前只能成京、滬第二線，而南洋方為第三線」。[102] 在中共處於劣勢時對這些地區作出的基本戰略定位，也將在中華人民共和國成立後

100　南京局直接對城委和工委發出具體工作的指令；參見〈中共中央南京局對港澳工作指示〉，*ZGZYNJJ*，頁 63-64。1949 年 2 月，香港分局被改名為華南局，直接接受中央指令。方方繼續擔任書記。參見 *GDZZSZL*，第 1 卷，頁 370-371、387-388。又見〈綜述〉，*ZGZYNJJ*，頁 1-13。

101　章含之，頁 180 頁。

102　〈周恩來關於對港工作意見致延安轉方方尹林平並工委電〉，1946 年 10 月 29 日，*ZGZYNJJ*，頁 178。

的最初幾十年中繼續影響其外交決策。

內戰造成的動盪和變遷，更直接影響了香港共產黨組織的人員變動。香港組織的兩個分支保持絕對分離，互不往來。一個分支指導當地共產黨員的活動，另一個接納臨時過往的共產黨人和與國民黨對立的持不同政見者。1947-1948 年間，一千多名政界文化界知名人士在香港停留，其中有共產黨人，也有親共人士。他們中間有國民黨左派、著名作家，還有未來中華人民共和國的外交家如喬冠華和章漢夫。這些人在香港臨時居住，即使擔任黨內職務，也沒有對當地的社會運動發生重要影響。遵從「下層更絕對不以黨的關係來往」的指示，[103] 勞工工會的積極分子不再與新聞界或文化界的黨員有直接往來。這個傳統將會在 1949 年後繼續保持，直到 1997 年香港回歸中國。

在第二次世界大戰結束時，香港同亞洲其他前歐屬殖民地一樣，成為檢驗同盟國領袖公開宣傳的道義準則的試金石。英國重佔香港，公然與全球反殖民主義潮流逆向而行，再次昭示威爾遜式民族自治原則的慘敗，暴露高舉道義大旗的《大西洋憲章》的蒼白無力及其虛偽實質。正如威爾遜於一戰以後向強國政治低頭，《大西洋憲章》的理想也在英國重振帝國地位以及美國加快在世界稱霸的步伐中灰飛煙滅。與中國人民和許多其他民

---

103 〈中共中央南京局對港指示〉，1946 年 6 月 2 日，*ZGZYNJJ*，頁 63-64。

族的願望相反,香港沒有走上去殖民化的道路。英國重新佔領失去的殖民地,使香港成為二十世紀去殖民化時代殘存的「殖民恐龍」。

歸根到底,英國得以重佔香港,最終原因仍在中國本身的積貧積弱、內部分裂。執政的國民黨急於打敗自己的政敵並獲得美國的援助,因而在香港問題上卑躬屈膝。當英國竭盡全力奪回這個大英帝國榮耀的象徵,已經抵達香港附近的中國軍隊卻原地待命、無動於衷。作為政府的反對力量,共產黨在香港地區持有一定武裝力量。或許有人可以據此推斷,共產黨並不願意為國民黨領導的政府奪取華南的香港,從而分散並削弱其在華北的力量。但是,這個看法很難經得起推敲。事實上,東江縱隊和海南游擊隊的綜合力量遠遠不夠抵抗中國政府軍隊或者英方為決意重佔香港而調遣的軍力。儘管共產黨的相對弱勢使它不可能佔領香港,在它準備全國內戰攻勢的前夜,它也和其他「合法政權」一樣,開始平衡各種利弊而做抉擇。香港問題因此也在它的各項議程中排到了末端從屬地位。

雖然英國成功把殖民統治帶回香港,殖民地的前景卻依然迷茫。最使重新歸來的殖民政府心神不寧的,不是來自任何政府或政權的聲明或要求,而是當英國艦隊駛進香港水域時那些在「每一個帆船的桅桿上和幾乎每一個屋頂上」升起中國國旗的各色各樣的華人。「中國人認為這首先是他們自己的勝利,而不是其他任何人的」,一位英國人士在戰爭剛剛結束時作了這樣的評論。[104] 英國殖民統治被戰爭摧毀,而普通的中國民眾奮起抗擊侵華日軍。由此在香港社會發生的巨大變化不會瞬間即逝。當戰後香港重建殖民秩序,這個發生了深刻變化的社會和它捲土重來的殖民主人將會在變革與逆行的十字路口異途相逢。

---

104 Laufer,頁 8。Laufer 於 1938 年抵達香港並在那裏工作,交了許多中國朋友,並感覺「生活在中國人當中很隨意」。

第四章

十字路口

　　麥道高於 1945 年 9 月回到香港，眼前是一個「死去的城市」。他在香港淪陷前擔任輔政司副司長並負責情報工作，守軍投降時同幾十名英軍軍官和士兵跟隨陳策將軍一起逃出香港，到達中國後方。回到倫敦後，他被任命為殖民部香港計劃小組的成員，不久擔任組長，為重佔香港進行各種準備工作。現在回到闊別近四年的香港，麥道高帶着准將的軍銜，在夏慤少將領銜的軍政府中全權負責民政事務，成為香港戰後八個月的實際執政者。[1]

　　如許多被戰爭摧毀的地方一樣，戰後的香港處於災難的邊緣。城市基礎設施已經被完全損毀，「城區⋯⋯基本上成了耗子的地盤」。高高的垃圾堆遍佈大街小巷，降雨後滲過垃圾堆的雨水進入供水管，成為大規模爆發傳染病的隱患。[2] 公共交通系統已經癱瘓，因為幾乎所有的設施和卡車都被日軍搶掠一空運往日本。在港島東西穿梭的十九英哩長的有軌電車路線過去有 112 輛電車，現在只剩 15 輛，電車維修處的工具和機械也都被劫掠一空。所有公交汽車和備用部件也都被日軍沒收、運往日本或其他佔領區。[3] 全港的房屋損毀率大概在 15%，但是歐式建築損壞特別嚴重。廢棄、搶掠、盟軍轟炸和大火造成大概 60% 房屋無法居住。[4] 唯一得到保護而未受破壞的是道路；出於軍事需要，日軍保證交通要道得到經常性的維護。

　　在麥道高八個月的治理下，軍政府繞過常規官僚程序，盡力提升工

1　　MacDougall，頁 50；Snow（2012）。Snow 指出，麥道高「從根本上說是戰前殖民地的一名英方精英分子」，但是他對殖民地的那種裝模作樣的儀式不屑一顧，不願意穿軍裝或佩劍。

2　　"British Military Administration Report（英國軍政府報告），" 1946 年 5 月 1 日，CO 129/595/9，頁 19、31。

3　　*HKAR* 1946，頁 90。

4　　*HKAR* 1946，頁 28。這個估計後來調整到 70%。又見 Grantham（1965），頁 103。

作效率，穩定了重新佔領的殖民地。貿易作為香港經濟的主要支柱恢復最快。商業活動在戰後一年就超過了戰前水平，並有 20% 的增長。貿易的繁榮進一步催生各種商行如「蘑菇般蓬勃生長」，以一發不可收拾的勢頭繼續發展，直至四十年代末。[5] 相反，戰前香港發展迅速的輕工業卻舉步維艱。這些廠家大多為華資企業，生產棉紡織品、五金、橡膠鞋和其他製品。經受戰難後，這些企業又面臨原料短缺的困境，並在同外國產品、特別是日本產品競爭中苦苦掙扎。千萬名勞工的工作和生計因此受到輕工業衰退的直接影響。

　　將如此破敗的香港重新恢復正常需要巨大的努力，重新返回香港的英國殖民政府卻也因此獲得一份天賜良機。經濟復甦需要依靠勞工；他們在近二十年來積聚了新的活力並獲得新的領導力量，不僅是香港恢復元氣的人力資源，更成為重建戰後社會一支重要的社會力量。儘管以精英為中心力量的政制改革在葛量洪總督的精心安排下悄然退出歷史舞台，從社會底層發起的勞工運動卻正在勃然興起。從 1946 年春天到 1950 年初，香港幾乎每一個月都有工潮發生。無論規模大小，勞資衝突正是殖民政權兌現戰前改革勞工事務承諾的絕好機緣，藉此可向世界證明它是重佔香港合理又合法的主人。

　　中國工人一向認為，他們過的是「牛馬般」甚至牛馬不如的生活。[6] 他們得不到應有的工資，但是必須長時間勞作。他們知道這種不公待遇導致自己始終處於物質生活匱乏的困境，進而失去做人的尊嚴。戰後香港的工人開始呼籲「我們要用自己的力量爭取我們的權利」，一位女工用這樣的話表達她對擺脫超時工作的折磨以及在工廠裏所受虐待的迫切願

5　　*HKAR* 1946，頁 24、26；*HKAR* 1947，頁 33-35；*HKAR* 1948，頁 36。

6　　Smith，該書以此為書名。

望。[7] 戰後經濟狀況變化劇烈，工資水平與現實完全脫鈎，促使中國勞工
發起一次次工潮，以求獲得有尊嚴的生活。戰前的救亡運動和抗戰的經
歷，為戰後的抗爭帶來新的力量。急切希望香港經濟復甦的殖民政權，
也採取了鼓勵勞工運動發展的政策，給予香港勞工抗爭以充分的合法空
間。在種種因素作用下，戰後的香港工潮接連不斷，匯成了本地一場前
所未有而曠日持久的勞工運動。

第一波勞工抗爭

戰後初期的幾年裏，物質匱乏是香港大部分人必須面對的日常現
實。英國重佔香港後的幾個月，獲得足夠的口糧是幾乎每一個人最關心
的首要問題。軍政府繞過了聯合國的區域限額配置，派出人員去比鄰國
家和地區直接購買糧食。從華南、泰國和其他地方運來的大米使香港免
受大規模的饑荒；但是這些應急調度遠不足以應付實際需求。軍政府不
得不推行配給制，自此實行至五十年代初。1946 年 5 月是最糟糕的時
候，每人每天的定量只有五盎司大米加四盎司麵粉。不僅大米不夠吃，
幾乎每一樣基本日常食品都必須實行配給。食糖、濃縮牛奶、還有中國
人炒菜必用的花生油都定量供應。[8] 在市場上，配給外物品的價格也是節
節高升。據官方報道，戰後基本生活用品的價格普遍大幅度上漲。（見
表 3）

---

7   珍，〈我們要用自己的力量爭取我們的權利〉，港九婦女職工總會（編），《婦女職工》，第
     1 號，1948 年 6 月 21 日，頁 8。
8   *HKAR* 1946，頁 53。

表 3. 戰前與戰後基本生活物資的價格對比（單位：元）

各種食品	1939	1946 年底
三等大米（斤）	0.07	0.84
鮮魚（斤）	0.28	1.65
鹹魚（斤）	0.24	1.95
牛肉（斤）	0.35	2.45
豬肉（斤）	0.54	3.25
食油（斤）	0.24	2.30
木柴	0.10（5.6 斤）	0.10（1 斤）

來源：*HKAR* 1946，頁 11。

　　表 3 顯示的這種 500%-1,200% 的通脹率，對富人來說可能不是大問題。然而，即使是比大多數華人寬裕許多倍的歐籍僑民，也暫時失去了他們所習慣的舒適愜意的生活。根據港府估計，他們「現在就是花上三倍的錢，也只能維持比 1941 年低得多的生活水平」。[9] 對量入為出的勞工大眾來說，大部分的工資得用於一日三餐和房租。因此，飛速的通貨膨脹就如同一條繩索，緊緊勒在他們脖子上。

　　戰爭結束後，無論歐資企業和華資企業都迫不及待地希望趕快恢復生產。不過，兩種企業對通貨膨脹和工資問題採取了不同的辦法。歐資企業集中在造船和船舶修理業、倉儲、城市公用設施、公共交通以及市政服務業，運營歷史悠久，服務於香港的國際貿易和市民生活需要，在經濟恢復時期往往產出供不應求。當時許多企業面臨的問題是技術和非技術工人短缺。為此，歐資公司採取軍政府設計的臨時性「復員津貼」制度。在此制度下，每名工人獲得基本工資，外加每天 1 元的

9　　*HKAR* 1946，頁 13。

津貼。[10]

　　於此不同，華資工廠和作坊以生產手工製品、提供各式修理服務、或者從事輕工業產品生產，故計件工資為主要付薪手段。大多數的華資輕工業生產集中在三個行業：棉紡棉織、五金器具以及橡膠製鞋。香港以貿易為中心的經濟以及市民生活需要保證了歐資企業的生產需求和生產復甦。而華資工廠和作坊的恢復，卻面臨重重困難。據中文《工商日報》於 1946 年初所作估計，戰爭破壞了香港 85% 的工業設施。在 400 個工廠中，有的完全損毀，有的失去了三分之一的設備。戰前的 300,000 工人中，當時只有大約 10,000 名工人返回工廠工作。[11] 華資工廠也同樣面臨工人不足的問題，但是他們沒有採用復員津貼的辦法，而是以支付比歐資企業高出四到五倍的工資吸引技術工人。勞工署長輕蔑地把它叫做「機會主義」對策。[12] 與歐資企業相對穩定的僱用期不同，自身不能維持穩定生產的華資企業也無法保證長久的僱用期。

　　飛騰的物價和工資的相對滯後觸發了戰後第一波的工潮。勞工抗爭首先在香港的三大船塢——怡和洋行旗下的九龍船塢、太古洋行旗下的太古船塢，以及皇家海軍屬下的海軍船塢——爆發。這三個船塢僱用了近五千名機工。當時全港大約有八千至九千名機工，其中三千多名尚未找到工作。因此，三大船塢僱用的機工集中了 1946 年初全港幾乎全部就

10　Labour Office (Hong Kong), *Labour Office Report (Covering the Period 1st May 1946 to 31st March 1947)*（《勞工署報告，1946 年 5 月 1 日至 1947 年 3 月 31 日》），頁 3；Donnison，頁 314。

11　〈本港四百餘家工廠復工極感困難〉，《工商日報》，1946 年 2 月 13 日，第 4 版。

12　*Hong Kong Annual Report of the Commissioner of Labour, 1st April 1947 to 31st March 1948*（《香港勞工署長年度報告，1947 年 4 月 1 日至 1948 年 3 月 31 日》），頁 11。1951 年的財政年度開始（1950 年 4 月 1 日至 1951 年 3 月 31 日），勞工處年報的標題改為 *Annual Departmental Report of the Commissioner of Labour* 及年份。雖然題目稍有不同，1947 年以後的勞工處年報均在注釋中引為 *LDAR*。

圖 4.　　｜勞工在灣仔路邊進午餐（1946 年）

業的機工。[13] 為了修復戰時遭到破壞的設備和為進港船舶進行維修工作，
三大船塢都動用了所有設備和員工加班加點。由於僱主在 1945 年 10 月
份拒絕按照軍政府建議把復員津貼從每日 1 元提高到 1.5 元，工人的不
滿情緒到年底已在三個船塢廣泛蔓延。勞資爭執的關鍵之點在於工作時
間和相應工資的計算。工人要求將目前的九小時工作制改為八小時並且
維持同樣的日工資。而僱主則堅持實行八小時工作制以後，工資必須按
照原來九小時工時的小時工資重新計算。如果按照這個算法，一旦實行

13　〈機工勞資的糾紛〉，《星島日報》，1946 年 1 月 26 日，第 3 版。

八小時工作制，工人工資將會低於目前水平。[14]

　　然而，船塢工人雖然生活依然窘迫，他們的內心情懷卻不比從前。日軍佔港期間，各大船塢成為地下抵抗運動的基地。那些曾經積極參加抵抗運動而足智多謀的工人很快認識到採取集體行動的必要。他們的想法立刻得到工友認可，並把他們推舉為談判代表。為了準備同資方談判，在三大船塢分別組織起來的工人於 1946 年 1 月中旬結成聯盟。1 月 15 日，海軍船塢的工人選出三名代表，其中之一是參加港九獨立大隊地下抵抗活動的麥耀全。[15] 九龍船塢的工人推舉另外一名戰時地下游擊隊員黃燈明為他們的代表。[16] 在有戰時抵抗戰士參加的工會領導組織下，工人們在工作時間內短暫停工、舉行會議。雖然還不是罷工，他們的齊心合力表現出全員同心的姿態和內部團結的潛在力量，向資方清晰地傳遞了他們的聲音。香港經濟此時只達到戰前水平的 30%-40%；假如這類停工事件接二連三地在全港發生，剛剛起步的經濟將陷入困境。

　　勞工署這時意識到，工人要求基本工資以維持生計，不僅訴求合理，他們的團結一致也凸顯了強大的集體凝聚力，因此敦促歐資企業重新考慮它們曾提出的條件。1 月 25 日，勞工署邀請船塢僱主商談。[17] 在軍

14　〈機工勞資談判〉，《星島日報》，1946 年 1 月 18 日，第 3 版；〈機工昨日會議，否決資方提案〉，《星島日報》，1946 年 1 月 21 日，第 3 版。黃業衡在 1949 年至 2009 年擔任海軍船塢工會秘書；他在回憶錄中寫道「海塢、太古、九塢資方不但不加津貼，反而提出減少工資（每天二元減為一元五角）」。顯然，這是含糊而且不準確的說法。黃業衡那時尚未參加海塢工會工作，可能是在與船塢工人對話中得到這個印象。參見黃業衡，頁 6。周奕（2009）對這次勞資衝突有更詳細的描述；參見頁 111-113。據筆者了解，周奕該書雖然沒有註解，但他為寫作該書曾大量查閱當時各種中文報刊和香港年報。

15　黃業衡，頁 6。另外兩名被選上的代表是麥海恩和伍亞光。關於麥耀全作為港九獨立大隊隊員參加地下抵抗活動的問題，參見潘江偉。

16　周奕（2009），頁 111。關於黃燈明在戰爭中的活動，參見黃燈明，〈紅磡區的抗日游擊戰士〉，*HGGJDD*，第 2 卷，頁 66-70；何家日，〈船廠地下鬥爭〉，*HGGJDD*，第 2 卷，頁 71-75。

17　〈機工勞資的糾紛〉，《星島日報》，1946 年 1 月 26 日，第 3 版。

政府的推動下，資方同意實行八小時工作日，保持原有的日工資，並補
發由於日本佔領而拖欠的工資。[18] 這次勞資糾紛以工人的勝利結束，成為
各歐資企業實行八小時工作制的第一步。談判達成的各項協議不久也被
其他公用事業所採用。

　　然而，協議的貫徹實施，既是對資方公開承諾的考驗，也是對工人
團體力量的檢驗。協議達成不久，太古船塢的工人又開始騷動不安。雖
然直接的原因是他們發薪的日子從 2 月 15 日改成了 2 月 16 日，對等
米下鍋的工人來說，一天的拖延也是性命攸關。但是，資方這時還削減
體力工人和學徒的工資，更使大家忿忿不滿。工友們開會後一致表決同
意在 2 月 21 日全體怠工。[19] 勞工署派來官員進行調查，作出有利於工人
的結論。怠工四天以後，資方不得不宣佈遵守 1 月底做出的承諾，以 2
元為最低日工資，加上標準復員津貼，實行八小時工作制。這次糾紛在
短時間內解決，賦予船塢工人更多自信。「協定實現，全靠工人能夠團
結」，他們的代表這樣說；「只有依靠工人自己力量，才可保障已經得來
的勝利」。[20]

　　在皇家海軍船塢，勞資關係相對其他船塢更為複雜。海軍船塢雖然
是香港最大的企業，卻非私人企業，歸英國海軍部所有並直接管理。作
為政府機構，海軍船塢經常以倫敦作為擋箭牌，拖延貫徹已經作出的公
開承諾並繼續沿用向來的制度條例。海軍船塢遲遲不執行八小時工時和
基本工資的協議，使工人和勞工署都束手無策。2 月 25 日，工人派出
麥耀全、麥海恩和伍亞光三位代表，敦促海軍船塢履行 1 月份做出的承

18　〈機工改善待遇圓滿解決，實現八小時制度並補發戰前欠薪〉，《星島日報》，1946 年 1 月
　　27 日。

19　〈山雨欲來風滿樓，太古船塢工人醞釀罷工〉，《星島日報》，1946 年 2 月 22 日，第 3 版。

20　求真，〈工廠新聞〉，《華商報》，1946 年 3 月 9 日，第 2 版。

圖 5.　　|1940 年代的隔間

諾。對於三位代表所提出的四項具體要求，船塢的代表只同意「考慮」支付由於英國投降而拖欠的 1941 年工薪，其他要求則須提交海軍總監定奪。工人們多次向資方據理力爭卻無法使談判向前推進一步，不得不於 3 月 3 日宣佈將「採取行動」。[21] 發出這個警告後十天，海軍船塢工人舉行罷工。勞工署對軍方無能為力，只能在一旁坐視事態發展。[22]

海軍船塢罷工成為戰後香港第一次從車間底層醞釀、由多工種工人參加的重要工潮。這次罷工摒棄戰前由華機會領導並以技術工人為主體的罷工傳統，邁出了歷史性的新步伐。這一次，工友們自己發起行動，他們提出的談判條件不僅涉及技術工人權益、更囊括了非技術工種的苦力和女工的利益。3 月 13 日，包括體力工人和機工在內的八千名工人放下工具，開始停工。他們「各自靜立自己的工作崗位上，秩序非常良好。放工時間到達，工人魚貫而出，毫無爭先恐後現象」。他們的自律不僅顯示了工人們的自信，而且使船塢的其他僱員以及「西人職員和警士都深表同情」。[23] 一週以後，海軍船塢於 3 月 20 日做出部分讓步，按照其他船塢的標準調整了工人工資，但是拒絕立刻滿足工人的其他要求，包括獲得其他政府僱員享受的勝利津貼、提高領班的工資，以及保證不隨意開除未犯規的工人。資方代表含糊其詞，允諾將這些要求上報倫敦的軍方機構。[24] 工人們同意第二天重返工作崗位。沒有解決的問題，為以後的勞資衝突埋下了種子。

21　〈海軍船塢工人要求改善待遇，舉派代表提四點要求〉，《星島日報》，1946 年 2 月 26 日，第 3 版；〈船塢勞資協定廠方仍未履行，短期內再無明示工方採自由行動〉，《星島日報》，1946 年 3 月 4 日，第 3 版。

22　〈八千船塢工人怠工，資方要先復工然後談判，工方堅持絕不中途妥協〉，《星島日報》，1946 年 3 月 14 日，第 3 版。

23　本報訊，〈海軍船塢停工工友秩序良好深獲同情〉，《華商報》，1946 年 3 月 14 日，第 2 版。

24　〈海塢工潮完全解決〉，《華商報》，1946 年 3 月 21 日，第 2 版。

　　三大船塢的工潮得到相對利落的解決之際，勞資糾紛又在其他行業醞釀。在香港電燈公司，中國工人和職員「所得微薄工金不夠維持生活」。華人和非華人僱員之間同工不同酬而工資差距增大的現實，更加深了中國員工的不滿。[25] 為了「改善生活」，華人員工從 3 月下旬起就開始向公司提出加薪等要求。勞資談判五十多天，資方代表口頭應允了工人的大部分條件，包括工資以月薪計算並分兩次發放、每年加薪、帶薪年假、帶薪病假、公積金等要求，在實際操作上卻依舊實行拖延戰術。直至 5 月中，公司依然「均不予以切實回答」。勞資雙方還在如何計算工人加薪 38% 的問題上存在重大分歧。資方堅持以 1941 年工資為標準增加工資，工人則要求以 1946 年的工資標準加薪。他們認為，資方的算法實際上「不但沒有加薪，反而減薪」。[26] 在華人員工公諸於眾的談判要求以外，新聞報道還揭露了公司實行的種族歧視做法。在電燈公司，所有員工一律獲得每月 65 元的復員津貼。華人員工中，除一人月薪 140 港元，其他所有人的月薪都在 48 至 58 港元之間。相比之下，非華裔員工、包括葡裔和印度裔員工，月薪從最低 200 元至最高 400 元不等。5 月 10 日，公司更為非華裔員工加發每月 70 元津貼，華裔和非華裔員工之間的薪酬鴻溝因此進一步加寬加大。至此，即使做同樣工作，非華裔員工的薪酬已是華裔員工的五至八倍。[27]

　　多次談判失敗後，香港電燈公司的 500 多名中國工人和職員只剩一條路可行：採取直接行動。在公司宣佈給非華裔員工增發津貼後，華裔員工開始罷工。參加過抗戰的前游擊戰士擔任了工友組成的電燈公司華

25　〈電燈工人要求改善生活〉，《華商報》，1946 年 4 月 23 日，第 2 版。

26　本報專訊，〈請求改善待遇談判決裂；電燈工人昨起罷工〉，《華商報》，1946 年 5 月 18 日，第 2 版。

27　〈工會代表談罷工苦衷〉，《華商報》，1946 年 5 月 18 日，第 2 版。

員協進會的領導組織工作。像海軍船塢的工人一樣，電燈公司的工人、寫字間文員和技工於罷工那天一一有序地離開發電廠工作崗位。他們在下午兩點開始準備，安置工具設備，「至下午三點半……將各部分的東西點理清楚，並將一清單交與領班」，方才魚貫出廠。他們很清楚，這次罷工將影響整個城市的生活，因而希望「在行為上絕對文明，守紀律，以爭取合理的解決」。夜幕降臨，港島大部分地區漆黑一片。只有一台發電機在非華裔員工操作下為少數區域如中區、半山、灣仔和跑馬地供電。蠟燭成了搶手貨，賣到 2 元一支，相當於一名技工的每日基本工資。在港島穿梭往來的電車也因為停電而戛然中止。在習以為常的「叮叮」聲突然消失後的靜寂中，全港市民聽見了電燈公司工人要求改善待遇的響亮呼聲。[28]

　　電燈公司罷工以其悄然而有序的方式激發了不同反響。香港的主要英文報紙《德臣西報》（*China Mail*）為歐籍僑民喉舌，一向對當地華人社會問題視而不見，現在突然開始大聲疾呼。《德臣西報》在頭版頭條刊登以「電廠罷工」為題的報道，聲稱這次罷工「並非經濟事件，而是政治事件」。報道警告說，九龍可能就是下一輪工潮的目標。[29] 對這個毫無依據的指控，電燈公司華員協進會專門召開新聞發佈會。在會上，職工全權代表再次強調，「本次罷工完全為了受不了高度的生活程度壓迫，才出此一着」。為了聲援電燈工人，二十多個工會派出代表參加新聞發佈會，他們當場代表各自的工會向電燈工人提出認捐款項的保證。[30] 在九龍一側，九龍船塢和中華電力公司的工人發起了「一元慰問運動」捐助電

28　〈工人嚴守紀律、罷工秩序良好〉，《華商報》，1946 年 5 月 18 日，第 2 版。

29　"Power House Strike（電廠罷工），" *China Mail*，1946 年 5 月 18 日，第 1 版。

30　專訊，〈港電燈公司罷工代表聲明絕無任何政治背景，罷工迫於生活不達目的不止〉，《華商報》，1946 年 5 月 19 日，第 1 版。

燈工人。電車司機和售票員捐出他們工資的一部分；電話公司的員工為電燈公司工人捐助了大米。[31] 基於不同的立場，依靠殖民統治制度而存在的歐洲僑民社會從罷工中看到了政治顛覆傾向，而各行各業的工人對電燈工人的困苦感同身受，即使自己身處困境，依然慷慨向他們伸出援手。

震動全港的電燈公司罷工也迫使華人機器會公開表態。華機會雖然只代表技術工人的聲音，卻一向自視為香港工人運動的領導力量，殖民政府也一直把它作為香港華工的代言人，在不久前又任命華機會三名主席之一韓文惠為政府的勞工顧問委員會（Labour Advisory Board）成員。戰爭結束以來，華機會在各次勞資衝突中一直袖手旁觀。現在它開始意識到，繼續採取不聞不問的姿態將可能危及它的領導地位。為此，華機會召開理事會緊急會議討論香港電燈公司罷工問題，並邀新聞記者參加。韓文惠採取華機會一貫追隨官方路線的做法，當場批評港燈工人未經華機會同意就擅自舉行罷工。對前來參加會議的記者，他還提出不得對會議進行獨立報道、必須採用統一新聞稿的要求。不料，這種家長式的武斷行為引起了激烈反彈。其他理事當場反對韓文惠的要求，批評他實行「統制新聞」。理事會背其願而行，投票表決支持港燈工人的罷工。[32]

香港電燈工人的罷工使得港島電力供應中斷、一條重要交通路線的停開，但是港燈工人依然贏得了廣泛的同情。城市生活節奏停擺之下，殖民政府感到壓力。而在港燈罷工以後，其他行業的工人也紛紛要求僱主採取措施，解決工資大幅度滯後於飛騰物價的問題。在中華電力公司和油麻地輪渡公司這兩個歐資企業，中國工人提出「改善待遇」的要求。

31　〈聲援港方罷工要求，九龍電燈公司華員提請加薪〉，《華商報》1946 年 5 月 19 日，第 1 版；〈各方工友熱烈聲援〉，《華商報》，1946 年 5 月 19 日，第 2 版。

32　〈華人機器會昨開緊急會議決議聲援罷工工友〉，《華商報》，1946 年 5 月 20 日，第 1 版。

在水務局和消防局兩個政府部門，華人員工也提出類似要求。[33] 最為重要的是，在四處興起的工潮中，全港工人開始協調行動。二十多個工會在電車工人的組織「電車存愛會」工會辦公室召開座談會，一致投票表決通過〈告社會人士書〉。他們指出，對於目前勞資糾紛的僵局，「資方實有責任」。他們還認為，接納罷工工人要求也將使「廠方大有盈利」。與會者推選出郵政、電車、電話、海軍船塢和摩托工會的五位代表，前往勞工署表達與會工會的集體意願。蘇雲少校（Major H. F. G. Chauvin）作為勞工署副署長接待五名港九工團代表，對罷工工人的訴求表示同情。但他同時表示，港燈公司勞資雙方的要求差距甚遠，自己對迅速解決糾紛不持樂觀態度。[34] 不過，由於蘇雲的介入和調解，香港電燈公司的罷工最終於兩週後結束。

　　電燈公司勞資雙方於 5 月 31 日達成共識，簽訂了當年所有爭取改善工作待遇的罷工所取得的最為全面的協議。雖然資方贏得以 1941 年工資為基點計算加薪 38% 的條件，公司同意技術工人和非技術工人都獲得提薪。公司還同意支付超時工資 50%-100%、每年每月加薪 2 元、有薪病假、十八天年假、退休金以及任內逝世的喪葬費等條件。[35] 不過，華裔僱員和非華裔僱員之間的巨大工薪鴻溝並沒有因此獲得實質性改變。華裔技術工人的工資現在提升到 51 元至 80 港元，依然處於整個公司薪金架

33　〈水務局華員代表議定八項要求今日提出〉，《華商報》，1946 年 5 月 20 日，第 1 版；〈消防隊員請改善待遇〉，《華商報》，1946 年 5 月 21 日，第 2 版；〈九龍電燈公司工人今向資方提出要求〉，《華商報》，1946 年 5 月 21 日，第 2 版；〈小輪員工請改善待遇〉，《華商報》，1946 年 5 月 24 日，第 2 版。

34　〈港九工團舉行座談會檢討電工罷工事件〉，《華商報》，1946 年 5 月 24 日，第 1 版；〈港九工團代表昨謁勞工司〉，《華商報》，1946 年 5 月 25 日，第 1 版。雖然當時華文報紙一般稱 Labour Office 及其首長官員為「勞工司」，筆者以該辦公室開始做為「華民政務司」的下級機構，不應同一「司」級冠名，而採取折衷辦法，翻譯為「勞工署」而與其在殖民系統中的地位相對應。

35　專訊，〈電燈工潮昨已解決；全部復工電燈全亮〉，《華商報》，1946 年 6 月 1 日，第 2 版。

構的最底層。然而，電燈工人和職員取得的其他僱用條件的改善，很快成為其他行業的工人尋求「改善待遇」的範本。

　　儘管工作待遇的改善依然有限，1946 年上半年的工潮卻顯示出戰後工人運動的新氣象。最為突出的變化是全方位的集體抗爭成為新常態：所有罷工提出的要求都包括技術工人和非技術工人在內。其次，新的領導力量在工潮中湧現；曾經參加抗日游擊戰的退役戰士成為工會組織的中堅，而華人機器會變得無關緊要。再次，民主精神一開始就成為戰後工潮的主導力量，所有工潮都自下而上由工人自己在廠內發起行動。在各次工潮中，各行各業的工會顯得空前團結。雖然涉及多行業的聲援大罷工尚未發生，各個產業工會都會及時向罷工工友伸出援手。當然，各行業工會的互動互助在香港歷史上屢見不鮮，但新的工會組織和新的領導力量使戰後新興的香港工運煥發出引人注目的蓬勃朝氣。經歷了艱苦卓絕的抗日戰爭，香港勞工正以新的自律、文明和自信為自己爭取應有的權利。

舊式工會喪失定力

　　戰後興起的工運由勞工自行發動並有深得人心的骨幹分子擔任領導，對華人機器會的既定領導地位形成了嚴重挑戰。於 1909 年成立的華機會，最初註冊的形式是個學習組合，並採用了怪異的名稱「中國研機書塾」。[36] 把一個工會稱為「書塾」，不僅顯露了當時險惡的政治環境，也暴露了工會創建者的怯意。當時的香港機工急切希望保護自我權益、又不敢招引港府官方反對，以自我教育團體的幌子當作了工會的招牌。

36　如無另行註明，以下關於華機會的敍述基本取材於周蘿茜（Pauline Chow），〈一九四九年前華機會與港府關係〉，陳明銶（編），《中國與香港工運縱橫》，頁 116-126。

他們的確為會員和他們的後代開設訓練課程，還出版了《研機報》作為
會內通訊。從一開始，這個機工的組織就選擇了迴避政治的路徑。

　　1920 年，當時所稱的「機器十三科」機工群起響應工會號召參加
十八天的罷工，華機會成為技術工人的領導組織。[37] 來自二十六個廠家和
作坊的約六千名機工參加了罷工，離開香港回到廣東老家。當時積極參
加孫中山的反帝運動的中華全國機器總工會給予返鄉的香港機工以經濟
援助，使他們的罷工得以持續。華機會最初要求僱主為全部機工一律加
薪 40%，遭到資方抵制。後來華機會把要求減至 30%，最終獲得廠主同
意，罷工和平結束。在以後的歲月中，華機會避免與政治沾邊，而其他
中國勞工則逐漸走向政治運動的方向。華機會去政治化的選擇得到殖民
政權的首肯；戰前每次華機會為機工提出加薪要求時，一般都能得到殖
民政府的支持。

　　儘管戰後的香港勞工群體已經大為改觀，殖民政府依然認為華機會
在中國勞工中居於領導地位。勞工署於 1945 年末重新建立後，勞工顧問
委員會相繼重組。雖然是重啟二十年代後期的機構，戰後的勞工顧問委
員會依然由「幾個歐資大公司的代表構成，並由勞工官員主持」。唯一不
同的是，戰後的勞工顧問委員會增加了華人代表。韓文惠是華機會的副
主席，也是一家名為 M. W. Hong & Company 的機械廠的老闆。他被
任命為三個勞工代表之一。[38] 事實上，這時的勞工顧問委員會中並沒有一

37　機器十三科包括：工程科、繪圖科、鑄造科、鎚鐵科、製機科（機床）、修勘科（鉗工）、
　　窩造科（補爐）、熔焊科、司機科（電車、汽車、火車）、打銅科、電器科、木樣科、喉類
　　科。參見周奕（2009），頁 133。

38　關於韓文惠，參見 P. C. Lee，頁 109；*LDAR*，1946-47，頁 15-16。

名真正的工人代表。[39]

　　就在殖民政權把韓文惠作為勞工的象徵納入政策諮詢機構時，韓文惠以及他所控制的華機會的影響卻在迅速消退。戰後香港工人的自我意識已因抗日戰爭發生了深刻的變化；他們不再心甘情願地僅為自己和家人糊口而付出任何代價。戰爭期間，他們有的人留在香港並親身經歷了這裏難以付諸言辭的艱苦歲月；有的人則逃離日軍鐵蹄下的殖民地去了內地。即使是最為懦弱並逆來順受的人，也親眼目睹了不可一世的英國殖民統治在三週內轟然垮台。更有一些勇敢的人們則拒絕屈服，參加了東江縱隊領導的抵抗運動。他們通過自己的行動清楚地認識到，假如沒有他們的地面工作，盟軍不可能輕易獲得勝利。他們為能夠對中國的勝利做出貢獻而自豪。戰爭時期的奮鬥給予他們對自己戰後獲得有尊嚴的生活以勇氣和決心，並堅信自己可以達到這個起碼的目標。

　　這種新的心態和新的領導力量，促使戰後新興的勞工運動同隨着殖民政權亦步亦趨的華機會分道揚鑣。1946 年下半年，幾乎每一個主要或次要行業都發生了勞工抗爭，然而每一次抗爭都與華機會毫不相干。華機會領導地位日益衰落的前景由此可見一斑。1946 年，公共交通、電影製作、電力供應、傢俱業、港口設施、印刷行業、餐飲業和茶室咖啡廳等各行各業的工人都提出加薪和八小時工作制的要求。海員強烈要求停止恢復包工制，以杜絕船主和包工頭相互勾結、掌控僱用合同而苛刻盤剝的流弊。太古、九龍和海軍三大船塢的工會也與海員聯手，投入反對包工制的戰鬥。1947 年以山頂纜車工人的罷工開場，織工、牛奶公司、英美煙草公司、公交巴士、燈泡廠的工人和的士司機繼之紛紛罷工，要

39　殖民政權用了將近十年功夫才慢慢認清華機會的現實地位，調整勞工顧問委員會。韓文惠作為三名「勞工代表」之一，從 1946 年 5 月任職至 1953-54 年，直至華機會主席由葉景擔任。此後勞工顧問委員會改向其他工會、特別是親國民黨的工會中選擇勞工代表。參見 *LDAR* 1947-48，頁 9；*LDAR* 1954-55，頁 8。

求改善待遇。[40] 至 7 月份，全港至少已發生二十起工潮；有些勞資糾紛以工人僱用條件獲得改善而告終，有些抗爭止於維持原狀，還有些依然前景不明。[41] 無論成效如何，這些勞工抗爭建立了與戰前完全不同的新模式：任何一次勞工抗爭現在都以全體工人為整體，囊括技術工人、體力工人、男工和女工。華機會從未想到而且從不關心的眾多問題，現在恰恰成為戰後勞工運動不斷拓展的新陣地。

遵循華機會悄悄進行幕後交易的一貫傳統，華機會其實自 1947 年 2 月起已經開始同各公司進行談判，試圖為十三科機工爭取加薪。[42] 按照華機會的計算，一家三口的家庭開支包括口糧、租金、衣物、藥品、雜費和小孩的教育支出等每月共需 229.5 元。1946 年期間，在政府機構或外資企業中工作的機工月收入包括津貼在內一共是 150 元。在同歐資企業談判未果之後，華機會轉而求助於港府，並於 2 月 11 日提交請求勞工署調解的正式呈文，為機工要求加薪 150%。[43] 勞工署長鶴健士（Brian C. K. Hawkins）於兩週以後回覆華機會呈文。他認為，鑒於目前生活費用水準變動不定，僱主以及僱用中國機工的政府各部門都無法永久性改變基本工資，勞工署因此愛莫能助。鶴健士還應和歐資公司的說法，認

40　這些勞工抗爭行動敍述來自 1946 年和 1947 年的香港華文報紙，特別是《華商報》對勞工問題予以特別關注和詳細報道。

41　較全面的勞資糾紛事件統計，參見周奕（2009），頁 156-157，作者列出五十起以上勞資糾紛。雖然該書沒有腳註，作者在同筆者的郵件通訊說明，這些數據來自對三份華文報紙的瀏覽紀錄，包括《工商日報》、《華商報》和《星島日報》，以及由《華僑日報》出版的 1948 年《香港年鑑》。

42　〈機工加薪要求咋遞呈勞工司〉，《星島日報》，1947 年 2 月 12 日，第 6 版；專訊，〈討論改良善戰後津貼，各工團今開大會〉，《華商報》，1947 年 3 月 2 日，第 4 版。

43　李伯元、任公坦，頁 174。

為目前機工的技術水平只達到戰前機工的 **25-33%**。[44] 華機會對此回應非常不滿，於 4 月份和 7 月份再度提交它的各項數據以圖說服勞工署，卻兩次都被勞工署駁回。在回答最後一次呈請時，鶴健士甚至質疑華機會能否代表十三科機工，因為現在工人們都以產業為基礎組成了各個產業工會。[45]

當時歐資企業如何計算中國機工在戰前和戰後的技術差別，未見切實數據和計算方法。但在華機會和勞工署的來往紀錄中，有一點變得非常清晰：不管是殖民政權還是一般勞工都對華機會失去信任。工人們轉向以產業為基礎的新工會，勞工署則撤開華機會，關注那些新型工會領導下的勞工抗爭。例如，機動車輛司機是所謂的「十三科」技術工人之一，向來由華機會作為他們的代表同僱主談判。不過，他們已經於 1920年自行組織摩托車總工會，盡心盡職的工會領袖在戰後立刻恢復工作。摩托車總工會竭力推動改善僱用待遇，為機動車司機維護權利，在處理那些超出個人控制範圍的事故時，摩托車總工會特別着力於維護僱員的利益。[46] 剛剛恢復工作的勞工署同時也積極支持以產業為基礎的新型工會，在 1946 年摩托車工會與中華和九龍兩家汽車公司的談判中，給工會以支持並促成雙方達成工人所滿意的合同。[47] 當 1947 年中華機會的調解

44　〈機工加薪昨遭挫折，勞工司覆函機工會謂資方認為難解決〉，《星島日報》，1947 年 3 月 4日，第 7 版；專訊，〈港九工團工廠代表所提改善津貼四建議蘇雲也表示同情；華機請求提高基本工金僱主指為不合時宜〉，《華商報》，1947 年 3 月 4 日，第 4 版。周蘿茜在對華機會的研究中指出，華機會與僱主於 1946 年 1 月達成的協議將機工日工資從 3 元提高到 5.6元；參見周蘿茜，頁 121。不過，1947 年 3 月的新聞報道指出，當時機工的基本日工資依然是 2 元，而華機會正試圖將之提高至 5 元。

45　李伯元、任公坦，頁 175。

46　〈一年來的工作〉，摩托車研究總工會，《復刊號》，1947 年 2 月，頁 2-3；方文，〈入會有什麼好？〉，同上，頁 9。

47　〈中華九龍兩汽車公司與勞方訂定之待遇條例〉，摩托車研究總工會，《復刊號》，1947 年 2月，頁 17-18。

請求屢遭勞工署回拒時，的士司機以摩托車總工會為代表開始同九龍的
士公司談判，提出八項要求。勞資談判的結束，的士司機贏得復員津貼
和基本月薪 150 港元，而公司甚至主動提出對優秀業績給予額外獎勵。[48]
建立於產業基礎之上的新型工會再次證明，即使沒有華機會的領導，他
們照樣可以在勞資談判中為工友贏得權益。

　　殖民當局對這種種變化當然瞭如指掌。在勞工署為華機會和歐資公
司安排的第一次談判中，鶴健士就當場質疑華機會是否代表香港的全體
機工。[49] 第二輪談判失敗後，勞工署於 8 月 15 日致函華機會，再次重申
華機會只代表「某些機工」的看法。鶴健士強調，在目前情況下，最好
的辦法是讓其他工會一起參加談判。[50] 但是，華機會因循守舊的領導層卻
選擇逆向而行，排斥新型工會的參與。他們的辦法之一是操縱 1946 年
春的選舉，致使華機會內推動工會民主精神的歐陽少峰落選、親國民黨
人士取而代之擔任主席。[51] 此後，華機會領導層以「不守會章，破壞會
譽」的理由將歐陽少峰、麥耀全、黃燈明、何家日和葉光等左翼工會積
極分子逐出華機會。[52] 遺憾的是，驅逐這些工會積極分子和前抵抗戰士
並沒有使華機會重獲殖民當局信任，更沒有使華機會重振雄風取得工人
擁戴。到 1947 年，華機會反而陷入了更加深刻的危機。

　　為了挽救搖搖欲墜的威信，華機會決定爭取國民黨政府的支持、進
行一次全港機工大罷工，以此逆轉頹勢。它的報告送達廣東機器工會，

48　專訊，〈九龍的士司機工友要求改善待遇成功〉，《華商報》，1947 年 6 月 9 日，第 4 版。

49　〈香港機器工人罷工風潮調查報告書〉，亞太司，#11-91-19-04-03-011。

50　〈勞司發表聲明〉，《星島日報》，1947 年 8 月 15 日，第 4 版；〈華民司勞工司接見本報記
　　者，發表對工潮意見〉，《星島日報》，1947 年 8 月 17 日，第 4 版。

51　周奕指出，歐陽少峰曾受僱於韓文惠所辦機器廠，韓义惠安排歐陽任華機會主席，意使歐
　　陽少峰做其傀儡。參見周奕（2009），頁 130。

52　李伯元、任公坦，頁 187-188。

轉至廣東省政府、廣州市政府和國民黨省市總部。這些黨政機構立刻作出決定，派遣廣東機器工會理事李伯元「赴港慰問及聯絡」，為華機會帶去財力支援。[53] 雖然得到內地政府支持，華機會卻仍然在香港當地面臨重重困難。8 月 13 日，華機會領導層與各船塢、公共設施機構、各大酒店等三百多名代表舉行罷工委員會第一次會議，雙方矛盾立刻顯現。時任華機會主席並已經成為香港太平紳士的韓文惠試圖掌控罷工過程，聲明本次罷工並非意在舉行全港「總罷工」，提出罷工必須以三大船塢帶頭，進行分批罷工。他的說法立刻遭到「全場工人反對」。面對全體抗議，韓文惠不得不收回他的提議。[54]

1947 年 8 月舉行的香港機工罷工前景如何，已經不是華機會或者國民黨的支援所能決定。來自新型工會的支持成為勝敗關鍵。8 月 16 日，八個企業的 7,600 名工友放下工具開始罷工。三大船塢的工人是他們當中的主力軍，共有 6,400 名工人參加了第一天的罷工，佔當天罷工人數的 84%。其他企業如廣九鐵路、青洲英坭公司、水務局，以及庇利船廠的機工構成其餘的罷工隊伍，每家公司約有 30-40 名至 350 名不等的工人加入罷工行列。長達二十七天的罷工最終共有 11,000 名工人參加。[55] 在新型產業工會的協調下，罷工過程展示了嚴明的自律。為了不給城市生活造成困擾，歐資各公用設施公司的工會最初決定不參加罷工。即使沒有這些公司的機工參加罷工，參加罷工的人數遠遠超過了華機會所公佈的 2,000 名會員人數。勞工署由此看到華機會的號召力，決定介入進行調停。儘管如此，由於勞資雙方對加薪問題不能達成一致，談判很快

---

53   李伯元、任公坦，頁 179。

54   專訊，〈加薪談判昨無結果，機工執行決議，罷工委員會組成〉，《華商報》，1947 年 8 月 14 日，第 4 版；〈昨晚各代表報告：工友支持罷工〉，同上，1947 年 8 月 14 日，第 4 版。

55   參見周奕（2009），頁 136-138；*LDAR* 1947-48。

陷入僵局。資方只願意提薪 30%，勞方從最早提出的條件退讓一步，但仍要求基本工資增加 120%。[56] 機工罷工已經持續三週，談判卻毫無進展。

　　假如不是新型產業工會採取集體行動，機工罷工很可能以完全失敗告終。9 月 3 日，香港電燈公司、中華電力公司、香港電話公司、電車公司和煤氣公司等五大公用事業的工友宣佈他們已經做好準備，將為「改善待遇」採取行動。五個公司的工會於兩天後提出增加底薪 100%、年終獎金、有償病假和退休金的要求。[57] 郵政工人從 1946 年就已經開始提出提高工資以保證基本生活需要的訴求，但為顧及市民需要而尚未採取行動。他們現在也同其他行業的工友一起，向政府提出加薪 100%、帶薪病假、年終獎金和超時工資等要求。[58] 政府其他部門的華員工會紛紛開始行動，由各醫院、市政衛生局、漁政署、船政司和消防局等九個部門的華人僱員所組成的各個工會一同要求改善待遇。由歐式酒店和餐館工人以及外籍家庭中的僕傭組成的洋務工會同這些華員工會一起，組成「民政機關暨港府工團要求改善待遇職工代表會」，以協調各工會的行動。[59] 中華巴士公司、牛奶公司，以及其他各行各業的技術工人和體力工人紛

56　三大船塢作為資方代表，參見專訊，〈昨機工勞資談判，資方願提高底薪〉，《華商報》，1947 年 8 月 21 日，第 4 版；專訊，〈機工勞資逾顯僵局；工友領袖被收回牌仔〉，《華商報》，1947 年 8 月 30 日，第 4 版。該報告提到工會提出的 4.40 元底薪的條件。

57　雖然加薪 100% 的要求聽起來數額很大，在當時工薪遠遠低於通脹速度的情況下，工人完全處於入不敷出的窘迫困境。公用事業各公司的工人所提加薪條件如下：「每日工資 1.49 元以下者增加 1.50 元；每日工資 1.50 至 1.99 元者增加 2 元；每日工資 2.00 元至 2.99 元者增加 2.50 元；每日工資 3.00 元以上者增加 3 元。」參見〈七大重要部門工友要求改善待遇步驟相繼決定〉，《華商報》，1947 年 9 月 4 日，第 4 版；〈四電煤氣郵政海軍船塢政府機關職工對改善待遇要求緊鑼密鼓〉，《華商報》，1947 年 9 月 3 日，第 4 版。

58　〈工潮後浪追前浪；郵政職工昨亦決定進行要求改善待遇〉，《華商報》，1947 年 9 月 8 日，第 4 版。

59　〈港府華人職工今晚開代表會商討要求加薪〉，《華商報》，1947 年 9 月 9 日，第 4 版。

紛通過工會決議，向資方提出相似要求。「改善待遇」成為最響亮的口號
寫在各工會高舉的旗幟上。〈工潮後浪推前浪〉被一份當地報紙用作大標
題，相當貼切地形容了全港工潮洶湧的局面。[60]

　　勞工署預感到，日益擴大的勞工抗爭很可能會發展到總罷工，因而
開始努力推動勞資雙方達成和解。[61] 9 月 11 日，華機會三位主席組成的
談判小組出人意料地宣佈，罷工已經取得勝利，並下令工人返工。他們
宣佈的談判結果，卻大大改變了眾所周知的罷工談判要求，從加薪 150%
減為加薪 50%。此前不久，華機會曾經有過加薪 60% 並同時增加復員津
貼的妥協提議，但是遭到資方拒絕。因此最後宣佈的妥協並非完全出乎
意料。[62] 對參加罷工的工人來說，最大的意外不是這項妥協，而是最終協
議排除了判工。在太古船塢，參加罷工的大多數是判工。當三名華機會
主席到太古和九龍船塢報告談判協議時，工友反應激烈。「華機會出賣了
代表」，有人喊着；「代表又出賣了工友！」[63] 華機會投機偏倚的做法，最
終背棄了大約 70% 的罷工工友，使他們一無所獲。[64]

　　就在華機會獲得部分談判條件後叫停罷工時，以新型產業工會為所
有工友力爭待遇改善的努力開始取得令人矚目的結果。電燈公司對工會
的要求立刻作出回應；雖然不能完全滿足工友的要求，但是工人們決定

60　　〈工潮後浪追前浪〉，《華商報》，1947 年 9 月 8 日，第 4 版。

61　　〈機工談判今午重開〉，《華商報》，1947 年 9 月 4 日，第 4 版。

62　　〈昨華機提讓步條件，資方拒絕予以考慮〉，《華商報》，1947 年 8 月 26 日，第 4 版。

63　　〈華機復工有波折〉，《華商報》，1947 年 9 月 12 日，第 1 版；〈資方允加薪百分之五十；
　　　華機昨下令復工〉，《華商報》，1947 年 9 月 12 日，第 4 版；〈昨晚太古船塢工友窮詰華機
　　　會主席〉，《華商報》，1947 年 9 月 13 日，第 1 版。3,000 名參加罷工的工友中不到 1,000
　　　名可獲得協議所定待遇而改善僱用條件。

64　　李伯元、任公坦，頁 178-179，協議只對 30% 的罷工工人有效，可能還是比較保守的估
　　　計。該書作者李伯元是國民黨政府派往香港協助華機會的特使。機工罷工是一次國民黨行
　　　動的問題，也可以在共產黨內部文件得到佐證。參見〈羅致周恩來〉，1947 年 9 月 18 日、
　　　〈羅致周〉，1947 年 10 月 5 日，*XGFJWJ*，頁 54-55，56。

接受公司條件、不再採取進一步行動。剛剛上任的新總督葛量洪親自會
見郵政工人，保證對所有政府華員加薪，並且優先為郵政工人提薪。[65] 不
幾日，海軍船塢也同意為非機工加薪。[66] 9 月底，電車、港燈、煤氣和九
龍巴士等四大公用企業的工會與資方達成令全體工友滿意的協議。這些
工會在勞資談判成功後，轉而捐助工潮未了的電話工友。[67] 10 月初，拖
延日久的電話公司勞資糾紛終於落幕，以雙方達成為工友滿意的協議告
終。[68] 反觀工友的抗爭和勝利，1947 年可謂「工運此起彼伏」而廣泛發
展的一年。

在非同尋常的 1947 年，曾經為香港工人運動領航的老手從傳統的寶
座跌落，失去了工人運動的領導權。華機會背叛在罷工中衝鋒陷陣的大
部分船塢工友，使自己的威望更加一落千丈，一度聲勢浩大的機工罷工
以大多數參加者的失望告終。儘管如此，因為華機會領導了機工罷工，
它的會員一度從 2,000 名躍升至 6,000 名。[69] 兩年後，僅僅代表工人貴族
的華機會不再是香港兩個最大的工會之一。海員工會、摩托車總工會和
織工工會的會員都超過了華機會。[70] 雖然官方的勞工顧問委員會繼續任命
一名華機會成員為顧問，華機會不再擁有香港勞工運動的領導地位。取
而代之的是那些充滿了自信、活力和希望的新型產業工會。

65　〈五大公共事業工友決暫候資方答覆〉，《華商報》，1947 年 9 月 13 日，第 1 版；〈港督昨
　　對工友宣示，公務員將普遍提高薪金〉，《華商報》，1947 年 9 月 14 日，第 4 版。
66　〈傳海軍船塢內定非機工照樣加薪〉，《華商報》，1947 年 9 月 16 日，第 4 版；〈海塢非機
　　科工友已獲口頭答覆加薪〉，《華商報》，1947 年 9 月 18 日，第 4 版。
67　〈電車電燈煤氣巴士工潮昨經圓滿結束〉，《華商報》，1947 年 9 月 26 日，第 4 版。
68　〈電話勞資也獲協議；五大工團籌備聯歡〉，《華商報》，1947 年 10 月 5 日，第 4 版。
69　參見周蘿茜。又見 *LDAR*；1948-49 年的勞工處年報開始包括工會人數統計，其中顯示，華
　　機會有會員 6,200 名。其數量在以後五年稍有增加，全 1952-53 年度為 6,700 名會員。此後
　　從勞工處年報統計上消失。
70　參見 *LDAR* 中各年工會統計表。

堅守現狀的勞工處

　　在勞工運動蓬勃發展的兩年中，勞工署也在殖民政府的體制中升級成為勞工處。勞資糾紛的頻繁使它成為特別繁忙的機構。在軍政府建立後不久，勞工署重啟辦公。1946 年 6 月，勞工署從華民政務司分離，成為政府中的獨立部門之一。一年後，勞工主任的頭銜正式改為勞工署長；1949 年勞工署正式升級擴大為勞工處。在政府三十個處級部門中，勞工處的重要性在「社會服務部門」中位居榜首，僅次於華民政務司，列於醫務處、市政衛生局和工務處之上。[71]

　　勞工處在香港行政體系中地位的迅速上升，體現了倫敦對殖民地勞工事務的關注。在 1946 年向各個殖民地的通報中，殖民地大臣 G. H. Hall（1945 年 8 月至 1946 年 9 月在任）重新強調他的前任於 1938 年做出的決定：勞工署必須在「實際上或者將會成為」各殖民地所有行政部門中「最重要的」部門。而且，大英帝國的每個殖民地都必須「建立一個人員均衡全面的勞工處」。特別重要的是，勞工官員應該由「具有勞工事務經驗並能從僱員角度觀察問題的人」擔任。擁有管理經驗、具有與行政官同等學歷並具有工廠視察員和跨區域勞工交流經歷等各種勞工事務經驗的人，成為建立各殖民地勞工處所特別需要的人才。[72]

　　在組建勞工處時，香港與殖民部一直進行着密切溝通。從大體看，香港似乎遵循了倫敦的基本政策方向，但在細節上作了關鍵性的調整。日本佔領香港期間，第一位勞工主任柏特士在赤柱戰俘營關押了將近四年。戰後他被調任非洲的尼亞薩蘭達，後來又在殖民部的財政司任副司

71　*HKAR* 1946，頁 103；*HKAR* 1947，頁 13；*HKAR* 1949，頁 15。雖然勞工署（Labour Office）於 1949 年才正式更名升級為勞工處（Labour Department），為讀者方便，從本節開始，即使是敍述 1949 年前的歷史，將一律使用「勞工處」一詞。

72　G. H. Hall, "Circular," 1946 年 8 月 24 日，CO 129/615/1，頁 58-60。

長，不久便離任退休。[73] 接替他主持勞工署的鶴健士與柏特士不同；他既沒有在香港基層紮實工作，也沒有同一般市民經常接觸的經歷，基本在華民政務司辦公室工作。鶴健士於 1924 年考上遠東政務官，比柏特士晚兩年來到香港。三十年代中期，鶴健士官至華民政務司副司長。他於 1940 年 3 月接替柏特士成為勞工主任，直到香港淪陷。[74] 當英國計劃重佔香港時，鶴健士一度是華民政務司司長的候選人之一。[75] 很顯然，選擇鶴健士擔任戰後香港這個重要部門的領導，本意不在推行強有力的勞工事務改革，而在把權力放在那些治理殖民地「有經驗」的人手中。

面對殖民部派來促進香港勞工事務改革的督導員，鶴健士顯示了保衛殖民地現存體制的政治技巧與堅定決心。1946 年初，Eleanor Hinder 作為殖民部勞工督導員來到香港，商討擴建勞工署的具體事宜。她是一位經驗豐富的勞工事務管理者，1933 年 1 月至 1942 年 8 月在上海工部局擔任工業社會部主任，主要負責日常勞工狀況的監察和改革。將近十年的工作給她大量的機會實地接觸中國這個最重要的工業中心的眾多勞工問題。她熟知那裏的超時工作、危險而不合格的廠房建築以及工人居住環境擁擠的基本模式。這些情況也都是香港的突出問題。特別重要的是，在上海的經歷使 Hinder 深切體會到中國民眾的民族意識以及中國人參與解決工業化帶來的社會問題的重要性。[76] 因此，當她會見鶴健士並討

73　Miners; Colonial Office, *The Colonial Office List 1948*（《殖民部 1948 年名錄》），頁 415。

74　*Hong Kong Government Gazette*，1940 年 12 月 22 日，頁 1616。從柏特士調離勞工署至香港財政司的 1939 年底至 1940 年鶴健士接任期間，華民政務司司長 Roland Arthur Charles North 暫時主持勞工署事務。參見 *Hong Kong Government Gazette*，1939 年 12 月 8 日，頁 1273；Colonial Secretary's Office (Hong Kong)，頁 12。

75　Snow (2003)，頁 255-256。

76　在出版於 1944 年的《上海的生活與勞工》（*Life and Labour in Shanghai*）一書中，Hinder 描述了工部局的政策和工業社會部的工作，以及在英租界各個工廠依然存在的許多問題。她對中國民眾的民族意識以及她的部門與上海各工廠勞工互動的討論，參見該書頁 20、26。

圖 6.　　｜勞工處長鶴健士

論新的勞工處人事安排時，她自然而然地提出與此有關的問題和要求。可想而知，鶴健士在許多關鍵事宜上同她的想法格格不入。在一份遞交殖民部的五頁呈文中，鶴健士不僅對 Hinder 提出的對勞工處進行結構性改造的建議逐一進行反駁，言辭中更透露出根深蒂固的種族歧視和階級偏見。

　　鶴健士的異議圍繞着任命華人擔任重要職務的問題展開。他反對 Hinder 建議任命一位華人勞務主任的想法，因為該職位就在勞工處長之下，負有重要職責。相反，他提議「建立一個勞工處執行處長的職位，由一名有經驗並準備在勞工處長期發展個人事業的高級行政官員擔任該職」。而任命華人勞務主任的事，必須「緩緩進行」，「因為選擇合適人選的問題非常重要」。鶴健士還說明，目前在計劃中的兩名勞工主任的位置，其中之一已經由蘇雲少校擔任。蘇雲少校在戰前是英國戰略行動執行中心的情報官員，為英國在香港地區建立了第一套完整的情報系統。[77] 鶴健士認為，蘇雲會講廣東方言的能力對於「應付中國人來說」是「根本性的」。他還反對 Hinder 希望任命一位「華人高級女工視察員」的建議。他為此提出對應的反建議，認為可以讓婚前曾在港府教育處任職的 Marjorie Allison 夫人擔任該項工作。鶴健士提議由她擔任女性助理勞工主任，以便「直接掌控女工督察室」並處理「所有關於女工的問題」。[78]

　　鶴健士的反建議還刻意忽略了殖民部以「僱員角度」考慮勞工問題的工作經驗作為任命新勞工處官員的重點要求。當他提到具體推薦人選時，取而代之的是一再出現的詞彙「歐洲人」。為了說服殖民部，鶴健士專門於 1946 年底去了倫敦，並以「工會正面臨被〔來自大陸的〕政治

77　Ozorio，引文見頁 77-81。

78　B. C. K. Hawkins, "Comments on recommendation made by Miss E. Hinder for the future development of labour administration in Hong Kong, dated 15.2.46（對 Miss E. Hinder 關於香港勞工事務管理機制的發展建議的評價，46 年 2 月 15 日），" CO 129/615/1，頁 77-81。

力量控制的危險」為由，獲得殖民部對他提議的支持。[79] 雖然楊慕琦總督
對於終止香港種族歧視採取了象徵性行動並取消了臭名昭著的〈山頂條
例〉，他對鶴健士組建勞工處的意見給予全盤肯定。[80] 殖民部則繼續其歷
來傳統，把治理大英帝國的具體執行權放在「在地人員」的手中，接受
了香港的決定。

　　由於戰後歐裔人員的嚴重不足，香港接受了倫敦推薦的一名具有
管理勞工事務豐富經驗的官員到港任職。殖民部對這項任命進行了內部
討論並留下了非常有意思的紀錄，顯示出那裏對維護殖民體系和改革勞
工事務管理機制這兩項重大問題的矛盾心理。這位名叫白加（Kenneth
A. Baker）的人選，曾在英國擔任消防隊工會的主席。他於 1944 年接
受毛里求斯工會督導主任的短期任命。殖民部的有些官員將他視為可以
推薦給香港的所有候選人中的「最佳」人選。白加對在毛里求斯推行勞
工工會盡心盡力，然而卻因此同毛里求斯總督 Henry Charles Donald
Cleveland Mackenzie-Kennedy 發生衝突。Mackenzie-Kennedy 總督
指責白加「作為一名公務員無法在對政府和對勞工工會的忠誠之間作出
正確取捨」，他因此拒絕把白加的工作改為長期任命。[81] 殖民部有些官員
也由此對派遣白加去香港感到非常猶豫，因為「那裏的勞工組織本身及
其與港府的關係還遠遠沒有確定」。然而，白加本人的勞工事務經驗和經
歷最終使他在遴選過程中勝出。他於 1947 年加入香港勞工處，成為地位
僅次於蘇雲少校的勞工顧問。

　　在 1946-47 年間，勞工處新上任的官員們盡職盡力，調解勞資衝

79　R. Ruston 所做會談筆記，1946 年 12 月 30 日，CO 129/615/1，頁 4。

80　Mark Young to Arthur Creech Jones，1946 年 11 月 8 日，CO 129/615/1，頁 72-75。關於
　　1902 年山頂條例的制訂和其含義，參見 Peter Wesley-Smith，頁 90-101。

81　Secretary of State to Mark Young, March 4, 1947, CO 129/615/1，頁 43-44；Minutes by
　　Colonial Office staff, CO 129/615/1，頁 12-14。

突，參加工會組織的各種社會活動。他們主動與基層社會溝通，贏得了
工會領袖和工友們的信任和尊敬。蘇雲這個名字，是 Chauvin 依從「中
國通」的傳統而取的中文名字。在香港戰後各個社會團體組織的第一次
慶祝五一國際勞動節的大會上，蘇雲用廣東話發表演講。「講的話雖然
工人未必完全聽得懂」，當時的報道這樣寫道，「但是他對於勞苦大眾的
同情和鼓勵，使全場的工友都非常的感動」。[82] 蘇雲在為 1946 年中華巴
士公司勞資糾紛調解時站在工會一邊，幫助工人獲得他們希望的僱用協
議；當公司拒絕履行協議時，蘇雲再次干預，使糾紛最終得到解決。摩
托車總工會回顧這次糾紛時，稱讚蘇雲在處理勞資關係時做到了「公正
嚴明」。[83]

　　作為戰後政府體制中最為重要的部門，勞工處對建立合理的勞資關
係並由此促進經濟復甦起着關鍵作用，因此也對鞏固英國在港統治至關
重要。戰後初期，技術工人和非技術工人短缺，使資方在談判桌上處於
劣勢。促進經濟復甦的第一要務，更決定了勞工處官員會在勞資糾紛中
經常站在工會一邊。1947 年底，香港的勞動力市場發生重大變化。由於
返港人員不斷回流，內戰又使許多人逃離家鄉移民外省，香港的人口猛
增至 180 萬，比 1941 年戰前的峰值還高出 20 萬。勞力市場膨脹，勞資
雙方在談判桌上也因此互換了位置。[84] 勞工處長的年度報告注意到，由於
海軍船塢完成了戰時損壞的設施修理工作，大批工人被解僱，更使「工

82　〈五個勞動節紀念會，工友熱烈慶祝〉，《華商報》，1946 年 5 月 3 日，第 2 版。

83　鄧和，〈港九巴士職工要求改善待遇的前前後後〉，摩托車研究總工會，《復刊號》，1947
　　年 2 月 20 號，頁 8。

84　*HKAR* 1946 年，頁 9；*HKAR* 1947，頁 9。

作很難找到」。[85] 這時，海員和修船工又重啟反對包工制和無理開除工人並拒發遣散費的鬥爭。[86] 勞工處為了調解勞資糾紛做了「大量的工作」。從 1947 年春到 1948 年，勞工處一共處理安排了 276 起小規模勞資糾紛和 25 起重大勞資衝突事件，有些事件經歷了「許多次會商和艱難冗長的談判」。勞工處的年度報告認為，由於工會經常尋求勞工處長和其他官員的建議，它和勞工工會的關係「基本令人滿意」。[87] 許多新近組建的工會，特別是那些與國民黨所控制的工會相對立的新工會，也基本認可這個看法。

新興勞工領導力量

雖然組織起來的工人在困頓的經濟中掙扎，他們不斷的努力使勞工在回歸和平後的香港社會發出愈來愈響亮的聲音。戰後香港舉行了許多吸引公眾廣泛參與的社會活動，其中 1946 年 3 月底慶祝政治協商會議勝利閉幕，以及 5 月初慶祝戰後第一個五一國際勞動節等活動都以大型集會的方式舉行。在這些活動中，新近組織的工會不僅積極參與，而且成為組織者和領導者。慶祝政協閉幕的活動吸引了三十多個群眾團體參加，並由 3,000 多名各界代表參會。他們選出的主席團包括了電話公司、電車公司、電燈公司、海軍船塢、海員工會、郵政工人、摩托車工會、印刷工會和木匠工會的代表。領導電車工會的歐陽少峰以能言善辯

---

85   *LDAR* 1947-48，頁 9。勞工處長的年度報告只提到 500 名工人被海軍船塢解僱，而當地的報紙《華商報》對該事件跟蹤緊密，報道了完全不同的數據。至 1948 年 2 月中，在海軍船塢受僱的 9,000 名工人中，過半已經被解僱，而且還有 2,000 名工人將在近期被解僱。參見〈四千工友已被裁；還有二千將失業；海軍船塢工方昨披露裁員真相〉，《華商報》，1948 年 2 月 16 日，第 4 版。

86   參見《華商報》1948 年 2 月至 3 月的多篇報道。

87   *LDAR* 1947-48，頁 10、28。

和在東南亞地區的工作經驗而為各界稱道，在會上被選為大會主席。[88] 香港社會慶祝戰後第一個五一勞動節的活動正好與香港文官政府重新執政之日巧合。勞工團體在全港同時舉辦了五個集會，每一個至少有 1,000 名工人參加。新近組建的工會組織了最大的集會，吸引 3,000 多人與會。就是在這個集會上，蘇雲少校以他不為工人理解的廣東話表達了對勞工的「同情和鼓勵」。[89]

勞工並非第一次在香港社會取得令人矚目的地位。戰後勞工影響的重新上升，得益於戰前救亡運動和戰時抗日鬥爭中培育的新精神和新力量。雖然戰後爭取維持基本生活最低工資的燃眉之急推進了由底層社會發起的勞工運動，組建迅速、組織有效的一些工會更得力與它們各自富有經驗和奉獻精神的工會骨幹。在勞資談判中贏得提薪和各項待遇的摩托車工會就是這樣一個工會。工友黎錫芬在戰時去了內地，香港回復和平後，他是最早回來的會員之一。他「即刻到處找尋工友了解情況」準備恢復工會。黎錫芬讓出自己租住的一層居室給工會做辦公室以節省工會開支，工會主席楊績（？-1947）則拿出自己積蓄，使分租的另一家遷出。戰後各種必需品匱乏，工會骨幹們從外資銀行要來用過的廢紙再行利用，油印工會通訊和會費收據。他們架起床板當辦公桌，點着蠟燭在夜間工作，在地上鋪開草蓆席地而坐開會討論工作。1920 年成立的摩托車工會曾經為救亡運動積極募捐；戰後於 1945 年 11 月就在華民政務司完成註冊。到 1947 年初，它的會員達到了 4,000 名。[90]

88　專訊，〈民主的怒濤在洶湧；工團熱烈慶祝政協成功〉，《華商報》，1946 年 3 月 25 日，第 2 版。

89　〈五個勞動節紀念會；工友熱烈慶祝〉，《華商報》，1946 年 5 月 3 日，第 4 版。

90　黎華軒，〈一年來的工作〉，摩托車研究總工會，《復刊號》，1947 年 2 月，頁 2；〈光輝的八十年〉，《汽車交通運輸業總工會成立八十週年紀念特刊，1920-2000》，頁 43-59，引文見頁 43-44。

香港海員工會也是戰後馬上進入公眾視線的一個工會。因為它的左傾立場，在戰前多次遭到比其他工會都更嚴重的政治迫害（見第一章）。在二十年代初期成立的海員工會曾經於 1922 年組織長達五十六天的罷工，成為殖民政權打壓的目標，於 1922 年和 1927 年兩次宣佈海員工會為非法組織。[91] 海員爭取權利的活動卻從來沒有停止。從救亡運動到戰後，海員工會選擇了傾向共產黨的立場，會內選舉時遵循民主投票的原則，趕走了國民黨派來的選手。[92] 戰後初期，海員工會在勞資談判中取得改善待遇的勝利，並一度中止了為海員所痛恨的包工制，贏得更多的支持者。1948 年，左傾的香港海員工會擁有 3,500 多名會員，並在勞工處獲得註冊。到 1950 年，海員工會的會員達到 15,719 名；相比之下，國民黨控制的中華海員工會香港分會當時擁有 21,033 名會員，其地位開始受到香港海員工會的挑戰。兩年後，左翼的香港海員工會會員達到 19,526 名，而右翼的中華海員工會香港分會的人數跌落到 8,471 名。[93]

從香港社會底層興起的救亡運動和抗日活動，更為戰後新型工會的發展提供了強有力的基礎。香港最大的工業部門造船修船業長期是親國民黨的華機會地盤。在救亡運動中，年輕的工人開始組織各種活動小組，在海軍船塢有「鈴聲社」，在九龍船塢有「九龍船塢職工培新社」。香港陷落，這些曾經參加救亡運動的工人有的加入了東江游擊隊。[94] 還有

---

91   殖民系統對香港海員工會的密切追蹤，在存於 CO 129/583/14 的幾份香港與倫敦之間於 1936 至 1940 年的通信往來中可見一斑。又見劉耐，〈香港海員工會成立經過〉，香港海員工會，《香港海員》，復刊號，1946 年 9 月 20 日，頁 7；劍，〈重放光明的海員燈塔〉，同上，頁 8；周奕（2009），頁 40、51、92-94。

92   李發，〈認識現實改善環境走向光明〉，香港海員工會，《香港海員》，第 2 期，1946 年 11 月 20 日，頁 3-4。

93   *LDAR* 1947-48，表 6；*LDAR* 1950-51，表 10；*LDAR* 1952-53，表 10。

94   黃業衡，頁 2-3；周奕與筆者的通訊，2013 年 8 月 11 日。周奕戰後參加香港青年運動，並於 1950 年後作為《文匯報》記者經常參加工人集會並報道他們的活動。

的人，如前面討論船塢罷工時提到的黃燈明，繼續留在九龍船塢工作並成為東江縱隊港九獨立大隊的地下抵抗力量。在任何可能的情況下，他們以各種手段抗擊入侵日軍。他們利用夜幕的掩護在港九市區散佈傳單以鼓舞民心；他們在生產砲彈的車間怠工，往機器裏摻沙子造成設備故障、減緩敵人的軍需生產。[95] 戰爭結束，這些戰前救亡積極分子和戰時抵抗戰士便成為工人運動的中堅力量。

在戰後興起的勞工運動中，這些依然年輕的前抗日游擊戰士領導工友們甩開了落後於時代的行會性質的華機會。每當衝突爆發的緊急關頭，這些曾經出生入死的工會領導為工友們帶來了集體行動的智慧和勇氣。1946 年 3 月，香港海軍船塢華員協進會組織了全船塢罷工，要求資方履行為技術工人和體力工人提薪的諾言。海軍船塢拒絕工人要求，調遣英軍進入船塢驅逐工人。但是資方的武力示威未能嚇倒組織起來的工人。工會以鈴聲社成員為領導核心，二十年代的老工運積極分子同時出謀獻策，9,000 名罷工的工友緊密團結。當資方答應接受工會提出的條件時，全體工人立刻返回工作崗位。當資方拒絕認真與工會談判時，全體工人一齊放下工具停止工作。在這戰後第一波的勞資衝突中，工友顯示的自律、決心和統一行動使資方最後不得不接受工會的主要談判條件。由於這次鬥爭的勝利，在前游擊隊員領導下的海軍船塢華員協進會成為海軍船塢中最受工友擁戴的工會。1946 年 4 月，海塢華員協進會舉行成立慶典，勞工處的蘇雲、海軍船塢總監，以及全港各個工會的代表前來參加；參會工友選舉麥耀全為工會主席。[96] 與海軍船塢一樣，九龍船塢

95　黃燈明，〈紅磡區的抗日游擊戰士〉，*HGGJDD*，第 2 卷，頁 66-70；何家日，〈船廠地下鬥爭〉，*HGGJDD*，第 2 卷，頁 71-75；工人記者，〈敵佔區的香港工人怎樣反抗日寇統治〉，《華商報》，1946 年 3 月 6 日，第 3 版。

96　專訊，〈海軍船塢工人昨已復工〉，《華商報》，1946 年 3 月 17 日，第 2 版；黃業衡，頁 10-11。

的工友也脫離華機會，成立了九塢勞工聯合會並民主選舉了自己的工會領導。[97]

勞工運動不僅在香港發展歷史悠久的各行業和男工中蓬勃展開；新興行業中的女工也不甘落後，成為勞工運動的一支主要力量。自三十年代起，棉紡織業和五金業（以家用五金為主，包括燈泡、手電筒、油燈、手錶帶）成為香港新興的輕工業中最大的兩個行業，僅次於造船和修船業。這兩個行業和橡膠製品及火柴業一樣，主要勞動力都是女工。[98] 這些產業雖然勞動力投入大，但是技能要求不高，只需不到一個月的訓練即可工作。柏特士在 1938 年已經指出，做體力活的五金業女工大多數是文盲，她們的工資也比男工低很多。戰後五金業的女工，依然在各個行業中收入最低，日工資不到 1 元。在惡劣的工作環境中，她們得不到安全保護設施，沖床操作工人被機器截去手指的事故司空見慣。[99] 有些棉紗廠除了一條圍裙，不給工人提供工作服或其他防護品；工人每天放工出廠，頭髮全被飛揚的棉絮蒙住、變成滿頭白髮。[100] 還有些設備老舊的工廠，織工常被飛彈出來的梭子打傷。[101] 對女工來說，生產安全和基本生活工資是她們最為關切的兩大問題。

當然，在那些以女工為主要勞動力的行業中，並非完全沒有工會組織。但是戰前組成的一些工會因為沒有積極維護大多數工人的利益而使工友感到失望。以棉紡織業為例，戰前已經有在國民黨影響下的香港九

97　在戰時參加地下抵抗活動的黃燈明，此時已經離開香港，返回內地參加共產黨領導的游擊隊。他的戰友霍德被選為新工會的主席。參見周奕（2009），頁 140。

98　各行各業的相對比重，參見 *LDAR* 1946，附表 D。

99　陳英、馮樹棠、劉光榮，〈解放戰爭時期香港五金行業的女工組織和鬥爭回顧〉，*XGFYZL*，頁 184。

100　周玉華、盧秀華，〈解放戰爭時期香港九龍南洋紗廠的兩次罷工〉，*XGFYZL*，頁 22。

101　歐麗華、梁少初，〈解放戰爭時期的港九婦女紡織總工會及其活動〉，*XGFYZL*，頁 179。

龍紡織總工會。以男工為主的技術工人把持工會並控制新人的招聘。「這些人在該工會內受到特別優待。工會裏經常開着幾枱麻將，招待機面師傅在那裏玩，弄得工會像個麻將館」，通過打牌把錢收進少數幾個人的腰包裏。工會負責人嚴省躬是名國民黨黨員，以幫助僱主為工會運作方式。當戰後工廠重啟運營，他把戰前的一份僱傭合同交給僱主，使資方取得談判的籌碼，抗拒工人在通貨膨脹中提高工薪的要求。[102] 這個舊工會不但不能為工人謀福利，反而帶給他們更多的困苦。

　　對渴望變革的女工來說，戰後在這些行業出現的新式產業工會組織為她們帶來了希望。尤其重要的是，新工會的領袖來自女工群體，而她們重建勞工組織的行動，更得到別有所圖的勞工處的積極鼓勵。那時，許多抗日戰士從游擊隊復員回到社會，成為工廠工人。她們把在東江游擊隊做民運工作的經驗靈活運用於發動勞工運動。曾經在戰時行走新界鄉間的民運員，現在登上街角的一條板凳、一個肥皂箱，向各位工友發表演說，呼籲大家組成自己的工會。為了團結工友，她們組織歌詠組、縫紉組和其他工餘活動；為了幫助工友提高社會技能，她們辦起文化掃盲班。重新恢復工作的勞工處希望培植能夠同國民黨影響下的工會相抗衡的力量，以此抵制中國政府對英屬香港殖民地的威脅。為此政治目的，勞工處特別鼓勵前游擊隊員組成新的工會。1947 年 6 月 21 日，新的港九婦女紡織總工會正式宣告成立。勞工處派出一名官員參加成立大會。前游擊隊員李逸梅被選為工會的交際部長，在大會上做了激情流暢的演說，贏得工友的共鳴和勞工處官員的稱讚。[103]

　　同一個行業出現兩個並列工會，難免相互衝突。新成立的港九婦

102　歐麗華、梁少初，頁 177-178。

103　歐麗華、梁少初，頁 178-180。這篇回憶誤將日期記成 1946 年。正確日期可參見專訊，
　　　〈女織工會昨日成立〉，《華商報》，1947 年 6 月 22 日，第 4 版。

女紡織總工會和早已存在的香港九龍紡織總工會之間的鬥爭更是激烈。為了維持地盤，親國民黨的工會用三合會的打手威嚇新工會的工友。每次工會骨幹分子開會，都得在周邊地區佈置崗哨。一旦發現附近出現打手，守望者立刻警告開會的人，提醒她們在散會後通過其他出路離開、避免受到攻擊。為了自我防禦，每一個工會積極分子都會隨時攜帶一枚警笛，以便遇到攻擊時吹哨呼救。[104] 雖然她們經常遇到危險，但對於曾經出生入死的游擊隊員來說，她們總是能夠想出種種辦法，舉重若輕地從容應對。自信、能幹且多智多謀，她們在勞工處的鼓勵支持下，在女工中間播下了團結進步的種子。1948 年，剛剛成立的港九婦女紡織總工會最初只是一個僅有 850 名會員的中等規模工會，而國民黨控制的香港九龍紡織業總工會則擁有 2,182 名會員。三年以後，兩個工會的力量相互對換。在有能力並積極奉獻的骨幹領導下，新興的工會增至 1,891 名會員，而暮氣沉沉的老牌工會則只剩下 188 名會員。[105]

當然，並非所有的新型工會都採取同舊工會直接衝突的方式發展成長。在五金行業，新工會的成立得益於組建者從地下抵抗運動積累的經驗和對本地傳統習俗的靈活運用。組建人之一的劉潔雲，曾是一名勇敢的青年地下抵抗戰士（見第二章）。當戰爭結束時，她剛滿二十歲，卻已經是一個經驗豐富的工人和久經考驗的游擊隊員。作為港九獨立大隊的一名信使，她無數次帶着重要情報通過日軍的盤查哨口。[106] 戰時躲避敵

---

104 歐麗華、梁少初，頁 178-179。這篇回憶列舉了六名從東江游擊隊復員的戰士為女工工運的組織者：歐麗華、梁少初、張月、李逸梅、李琦文、何玉屏。最後一位何玉屏的活動可以在另一篇回憶錄中得到印證；參見張婉華，〈回憶西貢區的民運工作〉，*HGGJDD*，第 2 卷，頁 101。大多數東江縱隊的女游擊隊員從事醫護和民運工作。

105 *LDAR* 1948-49，表 6；*LDAR* 1950-51，表 10。這些官方統計表格所用工會名稱不一定同中文名稱精確對應，有的工會在歷史進程中也自行更改名稱。這裏的名稱基本遵從英文，而在可能找到中文參照時作調整。

106 劉潔雲 (2012a)；劉潔雲，〈在中華書局進行對敵鬥爭〉，*HGGJDD*，第 2 卷，頁 82-85。

軍士兵注意的經歷，讓劉潔雲養成注重側翼迂迴戰術的習慣，這也成為她在美資永備公司以及其他五金業女工中組織工會的辦法。

為了避免和地位穩固、與資方和國民黨關係密切的工會正面衝突，劉潔雲和工友們組織了一個拜七會。從表面上看，她們這個拜七會和珠江流域其他拜七會一樣，是未婚女子的結拜團體。這些結拜姐妹依隨中國習俗，在陰曆七月七日牛郎織女跨過鵲橋相會的那天為她們自己的婚姻祈福。[107] 復員後的游擊隊員成為工運積極分子，她們又聯合已經參加進步歌詠團的青年女工，組織了五金姐妹會。這些成為結拜姐妹的女工，團結的目的不是為自己找到如意郎君，而是為幫助工友們獲得合理的工作待遇。

就像熱心的喜鵲為牛郎織女搭建鵲橋一樣，最初的五金姐妹會會員開始在各自的工廠發展會員，動員老工人入會，通過她們的影響使更多的工友也來參加姐妹會。她們「還利用業餘時間到一些無會員的工廠去，走訪那裏的職工家庭，動員她們入會」。在幾個月中，五金姐妹會就有了廣及全行業的規模。1947 年 11 月，港九五金姐妹會正式宣告成立，並在勞工處註冊成功。姐妹會成立後不久，一位工友被沖床軋斷手指而遭老闆開除。劉潔雲代表五金姐妹會出面，不厭其煩地同老闆交涉，為工傷工友贏得醫療費和有薪病假，並且使她重新受僱。該次勞資糾紛以後，姐妹會的聲譽大振。1948 年春天，有千名以上工人的光宇汽燈廠為節約成本，解僱四十多名女工。港九五金姐妹會組織工人，聲援被解僱工友，並向資方提出最後通牒，讓老闆作出選擇：要麼全體工友一起辭職，要麼保留四十多名工友的工作。資方面對團結一致的工人不得不做

107　牛郎織女的傳說為中國人熟知，而拜七的習俗在各地也大同小異。英文著述中提及華南拜七風俗的著作見，Stockard，頁 41-44。靜怡，〈第二個婦女工會的誕生：記港九五金屬姐妹會成立〉，《華商報》，1947 年 12 月 2 日，第 4 版。

出妥協，同意以半工時為條件保留四十多名工人。到年底，五金姐妹會
與五金業中另一個工會合併，吸收男工會員，更名為港九五金工業總工
會。1949 年，五金工業總工會的會員達到 1,100 餘名，並在全港建立了
五個分會，成為行業中的領軍工會。[108]

殖民政權與組織起來的勞工

　　1947 年，新擴建的勞工處在第一次發表的年度報告中指出，勞工的
付出對於香港的貿易和工業已經變得「愈來愈重要」。在象徵性的概括之
上，這幾個字實際還有多層涵義。勞工處如此正面地評價並積極鼓勵勞
工自行組建新型工會，一部分的原因是它確實希望「建立在產業而不是
技能基礎上的〔勞工〕組織……〔成為〕發展趨勢」。勞工處對正在出現
的這個新趨勢點頭稱許，還因為它「造就了一些勞工組織，其中有些達
到相當規模」。[109] 勞工處還承認，戰時經歷對戰後蓬勃興起的勞工運動有
着重大影響。勞工處的第一次年度報告還這樣寫道：「勞工階級在戰時愈
來愈意識到，組織和團結一致對於實現共同目標非常重要。」然而，勞
工處內部依然對重新振奮的勞工運動持有保留想法。它認為目前的勞工
運動有兩個方面「令人感到遺憾」。第一是同行業多個工會並行存在，而
有些工會「規模如此之小，對會員毫無價值」。第二是香港工會受到「中
國黨爭愈來愈大的影響」。1947 年，勞工處開始意識到，香港工會捲入
中國政治的趨勢「在目前形勢下可能難以避免」。在殖民政權看來，這種
無法避免的影響將會「成為在這個殖民地發展健康而獨立的工會運動的

108　陳英、馮樹棠、劉光榮，〈解放戰爭時期香港五金行業的女工組織和鬥爭回憶〉，*XGFYZL*，
　　　頁 182-186；劉潔雲（2012b）；*LDAR* 1948-49，表 6，其中港九五金業總工會被列為第
　　　115 號，共有會員 736 名；*LDAR* 1949-50，頁 90，表 10，該會會員共 1,163 名。
109　*LDAR* 1946-47，頁 2、15。

嚴重障礙」。[110]

　　這篇公開發表的報告，談到中國政治對香港戰後勞工運動的影響時措辭溫和、語氣力求公允。相比之下，官方內部通訊則無所掩飾直言不諱。1945 年至 1947 年間，殖民政權內部對於公開聲明反對英國重佔香港的國民黨深懷戒意。一份遞呈殖民部的備忘錄對國民黨控制勞工工會表示深切憂慮，並指出國民黨意在「通過三合會……將勞工工會抓在手中」。同一份呈文還認為，「在香港發展健康的勞工運動的關鍵在於防止國民黨的滲透。這也意味着，應當鼓勵那些反對國民黨的工會的發展」。[111] 戰後勞工運動積極分子組織新型工會的行動得到勞工處的積極支持，也從另一方面說明了這個官方意圖。從黨爭和工會政治取向的角度看，勞工處於 1947 年拒絕對國民黨影響下的華機會給予積極支持，也是殖民政權特別明確的政治選擇，意在削弱國民黨領導的中國政府對香港勞工的影響力。

　　東亞地區迅速發展的國際形勢，必將改變香港政府對勞工組織的既定政策。1947 年末，國民黨政府全面崩潰的隱隱潛流突然轉為無法攔截的洶湧大潮。自 1947 年 8 月共產黨軍隊開始大反攻，得到源源不斷美式武器裝備的政府軍一次又一次在戰場上受挫。1948 年 3 月後，共產黨軍隊攻佔東北的各個戰略要地；到 11 月，整個東北都到了共產黨掌握之中。1949 年初，共產黨控制區域擴大到華北和華中。由於大量軍事開支和政府金融政策造成惡性通貨膨脹，國民黨最終喪失了以有產階級和

110　*LDAR* 1946-47，頁 1、2。

111　"Summery of Memorandum on Trade Unionism in Hong Kong (Enclosure to No. 75)（香港勞工工會發展的備忘錄概要〔75 號文件附件〕）," CO 129/615/1，頁 36-38。這個標題提到的 75 號文件不在卷宗內，備忘錄本身也沒有日期。不過，以這份文件本身以及這份包含殖民部與香港殖民官員、包括楊慕琦總督和勞工署長鶴健士在內的官員往來通訊的卷宗可以斷定，備忘錄應該寫於 1946 至 1947 年間。

城市薪金階層為支柱的最後一線支持。[112]　對英美政府來說，中國內戰的最後結果並非意外。自四十年代起，在中國有多年經歷的西方外交使節和外國記者就不斷往本國發回報道，描述國民黨政府的內部腐敗，並預計它不可避免的最終倒台。可是，當中國共產黨領導的政府將在亞洲成為現實之際，西方政府卻開始驚呼，共產黨陣營將從北而南、從中國向東亞及東南亞擴展，造成接二連三的多米諾骨牌效應。這種臆想及其因此產生的恐懼，直接導致戰後殖民地治理方式的遽然逆轉。在美國佔領下的日本，原先支持勞工、打擊財閥的政策開始了史家所稱的「逆向發展」：美國佔領軍開始釋放戰爭罪犯、並將他們安排到重要的政府職位；與此同時，13,000 人被指控為共產黨、被迫離開公職或其他工作。[113] 在香港，鼓勵勞工運動的官方做法也開始了微妙卻傾向明確的逆向發展。

　　1947 年後期，勞工處停止對新型的左傾產業工會給予支持，成為殖民政府政策逆轉的第一個信號。勞工處不再鼓勵發展不依附國民黨的工會，而開始警惕勞工運動中的共產黨影響。這個變化也立刻在共產黨的內部文件中得到反映。一份 1947 年 8 月的報告把英方在香港的工運政策概括為「採取一定限度之改良」，並指出勞工處「反覆無常，借此壓彼，又拉又壓，時松時緊，造成我頑兩大工會集團分裂形勢」。這份報告指出，勞工處在調解勞資糾紛時，「去年〔1946〕初，偏袒工友。今年〔1947〕則偏袒資方」。於此同時還有黨派之間的偏倚：「去年，英防國民黨重於防我，拉我壓頑。今年，則防我重於防頑，拉頑壓我。」[114]

　　香港殖民政權勞工政策的逆轉，以勞工法的修訂確立了顯著的分界

112　Pepper (1978)，頁 xviii-xx，第 4 章。

113　「逆向發展（reverse course）」已有許多研究並有紀錄片。簡潔的敍述可參見 Gordon，頁 237-238。

114　未署名，〈致堯籠電——香港工作報告〉，*XGFJWJ*，頁 44–47，引文見頁 46。

地標。早在 1938 年，柏特士對勞工狀況做了有史以來最全面的調查，提出給予勞工組織合法地位的建議。1947 年初，殖民政府為實行這個戰前計劃作出公開承諾。這項表態使戰後組成產業工會的勞工大為興奮，認為成立香港各工團的總工會即將成為現實。[115] 當時，左傾工會在勞工處的特別鼓勵和支持下迅速發展。為了組織總工會，這些工會召開會議，推舉由電車工會、電話公司工會、摩托車總工會、海員工會和政府華員聯愛會五個工會的代表組成籌備委員會。一個月以後，各工會又在摩托車工會召開會議，「討論港九工會聯合會組織章程等問題」。[116] 這些大部分在戰後發展的新型產業工會期盼着把正在蓬勃發展的勞工運動推向一個更高的階段。相比之下，在國民黨影響下的右翼工會既無相應的熱情也沒有一個全港性的協調機制。直到 1950 年底，這些工會一直處於有氣無力的狀態。

得益於勞工處在戰後的明確態度和積極鼓勵前游擊隊員組織新工會，香港勞工運動一度在非常有利的政治環境下發展。正當勞工運動到了獲得法律保障的新階段，矛盾糾結的心理開始在勞工處出現。它的第一份年度報告認為，香港的勞資關係正在進步，然而新型工會的骨幹「太年輕、缺乏經驗」。[117] 一份 1948 年初的內部文件特別提到同一個行業存在兩三個工會、導致工會組織細碎分化的現象。這份文件還指出，「有的行業中的工會並不善待女工」，並認為「以政治立場區分的勞工工會」不

---

115 專訊，〈本港將制定勞工法並組總工會〉，《華商報》，1947 年 2 月 2 日，第 4 版。

116 專訊，〈工團籌組總工會〉，《華商報》，1947 年 3 月 17 日；專訊，〈改善津貼未獲解決，工團昨曾交換意見〉，《華商報》，1947 年 4 月 10 日，第 4 版。

117 *LDAR* 1946-47，頁 15。

利於在香港發展英國模式的勞工運動。[118] 不過，寫作這篇評估的勞工官員認為，勞工組織細碎分化的現象「曾經在英國和其他國家初期的勞工運動中出現」，也是勞工運動發展過程中常見的一個階段。[119] 作者希望新的工會條例將促使所有行業中的工會集中發展，並賦予政府對任何一家同香港之外政治勢力有關係的工會拒絕註冊的權力。在期待已久的工會條例公諸於眾之前，至少勞工處內依然有官員認為，以去政治化的英國模式來塑造中國勞工運動還是可能的。

1948 年 3 月 3 日，香港的〈職工會及勞資糾紛條例〉在立法局進行一讀。各個工會獲知條例內容，猶如聽到一聲晴天霹靂。這些工會領袖發現，新條例的許多內容「與英國自由結社的法律相衝突」並且「干涉勞工工會事務」。他們還認為，新條例的制定，並非為了幫助而是為了阻礙勞工工會發展。新條例中有關工會幹事必須是行業內受僱用的工人這一規定，將削弱工會領導力，使之疲軟無效。他們以棉織業為例，說明織工都是一天工作一天休息。如果按照條例規定，沒有人可以持續不斷地主持工會工作，結果必然是工會的實質性癱瘓。更重要的是，大部分女工在二十一歲時已經結婚育兒，不可能有多餘時間和精力管理工會；而條例草案要求工會幹事二十一歲以上，等於排除了大部分能夠並可以勝任工作的候選人。[120] 然而，來自各個工會的反對意見已經毫無意義。條例在立法局並未引發任何爭議，於 3 月 10 日這一天迅速通過二讀和三讀成為立法。[121]

---

118   無署名，"Labour Organisation（勞工組織），" HKRS 843-1-52。這份兩頁長的評估沒有日期，但是行文提到 1947 年 12 月已經註冊的行會以及正在準備的工會條例（於 1948 年 3 月通過），據此可以斷定，該報告應該寫於 1948 年初的兩三個月。

119   無署名，〈勞工組織〉，HKRS 843-1-52，頁 3。

120   〈港九廿餘職工團代表昨研討職工會法〉，《華商報》，1948 年 3 月 8 日，第 1 版。

121   *Hong Kong Hansard* 1948，頁 29、37。

香港殖民政府的突然變卦使各工會感到震驚。3月20日,三十八個最活躍的工會派出代表,在灣仔的六國飯店開會討論應對措施。他們決定向勞工處遞交由每個與會工會蓋章的呈文。呈文語氣節制而莊重,指出新條例「對勞工方面不利,妨害工人活動自由,與英國憲法精神不無抵觸」。最重要的是,新條例在立法局通過、成為立法,「我等以往經香港政府承認之工團合法地位,亦將於此則例公佈施行時全被推翻」。[122] 抗議和批評只是呈文的一部分。呈文還提出了合理建議,包括六條修改條例的提議:

1. 現有曾在政府登記有案之正式產業工會,與職業工會,應一律准予註冊;
2. 在同一行業內應許有兩個以上之職業工會存在,並准許其註冊;
3. 凡曾經從業,不論目前仍否在職或其年齡大小,均得為各該業工會會員,同時有當選為工會職員資格。
4. 本港各工會均得與港外工團聯絡、互助、及行文往來,政府只能限制其港外工團發生上下級的組織關係。
5. 工會的財物,係屬私有性質,工會有權自由運用,政府不應橫加干涉。政府如有充分理由,只能通告限制其某一種或某幾種之支出。
6. 罷工期間,工會應有充分之糾察權力,除傷害他人身體及財務外,政府應不加限制。[123]

1948年〈職工會及勞資糾紛條例〉的通過使工會積極分子最終明

122　〈工人不滿職工會新例,卅八工團聯請修止;通過組工團聯合會〉,《華商報》,1948年3月21日,第4版。

123　同上。

圖7.　　│工聯會的第一次代表大會（1948年）

白，殖民政權收回了讓他們組織總工會的諾言。為了爭取更大規模的勞
工團結，這些新型的產業工會決定採取抗爭姿態，在3月20日的會議上
一致同意成立工團聯合會。[124] 1948年3月24日，港九工團聯合會（簡
稱工聯會）的第一次會議在摩托車總工會會部舉行。來自電車、海員、
電話、洋務、摩托、海軍船塢、太古船塢、木匠和政府華員協進會等九

124　同上。

個工會的代表被選為第一屆工聯會理事會成員，電車工會的主席朱敬文被選為工聯會的第一屆主席。4 月 18 日，三十個工會參加工聯會會議，通過工聯會章程。[125]

　　六個月以後，親國民黨的工會也組成了類似的工會團體。至此為止，這些工會沒有採取挑戰殖民政權的行動。內地激戰正酣的國共內戰完全消耗了國民黨的力量，毫無額外精力重新振興在香港的基層組織。就在〈職工會及勞資糾紛條例〉即將於立法局一讀的前幾天，六十五個在國民黨影響下的工會於 1948 年 2 月 27 日做出決定，發起工團聯合總會。其中七個工會組成籌備會，起草總會章程。9 月 9 日，港九工團聯合總會舉行盛大成立慶典，102 個工會的 1,000 多名代表前來參加。與會代表選舉中華內河輪船總工會馮海潮、餐室職工總會林旭生、中華海員工會香港分會何蓋民、茶居工業總會崔章、同德伕力工會黃耀錦、紡織總工會嚴省躬、港九集賢起落貨工會黃大釗、沙藤平東工會鄧祐南、酒樓茶室總會劉蔭等九個工會代表組成理事會。[126]

　　兩個不同的工會組合各有突出特點。在四十年代末，親國民黨的工團總會總體會員人數眾多、而且成員工會歷史悠久。工團總會雖有更多的成員工會，大多數工會都規模細小。只有兩個工會的人數超過 5,000 名會員，其中之一是酒樓茶室總會。總體而言，工團總會成員以行業和職業工會為主，而這個傾向到後來愈來愈突出。相比之下，工聯會以新型產業工會為基礎，大多成立於戰後。1948 年工聯會組建時一共只有二十五個成員工會。到 1955 年兩個工會組合的總會員數發生逆轉時，工

125　專訊，〈港九工團聯會昨日宣告組成〉，《華商報》，1948 年 3 月 25 日，第 4 版；專訊，〈昨港九工會聯合會通過章程職員就職〉，《華商報》，1948 年 4 月 18 日。該報道列出三十個參會工會，但是其中有一個重複。又見梁寶龍，〈香港工會聯合會簡介〉，載陳明銶（編）（1986），頁 127-131。該文將工聯會成立年份定為 1947 年，與歷史記載不符。

126　梁寶龍，〈港九工團聯合總會簡介〉，載陳明銶（編），頁 132-137，引文見頁 132-133。

聯會仍然只有不到五十個成員工會。然而，工聯會的每一個產業工會從一開始就會員人數眾多，工會領導富有工作動力並盡心盡責為產業內工人謀求改善待遇。在勞資糾紛中，工聯會所屬工會代表了所有工人參加勞資談判，為所有不同技能和不同性別的工人爭取權益。

殖民政權雖然曾經一度考慮在香港允許建立總工會，最終於 1948 年提交條例時將其擱置一邊。它既不承認工聯會也不認可工團總會。按照新的條例，自 1948 年 6 月起所有工會必須向勞工處註冊。但是，工聯會和工團總會都無法作為總工會註冊。當修改後的〈會社條例〉於 1949 年在立法局通過，重新規定一切會社必須按照〈1911 年會社條例〉的規定註冊時，兩個工會組合才以會社的名義註冊。以防範限制內地政治影響和勞工對祖國的認同感為目的，新的〈會社條例〉規定以警務處處長為會社註冊官，其屬下官員為助理註冊官，只有港督有權監督管轄他們的執法行為。在這個新的治理架構下，勞工工會必須在愈來愈惡劣的政治環境下逆風前行。

戰爭結束後的兩年中，一個充滿活力的勞工運動在一波又一波的勞工集體抗爭中奮勇向前，勢及全港。工潮迭起，並非因為少數鼓譟分子的煽風點火。在戰爭和日軍佔領下幸存的香港，百業凋零；戰火的摧殘和物資的匱乏帶來通貨膨脹，勞工工薪低於基本生活水準，生活狀況比柏特士在 1938 年觀察和描述的情況更為艱難。勞工一致呼喊「改善待

遇」這四個字，表達了他們對保障基本生活的急迫需要，更表達了他們不願繼續被當作「牛馬」使喚、希望獲得為人尊嚴的訴求。在工廠車間內興起的民主參與風氣和從中湧現的領導力量奠定了產業工會的基礎，並給勞資關係的健康發展帶來希望。香港從未有過群眾基礎如此廣闊堅實的工運領導力量，也從未經歷過如此長久的勞工運動。這個領導力量不僅繼承了二十年代勞工運動的傳統，而且在救亡運動和抗日戰爭中進一步成長壯大。普通勞工的積極參與及其同新一代工運領導力量的互動，使戰後勞工運動生機勃發。在富有活力的工會中，民主精神成為勞工集體行動的靈魂。在勞工運動必須為所有工人爭取待遇的新時代，得到殖民政權認可而只為一小部分工人貴族服務的華機會不再勝任時代重負，不得不退下歷史舞台。

英國殖民地官員在戰後幾年做了積極的努力，通過調解勞資糾紛架設橋樑，試圖跨越香港社會分裂的鴻溝。勞工事務成為英國殖民政權同當地廣大華人社會經常接觸的區域。勞工官員深入勞資衝突的前線，運用他們的權力敦促資方與勞工達成合理協議。儘管資方對勞工的一些讓步只是全面改善勞工治理方式的開始，工人們立刻看到了英方官員為達成這些讓步所作的努力。對於包括勞工在內的所有香港居民而言，特別是對重佔殖民地的英國政權而言，香港急切地需要重振經濟，這個共同需要促成了勞工處與新興產業工會之間非同尋常的合作。正因為這種同心協力，香港經濟得以快速恢復。

但是，勞資兩個階級的根本性利益衝突從未消失，香港的巨大鴻溝最終無人跨越。在這個被英國重佔的殖民地，勞工事務官方改革的最終目的不在改善勞工狀況，而在維持大英帝國的根基和這個殖民地長期的商業利益。眼見勞工運動走到進一步發展的重要關口，香港殖民政權決意偏離倫敦改善勞工狀況的既定政策，腰斬剛剛顯露的合理勞資關係和

充滿勃勃生機的勞工運動。1948 年〈職工會及勞資糾紛條例〉雖然已經
使組織起來的工人大失所望，但它不過是更多重大行動的開端。殖民統
治分而治之的慣技，也將再度用於香港的勞工運動；繼之而來的大刀闊
斧的官方行動，將使干預主義的勞工事務改革在香港轉向逆行。

第五章

轉向逆行

　　二十世紀四十年代即將落幕之際，也是中國歷時幾十年的巨大變革走向水落石出之時。共產黨以不同於國民黨政府的社會變革構想而成為政治反對勢力和追尋另一種社會前途的引領力量，終於擊敗對手、全國勝利在望。中國即將到來的政權交替不僅具有基於本土的深遠意義，更預示着亞洲政局的整體改觀。對英國來說，如何保持一個多世紀以來積聚的地區利益、如何繼續維持在本地區的各種經濟活動，成為迫在眉睫亟待評估的重大問題。香港處於華南社會地理大區域這個事實，也使殖民政權和無數普通香港居民不得不重新思考這個殖民地的前景。

　　在四十年代的最後兩年，截然不同的情緒影響着香港的居民。有些人擔憂恐慌，有些人按捺不住歡喜。自第二次世界大戰以來，這也是倫敦和香港殖民政權第二次面臨同一個抉擇：保住香港還是放棄香港？雖然 1941 年保衛戰的迅速潰敗證明了香港不具備戰略防禦條件的基本事實，英方在中國共產黨即將揮師南下之際決定為香港軍營增兵，作出堅決保衛香港的姿態。對殖民統治的支持者來說，這個強硬姿態給他們帶來了心理上的安慰。而對戰後香港社會日益活躍的勞工和青年來說，這樣的故作姿態卻已無法抵擋一個新時代的到來。

　　在共產黨獲得全中國勝利的新形勢下，英屬香港的保衛者還面臨着另一個緊迫的問題：如何應付香港的左翼工會？在香港總督葛量洪看來，這些工會「已經變得愈來愈有力量」。共產黨會不會改變它在 1946 年已經表明的立場、轉而從英國手中奪回香港？在共產黨取得全國勝利的前夕，香港本地的共產黨人將會如何行動？他們是否將改變左傾工會、使之成為顛覆英國統治的第五縱隊？這些憂慮成為倫敦和香港在 1949 年協調應對中國共產黨全國性勝利時不得不考慮的具體問題。在此關鍵時刻，又一波勞資糾紛爆發，並獲得當地居民的廣泛同情。在香港生死攸關之際發生的這一次勞工抗爭，在香港殖民地保衛者的眼中卻帶着比過去任何一次工潮都更為強烈的政治意味。至於參加抗爭者的實際動機與目的，在此草木皆兵的時刻都成了枝節問題。

倫敦與香港同心合力

　　戰後上台的工黨政府雖然並未制定有關香港的長期政策，但在亞洲形勢轉變之際依然希望繼續維持英國在中國的地盤，待得愈久愈好。在英國政府內部，外交部和殖民部不再如 1943 年那樣對香港問題各持己見；為了保衛大英帝國在遠東的前哨站，他們現在已經聯起手來。1949年，兩個部門更成為冷戰前沿的戰友，在歐洲和亞洲全力以赴投入抵抗共產主義運動的戰鬥。貝文（Ernest Bevin）從 1945 年起成為工黨政府的外交大臣，繼承了保守黨政府的班子，親自制定對抗共產主義的強硬外交政策。他不但堅定不移地反蘇反共，而且堅信大英帝國為世界帶來的不是苦難而是福祉，並將維持英國的世界大國地位作為他個人的最高使命。[1] 在中國共產黨即將取得全國勝利之際，在他領導下的外交部與殖民部密切配合，竭力推動一切可能的盟友組成「共同防禦」應對共產黨中國的崛起，以此捍衛英國在香港的地位。

　　儘管香港在英國對華利益中的地位遠不如上海，在中國政權易手的歷史轉折之際，這個華南的殖民地在英國亞洲利益的整體戰略中獲得重新定位。1948 年，馬來亞共產黨領導的起義震撼了整個英屬亞洲。當時英國正逢金融危機，起義威脅馬來亞的橡膠生產並減少大英帝國由此而來的重要財政收入。這次長達十年之久的起義參加者大多是當地華裔，倫敦官方稱之為「馬來亞緊急狀態」。在亞洲一南一北這兩個區域，英國利益遭受直接打擊或面臨威脅，香港的重要性突然顯現。作為轉口港，不僅香港的貿易是英屬亞洲經濟的一部分，香港也是從新加坡到東京之

1　關於貝文的簡述基於兩部由 Bullock 和 Weiler 所作最重要的貝文傳記。Bullock 的傳記共三卷，戰後部分為最後一卷，表述對貝文深具同情，強調貝文對他自己能力的信心及反共的決心。同時，他也委婉地指出，貝文應付戰後世界的複雜形勢能力有限。見頁 632。Weiler的傳記發表稍後，綜合利用了後來許多學術成就以及 Bullock 在撰寫他的巨著時未能接觸的材料。因此，Weiler 對貝文作為外交大臣的能力以及他的鷹派政策持批評態度，認為貝文應當對冷戰時期歐洲的分裂負責。

間 2,500 英里航程中唯一的船舶維修中心。可是，香港不僅在戰略地理上難以防守；它的生存——從飲水到日常食用果蔬肉蛋等所有基本物資——全部依賴從中國政府租借的新界及以北的廣東輸入。

　　1948 年末，艾德禮內閣作出了「共產黨遲早將在中國獲得全面勝利」的結論。[2] 政府內部分析認為，除了共產黨即將奪得政權，香港本身還面臨兩大問題。一份來自外交部長達十二頁的備忘錄指出，內戰難民和組織起來的勞工將是顛覆英屬香港的兩大力量：

> 這個殖民地的主要問題將是不斷到來的難民。以許多人的猜測，在共產黨不斷向南挺進之際，他們可能試圖通過策動罷工來「動搖」香港。在公用設施和碼頭那些企業中的勞工大多同情共產黨，這種罷工將立時癱瘓香港。支持共產黨和支持國民黨的人也會發生激烈衝突。[3]

　　為了評估共產黨取得全國勝利將會造成的地區性影響，外交部於 1949 年初派遣政務次官 William Strang 前往亞洲各地進行調查訪問。1 月 12 日，Strang 到達調查旅行第一站的埃及亞歷山大港，然後繼續前往卡拉奇、新德里、加爾各達、仰光、新加坡、巴達維亞（雅加達）、曼谷，最後於 2 月 4 日抵達香港。停留四天後，他繼續前往上海和東京。為了可以同重要的國家領袖或英國官員探討問題，他會在有些地方多停留幾天。他會見的重要人物包括當時忙於協調鎮壓馬共起義的東南亞地區專員 Malcolm MacDonald、印度總理尼赫魯、緬甸總理吳努，以及佔

2　Secret（密件），"Recent Development in the Civil War in China: Memorandum by the Secretary of State for Foreign Affairs（中國內戰的近期發展：外交大臣備忘錄），" 1948 年 12 月 9 日，CAB 129/31/29。

3　"Annex: China（附件：中國），" CAB 129/31/29，頁 5。

領日本的盟軍最高統帥麥克阿瑟將軍。

　　Strang 與這些英美和亞洲的領袖們的會談涉及有關這些地區的一系列重要問題以及中國共產黨取得全國勝利後的前景。所有的人對戰後經濟恢復和發展這一問題持一致意見。大家不約而同地認為，持續的外部援助將是實現經濟恢復和發展的關鍵。除此之外的其他問題、特別是關於共產主義及其對亞洲地區的影響，每個人卻各持己見。尼赫魯從根本上說是位民族主義者，但他曾經對馬克思主義很感興趣；他認為「共產主義……將在長遠的過程中被本土的民族精神所涵蓋並因此發生轉變」。[4] 而 MacDonald 從他當前承擔的任務着眼，非常認可馬來民族主義對他鎮壓「華人共產主義匪徒」的支持。但來自倫敦的 Strang 卻感到，馬來人在支持英方進行反共鎮壓的同時所顯現的種族仇恨實在難以接受。在一次為他舉行的官方宴會上 Strang 注意到，「即使在這種場合，馬來人和華人也在非常明顯地明爭暗鬥」。[5] 在泰國，Strang 還看到不同族裔對共產主義採取的不同態度：「暹羅族群對共產主義基本不感興趣」，但是他認為「共產主義思想將會通過華人族群進入〔泰國〕」。英國駐泰國大使告誡 Strang，已經有「跡象表明，橫掃中國的共產主義潮流將在東南亞的華人社會帶動新一波的民族主義，而暹羅的華人將趁機報復他們在暹羅人手下遭受的迫害和歧視」。[6]

　　在中國東南沿海的香港、廣州和上海幾個城市，Strang 會見了官商各界人物，發現他們對眼前局勢和未來展望眾說紛紜。香港總督葛量洪對

4　　Secret（密件），"Report by Sir William Strang（William Strang 爵士的報告），" 1949 年 2 月 27 日，CAB 129/33/27。

5　　同上，頁 12。

6　　同上，頁 15。雖然暹羅於 1939 年在英文表述中使用泰國（Thailand）代替暹羅（Siam），Strang 報告全文使用暹羅一詞。遵從歷史演變，此處僅引用原文時使用「暹羅」，敍述則採用「泰國」一詞。

中國即將統一的前景發出了最為尖利的警報聲。以他精明的洞察力，葛量洪道出了英屬香港的安危與中國內部穩定及實力之間互為因果的關係，以此精辟地總結出兩者間此強彼弱的基本規律。「對香港最大的威脅」，他斷言：「是一個團結一致的中國，不管它是由國民黨還是共產黨來領導。只要中國處於混亂之中，就不會形成〔對香港的〕直接威脅。」葛量洪提醒Strang，關鍵問題在於人心所向。他認為「香港華人和東南亞華人」具有一個重大差別：「前者有着與中國更密切的關係；他們並不自認為是英國臣民、更沒有那種〔對英國的〕忠誠感。」[7] 與葛量洪不同，香港商會的歐洲商人對華人的忠誠意識並不在意。他們對經濟前景也是相當樂觀。他們非常肯定地告訴Strang，「大多數中國人都是個人主義者」，他們「對做生意——不管合法還是非法——有一種無法抗拒的中國式熱忱」；不僅如此，他們還具有「中國人向來的妥協精神」。這些歐洲商人預計，一個蘇中共產主義聯盟不會長久，因為「中國人頑強地抵制任何外國統治」。基於這些「長期考慮」，他們堅信「我們在華保持地位並繼續做生意的機會相當好」。[8] 英國駐廣州領事也同意他們的樂觀評估，認為中國民族主義同共產主義和來自蘇聯的控制水火不相容。在上海，Strang得知英國洋行依然在共產黨控制下的華北做生意。這個消息在他看來是個「風向標」。而怡和洋行的John Keswick也向Strang保證，他和上海英僑團體與他們在香港的同行一樣，認為他們自己「從根本上來說是生意人」，願意「在上海運用所有的經驗技巧努力待下去，維持英國的利益和威望」。[9]

---

7   同上，頁16。

8   同上，頁16。

9   同上，頁18。確如John Keswick所言，怡和洋行1949年在上海繼續運營，在全國的運作由中國貿易部主持，通過一套完整的全國性營銷網絡進行。怡和洋行與中華人民共和國的領導層一直保持良好關係，1981年，怡和洋行中國分行重新返回大陸。參見Adam Williams, "A Changing Relationship（演變的關係）," Keswick (ed.)，頁254-259。

　　雖然各種猜測和預期對英國能否在這一地區維持勢力並無定論,英國在保住香港的殷切期望與其每下愈況的實際力量之間,卻有着現實上無法跨越的巨大鴻溝。外交部在 1948 年已經斷定,英屬香港的生存必須依賴美國支持,因為它是「唯一有金融、物資和軍事資源的大國,有能力採取應付共產黨中國的反制行動」。[10] 上海的 John Keswick 和在東京的英國聯絡處(the U. K. Liaison Mission)主任 Alvary Gascoigne 爵士在各自會見 Strang 時,都強調了沒有英美同盟就無法對付共產黨中國的想法。為了試探美國意向,Strang 在東京逗留了最長時間,結果卻大失所望。與麥克阿瑟的兩次會談獲得的唯一確切消息是:美國的東亞政策「尚未決定」而且「每天都在變化中」。[11]

　　儘管無法得到美國支持,倫敦依然決定展示保住香港的決心,以此為 1941 年的失守而雪恥。當中國人民解放軍成功渡過長江並攻取南京和上海後,艾德禮內閣於 1949 年暮春作出公開姿態,為保衛香港增加軍力。5 月 5 日,英國政府派出「足以應對內部動亂和游擊隊襲擊」的增援部隊前往香港。國防部長 A. V. Alexander 於同日在下院宣佈政府的決定。[12] 6 月初,他親自前往東亞地區,協調保衛香港的各項行動。

　　除了軍隊調動以及包括糧食、燃料、燃油和武器彈藥在內的各項物資的安排,Alexander 此行最為關切的不是外部防禦,而是內部顛覆活動。上海的英商商會特別擔心「遭遇抵貨行動和內亂時,香港會撐不住」。為應對可能出現的內亂與共產黨攻城裏應外合,香港的殖民政府

10　Secret(密件), "Recent Developments in the Civil War in China: Memorandum by the Secretary of State for Foreign Relations(中國內戰的近期發展:外交大臣備忘錄),"1948 年 12 月 9 日,CAB 129/31/29。

11　〈William Strang 爵士的報告〉,頁 20。

12　Secret(密件), "Hong Kong: Memorandum by the Prime Minister(香港:首相備忘錄),"1949 年 5 月 24 日,CAB 129/35/9。

已經做了幾種準備。首先，香港的兩百萬人口將在八個月內被全部註冊登記。其次，香港防軍司令向 Alexander 保證，除了防軍以外，另有 2,000 名志願者已經做好準備，可以隨時提供後援。警務處長麥景陶（D. W. Mackintosh）還保證，他能夠在「本地局勢一出現危險時就立刻把它壓下去」。雖然得到這些承諾，Alexander 依然憂心忡忡；對於香港能否在軍事對抗中維持必要的供水、糧食和燃料，他都持有嚴重保留態度。帶着「只要我們在其他地區騰出手來就能保住香港的清醒頭腦」，Alexander 回到倫敦。[13]

然而禍不單行。就在中國統一局勢顯現的當口，英國正在其他地區忙得焦頭爛額。1947 年下半年，英國經濟急速下滑。東西柏林的對峙雖然以兩邊的長期分裂而暫時定局，埃及和巴勒斯坦此起彼伏的民族主義運動正繼續削弱英國在蘇伊士運河和中東地區的基礎，並威脅它至關重要的石油來源。在亞洲，馬共起義依然如火如荼，在馬來半島方興未艾。全球各地接連不斷的動亂與危機似乎使香港在大英帝國生死存亡的關頭更顯重要。貝文和殖民大臣 Arthur Creech Jones 的聯合備忘錄認為，香港一旦失守，將對英造成致命打擊，並在英屬東南亞產生政治上的一連串多米諾骨牌效應。「我們除了對馬來亞負有歷史義務，它還是我們最重要的美元收入來源。而東南亞更是西方的食品和原料來源，因此對總體的西方經濟至關重要」。[14] 可是，英國正處於戰線拉長資源分散的兩難境地，無法「從我們活動的中心地帶歐洲和中東分身，顧及更遠的

---

13   Top Secret（絕密），A. V. Alexander, "Visit to Hong Kong, 6th June-9th June, 1949, Memorandum by the Minister of Defence（1949 年 6 月 6 日至 9 日對香港的訪問：國防部長備忘錄），" CAB 129/35/24.

14   Secret（密件），"Hong Kong: Memorandum by the Secretary of State for Foreign Affairs and the Secretary of State for the Colonies（香港：外交大臣和殖民大臣的聯合備忘錄），" 1949 年 8 月 19 日，CAB 129/36/27（舊檔案號 CP [49]177），頁 2。

地區」。[15] 在此關鍵時刻，保衛香港的戰鬥必須依靠「唯一有能力的」盟友美國，而英國卻發現它只能自己孤軍奮戰。

到 1949 年，英國指望美國介入保衛香港的戰鬥已成為一廂情願。如何對付共產黨中國的崛起，英美兩國一直持有不同意見，直到最終「公開分裂」。[16] 雖然在美國國會有來自台灣的「中國說客團」積極活動以及共和黨強大的反共輿論，由此形成的恐共政治氣候席捲全美，杜魯門政府卻另有打算。在馬歇爾調停失敗後，白宮已經確定了「靜觀其變」的對華政策。根據中央情報局的判斷，共產黨將在 1950 年底攻佔台灣並完全統一中國。那時，美國大選正好也將塵埃落定。屆時美國政府可以順其自然，在中國統一的事實下正式承認新的中國政府。[17]

美國在共產黨取得全國性勝利的時刻決定放棄國民黨政府，使英國感到十分失望。美國駐華大使司徒雷登於 1949 年 7 月離開中國，之後各地領事也在夏末時分一個個離開。「完全沒有甚麼預警信號，一瞬間美國政策急轉彎，走向撤退的方向」，英國外交部無可奈何地這樣驚嘆。[18] 當中國人民解放軍揮麾南下，美國相繼關閉廣州、昆明、重慶和迪化的領事館並減少在南京和上海的外交人員。美國政府還請求英國政府關照他們在華的各個領事館及其他財產，很有一副在中國就此撒手的模樣。貝文強作鎮定，以美國在華利益有限來解釋它從中國的撤退：「對美國來說，減少在中國的損失的做法比英國的選擇容易很多。他們只有少量貿易，從未建立深遠的經濟根基，而他們在華的僑團也小得多」。兩個國家

15　同上。雖然貝文和 Creech Jones 的聯合備忘錄寫於 1949 年 8 月 19 日，這種兩難的糾結其實已經困擾白廳政策制定者們多年。

16　此語來自 Lanxin Xiang（相藍欣），參見第 6 章。

17　Tucker（1983）。

18　Secret（密件），"China: Memorandum by the Secretary of State for Foreign Affairs（中國：外交大臣備忘錄），" 1949 年 8 月 23 日，CAB 129/36/30，頁 3。

不同的在華經濟利益相比，結論就很明確，因為「美國因此蒙受的貿易
損失對它來說微不足道，而同樣的做法對聯合王國當前經濟金融狀況造
成的影響，卻是根本無法同日而語」。[19]

　　由於力單勢孤，英國為保衛香港而採取的所有行動，除了彰顯政府
的信心，更是為了向公眾做出姿態。1949 年中，香港守軍共有 6,000
名士兵；到 9 月，增兵使守軍加強至 30,000 人。[20] 然而，倫敦和香港的
決策者、特別是英聯邦的各國領導人，對香港能否抵抗人民解放軍決定
性的攻擊深表懷疑。來自英聯邦各地的聲音都更希望尋求妥協之道。比
如，英國駐澳大利亞的高級專員就認為，「年復一年以武力維持香港地位
看來並不可能；嘗試這種做法將很容易導致大衝突」。因此，「我們對加
強駐防軍力所能達到的威懾作用感到懷疑」。他建議「在中國共產黨人取
得全國勝利時，更多注重香港正常的商業功能、更少注意它的防務，將
為香港的安全提供最佳防衛，也將創造與中共建立有實際意義的雙邊關
係的最好機會」。[21] 加拿大總理則是直截了當地對增加防軍持批評意見。
在回應倫敦向英聯邦各國要求對香港危機作出評論時，他認為「以武力
維持一個地理上是中國一部分的英國殖民地，在原則上是錯誤的」。[22] 最

19　同上，頁 3。

20　至 10 月，守軍增至四萬；參見 "Defence of Hong Kong（保衛香港）," *South China Morning
Post and the Hongkong Telegraph*，1949 年 9 月 17 日，第 6 版，其中提到除駐地守軍以外
又有「25,000 增援部隊」到達；Ingrams，頁 283；Ingrams 的著作為官方授權而作，大量
使用官方文件；又見 "H.K. Defence to Cost More: Building of Garrison for 40,000 Troops
（香港防衛將花費更多開支：為四萬名部隊建設軍營）," *South China Morning Post and the
Hongkong Telegraph*，1949 年 10 月 7 日，第 12 版。

21　Secret（密件），"Annex B. Telegram No. 365 from the United Kingdom High Commissioner
in Australia（附件 B：聯合王國駐澳大利亞高級專員電報第 365 號）," 1949 年 6 月 1 日；
〈香港：外交大臣和殖民大臣備忘錄〉，1949 年 8 月 18 日，CAB 129/36/27，頁 5。

22　加拿大總理的話，引用於 Secret（密件），"Hong Kong: Memorandum by the Lord Privy
Seal," 1949 年 10 月 11 日，CAB 129/37/2，頁 1。

終，香港的危機既非由於軍事防衛的加強、亦非因為對使用武力維持香港的不同意見佔了上風而得到化解，而是中方的決定使之暫時擱置。10月14日，中國人民解放軍未遭實際抵抗而順利進入廣州。第二天，解放軍佔領深圳到達邊界，在此嘎然止步，不再向南挺進。[23]

　　面對一個基本統一並開始走向自強的中國，倫敦最終採取了直面現實的做法，將經濟利益置於意識形態之上，並選擇了與盟友美國不同的道路。雖然在意識形態上堅決反共的立場不變，貝文和 Creech Jones 兩人提議，英國將會、也只能同「已經統一的中國的友善而民主穩定的政府」討論香港的未來。在最後確定與中國談判條件時，艾德禮內閣把「民主」一詞刪除。[24] 中華人民共和國成立兩個半月後，英國內閣在 12月15日決定承認中國的新政府為合法政府。但是雙方為建立外交關係的談判持續了三個月，直到 1950年春。基於英國繼續與台灣維持關係並拒絕支持中華人民共和國在聯合國的席位，中國拒絕了英國的外交認可。[25] 儘管如此，倫敦依然「一隻腳踩進了門裏」：英國政府在北京設立了外交代辦處，直到 1972年英國撤除在台灣的領事館，雙方外交關係才升級到互換大使，正式恢復。

「東方的柏林」築起鐵壁銅牆

　　現在，對走向統一的中國戒備萬分的殖民地守護者更加明確地意

23　〈沙頭角解放了！〉，《文匯報》，1949年10月16日，第4版。

24　Secret（密件），"Hong Kong: Memorandum by the Secretary of State for Foreign Affairs and the Secretary of State for the Colonies," 1949年8月19日，CAB 129/36/27，頁3；Secret（密件），"Conclusions of a Meeting of the Cabinet held at 10 Downing Street, S. W, I, on Monday 29th August,1949（1949年8月29日星期一在唐寧街10號的內閣會議結論），" Cabinet 54(49)，頁161。

25　金光耀，頁119-131。

識到，眼前最大的問題並不是美國不願伸出援手，也不是來自大陸的共
產黨的威脅。殖民地最大的危險是香港絕大多數的華人對自己的祖國心
懷忠誠。長久以來，由於中國一直積弱分裂，香港的統治者從來不在乎
本地的異族人心中的念想。如今面對香港廣大民眾為中國統一而歡欣雀
躍的現實，他們突然驚醒，為隨之而來的眾多問題憂心忡忡。殖民大臣
Creech Jones 於 1949 年秋所作的備忘錄，直白地道出了英國統治在香
港岌岌可危的現實。他估計，「包括警察和政府長期僱員在內，只有不
超過 10,000 人會心甘情願地挺身而出，堅決而全心全意效忠政府，以維
持殖民地內部秩序並提供最低限度的關鍵性服務」。[26] 在香港兩百萬人口
中，這些英國的忠誠臣民只佔 0.5%。香港 99.5% 的人口群起推翻英國
統治的可怖前景，被外交部形象化地描述為「這個殖民地可以繼續生存，
不過得活在火山口的邊上」。[27]

為了防止在香港發生像馬共起義那樣令政府措手不及的突發事件，
杜絕因香港潰敗而產生在東南亞的連鎖反應，外交大臣貝文動用冷戰的語
言，將香港喻為「東方的柏林」，以此力爭美國支持。[28] 這種不惜動用一切
手段捍衛一個軍事上無法防禦的殖民地的心情，可與邱吉爾在香港陷落前
英勇的吶喊相媲美。不同的是，香港當前的首要任務不是抗拒外敵，而是
防範內亂。為此，香港的立法局首先擔當起為「東方的柏林」修築壁壘的

---

26   Secret(密件)，"Hong Kong: Memorandum by the Secretary of State for the Colonies(香港：
殖民大臣備忘錄)，" 1949 年 5 月 23 日，CAB 129/35/10，頁 5。

27   Secret（密件），"Annex: China（附件：中國），" 頁 5，附於 "Recent Development in the
Civil War in China: Memorandum by the Secretary of State for Foreign Affairs（最近以來中
國內戰的發展：外交大臣備忘錄），" 1948 年 12 月 9 日，CAB 129/31/29。

28   Top Secret（絕密件），"Memorandum of Conversation by Mr. Jacob D. Beam, Acting
Special Assistant in the Office of German and Austria Affairs（德國和奧地利事務辦公室特
別執行助理 Jacob D. Beam 先生所作談話備忘錄），" 1949 年 4 月 4 日，*FRUS 1949*，第 7
卷，第 2 部分，頁 1138-1141，引文見頁 1139。

重任。組織起來的勞工、特別是戰後被社會廣泛承認的產業工會，成為它的首要打擊目標。就如左翼工會組合工聯會已經敏銳而準確地意識到的，1948 年 4 月 1 日生效的〈職工會及勞資糾紛條例〉意在限制而不是鼓勵工會活動。立法局內部討論的簡要評議更明確指出，這項條例所規定的強制性註冊是新法的「主要目的」，旨在將勞工工會置於常規化的監視之下。[29] 為此，條例設定了工會註冊官一職。註冊官由港督任命，有權同意或拒絕各個工會的註冊。任何一個工會未經註冊或被拒絕註冊，即屬非法。三年前，勞工處已經很清楚共產黨在產業工人中有所影響，但依然鼓勵他們發展產業工會。現在的條例，成為從那個官方政策轉向逆行的關鍵一步。

　　限制工會發展只是重啟過去迫害性殖民法律的一部分。1949 年 4 月，中國人民解放軍跨過長江，立法局又採取新的措施控制工會。這一次，它重新啟用〈非法罷工和非法閉廠條例〉。該條例作為對省港大罷工的亡羊補牢之策於 1927 年制定，但在 1948 年被廢除。條例把「旨在直接要挾政府或對社會造成困難」的罷工定為非法，並禁止政府僱員和公用事業僱員舉行罷工。[30] 立法局內部討論指出，重啟這個條例是為了應付遍及全球的「含有政治目的的」勞資糾紛，特別是「當這個殖民地也出現這種傾向時，為它提供一定程度的保護」。[31] 當然，僅僅一年後就重啟一項被剛剛廢除的法律，實在不無尷尬。條例因此附加了經常性審核的條款，以稍微修飾臉面。

　　除了針對勞工組織的立法，殖民政權又為香港 99.5% 的居民設計了一個巨大的監控法網。法網的有些部分已有現成律例，只須在新形勢下

29　*Hong Kong Hansard* 1948，頁 30。

30　"Illegal Strikes and Lock-outs Ordinance 1949（1949 年非法罷工和非法閉廠條例），" Hong Kong Government, "Historical Laws of Hong Kong Online," http://oelawhk.lib.hku.hk（2014 年 5 月 12 日查閱下載）。

31　*Hong Kong Hansard* 1949，頁 144。

略作修補。〈遞解外國人條例〉是在早前的〈遞解條例〉上補充發展。
最初制訂於 1912 年的〈遞解條例〉是對中國 1911 年辛亥革命的直接回
應，賦予港督將非本地居民遞解出境的權力。1949 年的新版條例賦予警
務處長在港督授權下的遞解出境權力。立法局重修條例的初衷是防範中
國難民中的不法分子。新條例簡化了法律程序，由律政司司長和華民政
務司司長擔任顧問，幫助港督和行政局決定遣送出境案例。[32] 雖然寫明此
法僅針對香港所不需要的「外國人」，〈遞解外國人條例〉不久便成為殖
民政權在香港鏟除工會中得力骨幹最為得心應手的武器。

　　重啟臭名昭著的〈會社條例〉使這項針對香港華人的法律工具再現
奇力。〈會社條例〉是香港最老而且最有意思的法律，在一個多世紀的
修改過程中，留下了殖民當局努力追蹤一個又一個不斷出現的敵人的痕
跡。這個法令最初作為 1845 年第 1 號條例頒佈，冠名〈在香港島及附屬
地域鎮壓三合會和其他秘密會社條例〉。1884-1885 年中法戰爭期間，
香港的三合會積極參與並組織民眾的反帝抗議活動，這項條例因而於
1887 年重新修訂，更名為〈三合會及非法會社條例〉。1887 年的新例對
三合會成員的處罰更為詳細，處罰對象還包括三合會的支持者。[33] 1911
年辛亥革命爆發，在香港獲得華人廣泛支持，殖民政權又一次修訂會社
條例。這次的條例使用了更簡單直接的名稱〈1911 年會社條例〉，不但
保留了所有過往版本的條款，更增加要求所有會社在總註冊官辦公室註
冊的條款。[34] 1920 年，殖民政權感到 1911 年的版本「沒有達到進一步管

32　*Hong Kong Hansard* 1948，頁 286。

33　"Ordinance No. 1, 1845（1845 年第 1 號條例）" and "Ordinance No.2, 1887," "Historical Laws of Hong Kong Online."

34　"Ordinance No. 47, 1911（1911 年第 47 號條例）," "Historical Laws of Hong Kong Online," 條款第 10 至 15 條直接針對三合會。

控的目的……有時反而使不法會社轉向地下活動」。[35] 因此，1920 年修訂的會社條例不僅簡短很多，而且更加直截了當，中心在於界定包括三合會在內的「非法會社」及其懲戒辦法。[36]

　　1949 年的〈會社條例〉意在針對香港 99.5% 不可信賴的華人，根除他們對統一後的祖國的潛在支持。條例特別針對從三十年代救亡運動中湧現並在戰後蓬勃發展的社會基層組織，賦予會社註冊官審核任何一個會社、俱樂部或協會的權力。只要會社註冊官或者港督認為某個組織「可能被用於同本殖民地的和平、福祉或良好秩序不相符甚至造成傷害的任何非法企圖」，註冊官便有權力拒絕該會社註冊或者解散該會社。1949 年新例還增加了分離本地會社和任何外地組織聯繫的條款。任何「隸屬或與建立於殖民地以外的政治性團體或組織建立聯繫」的會社團體都將被拒絕註冊。[37] 新的〈會社條例〉這一條款同 1948 年訂立的〈職工會及勞資糾紛條例〉相互呼應，該條例將所有與外部有組織關聯的工會都定為非法。在不久的將來，〈會社條例〉的這一條款將在實施過程中被進一步拓展，把與內地沒有組織關係、但明確表達熱愛祖國的情感的組織也都判為非法。

　　另外兩類立法更進一步完善了不訴諸武力的香港防衛。第一類立法旨在人口控制，包括兩項新條例。〈入境者管制條例〉和〈人口登記條例〉可以說是主動出擊的措施，為香港一個多世紀以來自由進出的歷史點下了句號。〈入境者管制條例〉於 1949 年 4 月 1 日實施；任何非香港出生者，必須持有護照和必要旅行證件才能進出香港。更有甚者，即使所有證件齊備，也不一定能夠進入香港。條例將所有身體條件不符者，包括

35　*Hong Kong Hansard* 1920，頁 38。

36　"Ordinance No. 9 of 1920（1920 年第 9 號條例）," "Historical Laws of Hong Kong Online."

37　"Societies Ordinance 1949（1949 年社團條例）," "Historical Laws of Hong Kong Online."

肢體殘疾、瞎眼、癡呆、瘋癲和年老不能自理者列為「不符合移民條件者」而禁止入港。更重要的是，那些有「顛覆或對擾亂社會平安」的嫌疑分子都被禁止進入香港。[38] 即使如此，立法局依然感到威脅四伏，四個月以後又通過〈人口登記條例〉，強制所有香港居民註冊登記。最近的一項研究證明，這個做法仿傚了日軍佔領香港接近尾聲時在 1945 年春匆忙推行的住民證制度。[39] 除了香港總督、駐港守軍、警察、過往旅客以及十二歲以下兒童，每個人必須為製作身份證拍照片、按手印、並隨身攜帶身份證。人口登記創造了深入社會的監控機制，賦予所有註冊官員及警察進入任何嫌疑人的住所進行搜查的權力。[40] 中華人民共和國政府於 10 月初在北京宣告成立時，香港殖民政府也在準備向所有居民發放人口登記表格，在佔領香港的日軍撤走之後再一次要求居民隨身攜帶個人身份證件。[41]

　　主動出擊的措施以外，兩項從以往殖民法令中重新啟用並稍加修改的舊條例是「被動掌控」的方法。第一項是上述〈遞解外國人條例〉。1949 年 9 月，立法局又通過了一項新的〈驅逐不良分子條例〉，而驅逐行動將由「有能力的機構」執行。定為「不良分子」的各色人等與〈遞解外國人條例〉大多重複。[42] 在以後的幾年中，這項立法證明了它只是一個因中國共產黨取得全國勝利而產生的極度恐懼的產物，毫無實際意

38　"Immigrants Control Ordinance（入境者管制條例）1949," "Historical Laws of Hong Kong Online,"特別是第 1 部分第 11 段。

39　鄭宏泰、黃紹倫，頁 81-82。

40　"Registration of Persons Ordinance, 1949（1949 年人口登記條例），" "Historical Laws of Hong Kong Online,"引文見第 9、12、15 部分。

41　專訊，〈人口登記開始辦理：首批調查表經發出〉，《星島日報》，1949 年 10 月 5 日，第 5 版。

42　"Expulsion of Undesirables Ordinance 1949（1949 年驅逐不良分子條例），" "Historical Laws of Hong Kong Online"。

義，更「沒有導致任何相應的行動」。十年以後，立法局最終廢除了這項徒有虛名的立法。[43]

相比其他所有立法，在香港最為強大而無所不及的是〈緊急狀況處置條例〉，賦予總督幾乎無限而絕對的權力。總督可以保衛「公眾利益」的名義，下令控制人口、社團以及信息流通。他還有權立法並動用武力。[44]〈緊急狀況處置條例〉最初制訂於海員罷工的 1922 年，當時授權總督建立報刊審核制度和審核其他媒體、發出逮捕令和驅逐出境令、限制人口流動和遷徙、充公私人地產和房屋、並在「緊急情況或公共利益面臨危險時」暫停貿易。1949 年 3 月在立法局修訂並通過的新例增加了更加嚴苛的內容，授權總督對任何在緊急狀態下對違反條例的人處以死刑。[45]

在各種新舊法令下，勞工工會的活動和相互聯繫受到限制，社會團體通過註冊受到監視，人口流動受到警察和邊境控制，總督通過宣佈緊急情況取得對媒體、個人財產和公共設施的絕對而無限制的權力。英國治理下的香港因此成為由武力和法令築成的堡壘。許多在這個時期重啟或制定的條例成為二十世紀下半葉香港現實生活的一部分。這些條例一方面決定性地逆轉了戰前開始的改良殖民治理方式干預主義政策的方向，另一方面重新加強了「對華人社會基本定罪」的文化。在新的語境下，勞資關係也將以新的方式重新定格。

43　*Hong Kong Hansard* 1961，頁 245、257。

44　*Hong Kong Hansard* 1949，1949 年 3 月 9 日會議紀錄，頁 54；1949 年 3 月 16 日會議紀錄，頁 80-81。

45　"Emergency Regulations Ordinance 1922（1922 年緊急狀況處置條例），" "Emergency Regulations Ordinance 1949（1949 年緊急狀況處置條例），" "Historical Laws of Hong Kong Online," 參見 1949 年新例的第 3 部分；立法局的討論可見，*Hong Kong Hansard* 1949，1949 年 8 月 17 日會議紀錄，頁 234-235；1949 年 8 月 31 日會議紀錄，頁 242。

共產黨在香港的半公開活動

就在香港的殖民政權緊急行動起來、築起銅牆鐵壁以防範共產黨滲透或攻擊時，在香港的共產黨人這個假想敵實際上卻在專注於一個完全不同的使命。1949 年春，毛澤東主席在中國共產黨第七屆中央委員會第二次會議上提出了全國戰略「重心轉移」的決定。1927 年，國民黨的清黨行動迫使共產黨把活動重心從城市轉向農村。現在，共產黨再一次進行反方向的戰略轉移。「採取這樣一種工作方式的時期現在已經完結」，毛澤東宣佈。「從現在起……黨的工作重心由鄉村移到了城市」。[46] 他的講話發表於中華人民共和國政府在北京成立前七個月，然而為此戰略轉移所做的準備，早在前一年共產黨在內戰戰場上轉向優勢時就已開始。這次戰略轉移的中心在於從戰場上的拼搏轉向和平治理國家，其中一項重大任務就是組建中央政府。取得公開或秘密反對國民黨的各黨派人士的支持，成為這個全國性戰略轉移的重要內容之一。

為了新政府的戰略重心轉移，香港的共產黨機關又一次承擔重任。1947 年成立的共產黨香港分局，實際權限範圍遠比它的名稱廣大，擔負着指揮兩廣地區具體行動的責任。分局以下的香港工作委員會（工委）和香港城市委員會（城委）在組織結構中的地位也是名實相錯，實際地位高於本身名稱所指。香港工委和城委與瓊崖區黨委、閩粵贛邊區黨委、粵贛湘邊區黨委、粵桂邊區黨委、粵中臨時區黨委、滇桂黔邊區黨委、粵桂湘邊區工委（即西江工委）等七個地區級黨委是平行機構。[47] 從香港分局設立的 1947 年 10 月至中華人民共和國中央人民政府成立的

---

46   毛澤東，〈在中國共產黨第七屆中央委員會第二次全體會議上的報告〉，1949 年 3 月 5 日，毛澤東，頁 1314-1329，引文見頁 1316-1317。

47   *GDZZSZL*，下卷，頁 351。

1949 年 10 月，香港分局八名領導成員中有四名來自內地。[48] 他們當中包括新政府未來的外交家章漢夫、經驗豐富的地下工作者潘漢年、著名作家夏衍，以及身經百戰的地下工作組織者和未來中華人民共和國的第一任監察部部長錢瑛。錢瑛於 1948 年 10 月到達香港，只待了六個月即被調往華北工作。

　　香港黨組織領導層包括如此之多的非本地成員，在一定程度上反映了香港在中國內戰時期的特殊作用。即將倒台前的國民黨政府加強政治壓迫，內地持不同政見者借助英國對中國黨爭的中立姿態，以香港為避難的港灣，國共合作時期在國民黨統治區域活動的共產黨人也紛紛離開內地來到香港。在內地被取締的兩個持異見的政治組織在香港重建活動基地，更為共產黨全國戰略重心轉移鋪設了橋樑。兩個組織之一是由桂系軍事領袖李濟深將軍發起的國民黨革命委員會，吸引了國民黨民主促進會和三民主義同志聯合會的成員。與他戰前在香港組織的中華民族革命同盟不同，戰後組織的國民黨革命委員會具有更廣泛的全國性意義，國民黨左翼領袖宋慶齡和何香凝也參加其中。另外一個異見組織是戰時在重慶組織的中國民主同盟。[49] 民盟以知識分子和專業人士為主要成員，倡議組織聯合政府，被美國政府視為國共兩黨之間的第三勢力。1947 年，中國政府軟禁反對內戰的民盟領袖，其他許多成員紛紛出逃香港並在此重新建立總部。由於許多政治和文化人士來到香港，有人估算，在 1948 年間舉行的每一次重大慶祝活動，都會有千人以上參加。[50]

　　在戰後香港組成的共產黨與其他黨派的新一輪聯合陣線中，雙方在

48　他們是書記方方、副書記尹林平、章漢夫、梁廣、夏衍、連貫和錢瑛。*GDZZSZL*，下卷，頁 371。
49　周淑真，頁 102-104。
50　周淑真，頁 151。

戰前就形成的互助關係以相似的方式再次得到加強。三十年代，香港共產黨的組織幾乎被國民黨當局全部清除，革命運動處於歷史的最低潮。由中華民族革命同盟發行的《大眾日報》為失散組織關係的共產黨人提供了尋求同路者的平台。中華民族革命同盟的支持為共產黨在香港重建組織提供了關鍵的幫助。在戰後香港，共產黨發行的《華商報》成為其他黨派發表言論的平台。[51] 國民黨革命委員會成立時，公開宣言就登載於《華商報》上。《華商報》還為在香港躲避政治迫害的許多作者提供了就業機會。當共產黨即將取得全國性勝利的前夕，《華商報》報社在荷李活道204號的辦公室又成為協調中心，幫助許多各黨派人士安全離開香港，前往共產黨控制下的華北地區。更有不少前往華北參加組建新政府的各界人士也從華南和內地其他地區出發，以香港為中轉地北上。從1948年至1949年初，報社的部分員工為此承擔聯絡北上民主人士、為他們訂購輪船艙位的工作。當650多位政界、工商界和文化界的知名人士於1949年9月聚會北京參加中國政治協商會議時，其中350名都是從香港北上或輾轉從華南或華西南地區經由香港到達華北。[52]

　　當然，協調和支持各界領導人士前往華北只是《華商報》所做的一部分工作。重要的是，這項工作表明香港的共產黨半公開機構的活動和關注點並不在香港而在內地。從共產黨在香港發行的另外一份報紙《正報》看，其意義也基本相同。該報從1945年11月至1948年11月共發行三年，每三天一期，報社的十多位記者和編輯都曾是東江縱隊的文化

51　《華商報》的記者和員工包括共產黨人和非共產黨人。1941年發行時，《華商報》得到英方認可，由廖承志的表弟鄧文釗投資並擔任合法發行人。鄧文釗時任華比銀行的經理。參見鄧廣殷，頁28-29；又見〈廖承志致周恩來〉，1941年2月14日；1941年8月26日，《廖承志文集》，第1卷，頁96-97。

52　周淑真，頁174-175。參加中國政治協商會議的總人數，參見周恩來，〈關於人民政協的幾個問題〉，《周恩來選集》，頁129-143，引文見頁134；楊奇，〈憶復刊後第《華商報》〉，載於鍾紫（編），頁185-197，引文見頁193。

幹事，報紙主要報道內地新聞。1946 年 7 月 21 日起，《正報》改為十日旬刊，直至 1948 年 11 月 13 日停刊。《正報》在香港銷量不多，主要銷往華南和新加坡及馬來亞的華人社會，內容以內地和東南亞的讀者為對象。[53] 1948 年末，半公開的香港工委共有 371 名黨員分佈在五個支部：報刊、文化工作、外交、金融工商界，和新華社香港分社。[54] 其中大部分非本地的共產黨人最終都離開香港返回內地，只有在 1947 年 5 月開始發送英文新聞稿的新華社香港分社依然留駐。不久，新華社香港分社逐漸轉變為中華人民共和國駐香港的半官方代表。[55]

共產黨與勞工工會

香港城市委員會也稱港粵城委，負責指揮華南地區的地下組織活動，其工作範圍包括廣州、香港，以及廣西的桂林和柳州。1947 年下半年，城委屬下在港九地區共有 1,000 名黨員，分別在香港各個工會和學校工作。這是一個不同尋常的數字，其中可能加入了不少在戰後返回或暫時居住香港的人。[56] 一年以後，黨員人數減為 566 名，比較切實地反映了香港本地組織的現實情況。黨內文件顯示，城委的組織共有三個分支。最大的部分是產業支部，共有 291 名黨員。其中 75% 是工人，

53　《正報》先於《華商報》於 1945 年 11 月 13 日發行，基本發行量只有 8,000 份，最高時達到 20,000 份。參見鍾紫，〈《正報》記者生活的回憶〉，〈香港戰後第一家人民的喉舌《正報》〉，載於鍾紫（編），頁 206-213、215-221。又見〈香港分局致中央並中城部電〉，*XGFJWJ*，頁 181-185，其中提到《正報》發行量只有 2,000 份。可能是發行量有限，《正報》未被列入 Kan Lai-bing 和 Grace H. L. Chu 合編的香港報刊參考目錄。

54　1947 年黨員人數可參見〈羅邁致堯電〉，1947 年 8 月 27 日，*XGFJWJ*，頁 42-43；1948 年人數，參見〈香港分局致中央並中城部電〉，1948 年 8 月 18 日，*XGFJWJ*，頁 181-185，引文見頁 183。

55　〈香港分局致中央並中城部電〉，1948 年 8 月 18 日，*XGFJWJ*，頁 181-185。

56　〈羅邁致堯〉，1947 年 8 月 27 日，*XGFJWJ*，頁 42-43。

「主要分佈於三大船塢、電車、電燈公司、電話、摩托、鐵路、印工、紡織、樹膠、五金、勞校、女青夜校（有千多名女工學生）」。大概100名青年活動積極分子中，工人佔70%。香港海員支部是第二大分支，有126名黨員在內河船隻、各大酒店、兵營以及皇家海軍俱樂部工作。新界支部為第三大分支，共有149名黨員，其中40%在二十八所小學和十一個民眾組織工作。[57]

　　這些數字雖然描述了城委的基本組織概況，但是遠不足以顯示香港城委和勞工工會之間的互動關係。香港殖民政權不允許政治活動，定政黨為非法組織。在此敵對的環境下，共產黨的秘密活動對局外人來說顯得神秘莫測。對每個在秘密戰線工作的黨員來說，他或她執行非常具體而局部的任務，必須絕對遵從組織所規定的「單線聯繫」原則，只能與組織內的同志保持一對一的聯絡關係，並不認識本支部的其他同志。在二十年代和三十年代不斷受到政府鎮壓和繼之而來的黨內成員背叛的慘痛教訓之後，共產黨在敵對環境下採取了格外謹慎的做法以保持實力。文字紀錄是秘密工作的大忌，歷史研究者對政黨與戰後香港工運的關係可能因此永遠都不甚了了。幸運的是，在荃灣木下村長大的何卓忠戰時參加抵抗運動，樂於助人（見第二章）。戰後，何卓忠在鄉村、學校和勞工工會工作，留下了一份寶貴的回憶錄。他以質樸的語言，紀錄了自己從一名抗日的地下游擊戰士進而成為工會領導的各種經歷。雖然他的描述樸實無華，他在基層的一些戲劇性經歷和他對工作的忘我奉獻，常令

57　〈香港分局港城委致中央及中城部〉，1948年9月1日，*XGFJWJ*，頁209-213，引文見頁211。

讀者感嘆不已。[58]

　　戰爭結束時，何卓忠在東江縱隊的單線聯繫人隨部隊轉移山東。他的新領導指示何卓忠留在荃灣，但沒給他任何具體指示。何卓忠對村裏的年輕人迷戀於賭博感到十分痛心。回村不久，他就幫助村裏恢復了戰前各民眾組織，如少年德育社、歌詠隊和荃灣婦女會，還組織起青年互助組。雖然他自己只受過三年多的小學教育，何卓忠卻是村裏最有知識的人。他為年輕人辦起識字班，不僅本村的青年踴躍參加，附近的工廠工人也聞訊過來參加。村裏的一位士紳很欣賞何卓忠的做法，建議他把「青年互助會」的名稱改為「智華體育會」以避免官方「誤解」。[59] 在此期間，黨組織曾一度給了何卓忠 30 元的生活補助，他的生活基本依靠做各種臨時工的收入，直到 1946 年在朋友開的文化書局做獨當一面的店員，獲得每月 60 元的工資。雖然經濟上勉強度日，何卓忠卻在幫助青年追求有益的生活中找到了志同道合的朋友。[60]

　　1947 年 7 月，何卓忠的一位朋友準備離開他的教職去接受培訓，請何卓忠頂替工作。地下黨組織鼓勵何卓忠接受聘請，於是他成為荃灣公主小學的一名教員，開始了短暫的教學生涯。[61] 兩個月在公主小學代課的經歷，證明何卓忠的工作能力遠遠超過他自己非常有限的學歷。[62] 有了這個成功的開端，他又在其他小學任教，包括在大嶼山島上的大澳鹽工子弟學

58　何卓忠在廣州經歷文化大革命，他對黨組織的忠誠受到質疑，因此寫下回憶錄。他在文革時受到的質疑，也是許多地下黨員當時的經歷。以他有限的教育程度和低調的性格，何卓忠的回憶錄不帶任何誇張渲染。儘管他必須通過這份回憶錄寫明自己的清白，他的敍述卻非常自制。

59　何卓忠，頁 115。互助會是抗日戰爭時期在共產黨控制的華北地區常見的鄉村基層組織，以幫助農民合理組織勞動力，提高生產效益。

60　《何卓忠回憶錄》，頁 107 記錄 30 元的生活補助發放經過。1946 年至 1947 年夏末，何為一位熟人傅光明經營文化書局，參見同上，頁 115-116。

61　何卓忠，頁 112。

62　何卓忠，頁 120。

校、大嶼山島上東涌附近深山裏的白望小學，以及新界上水的覺民小學。
除了鹽工子弟學校和白望小學，其他教職都是朋友或熟人推薦。由於各種
原因，何卓忠在每個學校平均只待了一個學期。在何卓忠去過的所有學
校，他的敬業精神和對學生的幫助贏得了鹽工和村民的尊敬。在大澳，村
民們給他送來他們自己抓的魚；在其他學校，村民給他送去蔬菜和各種食
物。這些聽來平常的饋贈，對何卓忠微薄的月收入是重要的平衡。當時他
已經結了婚並剛剛有了孩子，每月工資 150 元。他在戰時進行地下抵抗
活動時和他的妻子相識，並引導她參加了抗日組織。兩位年輕人在戰後結
婚，妻子在生育兩個兒子後就不得不辭去了工廠的工作。[63]

　　短暫的教學經歷，對尚未完成初小教育的何卓忠是個挑戰。特別
是在覺民小學，兩位有資歷的教師拒絕負責，把教導主任的重擔推給何
卓忠。他不僅必須負責管理調皮搗蛋而且嗜好賭博的學生群體，還得給
六年級的學生上算術課。為了彌補自己的知識缺陷，何卓忠努力自學數
學，請教有經驗的老師，每次都先把教學題演算多遍後才走上課堂。他
又設法引導學生，讓他們懂得賭博的危害，並為他們設計有趣的課外活
動如排演話劇、慶祝國家的重大事件以及討論時事。這些活動把學生的
興趣引向正道，使學校的風氣和學生的精神面貌煥然一新。他不僅贏得
家長們的肯定和敬重，更為附近一帶年輕人所愛戴。但是，他為年輕人
和學生組織的這些活動卻引起當地國民黨分子的懷疑，也遭到一名同事
嫉恨。殖民政府的教育處聽到風聲，派員前來檢查何卓忠的課程和學生
作業。雖然官方調查找不出一點問題，學校立刻開除了何卓忠。他的名
字也進入了官方黑名單，使他無法再找到教職。此後，何卓忠只有在東
涌附近的白望小學教過一個學期；那裏處於大嶼山島上的深山，從港島

63　何卓忠，頁 120-139。

過來既要坐船還要爬山，很少有政府官員過來視察。[64]

　　1949 年 7 月，何卓忠接到地下黨組織的指示，離開白望小學的工作，去油漆工會擔任工會秘書。他自此主持油漆工會的日常工作，直到 1952 年末被地下黨派往一個貿易公司工作。按照 1948 年〈職工會及勞資糾紛條例〉的規定，工會秘書是所有工會幹部中唯一可以在行業以外聘請並支付薪水的職務。何卓忠在油漆工會擔任全職工作，同時還接受地下黨組織分配的其他工作。他被指定協調附屬工聯會的其他八個工會的工作，包括香港郵務工會、港九油漆鏟漆工會、西式女服工會、車衣工會、上海縫業工會、花卉工會、香港種植總公會及其屬下的荃灣分會和青山分會、以及大澳鹽業工會。何卓忠沒有在回憶錄中詳談他在那些工會的具體工作。但是他的教育水平和注重細節的工作作風，使他能夠對日常工作、特別是對〈職工會及勞資糾紛條例〉所規定的工會賬目記錄等經常性事務提供有益的指導，應該是那些工會特別需要他的地方。對何卓忠個人來說，最大的挑戰是在這些位於港島、九龍和大嶼山的工會之間往來奔波。他不僅得坐渡船，還得徒步行走，不但耗時，更加耗費體力。他往往忙到午夜過後才能回到家裏，體力完全消耗殆盡。[65] 油漆工會只能為他提供很低的基本工資，而他也有過其他工資優裕的就業機會，但是他卻從來沒有想過離開他的崗位。只要工作指令一來，他就立刻拎起皮包，趕往工作目的地。

　　何卓忠在油漆工會工作整整三年，時間長於他曾經做過的其他工作。他在工會的工作以及與工人的互動，為局外人打開了一扇觀察變遷中的戰後勞工組織的窗口。油漆工會最初附屬於國民黨影響下的港九工團總會。工會下面有七個分會，有的處於三合會的掌控之下。不過，當何培被工人選舉為紅磡分會主席以後，情況開始發生變化。何培致力於

64　何卓忠，頁 137-139。

65　何卓忠，頁 146。

改善工人待遇並獲得成功，贏得其他分會的支持。油漆工會再度選舉時，他被選為工會理事長。繼而油漆工會會員又全體投票表決，以多數票決定離開工團總會，參加左翼的港九工會聯合會。何培取得工會領導權後的第一項工作就是清理工會賬目，解僱了虧空公款的親國民黨秘書。之後又僱用何卓忠，接替另一位有大學文憑但不稱職的工會秘書。[66]

從貧窮的家庭長大、十多歲就開始做苦工的何卓忠，深知工人對改善生活的渴望和對人身尊嚴的嚮往。他把關注點放在激發工會內部的凝聚力，採用以往組織荃灣鄉村青年的經驗，在工會中辦起樂隊和歌詠隊，給工人的業餘生活創造積極向上的集體活動，使工人增加相互了解與合作的機會。他於 1949 年下半年來到油漆工會，正逢殖民政府開始清除各種左傾的群眾組織。那年年底，三十八個民眾團體因為公開表示支持新成立的中華人民共和國，被官方取消註冊，成為非法組織。在救亡運動中組成的秋風歌詠團也是其中之一。當歌詠團團長前來尋求工會幫助時，何卓忠看到了幫助工人實現一個心願的好機會。他邀請秋風歌詠團的團員來指導工會歌詠隊的活動，又開辦了一個工人子弟識字班，由歌詠團團長擔任教員，收取每人每月 5 元的學費，使工人的子女獲得了學習基本社會技能的機會。當油漆工會三十一周年會慶到來時，他又組織工友作文投稿，出版紀念會刊。對參加了工會的掃盲班而取得初級文化水平的工人來說，寫作和出版的過程使他們格外興奮。當這些工人捧着新出的會刊，翻到自己寫的文章，他們的自豪油然而生。按何卓忠的說法，「他們感到很光彩」。[67]

何卓忠的性格謙虛而平易，往往能在對抗的陣營中贏得朋友。剛剛來到油漆工會時，大部分工友已經投票脫離工團總會、加入左翼工聯

66　何卓忠，頁 141-142。

67　何卓忠，頁 146-148。

會。然而，有些工人依然對此變動耿耿於懷，視已經倒台的國民黨政府為中國的合法政府。工聯會為中華人民共和國舉行慶典，油漆工會的工友投票參加。何卓忠特別動員了一位名叫陳瑞的工友參加慶祝宴會。像當時的許多香港工人一樣，陳瑞依然認為國民黨政府是「正統」，對油漆工會放棄親國民黨的工團總會、轉向左翼工聯會非常不滿。但是，參加工聯會的慶祝宴會後，陳瑞完全改變了看法。工聯會主席張振南的演說使他第一次看到了一位有魅力、接地氣的工會領導，能力遠超他所知道的工團總會裏的任何人。陳瑞從此成為工聯會的堅定支持者，積極主動地說服其他猶豫不決的工友，使他們改變對時事和工會的看法。[68]

　　作為工會秘書，何卓忠的工作當然並不總是那麼一帆風順。衝突、爭執、左右為難都是家常便飯。有一次，工會的西營盤分會和總會驟起衝突，差點釀成打鬥事件。西營盤以拖欠會費聞名，為此幾次同總會大打出手。何卓忠碰到的一次，起因於來自另一個分會的理事為西營盤欠費說了抱怨的話，惹怒了西營盤分會的人。那裏的工會幹事叫了十幾名工人，「各人手持利刀、鐵管、鐵尺、鐵錘等兇器」前往總會辦公室。正在開會的理事會成員嚇得立刻躲進另一個房間，在反鎖的門後簌簌發抖。眼見一場血鬥將要發生，何卓忠挺身而出，用平靜的語氣勸告氣勢洶洶的西營盤分會領頭人，最好的辦法是「平心靜氣商談解決，不用大動干戈」。把西營盤的人勸走以後，他又說服何培和理事會成員親自前往西營盤，與分會的領導具體商談各種問題。抱怨西營盤的理事也當面向分會幹事道歉。他們的態度軟化了西營盤分會的領導，主動為他們的「暴躁」賠了不是。[69]

　　西營盤分會最後是否支付了拖欠的會費不得而知。然而那次衝突

68　何卓忠，頁 144。何的手寫回憶錄把慶典演說者寫為張南，漏寫「振」字。
69　何卓忠，頁 152-154。

卻為後來的觀察者從內部展示了一個轉變中的工會。工會秘書與其他工會領導不同，是唯一受工會僱用並全天主持工會工作的工會領導人員。油漆工會的紀錄表明，一定程度的教育水平是選擇工會秘書的基本條件之一。不過，組織能力和敬業精神，更是工會秘書是否稱職並起到應有作用的關鍵所在。因為有了何卓忠這樣一位對基層社會有着切身經歷並對處於弱勢的勞工深具同情的共產黨人行使領導職責，油漆工會獲得新生。工會開始摒棄過去三合會以暴力解決爭端的傳統做法，走上建設民主化新產業工會的道路，以協商討論和工友投票作為解決爭端的基本方式，致力於進一步改善工作待遇的共同目標。對殖民政權來說，還有比這個更為理想的工會發展模式嗎？

勞工處裏的另類

　　香港普通勞工及其勞工運動的種種變化一直處於勞工處的密切關注下。一位勞工官員在他的報告中注意到，「自從中國紅軍近期不斷取得勝利，香港的工會發展產生了深刻的變化」。他特別強調，更廣泛更積極的變革已經出現在可預見的未來：「我可以很肯定地說，由於這些勝利，勞工中有一大批人感到歡欣鼓舞。無論對錯，組織起來的勞工在整體上都認同這個全國性的解放運動。」雖然香港千千萬萬名中國工人為中國共產黨在祖國的勝利而歡呼，這位勞工官員卻找不到任何勞工工會因此受到黨派直接控制的證據：「我看不到中國共產黨對左翼的工聯會具有整體的控制力——事實遠非如此。」[70]

70　"Trade Union and Industrial Relations in Hong Kong（香港的工會和勞資關係），" 1949 年 9
　　月 15 日，"Monthly Reports（月度報告）"。本次報告以「勞工官員」署名；口氣和觀點很
　　像是白加。

　　但是，在香港加速提升各種軍事和非軍事防禦機制、倫敦和香港的最高決策者將共產黨滲透作為最大威脅時，他們對這份報告的觀察和結論置若罔聞。報告以「勞工官員」署名，根據實地觀察和接觸而如實報告，毫無弄虛作假。可能就是因為它的觀點與官方的既定政策背道而馳，或因為作者是下層官員，亦或這兩條都是原因，這份報告沒有被送往殖民部，而被留在了香港的勞工處。它與許多類似的文件和勞工官員與勞工處長鶴健士之間的通訊往來一起放在以《月度報告，03.07.1948-24.04.1952》為題的卷宗內，現存於香港歷史檔案館。這個卷宗的內容包含許多來自從各個工廠現場觀察所得資料，是一批難得一見的珍貴史料。由於這些文件純粹為內部評估而作，有關勞工工會的描述較公開發表的年度報告來得更加坦率而無所修飾。在毛里求斯惹惱了那裏的英國總督而新近調來香港的白加在一些報告上留下了他的署名。雖然很多文件只是署名「勞工官員」，仔細閱讀許多未署名的文件和那些由「白加」署名的報告，可以發現它們之間的關聯和相似，以及在官方圈子內難得聽到的坦率誠實的聲音。

　　白加於 1947 年夏天抵達香港，正好趕上華機會領導的機工大罷工。在對這個歷史悠久、受到官方認可的工會做出判斷前，白加對香港的勞工組織進行了綜合性調查，並於 1948 年 7 月 3 日向香港的政治督察員提交了一份備忘錄。當時，讓香港勞工斷了總工會念想的〈職工會及勞資糾紛條例〉已經在港實行三個月。兩個工會組合的出現，成為白加備忘錄的重要內容。他呈交了一份工會名單，其中包括被列為左翼的港九工會聯合會的十六個工會和列為右翼的港九工團總會的十五個工會，並將名單中的這些工會定義為在香港「較重要的工會」。不過，將工會以左右翼相區別並非白加所要強調的重點。相反，他認為兩個工會組合的區別「不應當以狹隘的政治角度定位」。他的做法是把它們分別定為親國民黨或者親共產黨，並指出，對待將要崩潰的國民黨政權的態度是區別這些

工會的關鍵，所以這兩個工會組合應該更確切地被理解為「實際上是擁護國民黨和反對國民黨」的組合。[71]

　　白加審慎切實的觀察顯示了一位十分重視現場調查的勞工官員的洞察力。無獨有偶，他的說法也為何卓忠這位共產黨的勞工指導員在油漆工會的經歷所印證：那裏的工友投票決定在工聯會和工團總會之間作出取捨。當中國的全國政權轉手易位，工人心目中已有的正統信念而非意識形態在一定程度上影響了工人對兩個工會組合不同的態度。然而，工人最終選擇了能夠為他們的利益服務的能幹而誠實的工會領導。雖然到香港才一年，白加馬上看到了問題的關鍵，把名稱和實際內容作出區別。正如白加恰如其分的分析所言，當前的問題在於，曾經為香港的工人認為合法的中國國民黨政府正在失去它合理存在的意義。不僅香港的勞工必須面對這個棘手的問題，所有在香港的人、包括殖民政權在內，也都必須面對這個現實。

　　除了以上這個名實不符而被誤解的現象，勞工官員還觀察到有害於香港勞工工會「健康發展」的其他深層次問題。他這份寫於 1948 年的報告注意到，「由手工業和其他職業組成的、包括僱主和僱工的行會在此具有歷史悠久的傳統」，旨在「推動該行業並保護捍衛本行業的業內秘密，而非服務於僱主或僱工的階級利益」。這種傳統在某些「僅在業內運作的」行業特別頑強，特別是餐飲業、建築業和玻璃器皿製作業。這種舊式行會和新型產業工會並存的現象「造成混亂的發展狀態」，如造船修

71　"Memo（備忘錄）," Ken Baker to Political Adviser（白加致政治督察員），1948 年 7 月 3 日，
　　HKRS 843-1-52。白加所用兩個工會組合的名稱於現在通用的名稱稍有不同。

船業目前就是如此。[72] 以香港三大船塢之一的海軍船塢為例，那裏工作最繁忙的時候工人達到 9,000 人，也是戰後香港各業中最大的僱主。1948年，海軍船塢有十個工會並存，其中最小的行業工會只有十五名會員，而最大的產業工會於戰後成立，擁有 2,343 名會員，也是工聯會成員。[73]不過，勞工官員認為如此碎片化的工會結構是新舊交替期間的產物，同英國工會運動曾經有過的歷史一樣，是個暫時現象。他很有信心地認為，「經歷和訓練」將會推動產業工會成為未來的發展方向。[74]

　　如他在毛里求斯的經歷一樣，白加對中國工人的同情心使他站到了自己老闆的對立面。勞工處長鶴健士把捍衛英國在香港的地位和利益作為首要任務。他們兩個的意見相左，發展到幾乎公開衝突的地步。一份由「勞工官員」於 1948 年 12 月寫給「勞工處長」、力圖為自己辯護的五頁長信，顯示了兩個人之間的矛盾和積怨。信中提到作者在香港十八個月的經歷以及他自己「在毛里求斯寫的工會小冊子」，表明白加就是寫信人。他寫此信的主要目的是為了回應「針對勞工處以及我本人作為勞工官員的批評」，同時指出這些批評「沒有切實的事實依據」。應勞工處長的指令，他把「自己的想法寫下來」。他還表示，「如果尊敬的總督大人有意就這些問題見我的話」，他希望這封信會被呈遞到「尊敬的」總督葛量洪手上。[75]

72　"Trade Unionism in Hong Kong (1948)（香港的勞工工會（1948）），" HKRS 843-1-52。這個報告及其評估大概為 1948 年 4 月以後所作；當時香港已經實行強制性工會註冊，並在此報告中提到。這個報告對兩個工會組合的政治區別問題並對如何發展工會政策的觀點，與白加署名的報告非常相似，因此本報告很可能就是他的作品。

73　黃業衡，頁 21。作者於 1949 年至 2009 年在香港海塢產業華員職工會任職六十年。參見〈後記〉，頁 145。

74　〈香港的勞工工會（1948）〉，HKRS 843-1-52，頁 2。

75　"Labour Officer to Hon. Commissioner of Labour（勞工官員致尊敬的勞工處長），" 1948 年12 月，HKRS-843-1-52，頁 1、4。

　　現有檔案沒有留下事後發展的紀錄，無法斷定白加是否最終見到了葛量洪並就香港勞工運動陳述自己的看法。但是他所作的勞工報告提出了一系列的相關問題：香港勞工工會的性質、香港勞工工會同中國主要政黨的組織關聯、勞資關係，以及在香港推動「建立在良好的勞資關係上的合理、民主和充滿活力的工會運動」切實可行的辦法。[76]

　　香港的勞工運動和外界的聯繫以及如何處理香港勞工組織的問題，是白加和勞工處長以及其他高級官員的分歧所在。白加不同意那些危言聳聽的說法，認為不必擔憂兩個勞工組合與中國政黨的聯繫。尤其重要的是，他認為政黨對香港勞工組織的掌控並不嚴重，「雖然國民黨近來致力與擴展影響，不管國民黨還是共產黨都對右翼或左翼的工會組合沒有實際控制」。白加不認為兩個組合已經成為國共兩黨伸入香港的臂膀。相反，他自己的實地觀察使他確信，兩個組合內部的差別和不同其實更加嚴重，而香港的勞工運動總體情況依然是「缺乏整體凝聚力」。[77]

　　可以想像，白加對香港勞資關係和工會狀況的分析使他站在了歷久彌堅的「香港套路」的對立面。在這裏，向來是殖民統治和殖民經濟利益至上，而總督和勞工處長更以捍衛這些利益為最高使命。無數勞資糾紛的調解經歷使白加不得不認為，僱主一方所組成的統一戰線使其得以實行對改革的有效抵抗，是香港難以改進勞資關係的根本原因。事實上，是資方而不是勞方加劇了階級矛盾。他指出，「大多數大型企業都通過僱主聯盟（Employers' Federation）結成同盟」。僱主一方的實力更使他們採用破壞性方式對付工會。他們拒絕同工會代表打交道，給他們扣上「不是真正的代表」的帽子。在白加看來，這不過是「僱主抗拒對話的託辭」。他意識到，他「至今無法取得」僱主聯盟的信任。但是，在

76　〈勞工官員致尊敬的勞工處長〉，頁 4。
77　〈勞工官員致尊敬的勞工處長〉，頁 2。

僱主各種行動中最受傷害的是工會領袖。白加同他在勞工處的同事都有
過「多次痛苦的經歷」；他們試圖說服僱主同勞工代表談判，結果卻導致
「勞工代表成為犧牲品」。還有一次，勞工官員已經調停成功的協議「被
許多僱主撕毀」。經過多年調停勞資談判，白加認為在香港「勞工和僱主
之間的階級分裂相當嚴重」。[78]

　　為了緩解階級衝突，白加希望殖民政府採取自上而下和自下而上的
兩種方法進行建設性干預行動。自下而上的方法是「工會教育訓練」，在
白加看來是「解決問題的關鍵方法之一」。他認為，香港的工人處於「一
種不同的教育水準」，教育程度大大低於英國工人。提高教育訓練水準將
有助於工人理解勞工條例、改善同當局的合作關係、有助於官方調解勞
資糾紛並可能緩解階級矛盾。不過，他認為自上而下的辦法則會更加有
效。他建議設立「長期性談判機制」，將一再抵制或繞過勞工官員調解勞
資糾紛所作努力的僱主們納入這個機制，以此創造英國式的健康的勞資
關係。他特別提到，他在兩個歐資企業太古船塢和電車公司曾經嘗試過
「建立長期性雙方參與機制」，卻都遭到失敗。只有政府最高層的行動才
有可能克服這種來自大企業的堅定抵抗而取得成效，因此「我們必須從
香港的最高層開始入手進行談判，才能一步步向下推進」。只有這種行動
才能向僱主一方證明，「政府的的確確關注它治理下的勞資關係」。[79] 通
過強調殖民政權需要對僱主施加更多壓力，白加實際上也含蓄地批評了
它偏袒僱主的做法。

　　現存資料顯示，白加作為勞工主任在日常工作中有着比蘇雲更多的
同工會接觸和互動的機會。中文報紙經常提到他的名字。如他在毛里求
斯時一樣，白加在香港繼續保持着對勞工的同情。顯然，這種態度與他

78　〈勞工官員致尊敬的勞工處長〉，頁 2、3。
79　同上，頁 2、3。

自己在英國作為勞工領袖和在殖民地與勞工運動互動的經歷有關。白加謙虛地認為，他和他的勞工處同事還沒有得到「勞工們的完全信任」。不過，經常性地為勞工提供資詢並參加他們的會議，而且經常是「在星期天和晚間」參加這種會議，使「大多數工會領導都對我有所理解」。[80]毫無疑問，白加對英國的勞工運動傳統感到自豪，為他自己在英國工運中起到的積極作用和在香港建設新的勞資關係並能在第一線與中國勞工直接互動感到驕傲。可是，一旦殖民政權決定對勞工事務的改良取向實行重大逆行轉向，他的頂頭上司自然完全無視他的實地觀察，反而將他視為殖民體系中一個不合用的工具。冷戰的朔風已經颳到了亞洲，送來反共的新政策，衝向香港現代工業中組織起來的勞工。另一種殖民治理政策正在與變革改良逆向而行的政治氣候下形成。組織起來的香港勞工由於他們的民族情感和對一個統一向上的祖國的認同，被定性為顛覆勢力。雖然處於勞工事務第一線的白加在新的勞工組織中看到了在香港發展英國式工會運動的希望，但在進入冷戰漩渦的英屬香港，這種新式勞工組織的合法地位將形同虛設，它們的發展空間也將很快化為烏有。

羅素街血案

　　1949 年，內戰的砲火終於抵達華南、影響香港。仲夏過後，國民黨軍隊的敗兵殘將和撤離的政府官員如潮水般衝過邊界、湧入港島。不速之客一波接一波到來，當地社會秩序在成千上萬的潰軍士兵的衝擊下動搖。大兵們在富人聚集的居民區安營紮寨，晚上就在路邊方便，把原本清淨整潔的街區搞得臭氣熏天。香港人口在幾個月內猛增五十萬，突然擴大的需求導致日用品食品價格節節攀升、住房緊缺。不僅港九市區租

80　同上，頁 1、4。

金飛漲，就是新界租金也開始上揚。

香港的文化氛圍也因內地的政權易位而發生明顯變化。自三十年代以來，勞工界、青年界、文化界和各種專業人士已經成為社會活動的主要力量。這些社會活動積極分子為中國革命勝利的時刻終於到來而欣喜若狂。那些在戰前就已活躍起來的青年組織，現在依然是社會活動的領軍力量。他們當中有曾經為東江游擊隊輸送志願者的僑港台山青年會，由青年和失業工人一起組織並擁有 180 名會員的青年同樂社，還有 1936 年在九龍城由一些貧困學生發起的學德勵志社，後來發展到有汽車司機、印刷工人、橡膠廠工人、啟德機場工人和長洲漁民參加的 140 人讀書歌詠隊。[81] 在戰後重新組成的民眾團體中，以青年為主力的虹虹歌詠團是戰後由三十多個歌詠隊組成的港九歌協中最為活躍的團體，擁有包括青年工人、店員和學生在內的 230 名團員。[82] 他們每週集體排練歌曲，組織郊遊野餐，舉辦讀書討論會，還舉辦不定期講座，請來各種嘉賓為團員講述目前國內和國際重大事件。[83]

這些青年團體偏向左傾，又有少數共產黨人參與其中。這些團體的社會活動使一種新文化在戰後香港悄然興起。1947 年，包括虹虹歌詠團在內的十二個歌詠團共同演出了由共產黨人冼星海作曲的〈黃河大合唱〉。這個地標性的音樂作品在香港第一次上演就吸引了大量觀眾。[84] 新興的文化激勵了香港青年北行廣東，加入正在進行的中國革命。1948 年

81　未署名，〈香港青年工作報告〉，*GDGM*，第 44 卷，引文見頁 219-220。這份共產黨的內部文件提到，有些青年組織，如青年同樂社，有幾名共產黨人和國民黨人在領導核心。又見 *GHZJ*，頁 105-142，其中對三十二個民間組織的簡短描述包括這三個組織。

82　李凌，〈珍貴的戰鬥精神〉，*QCJXQ*，頁 147；魯三，〈窮且益堅，不墜青雲之志〉，*QCJXQ*，頁 109-110。

83　伊明、李漢奇，〈年輕的朋友來相會〉，*QCJXQ*，頁 58-74；文彥、陳秀，〈孺子牛篇──記虹虹歌詠團的幹部〉，*QCJXQ*，頁 75-85，引文見頁 75。

84　*QCJXQ*，頁 169。

至 1949 年間，這些青年團體中有數百名成員悄然離開香港，回到內地
參加共產黨游擊隊。具有諷刺意味的是，香港青年的北行成為殖民政權
擔憂共產黨顛覆香港的有力反證：在共產黨開始實行戰略重心轉向城市
的時刻，不是共產黨南下滲透香港，而是香港的社會活動積極分子反向
「滲透」共產黨的部隊，成為他們所亟需的文化幹部。[85] 中華人民共和國
於 1949 年 10 月 1 日正式成立，更使在私下盼望着這一天的許多人興奮
異常。

　　1949 年 10 月 2 日，工聯會舉行了香港第一個重大的慶祝活動，為
中華人民共和國的誕生在西環石塘咀的金陵酒家舉行宴會。三千多名工
會成員和其他嘉賓參加了活動。當時取政治中立態度的《星島日報》發
表了熱情而詳細的報道。報道以首肯的口吻描述當時情境，特別注意到
慶典外觀和參會人員的心情。那天金陵酒家的大門佈置「極盡輝煌」。二
丈多高的鮮花牌樓當中高懸毛澤東的肖像，兩邊裝飾着新的五星國旗。
慶祝大會在來賓齊聲高唱新國歌中開場，繼以「波濤似的歡呼聲」。工聯
會理事長張振南做了三十分鐘的演說，其間不斷被掌聲和歡呼聲打斷。
慶典並非工會領袖的獨腳戲。張振南演說後，許多賓客紛紛上台講話，
他們當中有各個產業工會的幹部，也有普通的工友。從上午 11 時開始，
慶典一直延續到下午 2 時，全體賓客分享着興奮和歡樂。《星島日報》的

85　虹虹歌詠團中，有大約二十名成員於 1949 年初離開香港參加華南的共產黨游擊隊；參見何
　　建平、沈民意、陸國英，〈「虹媽」指引我們參加游擊隊〉，*QCJXQ*，頁 154-155；書中照
　　片（無頁碼）顯示 1949 年夏有二十二名團員參加游擊隊；梁少達，〈「虹媽」是撫育革命
　　青年的搖籃〉，*QCJXQ*，頁 156-158。梁從東江游擊隊復員時已經參加共產黨，並被派往虹
　　虹歌詠團。戰後他一度在一家公司做職員，後於 1949 年 7 月離開香港，參加惠陽地區的共
　　產黨游擊隊。其他成員北行參加共產黨游擊隊的團體還有僑港台山青年會、青年同樂社、
　　昂聲聯誼社、學德勵志社、秋風歌詠團、螞蟻歌詠團、萃風聯誼社、蜂蜂歌詠團、新青劇
　　藝社。總共北行人數超過 200 人，因為記錄不全，實際北行人數可能更多。參見 *GHZJ*，頁
　　116-142。

記者有機會採訪了其中一些工友來賓，他們以樸素的語言表達了內心的興奮和自豪。一個說：「我正歡喜過娶老婆。」另外一個說：「我歡喜過生個仔。」有的人告訴記者，因為太歡喜「整晚睡不着覺」。還有個叫綵鳳的橡膠工人說，她已經感動得落了三次淚；站在麥克風前面，她說起過去自己和家人受的苦，又禁不住哭了起來。這些工人的興奮和期盼，也通過張振南的語言表達了出來——「自由，富強，康樂的新中國有如旭日東昇，在地球的東方湧出」，給千千萬萬個在海外掙扎奮鬥的僑胞帶來希望。[86] 一個星期以後，經過繁瑣冗長的申請程序，五十個青年團體最終得到殖民政權許可，在九龍的普慶戲院也召開了由三千多名代表參加的慶祝大會。[87]

11 月初，原屬國民黨政府所有的中國航空公司和中央航空運輸公司公開起義，宣佈接受北京領導，左翼工會和青年團體中的歡慶氣氛再度上揚。中國航空公司（中航，China National Aviation Corporation，簡稱 CNAC）和中央航空運輸公司（央航，Central Air Transport Corporation，簡稱 CATC）共有四千多名員工。宣佈起義的當天，十架中航飛機和兩架央航飛機搭載五十二名公司員工從香港啟德機場起飛，分別在天津和北京降落。[88] 工會和青年團體為兩航員工從香港發起的起義而歡呼。他們舉着標語，帶着錦旗，一路唱着歌，前往兩航辦公室表示慰問和支持。在中環的公司總部瞬時成為慶祝中華人民共和國誕生的又

86　本報專訊，〈港九工會昨舉行大會；三千多人參加盛況空前〉，《星島日報》，1949 年 10 月 3 日，第 5 版。

87　〈四青年團體擴大慶祝會〉，《文匯報》，1949 年 10 月 4 日，第 4 版；〈青年，婦女，工商界，昨分別舉行慶祝會〉，《星島日報》，1949 年 10 月 10 日，第 7 版。

88　〈四千員工通電歸向人民，中航央航正式起義，十二架飛機昨安全飛返祖國〉，《文匯報》，1949 年 11 月 10 日，第 1 版。關於兩個航空公司經理層和員工為起義所作內部準備，以及同北京的協調，參見中國民用航空局思想政治工作辦公室（編），頁 10-28。

一個公眾舞台。[89]

　　1949 年的最後幾個月，香港各種社會團體一個接一個發表公開聲明，在他們的辦公室升起五星紅旗，有的團體還專門前往深圳，表明他們支持新中國的立場。工聯會設在中環的總部掛起了新的國旗，它的各個附屬工會以及香港各左翼學校也都紛紛升起五星紅旗。在人民解放軍進駐深圳後兩個星期，工聯會派出三百名代表，在麥河志帶領下越過邊界到達深圳，慰問解放軍。[90] 11 月 26 日，港九各界僑胞慰問人民解放軍籌募委員會組織了三天遊藝大會，以青年界在孔聖堂的表演揭幕，合唱、舞蹈和各種短劇吸引了一千多名觀眾。孔聖堂的大門上端「高懸毛主席和朱德司令的巨幅畫像，中間嵌上一顆金地輝煌的五角星，上方掛着莊嚴美麗的國旗」。[91] 同一個月內，僑港台山青年會和虹虹歌詠團也前往深圳，同人民解放軍一起聯歡。[92] 民眾團體跨越邊境前往深圳的活動於 1950 年 3 月達到高潮。摩托車總工會成功籌款 12,500 元，購得一輛救護車，一輛卡車以及各種醫藥用品，將它們直接送往深圳捐給「人民的軍隊」。[93]

　　從不少方面看，香港民眾支持新成立的共產黨政權的方式，往往同戰前的救亡運動交相回應。當然，此時的民眾心情已經與戰前截然不同。這一次，僑港華人不是為內地同胞在戰火中喪生和祖國領土淪喪而悲憤。這一次，他們通過募捐和演藝共同分享着祖國獲得新生的喜悅。

89　〈工聯三十餘歌舞團獻旗慰問起義員工〉，《文匯報》，1949 年 12 月 10 日，第 4 版；〈港
　　九三十餘工會慰問起義員工，舉行遊藝大會〉，《文匯報》，1949 年 12 月 11 日，第 4 版。

90　香港工會聯合會（2008），頁 52。

91　〈孔聖堂掌聲震瓦，青年勞軍遊藝會個個節目都精彩〉，《文匯報》，1949 年 11 月 27 日，
　　第 4 版。

92　編者，〈虹虹歌詠團活動大事記〉，*QCJXQ*，頁 161-174；引文見頁 172-173。

93　香港工會聯合會（2008），頁 53。

圖 8. ｜工聯會歌詠隊慶祝五一
國際勞動節（1949 年）

圖 9. ｜工聯會在駱克道的總部
升起國旗（1949 年）

當勞資糾紛再次爆發，勞工的自信也毫無掩飾地轉化成不屈的精神。誠如勞工官員所觀察和預料的，許多工人不僅從共產黨的勝利「獲得極大的滿足感」，他們自己還直接認同這個「全國性的解放運動」。[94]

據勞工官員觀察，共產黨在中國勝利的影響之一是香港工會之間發生重新組合。在國民黨影響下的工團總會內，有些工會如襯衣工會的「右翼領導成員被左翼代替」，還有中華海員工會的香港分會與總會脫離關係，使其整體力量削弱。[95] 他還預計，目前工人的「士氣極度高漲」，將會為「工會提出合理的要求提供機會」，而這些要求過去都被資方「武斷地拒絕」。這位勞工官員敦促勞工處長儘早在香港建立「各方參與的談判機制」，以「防止發生大規模的工潮」。[96]

表 4. 1949 年基本必需品價格（港元）

必需品	4 月	5 月	6 月
大米（擔）	62.00	82.00	80.00
食油（擔）	210.00	220.00	230.00
木柴（擔）	7.00	8.00	9.00
棉布	40.50	44.50	48.00

來源：郭青，〈香港工人的生活〉，《星島日報》，1949 年 6 月 6 日。

確實，在突然的物價飛漲和資方聯合陣營的兩邊擠壓下，1949 年香港的勞工生活日益艱難，只有通過工會提出「合理要求」才有希望擺脫

94　Labour Officer（勞工官員），"Trade Unions & Industrial Relations in Hong Kong, September 1949（香港工會和勞資關係，1949 年 9 月），" 1949 年 9 月 15 日，頁 1。從報告的觀點和其中所提作者在毛里求斯的經歷（見同宗卷所存白加 1949 年 12 月 28 日所作報告）這些方面看，這份報告的作者很可能就是白加。這份 9 月的報告和 12 月的報告一樣，多次強調各方協商在建立英國式工會的重要性。參見勞工官員致勞工處長（保密），1949 年 12 月 28 日，頁 1。

95　〈香港工會和勞資關係，1949 年 9 月〉，頁 2-3。

96　同上，頁 4。

困境。從 4 月到 6 月，大米的價格上漲了百分之三十，木柴的價格上漲百分之二十九（參見表 4）。鑒於木柴為普通人家煮食一日三餐所必需，又是冬季取暖燃料，殖民政府於 11 月份制訂了木柴的配給制度並計劃於 12 月份實施，期望以此平抑飛速上漲的價格。[97] 港府的年度報告特別提到「十二月份食品價格大幅上漲」。生活費用的整體上漲與「房屋的極度緊缺」同時發生，「這裏所有的階層都受到影響」。[98] 為了爭取加薪，的士司機在附屬工聯會的摩托車總工會領導下從 1948 年 8 月開始了長達四個月的罷工。罷工由八個的士公司的司機參加，卻以失敗告終。[99] 現在，物價飛漲再次將工薪調整的問題放到 1949 年勞資關係的前沿。在過去，勞工處對類似的工會行動都曾給予公正而積極的支持。但這一次，勞工和勞工組織的合理要求卻必須面對着一個已經截然改變的現實環境。

為了應對資方愈來愈堅定的抵抗，工會決定加強相互協調行動。12 月初，工聯會內組織得最好的五個工會組成了改善待遇委員會，調查工人對目前工薪和生活費用的看法。在此基礎上，五個工會繼而分別對電車公司、電燈公司、電話公司、煤氣公司和中華電力公司提出改善待遇的各項要求，其中包括增加特別津貼至每日 3 元。牛奶公司工會、中華巴士公司和九龍巴士公司的工會不久也提出相同要求。基於郵政工人的基本工資高於其他行業，工聯會另一個有力成員郵政工會提出了增加特

97　專訊，〈柴薪市價亟謀平抑，港府即將恢復配售〉，《星島日報》，1949 年 11 月 17 日，第 5 版；〈柴薪決恢復配售，下月中旬開始，零售價格每擔約十元〉，《星島日報》，1949 年 11 月 30 日，第 5 版。

98　*HKAR* 1949，頁 21。該報告還指出，低收入人群最主要支出的「每週食品和柴火的平均費用」從 1948 年末的 12.67 港元上升到 1949 年上半年的 13.08 港元，並繼續攀升到下半年的 15.14 港元。引文見頁 25。

99　的士司機 1948 年的罷工詳情，參見周奕（2009），頁 215-227。

別津貼至 2 元的要求。[100] 工聯會內組織得最好的電車工會於 11 月 30 日和 12 月 1 日召開會議，一千多名工友參加會議。他們一致投票表決通過對公司的五項要求，其中包括提高特別津貼至每日 3 元、年度加發一個月的工資為獎金、服務期間死亡喪葬費 500 港元、司機日工資增至 4.05 元（與技工相當），以及提高學徒工資。五項要求於 12 月 2 日提交公司。[101] 公司一開始拒絕大部分要求，只同意提升學徒工資一項。到 12 月下旬，公司同意增加年度獎金和喪葬費，但是拒絕增加司機工資和增加所有人的特別津貼。

雖然電車工會會員幾乎囊括所有公司工友並得到全體會員的一致支持，工會依然面對難以踰越的法律障礙。1949 年 4 月重新施行的〈非法罷工和非法閉廠條例〉禁止所有公用事業企業員工舉行罷工。1949 年年底，殖民政權又開始採取剷除左翼社會團體的行動。11 月下旬，警察通知香港最為活躍的一些青年團體，包括虹虹歌詠團、僑港中山青年聯誼會、《香港學生》讀者俱樂部、港九華僑教師福利會，以及中國科學工作者協會港九分會等團體，根據〈會社條例〉第 5 條第 3 款取消他們的註冊。[102] 最終，共三十八個群眾社團被撤銷註冊，成為非法團體。[103] 至

---

100 〈電車煤氣兩業工友堅持提高生活待遇〉，《文匯報》，1949 年 12 月 9 日，第 4 版；〈郵務工友加強組織，四項要求昨已提出〉，《文匯報》，1949 年 12 月 14 日，第 4 版；〈牛奶工友昨函資方，要求改善待遇〉，《文匯報》，1949 年 12 月 23 日，第 4 版；〈三電一郵改善待遇要求大部分條件均被拒絕，各工會分別開會，工友情緒激昂一致表示一定要爭得勝利〉，《文匯報》，1949 年 12 月 16 日，第 4 版。關於改善待遇委員會，參見周奕（2009），頁 266-267。

101 〈生活程度不斷高漲，電車工友要改待遇〉，《文匯報》，1949 年 12 月 2 日，第 4 版；又見《文匯報》，1949 年 12 月 9 日，第 4 版。

102 〈被取消註冊五團體擬具上訴書，向港督要求註冊官收回成命〉，《文匯報》，1949 年 11 月 28 日，第 4 版。

103 〈崇正校友會、文青聯誼會提出理由上訴港督收回成命批准註冊〉，《文匯報》，1949 年 12 月 8 日，第 4 版；〈卅七個被迫害團體慰問火柴燈泡工人〉，《文匯報》，1949 年 12 月 8 日，第 4 版。

此，戰後殖民政權對社會運動的暫時寬容被嚴格限制言論自由、嚴格限制集會自由所取代。

在殖民管控日益加強的新形勢下，電車工會找到了繞過〈非法罷工和非法閉廠條例〉的辦法，以怠工的形式將工友們的困難與訴求公諸於眾。聖誕節前夕的一清早，電車按常例駛出停車場。但是，所有的售票員停止售票，司機也將電車放慢行駛，完全打亂了日常的行車秩序。「這樣的狀態在聖誕節假日期間一直持續」，港府的《香港年報1949》以無可奈何的語氣寫道：「當地民眾……卻受用得樂不可支。」[104] 由於怠工，公司蒙受重大損失，對工會發出即將關閉電車廠的警告。作為回應，電車工會表示願意舉行談判，卻遭到公司拒絕。12月28日，電車公司解僱所有售票員並對司機發出解約通知。工會立刻向勞工處指出，公司的解約決定沒有法律依據。但是，勞工處長這次站到了電車公司一邊，竭力為它辯解。

在勞工處拒絕調停的情況下，電車工會別無他法，只能訴諸集體行動。工會在電車廠周邊佈置糾察隊，制止公司找來的替工進入。全體被解約的電車工友拒絕領取遣散工資，天天來到電車工會報到，領取工會發放的大米和小額現金以維持生活。閉廠後八天，電車公司的副總經理對無人來公司領薪感到詫異，親自跑到電車廠對面的電車工會一看究竟。據《星島日報》報道，他在那裏「見全體工友排成長列，人各分到八十斤的免費白米，紀律頗佳」。[105] 閉廠不久，電車公司僅剩的二十多名技工不滿公司安排他們做清潔衛生工作，也離開工作加入抗爭工友的隊

104　*HKAR* 1949，頁20。

105　專訊，〈電車工友公開表示，為使工潮儘早解決，提出四項要求〉，《星島日報》，1950年1月7日，第6版。

圖 10.　　｜電車工潮期間的電車工人會議（1949 年 12 月 28 日）

伍。至此，電車工潮獲得全體員工參加抗爭。[106]

　　電車停駛，引起許多社會團體和各界人士不滿。他們紛紛要求勞資雙方迅速協商取得解決辦法。華商總會一再發表聲明，呼籲雙方妥協。總會還強調，電車工會已經表示可以一邊談判一邊重開電車運行，由此指責資方的「固執」導致目前僵局。1 月 26 日，華商總會在公開聲明中使用了更為激烈的「抗議」字眼，並敦促政府迅速解決目前的電車工

106　專訊，〈電車工潮轉機，日內打開僵局〉，《星島日報》，1950 年 1 月 8 日，第 6 版。

潮。[107] 工聯會的理事長張振南在電車工友怠工抗議以後曾立即發表公開談話，敦促電車公司「開誠協商」，並希望「當局主持公道」。[108] 電車公司閉廠並解僱售票員以後，張振南與工聯會的其他領導人前往勞工處尋求官方介入、進行調解工作。蘇雲首先接待工聯會來訪者，並引他們同勞工處副處長麥花仁（Q. A. A. Macfadyen）直接交談。麥花仁明確表示勞工處不能和工聯會理事長直接處理本次工潮，因為「勞資雙方各有自由，未便干涉」。工聯會的代表們失望而歸，認為勞工處副處長這次的談話「只是打官腔搪塞而已」。[109]

港島唯一的一家電車公司停駛，給當地二十六萬的日常乘客帶來極大不便。然而公眾卻普遍對電車工人表示同情。[110] 不僅左翼青年團體前來慰問電車工人，送來他們的捐贈。[111] 全港各行各業的工人都捐錢捐物支持處於困境的工友。由西式酒店的下層員工、餐室男女侍者，以及在外僑家庭服務的傭工構成的洋務工人開展了「一元運動」，就像當年參加救亡運動募捐那樣，籌款支援電車工友。[112] 到1月中，由個人和團體捐贈的款項達到30,000多元。[113] 至1月22日，全部的捐贈款

---

107 〈市民咸希望早日恢復行車，華商會明日討論建議解決〉，《星島日報》，1950年1月15日，第5版；〈電車停後商民大受影響，華商會再促開車〉，《星島日報》，1950年1月22日，第5版；〈華商總會昨會議決定，抗議電車停開，促政府訊予解決工潮〉，《星島日報》，1950年1月27日，第5版。關於電車公司願意重啟電車運行的新聞，見1月22日報紙。

108 〈張振南談話〉，《文匯報》，1949年12月24日，第4版。

109 〈工聯代表昨見勞工司，請從速調解電車工潮，勞工司表示不能和工聯理事長直接處理此次糾紛〉，《文匯報》，1949年12月30日，第4版。

110 *LDAR* 1951-52 估計；引文見頁56。

111 又訊，〈港九卅八團體昨晚聯合慰問工友〉，《星島日報》，1950年1月6日，第5版。

112 〈洋務工人議決，發動一元運動捐慰電車工友〉，《星島日報》，1950年1月4日，第5版。

113 專訊，〈電車工友函勞工司…… 收慰問金已超過三萬元〉，《星島日報》，1950年1月13日，第6版。

圖 11.　　│電車公司工人在電車職工會辦公室外聆聽工會每日報告（1950 年 1 月）

項接近 50,000 元。一週以後，《星島日報》預計捐款總額將馬上超過
100,000 元。[114]

　　1950 年新年伊始，全港民眾都注目於處於僵持狀態的電車工潮。各
工會和青年團體派來代表，絡繹不絕地前往電車工會設在羅素街上的辦
公室，送去捐贈的食物、款項和鼓勵支持的聲音。電車工會沒法在樓下

114 〈電車工友獲贈款幾達五萬元〉，《星島日報》，1950 年 1 元 23 日，第 5 版；〈援助款項日
　　增，將突破十萬元，摩總號召工友努力捐輸〉，《星島日報》，1050 年 1 月 28 日，第 6 版。

一層狹小的辦公室接待所有來客，便將屋頂的天台改為會場。每天到工
會報到的電車工人為來訪者騰出地方，站在樓下街邊。他們通過兩個安
裝在工會辦公室外面的喇叭聽着樓頂天台上開會和演講的聲音，一起參
加這些會議。來訪者的每一次集會都會以全體齊聲合唱結束。其中一首
歌起源於抗日戰爭中的共產黨解放區，很快傳唱於全國各地。這首〈團
結就是力量〉是電車工友最喜愛的一首歌，每次都和來訪者在樓下樓頂
一起同聲高唱：

　　　　團結就是力量
　　　　團結就是力量
　　　　這力量是鐵，這力量是鋼
　　　　比鐵還硬，比鋼還強
　　　　向着法西斯蒂開火
　　　　讓一切不民主的制度死亡
　　　　向着太陽
　　　　向着自由
　　　　向着新中國
　　　　發出萬丈光芒！

　　對香港的殖民政權來說，這首內地傳來的號召民主和自由的歌曲，
並非悅耳的音樂；而在港島各處掛起的五星紅旗，和前往羅素街的川流
不息的社團，更非普天歡慶的景象。也許，那些外族的中國勞工沒有資
格獲得民主和自由。把統一的中國視為香港殖民地頭號威脅的葛量洪總
督，現在把對電車工人經久不衰的公眾同情視為一次重大政治挑戰。作
為精明的執政者，他相當準確地意識到電車公司的「麻煩」「源於本地原
因而不是外來的挑唆」。電車工潮和 1945 年英國重佔香港後發生的許多
工潮相似，「所有這些工潮…… 基本都是經濟性質，同戰後工資和僱用

條件的調整有關」。[115] 他還指出，中國的影響「當然不可小覷」，影響到
「兩大工會組合相互競爭中慢慢出現但是逐漸發展的政治取向」。不過，
現在他已經不再擔心那些曾經很有影響力的親國民黨工會。他更憂慮的
是「控制了幾乎所有公共設施」的左翼工聯會，它們「從開始形成至今，
已經變得愈來愈有力量」。葛量洪爵士向殖民部聲稱，工聯會已經制訂了
「至 1950 年 3 月全面滲透右翼工會的計劃」，以期造成一個「讓中國的
共產黨來操縱」的局勢。[116] 上述評估寫入葛量洪致殖民大臣的秘密報告
裏，在他下令對電車工人採取警察行動的兩個月之後遞交倫敦。葛量洪
斷言，公開支持中華人民共和國的電車工會正在將共產黨的影響帶入香
港並顛覆殖民統治，因此動用警力為必要之舉。

　　根據這個邏輯，1 月末發生的許多事，雖然都追隨着這個華南城市
的傳統而發展，葛量洪爵士卻可以從中看到電車工會為顛覆殖民地打前
陣的不少證據。有香港報紙於 1 月 25 日報道，廣州工人決定向香港電
車工人捐贈五噸大米，延續過去粵港兩邊的勞工和工會在困難時刻互相
接濟的做法。三天以後，廣州總工會致信香港電車工人，向他們表示慰
問。[117] 在電車公司宣佈解僱工人後大概一個月，工聯會於 1 月 26 日發
表公開信，呼籲香港「各階層市民」推動電車工潮早日得到解決。[118] 與
此同時，號稱「四電一煤」的電話、煤氣、電車和兩個在香港和九龍的
電力公司（香港電燈和中華電力）等五個公用設施企業的工會發表聯合

115　Secret（密件），"To the Secretary of State for the Colonies from the Governor, Hong Kong（香
　　港總督致殖民大臣），" 1950 年 3 月 31 日，FO 371/83261，頁 79-87，引文見頁 79。

116　同上，頁 79、80。

117　〈廣州工友獻米萬斤，熱烈支援電車工友〉，《星島日報》，1950 年 1 月 25 日，第 6 版；〈支
　　援電車工人英勇鬥爭，穗工會籌備會來函慰問〉，《大公報》，1950 年 1 月 30 日，第 1 版。

118　〈督促電車資方，支援電車工友，工聯會發出莊嚴號召〉，《大公報》，1950 年 1 月 27 日，
　　第 1 版。

圖 12. ｜1950 年 1 月 28 日警察駐柴羅素街口

聲明，要求電車公司儘快對目前的勞資糾紛提出可行方案。它們再次強
調，工友們希望獲得可以保障生活的工資，並已做好準備「為生存不惜
採取行動」。[119]

「四電一煤」的聯合聲明獲得各工會和社團的積極響應。1 月 28 日
晚上，公用設施和其他行業的工友在放工後來到電車工會總部。他們的

---

119 〈四電一煤昨再度聲明，希望合理解決保障生活要求，否則為生存不惜採取行動〉，《大公
報》，1950 年 1 月 27 日，第 4 版。

集會從 8 點開始，以巴士工人為前列，排着整齊的行列，齊聲唱着〈我們的隊伍來了〉的歌曲，進入百米長的羅素街。在雨中，電車工友站在街道兩旁，鼓掌歡迎他們的戰友。那天晚上的集會賓主雙方共有六千多人，從頭到尾有序進行，樓頂和街上的工人發表演說，齊聲高歌。[120] 這一天，香港警察第一次在羅素街的一頭佈置了警車和裝甲車，但未採取任何其他行動。雖然下着雨又有大批工人參會，整個集會和平進行，有序結束。

　　兩天以後，香港三十八個被取締的青年團體又一次組織集會聲援電車工人。這些團體已經向香港總督呈文要求重獲合法註冊，正在等待回覆。1 月 30 日那天，各團體安排了兩千多名代表與電車工人在 1 月 30 日晚上 8 點聚會。他們到達羅素街時，震驚地發現周邊已有一百多名警察駐守。[121] 大批警察的出現，反而使這些青年男女更加鬥志昂揚。他們按計劃進行天台集會，發表演說，放聲高唱來自共產黨中國的歌曲並扭起秧歌。如往常一樣，天台的集會也通過在街面的工會辦公室外兩個喇叭傳給羅素街兩旁站立的電車工人。集會進行一個小時後，一名歐籍警官來到工會辦公室，摘除外面的擴音喇叭。一名工人忿忿不平，上前試圖制止他。兩人爭執中，警官用警棍將工人打倒在地。其他工人衝過去扶起被打的工人並把兩人拉開，警官趁此機會帶着擴音喇叭揚長而去。[122]

　　這時，更多的警察在警務處長麥景陶（D. W. Mackintosh）親自率領下到達現場。「電車工友約二三百人即以手靠手列隊而前」，他們齊聲高唱〈團結就是力量〉，試圖阻止警察進入羅素街。一名《星島日報》的

120　〈四千多工人兄弟昨慰問電車工友〉，《大公報》，1950 年 1 月 29 日，第 4 版。

121　〈鮮血流在羅素街頭，電車糾紛發生慘案〉，《大公報》，1950 年 1 月 31 日，第 4 版；〈電車工人與警察昨夜發生大衝突，羅素街上竟演成流血事件〉，《星島日報》，1950 年 1 月 31 日，第 1 版。

122　《星島日報》，同上，第 1 版。

記者站在上千名圍觀的人群中，注意到「觀者為之動容」。[123] 突然，工友們唱起了〈義勇軍進行曲〉，好像要在全副武裝的警隊前喚起自己內心深處最強大的力量。「起來，不願做奴隸的人們！把我們的血肉，築成我們新的長城！」這首在三十年代救亡運動中傳唱的歌曲剛剛被選定為中華人民共和國國歌。這幾行歌詞似乎不是從工友們的喉嚨裏衝出，而是從他們熱血沸騰的胸腔內昂然升起。[124] 工友們守衛着自己的陣地，直到兩小時後警察發射催淚彈，繼而揮舞警棍衝入人群，「群眾如驚弓之鳥，慌忙逃避」。在場的《大公報》的記者「親見有一腳步較慢的人被華警追上用皮靴猛踢」。記者自己也在「兩次被追趕後」轉入軒尼詩道，又見「手持藤牌短桿的華警數十人由波斯富街口軒尼詩道向堅拿道東路口追趕數百圍觀的群眾，呼聲不絕，其緊張情形，如戰場衝鋒」。[125]

　　警察行動在午夜結束。除了八百餘名警察，港府又動用了軍隊支援鎮壓行動。[126] 據《星島日報》統計，共有七十名工友受傷，其中二十七名傷勢嚴重，被送往醫院急救。另一項統計認為受傷工友人數在一百人以上。[127]「當時若不是工聯制止，說不定電車工友已以破釜沈舟的堅決意志與警察們打到底了」。[128] 當混亂在凌晨最終平息，羅素街和附近街區「路上滿佈玻璃樽碎片，磚石，鐵片，粉碎之花盆，破爛之木椅等」，在

123　〈警隊紛紛出動，形勢越顯緊張〉，《星島日報》，1950 年 1 月 31 日，第 1 版。

124　〈硝煙中夾有槍聲，麥景陶親臨巡視〉，《星島日報》，1950 年 1 月 31 日，第 1 版。

125　〈在催淚彈和槍聲中慰問大會繼續舉行〉，《大公報》，1950 年 1 月 31 日，第 4 版。

126　〈衝突事件經過〉，《工商日報》，1950 年 2 月 1 日，第 3 版。

127　〈相持至十二時許，工友始遭勸散去〉，《星島日報》，1950 年 1 月 31 日，第 1 版；周奕（2009），頁 274。

128　陳君葆，《陳君葆日記》。1950 年 2 月 11 日，第 3 卷，頁 10。陳君葆教授在戰爭期間保護香港大學財產，受到英王授予「大英帝國勳章（O.B.E.）」。

圖 13.   ｜1950 年 1 月 30 日大隊警察到達羅素街

圖 14.   ｜1950 年 1 月 30 日晚，警察攻擊電車工人以及旁觀群眾

混亂中由憤怒的居民從樓上砸向前來鎮壓的警察。[129]　香港大學的陳君葆教授（1898-1982）從工聯會理事長張振南處得知，被抓到警察局的工友中，「一個住在九龍的工友打得腰骨有欲斷之勢，而在警署內施刑的都是英國人，大概是報復副警司在肇事地點被擊傷的緣故」。[130]　六名在醫院救治的工友於 1949 年 2 月 10 日被遞送出境。在羅素街鎮壓工友那天，警察查封了電車工會辦公室並逮捕了兩名工會幹部，包括秘書李文海，以及代表青年團體前來慰問並給工友送來捐款的青年領袖周璋。幾天以後，電車工會主席劉法也被逮捕。2 月初，他們都被遞送出境遣返內地。[131]

香港警察對電車工人的鎮壓引發了北京的中央人民政府有史以來就香港事件作出的第一次公開反應。2 月 3 日，《人民日報》在第一版登載羅素街事件。由新華社廣州分社所作的報道冠以〈港英政府暴力鎮壓工人，釀成巨大流血慘案〉的標題。另一篇報道以〈港九人民團體全力支持電車工人，嚴重抗議英警暴行〉為題，敍述香港當地對羅素街事件的反應。三天之後，《人民日報》再次報道內地各城市舉行群眾集會，聲討英國警察在香港的暴力行為。[132] 雖然言詞激烈，抗議方式卻相對溫和，僅以新聞報道的方式表示強烈不滿。報道的內容和敍述方式也表明，北

129　〈相持至十二時許，工友始遵勸散去〉，《星島日報》，1950 年 1 月 31 日，第 1 版。《星島日報》的報道，也為陳君葆教授的紀錄所證實。「據說當時羅素街爭奪戰，有許多看不過的鄰人，確曾以花盆、鐵罐等物從樓上投下，甚至有用整塊桌面擲下的。」陳君葆，同上。

130　陳君葆，同上。

131　專訊，〈電車工會主席劉法昨被遞解出境〉，《星島日報》，1950 年 2 月 2 日，第 5 版；與劉法一同被遞解出境的還有戚雲和周璋。2 月 6 日，電車工會秘書李文海又被遞解出境。見〈電車工會書記李文海被遞解〉，《星島日報》，1950 年 2 月 7 日，第 5 版。

132　新華社廣州分社，〈港英政府暴力鎮壓工人，釀成巨大流血慘案〉，《人民日報》，1950 年 2 月 3 日；新華社廣州分社，〈港九人民團體全力支持電車工人，嚴重抗議英警暴行〉，同上，第 1 版；新華社，〈全國人民憤怒表示，抗議香港政府暴行，支援被害工人兄弟〉，《人民日報》，1950 年 2 月 6 日，第 4 版。

京認為這次警察行動是地方性的，而不是針對剛剛成立的中央人民政
府。從另外一個角度來看北京這次相對節制的反應，也可以肯定地說，
雖然工友們公開認同祖國的新政府，電車工潮卻並非「外來勢力」煽起
的行動，而是一次真正的源於香港當地經濟困難所導致的工人集體抗爭。

　　工會領導被遣送出境後的電車工會失去了核心力量，在勞資談判重
啟時處於劣勢。此前一再拒絕工聯會要求、拒絕進行調停的勞工處，現
在出來敦促「電車勞資重開談判之門」。[133] 2 月 9 日，雙方達成協議，除
了特別津貼一項留待牛奶公司的仲裁結果而定以外，電車公司接受工會
的所有要求。公司還同意重新僱用所有 1,700 多名工人，包括那些被遞
解出香港的工人。牛奶公司的仲裁於兩個月後揭曉，同意發放每月 30 元
特別津貼，即工會原來要求的三分之一。[134] 談判結果既定，警察於 2 月
10 日將電車工會辦公室啟封。電車工友和前來為他們鼓氣的其他工會代
表和青年及學生聚集於羅素街，再一次升起五星國旗並唱起〈義勇軍進
行曲〉。[135] 他們不屈不撓的行動，為香港有史以來最長的工人運動寫下了
公開宣示認同祖國新政府的最後一頁。

133　〈勞工處促電車勞資重開談判之門〉，《星島日報》，1950 年 2 月 5 日，第 5 版。

134　〈四十八天工潮告一段落，電車今晨正式復開〉，《星島日報》，1950 年 2 月 10 日，第 5
　　版；〈勞方最大讓步，今晨電車復通〉，《文匯報》，1950 年 2 月 10 日，第 4 版；〈辛辛苦
　　苦曲曲折折，牛奶公司仲裁結果，男工月增津貼卅元〉，《文匯報》，1950 年 3 月 25 日，
　　第 4 版。

135　〈當國旗在羅素街升起的時候：瑣記電車工人收回工會〉，《文匯報》，1950 年 2 月 11 日，
　　第 4 版；〈電車工友收回工會；昨晨清點損失情形〉，《文匯報》，1950 年 2 月 11 日，第 4
　　版。

香港警察於 1950 年初對電車工人的鎮壓行動，揭開了殖民政府對香港勞工事務實行干預政策後新的一頁。無論是偏右或偏左的報紙，都以「羅素街血案」稱呼這次警察行動。殖民政權從鼓勵勞工運動到鎮壓勞工運動的轉變，其實早已悄然進行。1948 年的〈職工會及勞資糾紛條例〉為一系列在「東方的柏林」設防的法令開鑼鳴道，將香港絕大多數的居民視為不可信任的異己。反共的需要成為在香港推行壓迫性法令的官方託辭。但是官方內部的討論卻表明了關鍵性的深層次意圖：捍衛英國在香港和亞洲地區的利益。

殖民政權以曾經受到勞工處積極鼓勵而發展起來的產業工會為打擊目標，製作了一個荒謬的悖論。左翼的工聯會是在英國官員鼓勵下組成的產業工會基礎之上發展壯大，最終又遭殖民政權打擊，固然是個歷史的反諷。然而這些產業工會之所以獲得力量，卻有更多內在的原因。這些工會有盡心盡職的工會領導，它們因勞工的切實需要而出現，它們還有以民主精神主導工會的各項措施和決策。本章討論的油漆工會和電車工會，都表明工會採取的任何重大舉措必須遵從全體會員的民主表決。當然，這些工會中有少數共產黨人擔任領導職務。然而與倫敦和香港的殖民政權的深切擔憂相反，他們的作用並不在於顛覆英國的統治，而在於專注發展真正的產業工會，以此集聚力量而推動改革、保護並改善勞工大眾的處境。誠如何卓忠的經歷所顯示，這些新型的產業工會引導工人摒棄過去以暴力解決爭端的三合會傳統，以說理和談判解決問題。這樣的工會，正是倫敦的干預主義改良決策的希望所在，也是三十年代香港第一位勞工主任所憧憬的未來發展方向。這些產業工會為愈來愈多的工人所歡迎，不是因為他們的工會領導因循守舊，而是他們帶來了新的理念、新的方法，並在實踐中證明了他們言而必行、行而必果的領袖素質和工作能力。

正如殖民政權所想像的，附屬工聯會的產業工會的真正問題不在

於工會本身這些完全符合規則的做法，而在於它們愈來愈受到工人的擁護和他們共同表達的對統一的祖國的認同。這些產業工會的政治取向與香港最活躍的青年團體相一致。他們的聯合行動推動了香港新文化的誕生。香港普通大眾內心從未把殖民地作為家園，而這個新文化是他們內心深處歸屬感的復甦。他們為人民共和國的成立而歡欣鼓舞，他們的宏大慶典與 1945 年英國艦隊駛入香港水域時看到的在每一個屋頂和每一艘帆船桅杆上飄揚的中國國旗的驚人景象交相輝映，成為重佔香港的殖民政權的噩夢。在 1949 年 10 月 1 日後，每當五星國旗在新型產業工會辦公室、中華總商會、青年團體的總部、劇院和酒店掛起，在殖民政權當政者的心中會展現一個驚心動魄的前景。組織起來的勞工以如此公開熱烈的方式展示他們的內心和嚮往，因此也讓他們自己公然站到了殖民政權的對立面。即使勞工工會在勞資糾紛時提出的要求完全合情合理，但為了殖民地的生存，鎮壓這些殖民地的敵人成為殖民地的第一要務。從大局着眼，羅素街上鎮壓抗議勞工的警察行動更是意在舉行一次公眾演示，以受到殖民政權深切懷疑的香港近兩百萬的中國居民為觀眾，向他們展現人在香港心向祖國的可能結局。雖然這次動武有所節制，但是堅決打擊一個遵守法律的工會的目的，意在行動之外。動用些許的武力可將剛剛興起的新文化扼殺在萌芽時分，由此引發的種種迴響，也將在香港發出經久長遠的威懾之聲。

第六章

左右制衡

　　警察的羅素街行動之後，香港重歸久違的平靜。勞資糾紛不再頻繁出現，到了下一年幾乎風平浪靜。組織起來的勞工從此失去了曾經有過的活力（見圖例 1）。與此同時，資方重新佔居上風。勞工處 1950-1951 年的年度報告專門表示對電車公司給予支持，詳細說明電車公司拒絕工會要求的三點理由。當勞工顧問委員會於 1950 年 1 月「重新組建」以求達到「僱主和勞工的平均代表人數」時，電車公司的總經理莊士敦（G. S. Johnston）被任命為成員之一。[1] 勞工顧問委員會的四名「中國勞工代表」中，一名是掌控華機會的工場業主韓文惠，兩名來自工團總會的附屬工會，一名來自左翼的工聯會附屬工會，後者成為絕對的少數。即使三名左右翼的工會代表對僱主代表的決定共同持有異議，他們依然無法在委員會中取勝。勞工處長擔任顧問委員會主席，而韓文惠一向追隨官方路線，必定站在僱主一邊。他們和四名僱主代表形成絕對多數，可以制止來自工會方面的所有提案。

　　除了恢復並加強僱主在勞資糾紛中的主導地位，殖民政權還為兩個勞工組合重新定性。勞工處宣佈工聯會和工團總會都不是「建立在產業或職業基礎之上」的工會，而是基於各自「對目前中國政治⋯⋯的態度」所形成的組織。[2] 但是，報告同時也點出了表象和實質的交互錯位。親國民黨的工團總會雖然「叫得最響」，它的實際影響卻同它發出的聲音「以正比下降」。工團總會的實際繳費會員 33,500 人，比它號稱的 62,000 人少了將近一半。相反，左翼的工聯會實際力量更強。它的成員工會「聯盟緊密」，而且「每個工會平均而言會員多得多」，工聯會所有四十四個

1　*HKAR* 1950，頁 21；*LDAR*，1950-1951，頁 4、19。僱主和「勞工」代表各四名，各組中兩名由港督提名，其餘兩名通過選舉後任命。

2　*LDAR* 1950-1951，頁 21。

圖例 1. 1946/47 年至 1950/51 年因勞資糾紛而損失的工作日

來源：*LDAR* 1950-1951，頁 93。

成員工會都比工團總會的成員工會支付六到七倍的附屬成員費。[3] 對勞工處來說，這是個大問題。勞工處認為「本地中文媒體的某些部分」與工聯會成員工會相互協調，對勞資糾紛的各種報道「充斥着惡言惡語，有時候甚至一派胡言」，因此它不能無動於衷。[4] 在成功扼殺了電車工會的活動能力之後，殖民政權希望在「得不到媒體注意」的僱主與獲得「惡言惡語」的「媒體攻勢」支援的工聯會之間重新調整目前的不平衡。[5]

3　*LDAR* 1953-1954，頁 38-39。
4　*LDAR* 1951-1952，頁 25、26。
5　*LDAR* 1951-1952，頁 26。

　　事實上，殖民政權對工聯會的警覺和隨之而來的打擊壓制，已經給這個組織有效並富有活力的工會組合造成巨大壓力。羅素街警察行動後，公眾對勞工的同情開始消退。與此同時，中國政府也希望工聯會約束行動。在新形勢下，組織起來的勞工沒有其他選擇，只能進行重大戰略性調整。1950 年以後，工聯會的成員工會基本放棄以工作場所內集體抗爭為手段而達到改善工作待遇的目標，轉向更溫和的工作場所之外的工會福利措施，緩解職工生活困境成為了工會的中心工作。雖然香港勞工組織在紙面上依然合法，但羅素街血案以後它們已不再是構成香港勞資關係的重要成員。

　　已經被制服的勞工雖然依舊心存不平，但假如沒有外力介入，獲得勝利的殖民政權可能會繼續維持在香港取得的左右制衡。意想不到的是，羅素街衝突之後僅僅五個月，朝鮮戰爭於 1950 年 6 月突然爆發。美國介入朝鮮戰爭，瞬間打破了英屬香港好不容易才獲得的平靜。基於美國重估台灣在冷戰中的亞洲戰略地位並重啟金錢等援助，已被美國拋棄的國民黨再次振作。[6] 國民黨重新進入香港，恢復在香港的組織。由於比鄰內地，香港更成為西方各大國對華情報中心；美國以此為基地，發起對華反共文化攻勢。[7] 就在其他英國殖民地一個個走向獨立的年代，英屬香港的殖民統治再一次在全球冷戰中得以延年益壽。在驟然變化的新形

6　關於台灣軍備和經濟在朝鮮戰爭後重新獲得美國援助而重振旗鼓，見 Tucker (1995)，第 3、4 章；關於朝鮮戰爭爆發後西方主要國家對港政策的調整，見 Zhai，頁 4-6。

7　關於香港在冷戰期間英美關係中的地位，參見 Mark。關於五十年代以香港為基地的美國對華文化攻勢，參見盧瑋鑾、熊志琴（編），《香港文化眾聲道》，其中八位被訪者談到了各種不同的重要做法。Ting-hong Wong（黃庭康）所作《霸權的對比：戰後新加坡和香港中文學校政治和國家權利的形成》（*Hegemonies Compared: State Formation and Chinese School Politics in Postwar Singapore and Hong Kong*）一書，敍述了香港戰後教育被「去民族化」的歷程和方法。張揚的文章〈亞洲基金會：香港中文大學創建背後的美國推手〉，討論了美國引領下對華全球攻勢的一個案例；又見 Lu Xun 關於情報和宣傳攻勢的文章，Glen Peterson 討論 Aid Refugee Chinese Intellectuals 組織的文章，以及 Stacilee Ford 關於文化產業的文章。

勢下，香港的殖民政權以左翼工會組織為主要潛在敵人而繼續施壓的行動，無意中加速了香港滑過「火山邊緣」的滾動。

工會退下抗爭前沿

當香港居民的視線集中在電車工潮時，警察的羅素街行動實現了最大的街頭劇場效應並達到震嚇全場觀眾的目的。與此同時，殖民政權又開始了另一場靜悄悄的行動，以期達到系統性剷除社會活動積極分子的目的。就在電車工潮剛剛進入僵持階段之時，港九絲織業總工會主席樓頌平於 1949 年 12 月底被警察拘捕，精準打擊行動由此拉開序幕。樓頌平被定為第一個目標並非偶然。在上半年，他領導下的美亞絲綢廠織工曾經發動工潮，經過八十天抗爭，在勞資談判中獲得勝利。[8] 美亞罷工獲得工聯會支持，更使絲織業總工會的威信大增，美亞工人參加工會的比例從罷工前的 80% 上升至 95%。[9] 美亞絲綢廠於 1937 年從上海遷港。包括樓頌平在內的 300 名織工基本都是來自上海，佔全港絲織工人的半數。樓頌平在港居住時間較短，也使他輕易成為遣送出境的目標。絲綢工會一再為樓頌平向勞工處提出申訴，甚至還為使他獲釋進行了短暫罷工，但是當局不為所動。[10] 關押十天之後，樓頌平於新年伊始時在深圳口

8　〈美亞綢廠一片冷清；勞方執行和平糾察〉，《文匯報》1949 年 5 月 27 日，第 4 版；〈美亞綢廠工潮，前晚工友被打受傷〉，《文匯報》，1949 年 5 月 31 日，第 4 版。

9　周奕（2009），頁 237。

10　〈荃灣絲織工友關心樓頌平〉，《文匯報》，1949 年 12 月 26 日，第 4 版；〈樓頌平被警扣留，絲織工會發聲明〉，《文匯報》，1949 年 12 月 27 日，第 4 版，〈絲織工友昨日查出，樓頌平關在監房〉，《文匯報》，1949 年 12 月 29 日，第 4 版；〈絲織業總工會為樓頌平被捕提出嚴重抗議〉，《文匯報》，1949 年 12 月 30 日，第 4 版；〈要求釋放樓頌平，絲織工昨罷工二小時〉，《文匯報》，1949 年 12 月 31 日，第 4 版。

岸被遞送出境。[11] 繼樓頌平以後，文化界創立虹虹歌詠團的盧動成為下一個打擊目標。盧動於戰後擔任香島中學校長；在他影響下，學校的教師和學生公開慶祝中華人民共和國成立並升起五星國旗。盧動於 1 月 5 日清晨被政治部的便衣警員從家中拘捕，幾小時後即被遣送出境。[12]

　　雖然春天臨近，香港的社會運動卻回到了嚴冬。殖民當局基於四名中學教師和一名工商界人士組織慶祝中華人民共和國成立的活動而將他們遣送出境後，把矛頭轉向工會。繼劉法之後擔任電車工會的歐陽少峰是戰後香港一位傑出的工會領袖，特別擅長公開演講。他於 3 月 9 日被捕，次日被遞送出境。[13] 憂慮之下，工聯會發表公告，聲稱理事長張振南已經離港前往內地，考察那裏的工人福利和生產狀況。張振南自此留在廣州，成為廣東總工會預算委員會主任，後來擔任廣東總工會的副主席，再也沒有返回香港。[14]

　　張振南離去，工聯會理事長職位出現空缺，另一位廣受讚譽的工會領袖被推上領導前沿。麥耀全（見第四章）成為工聯會的副主席和理事長。自從戰後在海軍船塢領導勞工運動，麥耀全一直受到勞工主任白加的關注。他讚揚麥耀全在「香港工會運動真正出現的時刻」代表着「新興的一代領導」。白加指出，麥耀全「代表工會中較為激進的一翼」，但認為「儘管他可能不太願意妥協」，卻是「一位在工人看來比張振南更好

11　周奕（2009），頁 291。

12　〈香島中學千餘學生為盧動被迫離境發表告社會人士書〉，《文匯報》，1950 年 1 月 7 日，第 4 版。

13　〈電車職工會主席歐陽少峰被解出境〉，《文匯報》，1950 年 3 月 11 日，第 4 版。

14　〈歐陽少峰又被解出境，港九工人均深感不安……工聯派張振南返內地考察〉，《文匯報》，1950 年 3 月 12 日，第 4 版；張振南返回內地後主要從事工會工作；參見廣東總工會，〈廣東總工會重要會議〉，http://gdftu.org.cn，2013 年 8 月 11 日查閱。

的領導」。[15] 恰恰因為他受到廣大工人擁戴，殖民當局對麥耀全重振香港勞工運動的能力深感擔憂。1950 年 7 月 6 日，警察來到海軍船塢，拘捕了剛剛上工的麥耀全。同日被拘捕的還有九龍船塢勞工聯合會主席麥河志，他曾於 1949 年 10 月底帶領多達三百人的港九工會聯合會勞軍代表團前往深圳慰問人民解放軍。[16] 拘捕他們的警察沒有出示任何證件或逮捕令，兩位工會領袖也沒有通過任何法律程序便於當日被解送至羅湖口岸驅逐出境。以此類似的方式，青年團體、擁護中華人民共和國的左翼工會以及教育界和工商界中的二十一名人士被一一趕出了香港。[17]

為了保護自己的領導力量，工聯會做出了一項不同尋常的決定，於 1950 年 12 月將七十多名工會幹部和骨幹分子送出香港。據近年出現的一項材料顯示，這個決定的起因源於警務處長在怡和洋行一名大班的一次私人家宴上的談話。大班的管家是工聯會的洋務工會會員，聽到警務處長在席間提及將要逮捕左翼人士的內部決定，立刻將消息報告工聯會，導致工聯會採取這次無奈的行動。[18] 在殖民政府的官方檔案中，沒有此次「計劃中」的逮捕行動的任何佐證。總體而言，在外交部和殖民部檔案中，有關共產黨的文件大多沒有根據三十年解密的基本原則予以公開。至於在香港是否真有這樣的逮捕計劃、還是那次警務處長的「私下談話」是故意放出的誘餌，以虛假信息促使左翼人士自動離開香港，都

15　Confidential（保密件），Ken Baker to Commissioner of Labour（白加致勞工處長），"The Hong Kong Federation of Trade Union（香港工會聯合會），" 1949 年 12 月 6 日，HKRS 843-1-52，頁 2。

16　〈工人領袖迭遭迫害，麥耀全麥河志咋遭逮捕，警方未宣佈任何理由亦並未出示證件〉，《文匯報》，1950 年 7 月 7 日，第 4 版。

17　〈從盧動到麥耀全：半年來在香港的中國人民被香港英政府拘捕後遞解出港的紀錄〉，《文匯報》，1950 年 7 月 9 日，第 4 版，〈廣州工人兄弟今日開大會歡迎麥耀全麥河志〉，《文匯報》，1950 年 7 月 12 日，第 4 版。

18　周奕（2009），頁 287。

無法確證。不管真相如何，大量勞工運動的中堅人物突然離去，顯示了香港最為有力的勞工組織在 1950 年感受到的深切恐懼。

左翼工會現在清醒地看明了香港殖民政權在國共內戰結束後推行的反共政策，決定採取主動退讓的辦法，以避免同殖民政權正面衝突。對於曾經在艱苦的抗戰與戰後的和平年代中戰勝種種逆境的基層工會骨幹和工會領袖來說，妥協不是他們願意輕易接受的方式。雖然並無公開材料顯示工聯會作出主動撤退的決策過程，但文化界的一個例子也可以顯示基層人員相似的苦惱。在香港左翼機構工作的新聞記者和其他工作人員得到北京指令，要對英國殖民政權保持克制態度，他們普遍產生抵觸情緒甚至採取抵制行動。新華社於 1947 年獲得殖民政府允許在香港建立分社，其初始工作僅限於翻譯和轉發來自內地的總社新聞稿。[19] 來自北京的口頭指令強調，新中國政府「不收回香港，不是放棄香港，也不是撤出香港」。負責外交事務的周恩來總理的指示更強調新華社分社以香港為基地，發展統一戰線，為人民共和國贏得朋友的職責。[20] 香港分社的員工不是左翼人士就是共產黨員，對殖民主義和殖民政權充滿敵意。他們抵制當時香港當局在 1949 年下半年實行的身份證規定，直到北京指令所有員工要遵守香港法令，才勉強前去登記註冊。[21] 左翼基層的這種反感一直隱約留存，從未完全消失。但是，北京避免衝突的基本政策，加上殖民當局堅定的鎮壓措施，迫使共產黨半公開組織以及在共產黨影響下的包括工聯會在內的社會基層組織轉向溫和的行為方式。

19　喬冠華，頁 181-182。

20　金堯如（2005），頁 30-31。

21　金堯如（2005），頁 40-41。Steve Tsang（曾銳生）認為，新華社香港分社沒有按照〈外國機構（控制）條例〉的要求，拖延機構註冊，而英國當局從香港到倫敦都十分謹慎，不願引起中國政府的敵對情緒。他的研究將新華社香港分社的各項舉動都解讀為遵從上級指示，而金堯如作為當事人的記載非常清楚地表明，新華社香港分社同英國當局的摩擦，其實是基層對中央政策的偏離。Tsang（1997b），頁 302-303。

在新形勢下，工聯會改變方式，基本停止在工廠以內爭取改善工人的工作和僱用條件的集體行動，轉向工廠以外的工人生活福利事業。羅素街衝突後三個月，工聯會於 1950 年 4 月召開第三次代表大會，通過了「關心群眾疾苦，創辦工人福利」的決議。[22] 工會由此發展各項活動，並對工人日常生活的三個方面給予特別的重視：醫療、就餐和業餘活動。此外，在發生特別災難和解僱事件時，工會一如既往，繼續為工友提供援助。

建立工人診療所成為工聯會的第一項重要福利舉措。在很大程度上，診所的建立得力於一位意想不到的志願者的幫助。李崧（1895-1989）是一位以愛國熱情而聞名的香港醫生。1932 年日本海軍陸戰隊進攻上海，李崧醫生關閉了自己的診所，趕往上海前線支援抗戰。他的家庭一向處於收入優裕的香港社交圈內，認為國民黨領導的政府是中國的合法政權，而「共產黨都是殺人放火的土匪，主張公妻共產」。1948 年的一個變故，使他與夫人不得不重新審視自己向來的判斷。那年夏天，他們在南京金陵女子大學讀書的女兒回家過了暑假，然後直接前往東江地區參加了共產黨的游擊隊。[23] 震驚之餘，他們開始到處打聽消息，因此結識了一些新朋友。這些新交同李家過去往來的「只會扮靚和享受」的太太和少奶奶們大不相同，「都是有思想有頭腦的人」。新的朋友也讓李醫生夫婦改變了對共產黨和對他們女兒所作選擇的想法。通過他們，李崧醫生決定為工聯會介紹過來的工友在他日間診療結束後義務看病。當工友們每晚在他診所的走廊裏排起長隊時，李崧醫生馬上意識到，他們的需要遠遠超過了他這個私人診所的能力。[24]

22　香港工會聯合會（2013），頁 24。
23　李崧，頁 153-154。
24　同上，頁 159。

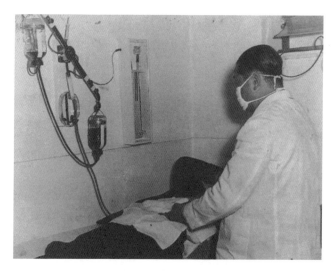

圖 15.　　｜李崧醫生在工聯會工人醫療所診治肺結核患者

聽從李崧醫生的建議，工聯會從三個工會集資借款 3,300 元，設立了第一家工人醫療所。第一醫療所於 1950 年 7 月開始門診時，暫時借用港九勞工教育促進會的一間辦公室，直到六個月以後搬到工聯會在駱克道 39 號三樓租用的新址。醫療所有一名常駐主治醫師，李崧和另外幾位醫生則用工餘時間為醫療所提供義診服務。每天在他自己的診所工作完畢後，李崧立刻趕往工聯會的第一醫療所。這項志願工作讓他天天忙到半夜才能回到家裏，但他始終覺得「心情卻非常愉快」。[25]

工聯會的第一醫療所在香港工運史上樹立了新的里程碑，成為第一

25　同上，頁 160。

個由工會組合創辦的醫療服務機構。²⁶ 當時除了組織較好的工會如摩托
車總工會已經聯絡一些醫生提供義務服務而組織本工會的診所外，沒有
工會組合為所有各個工會成員提供一視同仁的服務。從工聯會個別工會
診所的有限實踐開始，第一工人醫療所又向前跨出了一大步。在五十年
代，西藥西醫被普遍認為比中醫中藥更為有效，但由於價格昂貴，一般
工人無法企及。第一醫療所的診治包括西醫西藥，為工友提供了曾經是
可望不可及的服務。²⁷ 只要帶上自己工會的介紹證，工友和他們的家屬就
可以在診所得到診治。每人付藥費 2 元，注射費只要再加 1 元，醫治不
收診費。²⁸ 由於需求廣泛而迫切，工聯會於 1951 年 7 月在油麻地的廣東
道又開設了第二醫療所，次年 1 月又在此設立由李崧醫生捐獻設備的 X
光檢驗所，在九龍的長沙灣道設立留產所，並在荃灣新興的工業區設立
了又一個醫療所，1955 年 5 月開設了工聯會中醫診所，並建立了由李崧

26 據當時人回憶，親台灣的工團總會中有一個工會也有一個醫療所，並從內地請來一位醫
生。在工聯會開辦的醫療所得到廣大工友歡迎後，工團總會也於五十年代中開辦醫療所。
參見筆者與周奕通訊，2015 年 10 月 4 日。雖然目前尚未看到當時記錄，1950 年國民黨組
織開始在香港恢復的事實，可以支持周的說法。見本章下面的討論。

27 摩托總工會自 1949 年以後的會刊顯示，該工會提供二十一名義務醫生的服務，其中包括
十一名中醫、兩名中醫跌打骨科專家、三名西醫、兩名喉科醫師、一名牙醫。參見〈摩
托車業職工總會義務醫師一覽〉，《摩托車業職工總會會刊（一九四九年港九的士工潮特
刊）》，1949 年 9 月 1 日，頁 15。香港洋務工會在 1947 年就有十三名義務醫生組成的團隊
為工會會員提供服務，其中包括一名西醫、兩名眼科醫生、一名助產士、兩名內科醫生、
五名跌打醫生。參見〈本會義務醫生一覽表〉，《香港洋務》，復會週年紀念特刊，1947 年
6 月 1 日，頁 24。

28 病君，〈真真正正為工人福利着想概工聯醫療所〉，《摩托通訊》，第 17 號（1950 年 11 月
1 日），頁 25。

醫生捐獻德國顯微鏡的化驗室。[29]

在戰後香港，工友及其家屬對醫藥需求迫切的現實，對於大多數以優裕的家庭為服務對象的醫生只是個抽象的概念。只有在提供義診服務以後，李崧醫生才對這種需要的嚴重程度有了切實的了解。當時，肺結核在香港工人中感染率相當高。二十世紀上半期，肺結核在亞洲隨着城市化和工業化的進程同步推進並迅速擴散。大多數工人營養不良，工廠和作坊（特別是棉紡織業）通風條件差，整體工作條件惡劣，加之居住環境擁擠，人與人之間的傳播使肺結核傳染機率更高。[30] 香港的官方數據顯示，1949 年香港 14.6% 的死亡原因是肺結核，而結核性腦膜炎的病例在兩年裏增長了三倍。[31] 李崧醫生最早的病人之一就是工聯會主席陳文漢。接受李崧醫生看診時，他的肺結核已經到了晚期。由於陳文漢的病狀超出了一般私人診所能力之外，必須在擁有完整設備的醫院才能救治，李崧醫生將他送往一家私人小型醫院港中醫院診療。但是，港中醫院拒絕收治這位貧窮的工人，直到李崧醫生為他墊付了 5,000 多元才得

29　有關各個醫療所和輔助機構的基本信息，參見港九紡織染業總工會（編），《港九紡織染業總工會五週年紀念特刊》（1952 年 6 月），頁 2；《工聯會與您同行》，頁 25；《李崧回憶錄》，頁 164。官方的勞工處年報於 1947 年開始注意到，有些大型歐資企業和華資企業開始「為員工建立醫療設施，不過不為他們的家屬服務」。「醫療設施（medical facilities）」一詞在 1951-52 年的年度報告中改為「醫療關注（medical attention）」。參見 *LDAR* 1947-1948，頁 22；*LDAR* 1951-52，頁 64。《香港工運史》一書作者周奕曾於 1950 年後在五金工會任職工會書記，對筆者提出關於「大型企業」向員工提供「醫療關注」具體內容的回答是：「電車公司起初沒有醫療室，而是要工人去公司指定的醫生診治，公司醫生發出的請假信方為有效，其他醫生無效。這兩位醫生是兄弟，名叫：吳國安、吳國全，電車工人戲稱之為『唔安全』。」筆者與周奕電子郵件通訊，2015 年 10 月 4 日。

30　關於 1900 年至 1950 年間居住和工作環境擁擠與肺結核的相關成因以及由此而來的高死亡率，參見 Jones，頁 653-682。

31　Ingrams，頁 220。又見 1947 年報道，〈肺癆多得驚人：上週突增至百一十九宗〉，《華商報》，1947 年 5 月 1 日，第 4 版。

入院。[32] 另外一個例子是油漆工會的書記何卓忠。他從年輕時已經患有肺結核，吐血三次，最終於 1952 年在工聯會的第一工人醫療所獲得確診並治癒。[33] 當然，不是所有人都同何卓忠一樣幸運。許多人到工人醫療所來看病時，肺結核已經到了非常嚴重的程度，肺部產生許多空洞，必須在有設備的醫院支付昂貴的醫療費用才能治癒。在美國發起的對華物資和醫藥禁運下，香港也受到嚴重影響，治療肺結核的抗生素成為禁運品，工人得了肺結核「就像判了死刑一樣了」。李崧醫生從菲律賓引進一項人工氣腹的技術，在工聯會的醫療所試行。他將氣打進腹腔，以此抬升橫隔膜，將肺擠壓，同時可將出血的空洞壓住。在他義務看診的三十多年中，李醫生以這個相對簡陋的設備治癒了無數肺結核患者。[34] 他幫助建立的工聯會醫療所最終發展為現時設備齊全的醫療機構，每年接診治療人次達數十萬。[35]

除了肺結核，胃病是工人來醫療所求診的第二大疾病。[36] 同肺結核一樣，胃病與工作條件直接相關，因為工作需要而經常性地不規律就餐，或者在短暫的午休時間匆忙吞嚥從家裏帶來的隔夜剩飯，造成腸胃不適而終成疾病。1949 年，工聯會「為了幫助工友減少伙食費的支出」，創辦了一個工人食堂。這個做法啟發了不少附屬工會。第二年，九個工會開辦了它們自己的食堂。[37] 紡織工人特別擁護這個舉措，這樣她們就可以

---

32 李崧，頁 159。當時 5,000 多元是一筆鉅額，因為 6,000 元就可以購得一棟獨立的花園洋樓。

33 《何卓忠回憶錄》，頁 155。當他被確診時，地下黨組織指示他停止工作，而工會的工友給他送來醫藥和食品。他們的關心使何卓忠非常感動，不過他依然一邊接受治療，一邊繼續工作，並未休息。

34 李崧，頁 162-163。

35 香港工會聯合會（2013），頁 25。

36 李崧，頁 158。

37 工聯秘書處，〈港九工聯第二年工作總結〉，香港洋務工會，《香港洋務》，第 6 期（1950年 6 月 2 日），頁 12-16，引文見頁 14。

不用在短短的午休時間匆匆吞下家裏帶來的冷飯。紡織染業總工會的一
個支會在九龍城邊的城南道辦了食堂，不僅對工聯會會員開放，而且對
其他工友也敞開大門。每位工友只要付 0.6 元即可購買一餐，比一名工
人每天的交通費還便宜百分之二十五。[38] 紡織染業總工會於 1951 年又在
青山道開辦食堂，為周邊二十多個工廠的工友服務。[39] 對巴士司機和售票
員來說，工友食堂為他們帶來的不僅是準時的飯食，更是健康。當香港
巴士公司的工會為了建立飯堂籌資，向會員售出股份時，百分之七十五
的工友踴躍購買股權，很快籌集到超過預算的 4,000 元。1951 年 5 月，
港巴飯堂開張，不僅有堂食，還為司機和售票員提供送餐服務，每餐
售價 0.8 元，比紡織染業工會食堂略貴，不限量米飯以外，提供兩菜一
湯，滿足了港巴男性工人的需要。[40]

　　除了開辦醫療診所和食堂，為工友的身體健康服務，工聯會的第三
項主要舉措是以激勵工友上進、豐富工友業餘生活為目標。工聯會的各
個工會都設立了康樂部，創辦各種有益身心的工餘活動，包括建立工會
圖書館、組織乒乓球隊、縫紉組、歌詠隊和樂隊。[41] 這個做法源於救亡
運動，既可鼓舞工友團結，又不至於挑戰殖民當局設定的政治界限。成
人和勞工子女教育是一項幫助工友提升長遠的社會競爭能力而具有特別
意義的「康樂活動」。聖公會何明華會督（Bishop Ronald Hall, 1895-
1975）致力於為弱勢群體改變命運，被香港殖民當局視為「粉紅或紅色會

38　港九紡織染業總工會（編），《紡織染業總工會三週年紀念特刊》（1950 年 6 月 25 日），頁
　　16。

39　第一屆管理委員會，〈青山道服務部一年來的工作概況〉，港九紡織染業總工會（編），《紡
　　織染業總工會五週年紀念特刊》（1952 年 6 月 22 日），頁 6。

40　昏明，〈事頭、伙計、客人、都係我自己〉，《摩托通訊》，第 20 號（1951 年 8 月 20 日），
　　頁 14。

41　參見忠誠，〈摩分近事〉，《摩托通訊》，第 18 號（1951 年 4 月 6 日），頁 2。

圖 16.　　｜工會食堂為電車工人送飯

圖 17.　　｜工會食堂

圖 18. ｜女工識字班

督」。[42] 在他積極支持下，工聯會二十多個工會於 1947 年成立了港九勞工教育促進會。殖民當局一開始予以批准，並由教育處和勞工處分別派出代表參加促進會，同各工會的代表一起協商工作。[43]

　　但是，工會舉辦學校的舉措，很快在官方勞工政策逆行轉向的影響下受到挫折。殖民政權重新審視工會開辦的勞工子弟學校，把它們視

42　Chan-Yeung，頁 115-116、143 頁、腳註 22。
43　周奕（2009），頁 241-242。

為滋生危險思想的溫床，收回對這些幫助弱勢群體的學校一度給予的支持。1949 年秋，官方決定停止十二間勞工子弟學校的註冊，不料卻引發全港抗議的軒然大波。政治中立的《星島日報》也站出來抗議，批評政府以「學校建築不合格」為理由而關閉這些學校不能服眾；只有對這些學校的師資、設備、課本以及衛生條件作出全面評估，才能決定它們能否繼續教學。[44] 將近十萬名香港市民參加了保衛勞工子弟學校的請願運動，何明華會督則在工會和教育處之間協調了無數次會議。[45] 輿論壓力迫使殖民當局作出妥協，允許五間勞工子弟學校繼續註冊，但是給每個學校都指派了校長。[46] 這些官方派來的校長密切監督教學業務，警察有時發動突襲檢查，致使教師們噤若寒蟬，不敢再公開表達認同祖國的情感。[47] 1959 年，殖民當局完全終止對勞校發放小額補助。然而，工聯會所屬工會依然堅定支持勞校，通過募捐使勞校繼續生存。在以後的歲月，工聯會為工人主辦的夜校不斷發展，為他們提供各種實用的課程，夜校成為工聯會福利的一個重要內容。[48]

　　在陳文漢領導下，各個福利事業項目成為羅素街警察行動以後的工聯會所注重的主要工作。陳文漢在戰前就已經是勞工運動骨幹分子，並秘密參加了中國共產黨。[49] 他在救助幾百名中國政治、社會和文化人士

44　〈評港當局接受勞校〉，《星島日報》，1949 年 6 月 15 日，重印於 *XGBZJYZL*，頁 564-565。

45　〈勞工教育促進會為勞校事件聲明〉，《華南報》，1949 年 8 月 19 日，重印於 *XGBZJYZL*，頁 579-580；Chan-Yeung，頁 116。

46　〈對於教育司談話，勞教會作三項答辯〉，《星島日報》，1949 年 8 月 22 日，重印於 *XGBZJYZL*，頁 581-583；周奕（2009），頁 246。

47　〈大批軍警昨晨出動，學校工會突被搜查，紅磡勞校員生曾遭扣押〉，《大公報》，1951 年 1 月 29 日，重印於 *XGBZJYZL*，頁 593-594。

48　這些工餘學校在二十一世紀繼續發展壯大。它們提供的豐富多樣的課程，可參見香港工聯會（2008），其中列出近 2,000 項課程，包括實用的經濟、管理和電腦課程，也包括藝術性的課程，如樂器、舞蹈、戲劇、攝影，還有烹飪、園藝和體操等。

49　吳有恆，〈吳有恆關於香港市委工作給中央的報告〉，*GDGM*，第 44 卷，頁 288。

圖 19.　　|1953 年陳文漢出殯行列

逃出淪陷後的香港起了關鍵作用（見第二章）。他從一名摩托車工會的普通工人，最終當選為摩托車總工會主席、工聯會主席。麥耀全被驅逐出境後，陳文漢擔任了工聯會的領導。戰後工作過度和營養不良，最終擊垮了這位全心全意為勞工服務的工人領袖。他才 42 歲便英年早逝，於 1953 年因肺結核去世。他的葬禮成為進步人士向社會表明與工聯會團結一致的集會。陳君葆教授是一千多名送殯行列中的一員；他同其他工會代表以及社會和文化界知名人士一起，從萬國殯儀館經駱克道、波斯富街、禮頓山道步行護送陳文漢的靈柩前往香港仔華人永久墳場。十輛卡車裝載着來自各個工會和其他組織及個人的花圈和輓聯，摩托車總工會派出二十輛汽車緊隨其後。[50] 在政治打壓下的工聯會擔憂過多人參加送

50　〈勞績永存萬人悼念，陳文漢遺體昨安葬〉，《大公報》，1953 年 11 月 28 日，第 4 版。

殯可能會給殖民當局又一次打壓藉口，只給每個工會十至二十名送殯名額。[51] 成千上萬名工人無法加入送殯行列，只能以肅立於送殯行列經過道路兩旁的方式，向他們的領袖致以最後敬意。

封殺左翼聲音

從積極爭取改善工作待遇退卻至工作場合以外為工人提供福利，是活力豐沛的工會在政治高壓下的無奈之舉。當然，在又一波經濟衰退的困境下，工會的福利項目還是為工友提供了解救燃眉之急的幫助。戰後香港經濟曾經一度快速發展上升，但朝鮮戰爭後的對華圍堵，迫使香港的轉口貿易脫離正常運行軌道。美國推動對華貿易制裁，倫敦為美國站隊，香港的生命線被戛然切斷，經濟受到重創。港府的官方年度報告將美國發起的對華制裁稱為香港經濟「最為嚴重的危機」，並認為「對香港工商界來說，1951 年是艱難和蕭條的一年」。[52] 原料短缺和通貨膨脹一直持續到下一年。[53] 香港棉紡織業更是雪上加霜，遭遇日本棉紡織品的有力競爭。「許多工廠不得不過一天算一天，因為⋯⋯ 它們有時候全員開工，有時候留着最少的員工維持着停產狀態」。[54] 在這次經濟危機中，大批工人被裁員。勞工處估計，1951 年的註冊工廠和作坊解僱了 25,000 至 30,000 名工人。在那些被留用的工人中，20,000 人「並非全職」。此外，大約還有 20,000 名「外包工、家庭作坊僱工和各種處於工業運作邊緣的其他工人都因此受到影響」。[55] 這個官方估計比實際數字當然要低很

51　周奕（2009），頁 293、298；香港工會聯合會（2013），頁 274。
52　*HKAR* 1951，頁 7-8。
53　*LDAR* 1951-1952，頁 10。
54　同上。
55　同上，頁 14。

多，因為勞工處只有註冊工廠和作坊的數據，並以此作出估算。[56]

對普通居民來說，不管有沒有工作，住房費用的壓力始終有增無減。一般工會只能透過數額不大但不可或缺的福利措施減輕工友們的生活壓力，而住房問題遠遠超出工會能力之外。1950 年的香港居民共約 236 萬，其中 25 萬是上一年新來的移民。[57] 殖民政府已經注意到住房緊缺以及由此衍生的各種社會問題。然而香港的政治權力機構、特別是立法局內的非官守華人議員，堅定而成功地制止了政府為緩解社會問題所提出的對房地產市場進行干預的所有議案。[58]

無力支付高不可攀的房租，眾多居民和移民在戰後選擇臨時搭建棚屋作為棲身之地。違章搭建的棚屋雖是窮人量入為出的權益之計，卻成為愈來愈嚴重的長期現象。社會福利署於 1950 年與 1951 年之交的調查發現，大約有 30 萬棚屋居民住在 47,000 個「木棚、鐵片棚子、用石頭或磚頭搭建的不合格屋子裏面」。大部分棚屋居民是最近來到香港的內地移民，一部分卻是香港本地居民。[59] 官方報告沒有提到的是，這些人當中很大一部分是工廠工人，有的還有工作，有的最近剛被解僱。棚屋區極易發生火災。斷裂的電線、翻倒的煤油燈或煤油爐，都能很快點燃木板和紙板箱搭起來的棚屋，而且一燒就是一大片。火災往往又成為當局清除棚屋區的絕好理由，把昂貴的地皮清理出來，用於其他開發項目。因此，戰後經常發生的棚屋區大火，往往就把持續存在的社會經濟問題升

56　工業實體的官方數據跟現實相差甚遠，無數小型企業不在官方統計之內。五十年代，勞工處一再提到，至少 100,000 名工人在 20 人以下的未註冊作坊工場工作。這個情況不僅限於五十年代，而是持續到七十年代。參見各年度勞工處年報。這類數據一般在第一章「綜述」裏出現。又參見 England and Rear，頁 109-110。

57　*HKAR* 1950，頁 10；又見 Hambro，表 10，其中表明 1949 年來港移民為 19 萬，1950 年為 13 萬。

58　Faure (2003)，第 5 章；Ure，頁 87-126。

59　*LDAR* 1950-51，頁 11。

圖 20.　　│1950 年代初的棚戶區

級成為社會危機。1951 年底發生的一次棚屋區大火就這樣引發了一連串
事件，把支持祖國的工會與香港殖民政權之間從未解決的矛盾推到了衝
突的臨界點。

　　1951 年 11 月 21 日傍晚，一場大火在東頭村瞬間燃起。東頭村是
九龍城附近一個棚屋區，住着不少紡織工人。冬天氣候乾燥風力強大，
火勢迅速蔓延。大火在三個半小時後被撲滅，但是所向披靡的大火毀掉
了九個村子 3,000 間棚屋，25,000 人無家可歸。[60] 官方的年度報告認為
這是一場「嚴重火災」，但是只寫明一萬人失去居所，總數不到新聞報道
數據的一半。[61] 起火原因眾說紛紜。有的說始於一個棉花廠失慎，有的說
起於一個木匠舖子跌落的煤油燈。[62] 而工聯會卻另有看法。港九紡織染業
總工會認為，東頭村大火的災民有 20% 是紡織工人和他們的家屬，其中
有將近 100 名工會骨幹。[63] 新華社香港分社和工聯會都認為大火是殖民當
局的一個陰謀，意在藉此將工會骨幹趕出東頭村。「他們害怕愛國工人大
量集中在東頭村」，新華社香港分社的高級領導金堯如這樣說。「一旦有
事，傾巢而出，港英應付不了」。大火因此成為拆除非法建築並趕走這些
工人的最好理由。[64]

　　不管大火因何而起，東頭村火災成為一場重大社會災難。此後的一
次次事件，似乎更證明了金堯如和工聯會的猜測。社會福利署對大火現

60　專訊，〈九龍城昨夜空前大火，九村毀屋三千，災民逾二萬伍千〉，《星島日報》，1951 年
　　11 月 22 日，第 5 版。

61　*HKAR* 1952，頁 5。

62　〈起火的原因〉，《星島日報》，1951 年 11 月 22 日，第 5 版。

63　第五次執行委員會，〈本會第五年工作報告〉，《港九紡織染業總工會五週年紀念特刊》
　　（1952 年 6 月 22 日），頁 4。報告中提到的所有災民人數為 16,000 名，也是左翼報紙所用
　　數據。

64　金堯如（2005），頁 56。2007 年筆者採訪另一位中國共產黨知識分子、曾擔任《文匯報》
　　總編的羅孚先生時，也被告知這是當時他們所持的觀點。

場考察以後沒幾天就宣佈，災民將被重新安置。[65] 各種社會團體、特別是官方認可的街坊，徵集個人捐贈，至 12 月中達到 222,409 元。街坊決定發放捐款，災民每人可得 13.51 元。[66] 大火以後，殖民政府也通過街坊向災民發放了 5,000 份餐食，至 12 月 2 日一共發放 74,000 份，如以每人每天領取兩份救濟餐計，大火以來約有 3,300 名災民得到餐食救助。[67] 市政局主席於 11 月底宣佈，東頭村災民將被重新安置到東頭村四公里以外的牛頭角。[68] 這是一個尚未建立基本公共交通設施和供水系統的區域。

　　由於災民中有大量工聯會附屬工會會員，工聯會被推到了賑濟的前沿。火災發生以後，資金短缺的工聯會立刻向災民發放了 5,000 包餅乾。[69] 在向各個附屬工會求助的同時，工聯會把目光轉向祖國，向比鄰的廣東省尋求對漂泊他鄉的勞工給予援助。各個工會會員紛紛響應工聯會號召，捐出 20,000 斤大米派發給災民。[70] 廣東省捐贈的 30,000 斤大米於 1952 年 1 月下旬運抵九龍，也由工聯會的志願者派發給災民。[71]

　　災後各種社會問題凸顯，社會捐款的一再延遲發放，災民重建的棚屋一次次被警察搗毀。東頭村的勞工運動骨幹開始組織申訴，向當局請

65　〈二萬五千人頓苦無家亟待緊急救濟〉，《星島日報》，1951 年 11 月 22 日，第 5 版。社會福利署於 1947 年設立，為華民政務司屬下的機構。參見 *HKAR* 1951，頁 79。

66　〈九龍城賑災款廿餘萬，昨決按照人數均派〉，《星島日報》，1951 年 12 月 16 日，第 5 版；〈九龍城賑災緩不濟急〉，《星島日報》，1951 年 12 月 28 日，第 5 版。

67　Public Relations Office, Government of Hong Kong（公共關係署），"Government's Prompt and Practical Measures to Aid Tung Tau Village Fire Victims（政府對東頭村火災災民的迅速而務實的救助），" CO 1023/164，頁 222-227，引文見頁 222-223。

68　"Resettlement of Fire Victims（重置火災災民），" *South China Morning Post*，1951 年 11 月 30 日，第 3 版。牛頭角的基本情況可見 "Social Welfare Activities in the Limelight（聚光燈下的社會福利行動），" *South China Morning Post*，1952 年 3 月 16 日，第 8 版。

69　本報訊，〈九龍城災民亟待救濟，工聯展開急賑工作〉，《文匯報》，1951 年 11 月 23 日，第 4 版。

70　專訊，〈九龍城賑災款廿餘萬〉，《星島日報》，1952 年 12 月 16 日，第 5 版。

71　本報訊，〈祖國贈米三萬斤分發萬餘災胞歡欣領米〉，《文匯報》，1952 年 1 月 25 日。

圖 21. ｜工聯會為東頭村災民發放救濟物品

圖 22. ｜工聯會會員為東頭村災民登記

求幫助。年輕的電工李文興在戰時是東江游擊隊戰士；他參與發起災民代表團，得到紡織染總工會九龍城分會的積極支持。工會同災民的相互配合、特別是李文興和另外兩位災民代表於 1952 年 1 月初發表的公開信，抗議警察強行拆除五名災民棲身的棚屋，惹惱了殖民當局。1 月 9 日，警察搗毀了災民代表團設於紡織染總工會九龍城分會的辦公室，逮捕李文興並將他遞送出境。一週以後，警察又拘捕四名災民，其中包括災民代表張生、災民代表團財務股長馮欽、災民陳華龍和劉佛昌。左派報紙《文匯報》報道了這一事件並刊登了災民的抗議書。[72] 雖然民間怨聲四起，殖民當局繼續揮舞鎮壓鐵拳，打向支持災民代表團的工會。1 月 10 日凌晨，警察突然闖入紡織染總工會九龍城分會辦公室，拘捕了積極支持災民代表團的分會主任冼佩玲和書記姚堅。雖然兩位工會領袖都是香港出生的居民，她們仍然被立刻驅逐出境。[73]

災民、工會之外，殖民鎮壓的矛頭又指向一直公開表明認同祖國新政府並積極聲援災民的文化界。冼佩玲和姚堅被捕的當天，警察拘捕了著名作家和劇作家司馬文森、齊聞昭、馬國亮和沈寂，演員劉瓊和舒適，女演員狄梵，以及導演楊華。[74] 三天後，攝影師蔣偉和電影編劇白沉也被逮捕。香港一份英文報紙這樣解釋道，「由於他們造成危險的〔輿論〕壓力」，十名文化人士都被驅逐出境。[75]

72　本報訊，〈辦事處職員馮欽失蹤後，災民代表張生被捕〉，《文匯報》，1952 年 1 月 18 日，第 4 版；本報訊，〈捕人事件造成不安；災民昨發抗議書〉，《文匯報》，1952 年 1 月 19 日，第 4 版。

73　本報訊，〈九龍城紡織染工會支會主任書記深夜被捕〉，《文匯報》，1952 年 1 月 11 日，第 4 版；本報訊，〈紡織染工會主任書記被逐出境，工友續開大會抗議〉，《文匯報》，1952 年 1 月 13 日，第 4 版；周奕（2009），頁 302-303。

74　本報訊，〈香港警察黑夜分頭出動，電影工作者八人遭逮捕〉，《文匯報》，1952 年 1 月 12 日，第 4 版。

75　"Peking Protest（北京的抗議），" *South China Morning Post*，1952 年 2 月 1 日，第 6 版。本次事件更詳細的細節可參見周奕（2009），頁 304。

　　這些在香港聞名的文化界人士均受本地電影公司之邀前來香港。新年伊始他們即被逮捕並遣送內地，無疑是向左翼文化界發出的警告。然而，香港的《文匯報》、《大公報》和《新晚報》這三份親華報紙依然故我，拒絕放棄登載殖民地香港的負面新聞。三份報紙一面繼續報道來自祖國的令人歡欣鼓舞的消息，一面步步跟進港英當局對東頭村災民的不仁舉措。在殖民政權看來，這些報紙污辱了香港總督葛量洪所描述的香港作為「一個為中國人樹立的自由生活的鮮活榜樣」的正面形象。[76] 它們那些「令人討厭的」報道讓港督煩心。為了讓香港與「火山的邊緣」保持安全距離，這些發出不協和之音的報紙必須在「自由生活」的殖民地緘口。[77] 1952 年春，對它們採取行動的機會終於來臨。

　　應工聯會和香港工作委員會的請求，廣東各社會團體派出的「粵穗人民慰問九龍東頭村受災同胞代表團」計劃於 1952 年 3 月 1 日到達香港，帶來廣東各社會團體捐贈的賑災善款和各種賑災物資。由於災民總代表之一李文興被遣送回國後向各界報告了許多亟待解決的問題，慰問代表團的訪港計劃加快速度。[78] 慰問團到來的那天，各工會和學校組織工人和學生聚集在尖沙咀的九龍火車站等候迎接。據英文《南華早報》估計，聚集的民眾總共達到二至三萬人之多。華商總會自救亡運動起就成為粵港兩地賑濟物資和款項的傳送發放機構，這次會同工聯會及其他人士一起組織了包括工界、商界、教育界、電影界、新聞出版界和災民代表在內的九十餘人代表團，由華商總會的莫應溎（1901-1997）和工聯會的陳文漢帶隊，坐上早晨十點的火車前往羅湖歡迎慰問團。[79] 然而，火

76　Grantham (1953).

77　「火山的邊緣」一詞，參見第五章腳註 27。

78　金堯如（2005），頁 26；周奕（2009），頁 305。

79　〈港九各界推派代表，今晨前往羅湖車站迎接，今晚茶會招待明晚舉行宴會〉，《大公報》，1952 年 3 月 1 日，第 1 版；〈慰問團展期來港〉，《大公報》，1952 年 3 月 2 日，第 1 版。

車在粉嶺被香港警察攔截，載有歡迎團隊的車廂被脫開，只有莫應湛一人被允許前往羅湖口岸。到達羅湖後，莫應湛向慰問團報告了香港這邊的情況，又折回粉嶺與他的團隊會合，在下午 3 點過後回到九龍。[80] 當被告知粵穗慰問團延期到來，歡迎的人群開始有序地散開。他們舉着旗幟和橫幅，「歡快地」唱着歌離去。就在這時，一個突發事件在瞬間將民眾的情緒逆轉。[81]

香港的英文和中文報紙對當時的情形做了迥然相異的報道。據英文《南華早報》所述，「按照早就做好的安排……流氓惡棍」襲擊了一輛警車，將它掀翻並點火燒車，把一個二萬多的歡快人群變成了一群「暴民」。而中文《大公報》則指責警察挑起了衝突。這篇報道由美國駐港總領事館譯出，並登載於總領事館的《香港中文報刊摘要》：

> 據當時在發生衝突事件地點的旁觀者說：當群眾到達彌敦道與佐敦道口附近時，遂有警車一輛，循彌敦道由北向南駛，駛入人群，間有青年女子一人受傷仆地。群眾因而大嘩，憤怒之聲四起，因之引起混亂。旋有大隊軍警陸續馳到，且擲催淚彈，混亂情勢更趨嚴重，結果多人受傷。
>
> 　當彌敦道與佐敦道附近發生混亂時，在由佐敦道口向南至柯士甸道口及向北至普慶戲院的一段的若干地點，也發生了一些規模較小的衝突。柯士甸道口附近並有軍警一隊嚴陣以待。據說及

80　"Mob Violence in Kowloon（暴民在九龍橫行）," *South China Morning Post*，1952 年 3 月 2 日，第 1 版。

81　同上。

後雪園飯店附近有警員向空放槍，因而秩序更趨混亂。[82]

　　除了事故現場及附近的衝突，彌敦道和亞皆老街的街口又有一群憤怒的群眾脫下木屐擲向警察。據《南華早報》報道，兩名美國人被毆，其中一人傷勢不輕，被送往醫院在頭部傷口縫針。警察最終在兩小時以後平息騷亂，逮捕了四十二人，包括幾名「散發共產黨傳單的人」。[83]

　　3月1日的衝突是香港民眾一直被壓抑的憤怒和無奈情緒的突然爆發。雖然《南華早報》認定衝突是共產黨預謀的暴亂，但工聯會激憤地反駁，指責警察採取不當行為而激起暴力衝突。兩天以後，中國政府的官方報紙《人民日報》在頭版報道了「三一事件」。再後一天，該報又以「抗議英帝國主義捕殺香港的我國居民」為題，發表簡短評論。[84] 香港的三份親華報紙《大公報》、《文匯報》和《新晚報》立刻在各自的頭版轉載了部分或全部《人民日報》社論。[85] 東頭村大火以地方性社會災難開始，最終演變成香港左翼報紙同殖民政權的直接較量。

82　〈九龍昨天發生事故，警察群眾大衝突〉，《大公報》，1952 年 3 月 2 日，第 4 版。美國駐港總領事館的譯文載於 *Review of Hongkong Chinese Press*（《香港中文報刊摘要》），第 41/52 號（1952 年 3 月 1-3 日），頁 1。除個別字句稍有偏差，譯文基本準確。周奕當時擔任五金工會書記，也在散去的人群中向北走去。他親眼目睹警車逆人群方向行駛，撞到年輕女子，引起周邊的工人勃然大怒。參見周奕（2002），頁 87-88。

83　"九龍騷動（Riots in Kowloon）," *South China Morning Post*，1952 年 3 月 2 日，第 7 版。最初的報道是 100 人被捕，後來更正到 42 人。其中 18 人被釋放，其餘的 24 人中，18 人被判刑，6 人免罪釋放。〈多少人在九龍衝突後被捕？〉，《大公報》1952 年 3 月 12 日，譯文載於美國駐港總領事館，*Review of Hongkong Chinese Press*，第 48/52 號（1952 年 3 月 12 日），頁 1。

84　〈英帝國主義在香港製造血腥暴行，竟出動大批軍警屠殺我國人民〉，《人民日報》，1952 年 3 月 3 日，第 1 版；〈抗議英帝國主義捕殺香港的我國居民〉，《人民日報》，1952 年 3 月 4 日，第 1 版。

85　〈北京人民日報發表評論，祖國人民支持香港愛國同胞，英方造成嚴重後果應負全責〉，《大公報》，1952 年 3 月 4 日，第 1 版；〈北京人民日報評論九龍事件，向香港英政府抗議〉，《文匯報》，1952 年 3 月 4 日，第 1 版。兩份報紙都全文轉載《人民日報》評論員文章。

左翼報刊在「三一事件」爆發後的響亮聲音引起香港各界注目，而過去兩年多來，倫敦和香港實際上已經就如何應付處理駐港新華社分社和左翼報刊的問題來回討論多次。倫敦方面特別顧慮在香港的各種舉動可能引起內地政府採取反制措施，造成對英國在華整體利益的損害，但未能與港府達成共識。1949 年春，葛量洪總督最早提出關閉新華分社和左翼報刊的建議，遭外交部駁回，認為那「不是個好主意」。倫敦的理由是，假如香港採取這項行動，「將可能危及路透社和上海的《字林西報》（*North China Daily News*，也譯《北華捷報》）」。[86] 1950 年初鎮壓電車工潮以後，葛量洪再次提出新華社香港分社問題，認為它的新聞稿充滿反殖民主義內容，包括報道「因為香港電車工潮在中國各地發出的各種暴烈聲明」，建議關閉香港分社。[87] 他提出以 1949 年設立的〈外國代表（管制）條例〉（Representation of Foreign Powers [Control] Ordinance）對付新華社。殖民部駁回他的建議，因為新華社香港分社是英國「獲得在華其他相應機構的一個籌碼」。[88] 外交部不僅支持殖民部的想法，而且認為關閉新華社香港分社將使英國「受到干涉新聞自由的指責」，並有可能「危及路透社和《字林西報》在上海的地位」。不過，外交部認為葛量洪的想法有一定可行性，但是得找個「適當的時機撲上去，關閉〔新華〕分社」。[89]

86　P. D. Coates（外交部），"Minutes; Question of bringing N. C. N. A. under the Ordinance（關於以法令控制新華社的備忘錄）," 1950 年 3 月 15 日，FO 371/83620，頁 125-128，引文見頁 125。

87　Grantham to Secretary of State for the Colonies（葛量洪致殖民部大臣），1950 年 2 月 22 日，FO 371/83260，頁 94-95。

88　Secret（密件），H. P. Hall (Colonial Office) to P. D. Coates (Foreign Office)（殖民部 H. P. Hall 致外交部 P. D. Coates），1950 年 3 月 22 日，FO 371/83261。

89　P. D. Coates (F. O. [外交部]), "Minutes（備忘）," 1950 年 3 月 15 日，FO 371/83260，頁 127。

　　對葛量洪來說，「撲上去的適當時機」終於在 1952 年 3 月 4 日來到。那一天，香港的三份親華報紙《大公報》、《文匯報》和《新晚報》同時轉載中國官方的《人民日報》評論員文章，抨擊三天前香港的警察行動。香港律政司長立刻參照 1949 年重啟的〈煽動〔反政府言行〕條例〉，以「違反〈煽動條例〉第 4 部分第 I 項 C 款、發表煽動反政府的內容」為由，對這些報紙提出指控。[90]《大公報》的法人代表和發行人費彝民、承印人鮑立初（Richard Bow）和總編李宗瀛被首先提審。法庭於 4 月 15 日開庭，庭審一共用了十五天，比預計的時間延長一倍。香港的中英文報紙都普遍報道這次重大審訊，而每次開庭時，法庭都擠得座無虛席。

　　殖民當局對這次審判信心滿滿，預計可以在一週之內結束庭審，並把親華報紙拿下。[91] 不料，實際進展情況卻事與願違。被告方聘請特立尼達出生、英國培養訓練的陳丕士（Percy Chen）律師以及香港著名的民主改革倡議者、英國律師貝納祺（Brook A. Bernacchi）組成他們的辯護團隊。陳丕士的父親陳友仁曾任孫中山的外交部長，他本人在香港以法庭鬥士聞名，並在這次辯護中擔任主要辯護律師。[92] 他在辯護中指出，這次審判在程序上「偏離規則」，跳過了通常的裁判官審判程序。經過對證人的交叉詢問，陳丕士指出其中為政府作證的一些人「不夠資格」。更

90　"Newspapers Accused of Sedition（幾份報紙被控反政府煽動罪），" *South China Morning Post*，1952 年 3 月 21 日，第 1 版。

91　"Sedition Charge: Statement from Dock by All Defendants Claim of Privilege（煽動罪指控：被控人在被告席上聲明特權），" *South China Morning Post and the Hongkong Telegraph*，1952 年 4 月 30 日，頁 3、6-7。這篇報道指出，陪審團團長被告知，這個案子「會在一週結束」，而他當時已經準備於 5 月 8 日回英國，案子卻似乎再過六天也不會結束，因此感到特別鬱悶。

92　Percy Chen，頁 380。這本自傳對作者二戰前的經歷，包括他在特立尼達成長、在英國受教育並在中國、歐洲和蘇聯的旅行敍述最為詳細。對他在 1945 年後和在香港定居的經歷卻不甚了了，也迴避了 1952 年的審判。

重要的是，他展示了《大公報》轉載的中國官方報紙文章的同一版面，其中還轉載了廣東慰問團的一項聲明和英國殖民大臣 Oliver Lyttleton 關於「三一事件」的聲明。因此，以轉載中國官方報紙文章為關鍵證據指控《大公報》反政府煽動罪的事實並不成立。[93] 陳丕士認為《大公報》對三篇文章都以新聞發表，並向法庭提出其他香港報紙登載相同消息的證據。假如《大公報》因此被指控犯罪，就是迫使新聞報刊「只發表對〔香港〕政府有利的內容」，而且「對刊行內容實施自我審查和管控」。如果限制報刊可以發表的內容，「政府就是試圖打壓以文字表達的言論」。因此，陳丕士作出以下結論，「廣義而言，這是一個有關言論和閱讀自由的政治性案件」。[94]

雖然被告方律師雄辯有力，於 5 月 5 日結束的庭審卻以特別陪審團認定《大公報》所有人和編輯有罪結束，但承印人作為印刷公司的付薪經理，被免除法律責任。法庭責令《大公報》停刊六個月，處費彝民以罰款 4,000 元，李宗瀛罰款 3,000 元。宣讀判決書時，威廉法官稱《大公報》「反對本殖民地政府最具煽動力」，因而是「本殖民地一個邪惡勢力」。[95]

有意思的是，審判並未到此收場。5 月 17 日，由三名法官組成的全審庭宣佈在最後判決前中止執行《大公報》停刊六個月的判決，似乎以

93　當日《大公報》將三篇文章平行登載於頭版頭條，上面還冠以「關於三月一日九龍事件」的標題，見《大公報》，1952 年 3 月 5 日，第 1 版。

94　"Sedition Charge: Issue of Inaccurate Statement Alleged; Counsel Lays Blame on Government Pro; Defence Opens（煽動指控：指出不確切表述的問題；辯護律師指責政府專職人員失職；辯護開始）," *South China Morning Post and the Hongkong Telegraph*，1952 年 4 月 29 日，第 6 版。

95　"Paper Suspended; Influence for Evil, Says Judge（報紙停刊；法官稱之為邪惡勢力）," *South China Morning Post and Hongkong Telegraph*，1952 年 5 月 6 日，第 5 版。

此顯示殖民法制的公正。[96] 一個月以後，全審庭於 6 月 28 日宣佈了長達二十八頁的判決書，駁回被告的所有申訴，維持原判，但允許被告律師就報紙停刊六個月的判決為被告方辯護。[97] 就在全審庭剛剛開始聽取辯護律師的申辯時，律政司司長於 6 月 30 日公佈一項驚人決定，宣佈他「受到指示，將不反對〔對已有〕判決的更正」，同時撤銷對其他兩份報紙的指控。全審庭的首席法官隨即宣佈，對原判《大公報》停刊六個月的決定作出更正，以認可「該報紙至此為止實際停刊的時間」。[98] 律政司司長為此作了一個挽回顏面的解釋：這些決定是為了昭示英王政府的寬宏大量，因為最初「向臣民表明法律」以及「昭示英王政府在本殖民地不能容忍煽動性內容出版發行」的起訴目的「已經達到」。[99]

英國政府以這些冠冕堂皇的言辭結束對《大公報》的審判，似乎以此向公眾昭示，它是本殖民地合法而且合理的最終權力機構。然而，考察審判的實際效果，可以發現這是從一個使殖民政權信譽受損而狼狽不堪的局面中快速脫身的不得已辦法。當第一輪審判由特別陪審團開庭聽證開始後，倫敦和香港都遽然意識到，審判的發展很可能將會事與願違，而「煽動意圖」的指控在庭審過程中變得愈來愈牽強。港府在秘密通訊中向倫敦坦言，「法庭上的種種使這個審判愈拖愈長並廣為人知，賦

96　"Ta Kung Pao Suppression Order Stayed（大公報停刊判決被中止），" *South China Morning Post*，1952 年 5 月 18 日，第 1 版。

97　"Sedition Appeal Dismissed; Ta Kung Pao Conviction Upheld（駁回對煽動罪的申訴；大公報原判維持），" *South China Morning Post-Herald*，1952 年 6 月 29 日，第 3 版。

98　"The Ta Kung Pao: Full Court Varies Suppression Order; Nolle Prosequi in Two Other Cases（大公報：全審庭更正停刊判決；其他兩案自動中止起訴），" *South China Morning Post and the Hongkong Telegraph*，1952 年 7 月 1 日，第 1 版。

99　同上。

予煽動性的宣傳以〔在法庭上傳播的〕特權而進一步擴散」。[100] 外交部的
內部通信往來顯示，英國駐北京代辦一再重申他的觀點，警告香港對親
華報刊的嚴苛做法將會產生相反效果，因為這種做法是「明目張膽地否
定我們似是而非所提倡的權利和自由」。在他看來，「現在這種做法很可
能在不經意間有煽動作用，並使香港政府捲入同大陸報界的經常而令人
精疲力竭的衝突，因而從長遠角度來說並不利於香港」。[101] 確實，初審過
程不斷延長，而辯護律師拿出一個又一個被告無罪的證據，這場審判不
再為英王政府提升公信力，殖民地的法庭反而成了親華媒體的傳播平台。

　　法庭之外，中方為新華社在港註冊所作的妥協也舒緩了葛量洪的強
硬立場。據新華社香港分社高層領導金堯如回憶，周恩來總理就《大公
報》事件通過英國駐華代辦向倫敦發出了強烈信號，告訴他「我國政府
和我個人密切注視這一審判事件」。[102] 英國官方紀錄顯示，中英雙方在幕
後還進行了你來我往的條件交換。在全審庭對被告方作出判決之前，陳
丕士於 5 月 20 日有過同律政司司長的直接交談。陳丕士說明，中國政府
「並不想」在香港進行攻擊英國當局的宣傳攻勢。但他同時又強調，香港
當局對新華社香港分社的打壓「將會受到相應的反制措施」。當陳丕士被
告知，美國駐港總領館的信息服務中心已經依從〈出版條例〉進行了註
冊，他在驚訝之餘立刻回應說，這個情況將會影響北京的決策。[103] 葛量
洪估計，陳丕士「在這件事上肯定在出謀劃策，而他的表述通常也反映

100　Secret（密件），"O. A. G. [Officer Administrating the Government of Hong Kong] to the
　　　Secretary of State for the Colonies（主持政府工作的官員致殖民大臣），" 1952 年 6 月 23 日，
　　　FO 371/99362，頁 180。

101　Secret (密件)，Lionel Henry Lamb 致外交部，1952 年 4 月 9 日，FO 371/99362，頁 60。

102　金堯如（1998），頁 27。

103　Secret（密件），"Grantham to the Secretary of State for the Colonies（葛量洪致殖民大臣），"
　　　952 年 5 月 25 日，FO 371/99362，頁 115。

了中央人民政府可能採取的態度」。葛量洪因此撤回先前在新華社拒絕註
冊的情況下將其關閉並遣送出境的強硬要求。他承認，這個做法其實存
在着技術上的困難，因為新華分社的主任黃作梅「在香港出生、因此具
有英國國籍」。他的對策由此與英國駐北京代辦達成一致：給新華分社更
多時間、允許它繼續留在香港。葛量洪甚至表示願意免除新華分社的保
證金，因為交保這個要求也曾經讓美國信息中心很不高興。[104]

　　在這些幕後的溝通之後，新華社香港分社最終於 6 月底註冊。倫敦
的外交部相當準確地估計了北京這樣做的兩個理由：新華社的海外運作
非常重要，而且註冊要求「並非基於對中央人民政府的歧視」。[105] 新華社
香港分社註冊僵局最後以和解告終，也為《大公報》審判的難堪局面打
開了一條通道。殖民當局在審判中一再受到挑戰，現在正好找到了下台
階。就在陳丕士同律政司長交談後幾天，全審庭宣佈駁回《大公報》申
訴，然後律政司長立刻撤除停刊判決。這一連串的公開決定，當然是為
了昭示英國「審慎而堅定（cautious firmness）」的政策。[106] 中英雙方由
此形成微妙的平衡，雙方各守其成而互不相攻。英國外交部稱之為「審
慎而堅定的政策一個不大卻實在的勝利」，但是承認「不幸的是，我們
沒法公然宣揚這個勝利」。[107]「令人生厭」的新華社分社和其他親華報刊
還是在香港留駐，但是東頭村的災民不管本人意願如何，必須被移置他
處。繼羅素街警察行動以後，《大公報》審判成為又一場公共演出。歷時
兩個月之久的表演在香港所引發並推動的反共勢力從暗流湧動到不久後
的勃然噴發，卻遠遠超出了殖民當局設計審判的估算與計劃。

104　同上。

105　C. H. Johnston, "New China News Agency in Hong Kong（新華社香港分社），" 1952 年 6 月
　　26 日，FO 371/99362，頁 167。

106　同上。

107　同上，頁 168。

國民黨重振旗鼓

相比港府對左翼工會和媒體日益加強的警惕與打壓，殖民當局自
1950 年初開始對國民黨影響下的勞工組織採取了不同政策。葛量洪總
督在電車工潮兩個月之後給殖民部的一份秘密報告中指出，右翼的工團
總會在戰後「試圖重新發展對香港勞工的影響」，然而「國民黨在中國
的失敗產生了不可避免的效果，他們的力量——包括金融力量——遭到
削弱，而那些在他們影響下的香港工會曾經很依賴國民黨這方面的扶
助」。[108] 他很認可工團總會「靜悄悄地向前推進」的努力，並希望這個
努力將會使工團總會同目前更為強大的左翼工會之間重新達到力量的平
衡，「導致更為旗鼓相當的勢均力敵」。[109]

對殖民當局來說，台灣的國民黨在目前失勢的狀態下已經不再對香
港構成威脅。自陳策將軍於 1941 年 12 月底率領幾十名中英官兵逃離香
港，國民黨在港組織一再遭到打擊，一蹶不振。抗日戰爭期間，中國在
包括香港在內的華南地區的抗日行動基本由共產黨領導的東江游擊隊擔
當（見第二章）。與此相比，國民黨在港的情報活動非常有限、短命而無
重大影響。雖然蔣介石領導的政府信誓旦旦要在戰後收回香港，事實上
完全置香港於不顧。到 1949 年末，國民黨組織「已經實際消失……不再
是香港政治生活中的主要因素」。[110]

當冷戰在東亞的朝鮮半島突然轉為熱戰，東亞國際態勢再次發生
決定性的調整，香港於 1950 年底又成為國民黨的一個重要活動基地。

---

108 Secret（密件），"From the Governor to the Secretary of the State for the Colonies（港督致殖
民大臣），" 1950 年 3 月 31 日，FO 371/83261，頁 79-87，引文見頁 79、80。

109 同上，頁 87。

110 Top secret（絕密），"Alexander Grantham to Arthur Creech Jones（葛量洪致 Arthur Creech
Johnes），" 1950 年 2 月 1 日，FO371/83260，頁 90-92，引文見頁 90。

1945 年到 1950 年，國民黨在香港的組織活動基本消失。國民黨立足台灣的最初兩年面臨各種挑戰，既要準備反攻大陸，又得在這個大為縮小的地盤站穩腳跟。1950 年至 1952 年間，國民黨最為重大而有深遠影響的舉措是黨內改革與重組。其實，蔣介石在 1948 年就已經開始認真反省「失敗的教訓」，決心從中總結經驗。[111] 1950 年 7 月，國民黨建立中央改造委員會，正式推行黨內改造重組。中央改造委員會由 16 位年輕而具有較高學歷的成員組成，對蔣介石耿耿忠心。由 460 名委員組成的中央委員會解散後，中央改造委員會成為國民黨的最高領導機構。通過黨員重新登記、幹部訓練、重新組建以及每個支部經常性的會議，改組後的國民黨對政府、軍隊以及台灣社會加強了從台北到地方的有效控制。[112] 國民黨與其海外組織的聯繫也由此重新建立。

美國介入朝鮮戰爭之後，國際局勢迅速兩極分化，進一步激活國民黨在海外華人社會中的活動。當時的一份私人日記形象地描繪了台灣對美國介入朝鮮戰爭的興奮心情：「美國杜魯門總統下令太平洋第七艦隊，現在香港訪問，防守台灣對於任何外來之攻擊」，國民黨內重要人物雷震（1897-1979）於 1950 年 6 月 28 日這樣寫道。「大家聞之非常興奮，有許多要赴香港之人士也不去了，聞說一日之間〔台北〕房屋已貴了五分之一……三次大戰之序幕已開始了！」[113] 兩天以後，雷震又寫道，「此次美國決策，對遠東乃至整個世界局勢為一大轉變」。[114]

111　有關國民黨在五十年代初在台灣改革重組的學術著作自二十世紀七十年代起出現，台灣、大陸、美國和日本的學者都有研究。學者間的論爭主要在兩方面：改組後國民黨在台灣統治的性質及其對之後台灣民主進程的影響。參見松田康博，蔣永敬、劉維開，以及馮琳的著作。

112　有關 1950-52 年在中央改造委員會領導下國民黨進行重組的種種方法，參見 Dickson，以及 Chao & Myers，第 2 章。

113　《雷震日記》，1950 年 6 月 28 日，第 2 卷，頁 134。

114　《雷震日記》，1950 年 6 月 30 日，第 2 卷，頁 136。

雷震對於朝鮮戰爭造成台北與香港之間人員流動如此關心，並非偶然。二十多年來，雷震不僅在國民黨內屢任要職，而且在國民黨從大陸撤退時就開始監管在香港的活動。作為受到戴季陶和張繼兩位國民黨元老器重的後起之秀，雷震的政治生涯起始於擔任法政局編審，為 1927 年剛剛建立全國政權的政府撰寫新律法。1931 年，他是國民黨南京總部執行委員會成員，專門負責宣傳。他於 1933 年任教育部總務司司長，1943 年任國民參政會副秘書長，1946 年任政治協商會議秘書長，1948年任不管部部長。[115] 在國民黨撤到台灣之前，雷震負責國民黨黨報《香港時報》（*Hong Kong Times*）在香港的運作。當時該報資金極度短缺。萬般無奈之下，雷震常常得從商業銀行貸款，或者設法在國際市場銷售食糖，獲取運作資金。[116]

同雷震主管的《香港時報》一樣，國民黨中央改造委員會屬下剛剛成立的第三組也處於資金短缺的困境。然而，美國介入朝鮮戰爭後，資金問題便因美援的到來即刻迎刃而解。第三組由鄭彥棻（1902-1990）領導，專門負責國民黨在海外華人社會中的活動。在剛剛組建後於 1950年 10 月 16 日舉行的會議上，第三組進行港澳問題討論。與會者注意到「雙十節以後人心振奮，我們應把握機會，恢復黨務活動」；但他們馬上意識到目前的困境：「港澳黨員如要求經濟、財力實有不勝，應如何辦理？」[117] 不久，這種顧慮不再出現於第三組的會議；取而代之的討論重點是如何在香港復活國民黨及其組織的進一步發展。

115　雷震各項任職，參見范泓，《風雨前行》。雖然范泓不是歷史學家，他的這部傳記在第一手資料和第二手資料研究的基礎上寫成，是筆者所見第一部完整的傳記作品。

116　《雷震日記》，第 2 卷，見 1950 年 3 月 25 日、4 月 22 日、5 月 28 日、5 月 29 日、6 月 4日、9 月 24 日、9 月 25 日、10 月 3 日、11 月 19 日、11 月 20 日等日期紀錄。

117　張其昀、鄭彥棻致蔣中正，〈檢呈黨務座談會紀錄〉，國民黨改造委員會（台北），國民黨黨史館（台北），海秘（39）185。

朝鮮戰爭爆發不到五個月，國民黨港澳總支部在十年空缺之後於
1950 年 12 月 1 日重建。香港澳門兩地共有黨員 2,218 名，分佈於 181
個小組。由於香港地位重要，在重建的黨組織中被定為直屬區。區內
164 個支部和 2,064 名黨員分佈於四個委員會和一個小組：工運委員
會、學運委員會、文運委員會、地方工作委員會和報業組。工運委員會
以工人和青年團體為目標，人數最多，共有五十四個小組和六個由港澳
總部直接領導的「直屬小組」。學生運動委員會為系統中第二大分支，共
有二十六個一般小組和三個直屬小組。[118]

國民黨中央改造委員會第三組的一份報告顯示，香港澳門總支部的
工作主要着力於兩個方向：重新掌控群眾組織、特別是勞工工會，和通
過宣傳活動擴大國民黨的影響力。第一方面的攻勢以分化現有工聯會強
大而關鍵性的工會為主要手段。[119] 1948 年〈職工會及勞資糾紛條例〉以
七人為最低限額組建工會的規定，成為分化已經組織起來的工會的絕佳
工具。[120] 國民黨中改委第三組確認港九工團總會為其「外圍組織」，並指
出，工團總會「歷來擁護政府，打擊奸匪，甚為努力」。更重要的是，
「其主持人馮海潮、何康等，皆為本黨同志。惟為避免香港政府之猜忌，
與本黨表面保持相當距離」。[121]

為了影響香港勞工，第三組接受了馮海潮的建議，以一萬港元啟動
資金發行《工團日報》，並「由第三組密派同志」擔任主編等職務。蔣介

118　張其昀、鄭彥棻，〈港澳總支部一年來重要工作〉，1950 年 12 月 17 日，國民黨改造委員會
　　　（台北），國民黨黨史館，台（40）改秘室字第 603 號。

119　同上。

120　參見〈1948 年工會和工業糾紛條例〉第 7 款，載 "Historical Laws of Hong Kong"。

121　（極密）張其昀、鄭彥棻，〈為港九工團擬刊行工團日報請撥開辦費港幣壹萬元〉，1950 年
　　　12 月 1 日，國民黨改造委員會（台北），國民黨黨史館，台（39）改秘室字第 0141 號。馮
　　　海潮和何康在五十年代也被香港政府任命為勞工顧問委員會的勞工代表。

石立刻批准了這項申請。[122] 該報紙最終以《勞工報》為題於 1955 年 5 月
1 日開始發行，於 1958 年暫停刊行，1962 年 2 月重啟發行直至 1964 年
11 月最終停刊。與開始籌議時所計劃的日報不同，該報實際發行時成為
週報。同工聯會各附屬工會所發行的不定期刊物相比，《勞工報》的着重
點更有明顯差異。工聯會旗下各工會的刊物注重工會本身活動，經常刊
有工人自己的日常生活故事。《勞工報》則注重反共宣傳，特別是與國民
黨在香港發行的《香港時報》的內容交相呼應。很少有工人自己發出的
聲音。[123]

　　在同工聯會競爭會員的搏鬥中，國民黨獲得相當成功。據港澳總支
部的一份報告稱，至 1952 年中，「策反工作已獲極大進展」。由工運委
員會派出的人員成功滲入工聯會所屬十一個工會，說服其中成員退出並
成立新的「自由工會」。摩托車總工會、洋務工會以及香港海員工會是工
聯會中的重要工會，均已出現了這種分化。國民黨還在積極滲透其他十
個工會，其中包括被認為是「匪方在港工運大本營，力量雄厚，匪化最
強」的電車職工會。[124] 在台灣的第三組認為，「港澳黨務，以工運為最重
要，年來該總支部工作，亦以工運方面，最有成績表現，其次則為教育
文化工作」。第三組特別表揚馮海潮「地位最為重要」，而「何康同志，
其在港工運工作地位，與馮同志相等」。何康當時已經在台北參加了革命
實踐研究院第十八期培訓。第三組很希望兩人都可以作為港澳區代表參
加 1952 年在台北舉行的第七次全國人民代表大會，但不得不只選何康一

122　同上。

123　目前收藏最全面香港資料的是香港大學圖書館的「香港特別館藏」，但是沒有收藏《勞工
　　報》。筆者在工團總會的競爭者工聯會的館藏中看到部分報紙。該報出版信息參見 Kan and
　　Chu (eds.)，頁 89。筆者上述比較基於對四個主要工會——香港海員工會、摩托車總工會、
　　洋務工會、港九紡織染總工會——不定期刊物的瀏覽。

124　張其昀、谷正綱，〈近來反港九匪化工會進展情況〉，1952 年 5 月 2 日，國民黨改造委員會
　　（台北），台（41）改秘室字第 0200 號。

人及另外一名人選，以保護馮海潮作為國民黨黨員的秘密身份。[125]

　　香港殖民當局一向密切關注本地工會組織的變化，左右翼工會之間的這些改變當然也未離開它的監控視野。1953 年，勞工處的報告指出，工聯會屬下的幾個工會改變選擇，轉而附屬右翼的工團總會，成為「自由」工會。不過，勞工處還指出，這些改換門庭的工會都「會員不多而且財力薄弱」，暗示金錢可能是這些工會投靠右翼的一個原因。[126] 與台灣的第三組不同，勞工處 1953 年的報告對這些「政治上同右翼綑綁在一起」的反水工會評價甚低：

> 所謂的「自由」工會運動已經證明是個失敗。由左翼工會分離出來的工會成員組成的 26 個工會估計有大概 2,800 名付費會員。如果這些工會確實在有能力的領導之下而且關照他們會員的利益，那也無話可說。不幸的是，其中相當部分工會都經營着一些上不了枱面的勾當，如在工會裏面賭博，以不正當手段向公眾詐取捐款，把工會福利基金用於非福利用途上。[127]

這些反水工會上不了枱面的做法當然並非創舉，而是承繼了過去國民黨影響下一些工會的傳統，在戰後香港九龍紡織總工會（見第四章）和附屬於工團總會時的油漆工會中（第五章）都是司空見慣的現象。無獨有偶，密切注視香港的美國情報機構也注意到，右翼工會「經常使用」工

125　張其昀、鄭彥棻，〈第七次全國人民代表大會港澳區代表遴選〉，1952 年 9 月 22 日，國民黨改造委員會，國民黨黨史館，台（41）改秘室字第 0395 號。

126　*LDAR* 1952-53，頁 32。

127　*LDAR* 1953-54，頁 37。

會設施「做為賭場，以便為工會籌集資金」。[128] 儘管操作不良，國民黨依然在香港順利捲土重來。

自 1951 年起，暴力性攻擊成為國民黨港澳總支部各項攻勢中的武力前沿。那年的最後四個月間，國民黨人或國民黨同情者向左翼工人發起了五十多起人身攻擊行動。英國警察至少也捲入一起類似事件，當街毆打一名攜帶大陸流行歌曲樂譜的工人。[129] 1952 年下半年，對華貿易機構和工聯會附屬工會受到經常性的攻擊。7 月 7 日，四名國民黨同情者「強行進入（共產黨的）中國交通銀行香港分行，毆打守門人，並銷毀了銀行文件和紀錄」。[130] 10 月初，葛量洪總督在英國休假，香港突發數起嚴重事件。9 月 30 日，「新界發生一起針對一家繰絲廠左翼工人的有組織的示威」。第二天是中華人民共和國國慶日，「有一百個反共反俄青年團團員又向工會投擲石頭」。其他四起類似暴力攻擊事件在別處發生，但是警察迅速行動，制止了局部事態轉變成大規模騷亂。兩天以後，八名反共反俄青年團團員對「庇利船廠中〔親〕共產黨僱員做好的慶典裝飾進行了有預謀的破壞」。[131] 10 月 10 日是國民黨政權的國慶日，六個親共產黨的工會受到暴徒攻擊。據路透社報道，一群人在電器業工會總部「破

128　未署名，"The Scope and Success of Taiwan Operations in Hong Kong（台灣在香港的運作範圍和成功度），" 美國駐香港總領事館官員報告，未註明日期，由美國駐台灣大使轉遞中華民國外交部長葉公超，1955 年 6 月 2 日（undated report by staff members of the U.S. Consulate-General in Hong Kong, sent by the U. S. ambassador to Taiwan to George Yeh, foreign minister of the ROC, on June 2, 1955），引自 Chan Man-lok，頁 117。

129　〈香港我居民受迫害，新華社作翔實報道，蔣匪殘餘竟被縱容行兇，四個月來發生事件多達五十多起〉，《文匯報》，1951 年 11 月 20 日，第 4 版。

130　CO 1023/101，頁 96。Special Branch, Extracts from "Weekly Intelligence Report," in "Inward Telegram, from Grantham to the Secretary of State for the Colonies [Secret]（政治部每週情報報告〔摘要〕）"，葛量洪致殖民大臣〔密件〕附件），頁 99。

131　上述事件均由香港輔政司的政治督導描述，見 Secret（密件），G. W. Aldington (Hong Kong) to E. H. Jacobs-Larkcom (Danshui)，1952 年 11 月 27 日，CO 1023/101，頁 77-78、80-82，引文見頁 77。

門而入……制服了共產黨幹部，砸了總部的辦公傢具，把工會文件扔到
大街上，還把紅旗扯得稀爛」。到那天傍晚，至少十二起類似的攻擊事件
在九龍半島各處發生。一個非官方的報道顯示，有十人「被嚴重打傷或
被石頭擊傷」。當局動員了幾百名全副武裝的防暴警察制止騷亂，甚至動
用香港警察特別預備隊幫助維持秩序。他們施放催淚彈，驅散「國民黨
聚眾 1,000 人，其時正憤怒圍攻位於九龍的親共產黨的木匠工會總部」。
騷亂平息後，三十五名暴徒被逮捕。[132]

　　雖然警察將這些事件稱為「小規模騷動」，由葛量洪轉給倫敦的一份
政治部內部報告顯示，這些騷動都由台灣精心策劃。四名攻擊交通銀行
香港分行的暴徒被香港當局遞送出境、抵達台灣。他們「在台北受到禮
遇」並得到內務部副部長鄧文儀的褒獎。[133] 政治部的報告認為，「有些事
件是因為那些左翼組織決定在節日懸掛共產黨旗幟而引發，但是就大多
數事件來說，示威者都得到國民黨特工支付金錢去挑起事端，並得到保
證，任何由此引起的罰金都會得到賠償」。而且，「那些挑起的事端都是
由和台灣有直接關係的反共反俄青年團所組織的」。[134]

　　國民黨特工此時在香港日益大膽放肆，很可能與港府官方於 1952 年
作出的一項決定有關，被外界解讀為政治風向的進一步右傾。就在許多
工聯會附屬工會遭到攻擊的前兩天，香港首席法官於 1952 年 10 月 8 日
宣佈了對三十一架有爭議飛機的最終判決。他將飛機判給原告美國民用
航空運輸公司，結束了長達近三年的法律糾紛。[135] 中央航空運輸公司和
中國航空公司於 1949 年起義後，台灣經過資產操作，將這些飛機的產權

132　Reuter Newsfeed（路透社新聞稿），1952 年 10 月 10 日，CO 1023/101，頁 101-107。

133　CO 1023/101，頁 96-98。

134　"Extracted from Weekly Intelligence Report（每週情報報告摘要），" CO 1023/101，頁 98。

135　"Second Aircraft Case in Hong Kong（香港飛機二次案件），" *The Times*（倫敦），1952 年
　　10 月 8 日，第 5 版。

轉讓給新成立的美國民用航空運輸公司。該公司為此於 1950 年初在香港法庭起訴，要求獲得滯留飛機。香港最高法院最初根據主權豁免原則，以中航央航兩家公司於 1949 年 11 月歸屬中華人民共和國，宣判美國民用航空運輸公司敗訴。[136] 現在，香港在美國的壓力下勉為其難，推翻了之前的判決，卻把麻煩引到了家門口。英方公開宣稱在國共黨爭採取中立，並悄悄地把在香港鬧事的國民黨特工遞送出境，將犯了法的右翼分子送往台灣以防止更多的麻煩。但是，這個辦法很快被證明不足以制止毀滅性的騷亂。

　　英國駐淡水領事在批准台灣赴港人士簽證問題上承受的壓力，同樣折射出香港面臨的挑戰。港方制止台灣特工滲透的努力不僅冗長持久，而且舉步艱難。自從英國於 1950 年 1 月承認中華人民共和國為中國合法政府，由台灣發放的中華民國護照在英國及其領地失去效力。為了使香港不受中國黨爭困擾，立法局嚴格限制所有潛在的顛覆分子入境。英國駐淡水領事館僅在 1949 年末一段很短的時間曾經獲得授權向中華民國護照持有者發放簽證，不久便因為工作量超出領事館負荷而終止這項職能。1950 年 1 月起，香港和英國駐淡水領館將所有持中華民國護照者的簽證申請事宜交付旅行機構辦理。[137] 香港入境機構由此獲得審查入境簽證申請的權力，英國駐淡水領事館的權力則受到限制。

　　由於簽證程序的變更，台灣的反應激烈而狂躁。英國領事館前經常出現抗議示威人群，官方人士也不斷向英國領事本人抱怨。1952 年下半

136　關於兩航起義事件，參見〈四千員工通電歸向人民，中航央航正式起義〉，《文匯報》，1949 年 11 月 10 日，第 1 版。關於台灣和美國為了防止七十一架飛機被送往中國而設立美國民用航空公司以及中情局的幕後運作，參見 Leary，第 6 章。

137　Confidential（保密件），"Memorandum for Executive Council: Entry into Hong Kong from Formosa（向立法局提交的備忘錄：台灣人入港問題），" 1953 年 3 月 31 日，CO 1023/101，頁 35-38，引文見頁 35。文件顯示，這份備忘錄作者應該是警務處長。

年，國民黨改造委員會第三組負責人鄭彥棻申請入港，簽證未獲批准。
為此，英國駐淡水領事 E. H. Jacobs-Larkcom 經受了台灣一位高級官員
「暴風雨般的會談約見」。他不得不請求美國駐台灣代辦幫忙，居間平息
台灣官方的震怒。在台灣經久不斷的壓力下，Jacobs-Larkcom 開始向倫
敦呼籲，因為從台灣發出的「95% 的簽證申請都是去香港」，希望「香
港各機構執行稍微寬鬆的簽證政策」以便「改善背景氣氛」。[138] 由於台灣
20%-30% 入港申請在香港遭到拒簽，他對作為外交部駐港代表的政治督
導官直接提出抗議。[139]

　　香港和英國駐淡水領事之間的簽證爭端，暴露了國民黨復出國際
舞台後香港警察發現的不少問題。香港輔政司的政治督導官 Geoffrey
Aldington 反駁駐淡水領事 Jacobs-Larkcom 的抗議，認為香港對台灣的
簽證審核完全從本地「內部安全」考慮，並不嚴苛。他指出，1952 年「港
府就此問題的基本考量，並非 Jacobs-Larkcom 所認為的共產黨宣傳的
惡劣影響」，而是由 10 月份騷亂所彰顯的「來自親國民黨幫派的有暴力
傾向的一個新現象」。[140] 針對來自駐淡水領事的指責，Aldington 具體描
述了處於國民黨控制下的一個組織在港活動的情況：

> 在過去兩年來，我們已經知道在香港有一個親國民黨的「反共反
> 俄青年團」，不過直到 1952 年初我們才明白，它的活動範圍遠
> 遠超出了到處張貼反共標語，或者提供甚至編造有關共產黨機構
> 的信息，以此引發警察對這些機構進行突襲。今年一月和二月，

---

138 Confidential（保密件），Jacobs-Larkcom to C. H. Johnston，1952 年 9 月 30 日，CO
　　1023/101，引文見頁 91。

139 Confidential（保密件），E. H. Jacobs-Larkcom (Danshui) to G. W. Aldington (Hong
　　Kong)，1953 年 2 月 25 日，CO 1023/101，頁 71-72。

140 Confidential（保密件），Geoffrey Aldington (Hong Kong) to C. E. Johnston (China and
　　Korea Department, Foreign Office)，1952 年 11 月 4 日，CO 1023/101，頁 87-88。

有明顯證據表明國民黨對工會和教育界的系統性滲透行動，以便由此掌控棚民區。這些行動的指揮者名叫彭超傑。他去年五月曾經去過台灣，接受短期訓練。

Aldington 接着強調，「金錢被大量使用於挑起對左翼機構的示威行動；雙十節的類似行動在事前有過周密詳盡的策劃」。[141]

　　Aldington 還透露，由於香港警察得到線人報告，「事先作了周密佈置，在大批人群聚集起來之前，已經平息了一個個小規模衝突」，國民黨煽動的各種挑釁才沒有釀成大規模騷亂。而衝突中被捕的三十二人也「在公眾不知不覺時悄悄地」被遣送台灣。[142] 面對大量國民黨在香港挑起事端的證據，殖民部對 Aldington 的立場表示支持。領導殖民部香港處的 J. B. Sidebotham 在寫給國防部的信件中認為，當前「共產黨一邊的活動並不總是對香港內部安全造成威脅，而是反共分子的行動完全能夠製造騷亂」。[143]

　　在取締政黨的香港，國民黨港澳總支部不能合法活動，不僅必須依靠來自台灣的經費支持，還得依賴本地的社會組織支撐各種行動。國民黨歷來依靠秘密會社的傳統在五十年代重振旗鼓的行動中再次發揚光大。[144] 雖然國民黨在港機構與秘密會社的組織關係沒有完整資料，但是改造委員會有關海外行動的一些文件依然透露了兩者之間合作的蛛絲馬

141　Secret（密件），G. W. Aldington (Hong Kong) to E. H. Jacobs-Larkcom (Danshui)，1952年 11 月 28 日，頁 77-78，引文見頁 77。

142　同上，引文見頁 78。

143　Secret（密件），J. B. Sidebotham (Colonial Office) to Major A. E. Tracy (War Office)，1952年 12 月 9 日，CO 1023/101，頁 76。

144　青幫在國民黨 1927 年反共清黨行動中的作用已有大量材料和著作。魏斐德（Frederic Wakeman Jr.）關於三十年代上海警察的專著，為國民黨領導下的政府和上海市政與犯罪團伙的深層次勾結提供了新的視角。參見 Wakeman。

跡。第三組認為，九龍的義安工商聯合總會「為港洪門之有力組織」。它的主席向前先生「雖非本黨黨員，惟對本黨工作協助甚多，近來對反共工作尤為努力」。向前因為「在港策動大陸反共工作」引起香港政府注意，於 1953 年 6 月被遣送台灣。[145] 雖然殖民當局對國民黨特工活動愈來愈警惕，國民黨同秘密會社的合作，依然使香港在瞬間失防。

1956 年九龍暴動

自朝鮮戰爭後聯合國對華禁運導致經濟衰退，香港經濟終於在 1956 年扳回頹勢，重新繁榮。香港的工業產品在東南亞和其他地區開拓了市場，從內地的進口又開始不斷增長。工業的擴張刺激了土地開發。九龍灣一側填海造地，修成了一個嶄新的工業區觀塘。[146] 何卓忠從小長大並在那裏進行抗日地下工作的荃灣，已經從昔日的鄉間變成一個不斷擴張的工業區，主要街道兩旁工廠和商店鱗次櫛比。不過，因為尚未建立便利完整的公共交通系統，荃灣依然是九龍的邊緣地區。相比之下，西九龍已經變得人煙稠密。那裏由政府出資建設的三大徙置區李鄭屋、石硤尾和大坑東安置了 125,000 多居民，許多都是棚屋區遷徙而來，或是來到香港沒幾年的內戰難民。與發達國家的類似建築相比，這些徙置區的舒適程度遠為遜色。不過，多樓層的鋼筋水泥建築還是比棚屋區安全許多。一般五口之家可獲得 120 平方英呎的單位，86 平方英呎的單位則為人口更少的家庭設計。這種每家一間的公寓沒有廚房也沒有衛生間。所有居民都使用設立在每層樓的公共廁所，同時在用於出入各個單間公

145　張其昀、鄭彥棻、鄭介民，〈向前簡歷及工作概略〉，1953 年 7 月 22 日，國民黨改造委員會（台北），國民黨黨史館，台（42）中秘室字第 0274 號。

146　*LDAR* 1955-1956，頁 7。

寓的公共露台走道上支個爐子做飯。英國傳教士葉錫恩（Elsie Elliot, Elsie Tu）於 1951 年來到香港，與棚民一起生活並為他們服務，她把這些徙置區比喻為「兔子窩」。[147]

工業迅速發展的同時，香港與內地的關係也開始出現良好的兆頭。多半是因為葛量洪總督及夫人前一年對北京的「私人訪問」，羅湖兩邊的旅行限制自 1950 年設卡以來第一次大為放鬆。春節時期返鄉回廣州或者去廣東鄉下的人數大大增加，讓那些工資較低的行業產生憂慮。僱主們擔心，他們只有給工人加薪才能保持生產繼續正常運行。[148] 6 月份時，中國民間藝術團應華商總會邀請來港訪問一個月；這是自 1949 年以來第一次有內地文藝團體來訪。[149] 它的首場獻藝吸引了 1,400 多名觀眾，演出受到熱情歡迎，所有的演出入場券全部售空。港府的英國官員也來觀看表演，為藝術家們喝采。[150] 在民間藝術團哄動香港觀眾的那些日子裏，何明華會督則忙着在香港各處演說，報告他最近去紅色中國訪問的觀感。他與周恩來總理共進午餐，又去了六個大城市參觀那裏的基督教會。他對中國政府允許宗教自由、為老人和兒童提供良好護養感到由衷讚賞。[151] 以思想自由著名的陳君葆教授，已經將他自己的孩子們送到內地接受高等教育。從 1950 年起，他每年都要去內地訪問。1956 年初，陳君葆教授已經為華人革新會聯繫了兩個去內地的旅行團。他自己在夏

147　Tu，頁 45。

148　*LDAR* 1955-1956，頁 7。

149　陳君葆，1956 年 6 月 21 日 -7 月 9 日日記，第 3 卷，頁 505-510；〈中國民間藝術團演出招待香港各界名流〉，《人民日報》，1956 年 6 月 25 日，第 1 版；〈中國民間藝術團離開香港回廣州〉，《人民日報》，1956 年 7 月 20 日，第 1 版。

150　〈首次獻演，盛況空前，藝術團哄動觀眾〉，《文匯報》，1956 年 6 月 22 日，第 4 版。該報幾乎每天都有對藝術團在港演出的報道。又見〈藝術團演出更動人，港府人員蒞場觀看〉，《文匯報》，1956 年 7 月 2 日，第 4 版。

151　〈歷六大城市訪各地教會，何明華談訪華行〉，《文匯報》，1956 年 6 月 26 日，第 4 版。

天去了北京，並和另外一個旅行團訪問了東北；那是他自 1950 年以來第三次去東北。[152]

　　雖然對內地的訪問鬆動很多，華人社會卻不再像 1949 年那樣，在大街小巷毫無顧忌地表達他們對祖國的情感。各個社會團體選擇關起門來進行各自的慶祝活動。臨近 10 月份，一生以民族主義者自豪的陳君葆教授就變得格外忙碌。1956 年 9 月 30 日，他出席了華人革新會在石塘咀金陵酒家舉行的午宴並受邀發言，慶祝中華人民共和國成立七周年。下午 4 點，他又匆匆趕去廣州酒家，參加由三千多名教師組織的慶祝會。晚上 7 點，他再前往告羅士打酒店參加新華社香港分社舉辦的千人酒會。[153] 十一天以後，陳教授參加了由華人革新會組織的雙十節慶祝宴會。他在宴會上發言，對 1911 年辛亥革命的有限成功進行評論，認為革命未能使中國在軍閥統治時期避免被「瓜分」的可悲結果，藉此暗喻當前冷戰局面下祖國在台灣海峽兩側分割兩半的厄運。[154]

　　陳君葆教授萬萬沒有想到，他的比喻竟然在香港成為可怕的現實。中國分裂的悲劇突然把香港變成一個內爆現場，暴力衝突事件飛速席捲香港。即使英國守軍馳援警察，也無法立刻平息暴亂。近年來採取親國民黨立場的《星島日報》也為血腥的衝突所震驚。以〈李鄭屋村徙置區昨因懸旗引起大衝突〉為題，該報用整整一版的多條新聞詳細報道從西九龍開始的暴亂，特別是最初的李鄭屋衝突、暴徒攻擊焚燒嘉頓麵包公司和其他親華商舖以及警察的反制行動。[155]

　　同過去幾年一樣，香港居民在 1956 年雙十節那天醒來，看到了四

152　參見《陳君葆日記》，第 3 卷，有關各頁。

153　《陳君葆日記》，第 3 卷，1956 年 9 月 30 日，頁 541。

154　同上。

155　《星島日報》，1956 年 10 月 11 日，第 14 版。

處懸掛的國民黨黨旗和青天白日滿地紅舊國旗。不過今年的旗幟似乎比往年多了許多。在九龍西北部的李鄭屋徙置區，管理人員不僅看到無數面小型旗幟，徙置區 G 座朝向街道的樓面還被貼上了兩個巨大的十字。依據市政局規定，管理部門將兩個十字清除。到上午 11 時左右，徙置區辦公室外聚集了三四百人，要求將雙十標誌重新貼回。[156] 一小隊警察應訊趕到，但未能驅散人群。在徙置區管理人員將幾面旗幟重新貼回樓面後，人群方才離去。然而他們不久又重新折回，人數愈聚愈多，午後達到一千多之眾。聚集的人群大聲喧嘩，要求徙置區辦公室向他們公開道歉並登報致歉、在李鄭屋樹起一面國民黨大旗和孫中山及蔣介石的肖像、並燃放十萬響鞭炮以平息眾怒。警察觀察到，「至少有一名鼓動者」在人群中不斷煽動眾人情緒。他們把警察不願使用武力當作對方的膽怯，有些暴徒就勢衝進徙置區辦公室毆打管理人員，而圍觀人群跟着起哄，時時發出叫好聲。當警察試圖救出管理人員時，眾人轉而攻擊警察，他們「從附近一家商店搬出礦泉水瓶投向警察」。警察不得已施放了催淚彈，才迫使人群暫時散開。[157]

　　李鄭屋的衝突僅僅是其他暴亂行動的序曲；接下來兩天中，騷亂將九龍變成一個煉獄般的世界。[158] 西九龍地區和新興的工業區荃灣成為最為血腥的暴亂區域；前者人口稠密並有大量內戰難民，後者有七十五個註冊工廠和許多未註冊的工業設施，裏面左右兩派工會勢均力敵。反共暴徒攻擊左派工會會部、設有左派工會的工廠，或者出售內地產品的商店以及在 10 月 1 日懸掛五星國旗的店舖和社會團體。兩天裏，一群群暴

156　Hong Kong Government（香港政府），"Report on the Riots in Kowloon and Tsuen Wan, October 10th to 12th, 1956（九龍和荃灣暴動報告，1956 年 10 月 10 日至 12 日），" CO 1030/389，引文見頁 6。以下該文件引為《暴動報告，1956》。

157　同上，頁 7。

158　如果沒有特別註明，以下描述均取材於《暴動報告，1956》。

徒集體毆打那些機構的工人和辦公人員，然後搶劫商店和工廠，最後縱火焚燒被劫掠的場所。官方報告確認，在李鄭屋、大坑東、深水埗、旺角、油麻地、九龍城、紅磡、牛池灣、牛頭角和何文田共發生三十九起此類暴力事件。

縱火、聚毆和搶劫是所有這些暴力事件不可或缺的內容。僅僅九龍就有十七起火災。因為暴徒把燃燒的汽車或者搶來的東西堵在路上阻止車輛通行，消防隊通常無法立刻抵達失火地點。親中的香島中學位於「集中了大批『主要同情國民黨的居民』」的大坑東徙置區東北約一英里處。10 月 11 日凌晨 3 至 4 點之間，「一群暴徒點火燃燒學校邊上的一個棚子，然後衝進校園，搶劫一樓的校舍並把桌椅等等搬出來焚燒」。當警察趕到時，他們在樓上找到大約二十名教職員工。他們已經擊退了暴徒的第一次進攻，但是沒有能夠擋住暴徒的第二次進攻。[159] 有少數被攻擊的地方運氣好些，由於周邊居民的援助而倖免暴徒的打砸搶燒。比如位於九龍北海街的五金工會辦公室，當時有十幾位工會工作人員和工人；他們端着煮開的大鍋開水作為防衛武器，威嚇試圖衝上樓梯打入工會的暴徒。暴徒們繼之以放火燒屋威脅。這時周圍的鄰居趕來，群起吆喝暴徒，最後把他們全部嚇跑。[160] 有些人在暴亂中卻慘遭不幸。瑞士副領事恩斯特（Irtz Ernst）和他的夫人於 10 月 11 日正巧坐的士路過李鄭屋徙置區。暴徒們圍住的士，把汽車掀翻點火。的士司機跳出逃生，但恩斯特夫婦兩人被困車中，嚴重燒傷。幾天後，恩斯特夫人因傷重不治而死亡。[161] 就是在這位歐籍人士的傷亡事件後，警務處長才下令警察部隊在

159　《暴動報告，1956》，頁 16。

160　周奕（2002），頁 129。周奕當時是五金工會書記，參加了保衛五金工會與暴徒的抗爭。

161　"Hongkong Riots Subsiding; Curfew Still in Force（香港暴亂開始退潮；宵禁依然有效），" *The Times* (London)，1956 年 10 月 13 日，第 6 版。

「必要的時候毫不猶豫地使用」槍枝彈藥。[162]

　　同九龍那種「遊走不定」的暴徒相比，荃灣的暴動卻在頭目的帶領下有計劃地推進。荃灣處於完全城市化的市區西邊大概五英里，在1956年還只有幾條主要街道。工廠為住家較遠的工人提供宿舍，而親中的工聯會與親台的工團總會在工人中有旗鼓相當的支持率。暴動之前，右翼工會於10月初開了好幾次會議，計劃雙十節的慶祝活動；10月10日那天，又開了一次由「國民黨人和三合會成員」參加的特別會議。[163]

　　荃灣的暴動從寶興紗廠開始，因為那裏的經理曾經下令清除貼在工人宿舍窗上的大幅親台標語。10月11日下午，「幾個男人用長長的竹竿挑着幾幅巨大的國民黨旗幟」來到寶興紗廠，把旗幟插在廠門前，廠裏一些穿着卡其上衣卡其褲子的男工出來同他們會合，一起開始謾罵工廠的經理部門。與此同時，暴徒又攻擊路過的行人和坐公車或私家車經過的人。其中一些暴徒試圖把各種車輛掀翻點火，另外一些暴徒開始用石頭設置路障。一名警務督察率領三個警務小隊和三十名便衣偵探，帶着催淚彈和槍枝來到現場。暴徒挾持公共巴士中的乘客威脅警察，如果動用武器，他們將把人質活活燒死。警察迫不得已，不敢輕舉妄動。暴徒因此更加猖狂，其中幾個翻過工廠大門從內打開，大批暴徒突破警察警戒線一哄而入。進入廠房後，暴徒點燃棉花，把汽油撒潑到地上，開始焚燒廠房。之後，暴徒又衝進工人宿舍，搶劫錢物，砸爛剩下的東西，毆打左翼工人。[164]

　　闖進寶興紗廠的暴徒接着提出條件，要求工廠「升起國民黨旗幟，解僱左翼工人以及10月8日指令清走慶典標語的管理人員」。寶興經理

162　《暴動報告，1956》，頁 20。

163　同上，頁 31。

164　同上，頁 34。

部門拒絕低頭。於是，暴徒們推出「一名顯然對這些暴徒具有一定權威的陌生人」。他以徹底燒毀廠房要脅，迫使廠方經理接受所有上述條件並付罰款 1,000 元。達到目的以後，他才下令將廠內已經開始的火勢撲滅，帶着暴徒們離開寶興紗廠。[165] 對其他工廠基本重複了在寶興紗廠已完成的襲擊模式。每群暴徒由舉着國民黨大旗的壯漢帶頭，來到攻擊地點，用拳頭和各種工具毆打左翼工人並四處搶劫。每次對工廠的攻擊都以縱火或縱火威脅要挾罰款。在九龍紡織廠，暴徒變本加厲，以他們在工廠樹立的五幅國民黨大旗為由，迫使廠方經理付出了 2,500 元罰金。[166]

面對人多勢眾的暴徒，荃灣警察士氣大跌，沒有使用催淚彈和武器就退回警署。暴徒得勢後更為猖獗，四處攻擊將近七個小時。暴徒的主力大約在 500 到 1,000 名之間，「由扛着國民黨旗幟的壯漢領頭」，攻擊工聯會的荃灣醫療所、福利中心、合作社商店、港九紡織染總工會圖書館和港九絲織總工會的福利部。暴徒先是洗劫這些機構，然後放火焚燒。所到之處，工人和工作人員都被殘暴地毆打。在荃灣醫療所，暴徒群毆兩名男護士，又剝光四名女護士的衣服，輪姦其中一位。當藥劑師楊觀福試圖保護女同事時，被暴徒當場活活打死。[167] 在荃灣戲院外面，暴徒帶來一群所謂的左翼「囚犯」，逼迫他們向張貼着反共標語和圖片的竹牌樓「不斷鞠躬磕頭」並呼喊反共口號。然後，暴徒使用石頭棍棒毆

165　同上，頁 35。

166　同上，頁 62。

167　周奕（2002），頁 143、144。周奕的描述基於他本人經歷和他採訪工聯會所屬工作人員和幹部以及工聯會內部資料，同香港官方公開報告有所不同。官方報告認為暴動中沒有強姦發生（參見報告頁 37）。在此，筆者採用周奕的敘述，不僅因為周奕有更為豐富直接而可信的材料，也因為中國女性和社會整體視此類性攻擊使受害者本人甚至家庭蒙受深切恥辱，選擇忍辱不報。她們的選擇，同日佔時期的情況大致相同。學者因此必須意識到英方材料在此方面的忽略。

打這些手無寸鐵的工友，直到他們失去知覺。[168]

午夜開始，進入荃灣的正規部隊開始巡邏並實行宵禁。至此，十五起重大暴力事件已經橫掃這個工業區，八位工友被毆致死，一百多名重傷住院。[169] 被暴徒輪姦的護士古惠貞受傷至重，與其他重傷工友一起被緊急送往廣州接受治療。直到 12 月中，她的傷勢才有所好轉，恢復到可以在公共場合露面。古惠貞鼓起勇氣參加一次群眾集會，公開控訴她在暴動中遭受的摧殘蹂躪。[170] 搶劫和縱火以及其他種種暴行給工人們留下巨大心理陰影，荃灣的工廠直到 11 月初才重新恢復生產。

在香港和平年代的歷史中，找不到任何像 1956 年 10 月暴動這樣的先例。暴動的種種殘忍行徑，只有日軍進攻香港和最終佔領時期香港所遭受的地獄般經歷可相匹敵。雖然英國官方報告一向把所有草根社會的抗爭貼上「暴動」的標籤，香港從未有過像 1956 年這樣協調周密的大規模暴動。中國政府立刻意識到這次暴動的政治性質，要求英方立刻採取相應措施。《人民日報》於 10 月 12 日以「觀察員評論」專欄在頭版發表文章，表示深度關切。第二天，周恩來總理召見英國駐華代辦，對香港當局未能及時阻止國民黨分子發起暴動而造成香港同胞生命財產的巨大損失，向英國政府提出「嚴重抗議」。[171] 從九龍暴動一開始，《人民日報》以長達二十天的時間，每天跟蹤事件進展及其在內地和香港地區的

168　《暴動報告，1956》，頁 37。

169　同上，頁 62。

170　方力，〈廣東省和廣州市各界人民集會，慰問九龍事件中受害同胞，要求嚴懲國民黨特務分子，防止再發生暴亂〉，《人民日報》，1956 年 12 月 17 日，第 4 版；古惠貞，〈只要我還有一口氣我就要報仇〉，《人民日報》，1956 年 12 月 17 日，第 4 版。

171　〈國民黨特務分子在九龍製造大暴亂〉，《人民日報》，1956 年 10 月 12 日，第 1 版；觀察家評論，〈必須制止國民黨特務分子在港九的暴行〉，同上，第 1 版；〈對於香港英當局未能制止國民黨特務所組織的暴亂，周恩來總理提出嚴重抗議〉，《人民日報》，1956 年 10 月 14 日，第 1 版。

反響。香港還從未有過任何事件曾經引起北京如此持久的關注。

　　被港府定名為「九龍暴動」的這次動亂，對香港自我標榜的「法治與秩序」的綠洲形象損害如此重大，迫使殖民政府為它的失職作出解釋。官方報告於 1957 年初終於出台，竭力淡化暴動的政治性質。相反，報告着重強調華人社會中的三個因素，以解釋這次大規模暴動的起因：來自內地的大量難民持有反共思想並在香港生活無着而感到窘迫，李鄭屋徙置區初期騷亂參與者的即興自發，以及三合會趁機作亂使暴動持續發展。如所有官方類似報告一樣，這份報告也讚揚警察對暴動採取了迅速而負責的反應。但是，強調暴動的自發性和三合會的作用，難以為殖民政權推卸責任，反而使冷眼旁觀者不得不對暴動中反覆出現並執着不變的無數政治標誌提出疑問。

　　目前在台北國民黨黨史館保存並可公開查閱的材料，明確駁斥了英方所作的暴動非政治性的定論。正如英方公開報告所描述的在荃灣發生的有預謀暴動情形，1956 年 10 月的整個暴動雖然不是由台灣直接實施，卻都由台灣策劃。一份 1956 年 10 月 13 日以指揮國民黨港澳總支部的國民黨改造委員會第三組領導人張厲生和鄭彥棻署名的手寫報告說明，慶祝雙十節的計劃「由於我方之早為佈置策動，其表現較往年尤為熱烈」。他們認為「是日國旗飄揚港澳據估計在一百萬面以上」，但「共匪乘機在九龍各地鼓動群眾造成糾紛」而釀成縱火、搶劫和同警察衝突的大規模暴亂。當然，最後這一點，已經被英方的調查，以及所有暴亂受害者均為左翼工會工人的事實所駁斥。[172]

　　其他方面的資料也證實，國民黨一直為自己在香港營造一個廣泛支持本黨的氣氛。香港官方關於九龍暴動的報告公佈後不久，華人革新會

172　張厲生、鄭彥棻，〈關於本年國慶日香港九龍青山道徙置區因懸掛國旗引起之騷動事件〉，
　　　國民黨改造委員會（台北），國民黨黨史館，台（45）中秘室登字第 228 號。

於 1957 年 1 月底發表了一份公開聲明，批評該報告「沒有解釋一些眾所周知的事實」，特別是國民黨在香港活動的情況。這份公開聲明指出，「許多年來，國民黨在台灣的黨部一直由海路運來成箱成箱的幾百萬面紙旗」，而「國民黨又在每年 10 月 10 日那天組織騎自行車的隊伍遊行香港和九龍各處」。[173] 這份聲明所述事實，與政治部送交倫敦的秘密報告相互印證，描述了國民黨在港活動的同一現象。張厲生和鄭彥棻內部報告中提到的在香港展示的一百多萬面旗幟，更進一步顯示了國民黨在這次史無前例的慘劇中所起的關鍵作用。

雖然殖民當局最終動用軍隊鎮壓暴亂，左翼工會卻認為，他們求助的懇請並未獲得應有的回應。因為附近鄰居的協助而頂住了暴徒襲擊的五金工會，曾經派出一人前往附近警署要求警察馳援，警署卻拒絕接受報案。[174] 在近郊的荃灣，左翼工人、工會和一些工廠遭到系統性攻擊，而警察卻避免使用武器制止暴徒。在寡不敵眾的情況下，他們也許只能企求自保。但是，血腥的暴力行動實際上有可能不是在午夜、而是在正規部隊到達荃灣的晚上九時三十分被制止。到達的部隊起初只是着力清理路障和解救受傷者，直到兩小時之後，部隊才直接對暴徒行動並實施宵禁。[175] 這是非常令人費解的延誤。如果不是像新聞工作者周奕所指責的「港英縱容暴徒造成事件惡化」，這種延誤也不得不使讀者對官方報告和官方在羅素街衝突以後對中國勞工以及左翼工會工人的態度提出疑問。

173　"October Riots: Chinese Reform Association Statement Issued（十月暴動：華人革新會發表聲明）," *South China Morning Post and the Hongkong Telegraph*，1957 年 1 月 31 日，第 6 版。

174　周奕（2002），頁 130。

175　《暴動報告，1956》，頁 38-39。

　　1956 年的慘烈事件是 1948 年以來英屬殖民地香港逆行轉向後許多重大變化不斷積聚而成就的惡果。殖民政權在四十年代末的兩年內系統性改造香港的法律體系，不僅逆轉了倫敦曾經希望施行的勞工事務改革，而且基本終止了這些改革。所有在心理感情上認同中華人民共和國的勞工工會和社會組織開始成為政治迫害的目標，它們最終也成為九龍暴動的攻擊對象。從 1950 年羅素街的警察行動到大批遣送勞工運動領袖和社會運動骨幹出境，到親華報紙《大公報》的審判，以至 1952 年中航和央航資產的最終判決，所有的官方行動促使一種敵視親華組織的文化在香港興起。在公眾眼裏，這些事件都顯示了殖民地香港明確的偏袒傾向，而非不偏不倚的中立。這種偏倚，使香港完全失去在中國政治黨爭中維持被有些論者所稱道的「微妙平衡」。[176]

　　香港這次極端性暴力事件不僅使倫敦大為震驚，而且引發來自上下兩院的質詢。殖民部大臣 Alan Lennox-Boyd 於 1956 年 10 月 24 日在議會進行有關九龍暴動的正式報告，上議院議員要求他回答兩個問題：「香港政府是否沒有對騷亂實行應有的預警預防措施」，「這次的動亂是否為殖民地以外〔勢力〕所煽動」。殖民地常務次官 Alexander D. F. Lloyd 勳爵為香港的英國政權辯護，堅稱港府已經對動亂採取了「所有預警預防措施」並且採取了「有力而且 …… 成功的步驟恢復殖民地的法

176　該論點見曾銳生（1997b）。曾強調英方致力維持在中國黨爭中的中立而達到他所稱的「微妙平衡」。

治和秩序」。[177] 但是，來自蘇格蘭格拉斯哥市的工黨政治家、下院議員
John Rankin 卻提出了完全不同的解釋。他認為，香港社會的三百萬人
口中，只有 16,000 人（低於總人口的 1%）可以投票並參加選舉市政局
議員；這個極度狹小的選民基礎，可能就是社會不滿的主要原因。[178]

　　Rankin 這個評價明確指向香港已經流產的戰後憲政改革方案，但這
不過是他尖銳抨擊香港殖民統治的序曲。在下議院 11 月 8 日的後續辯論
中，Rankin 做了長長的發言，對香港的治理作出毫不留情的評判。他認
為，「貧困、低工資和惡劣的居住條件是目前那裏動亂的根源」。令人吃
驚的是，他還亮出了一條造成香港「勞資關係中不滿情緒」的細節，並
指出倫敦和香港的部門都對此負有責任。他告訴議會裏的同事，在 1947
年被任命為香港勞務主任的白加，由於「香港政府不喜歡他的任命」而
殖民部在保守黨於 1951 年重新執政後同意了白加的降級任用，已經被
「剝奪了他的權力和地位，成為勞工處一名普通官員」。[179] Rankin 指出，
香港政治兩極分化，社會結構複雜，「人群中存在着各種各樣的情緒」，
因為「香港有反歐分子、反共分子、親共分子、反警察分子，還有仇富
分子」，在政治制度不民主、沒有渠道傳達和宣洩社會不滿情緒的現狀
下，各種情緒「可以相互作用」並「以最為極端而暴力的方式發洩」。[180]
Rankin 認為，香港的威權政府「完全由政府官員和政府任命的人組成，
他們不是俯首聽命的臣屬就是大公司代表」，而正是這個政府應當對殖民
地的許多問題承擔責任。當然，保守黨的議員絕對不同意 Rankin 的說

177　House of Lords [Britain]（上議院），1956 年 10 月 24 日辯論，第 199 卷，第 989-90 列。

178　House of Commons [Britain]（下議院），1956 年 10 月 24 日辯論，第 5 系列，第 558 卷，
　　　第 623-25 列。

179　House of Commons [Britain]（下議院），1956 年 11 月 8 日辯論，第 5 系列，第 560 卷，第
　　　411 列。

180　同上，第 412 列。

法。但是 Rankin 對香港殖民地的描述，卻是來自他最近一次訪問香港的
第一手材料，讓人聽了十分不安：

> 香港有你想要的所有東西。這是一個美好的地方，也充斥了破破
> 爛爛擁擠不堪的住家。在那裏，財富和貧困持續地交相呼應，顯
> 示出一個充滿諷刺意味的不協調景象。壟斷的勢力無處不在。美
> 德與惡習在大街小巷摩肩接踵比肩而行。真誠善意的人們一再努
> 力，試圖驅除所有的邪惡勢力，更有一些人依仗邪惡勢力而飛黃
> 騰達。就是在這樣一個社會基礎上，十月的暴動才得以成功。[181]

可以想像，葛量洪總督肯定會強烈抗議 Rankin 的這番描述。他在
香港主持了憲政改革的逆轉與流產，並在左右勢力之間相互制衡，使
香港免受中國內地統一的不良影響。他的工作得到倫敦賞識，總督任期
三次延續。每次去美國，他都會為香港大作宣傳，將它描述為自由世界
的反共橋頭堡。在美國國際關係委員會為他在紐約舉行的一次宴會上的
演講中，他稱「香港在地理上是中國的一部分」，但作為「向中國人展
示自由生活的一個活生生的榜樣」，香港「一向對中國政治起着重要作
用」。[182] 這次把香港推向混亂險境的暴亂，當然是中國社會內部的犯罪分
子造成，同他明智的領導毫無關係。這些麻煩自然得處於經常性的監控
之下，不過那是他的繼任者的工作。1957 年，葛量洪爵士結束了十年之
久的香港總督生涯，退休回到英國，加入一個多世紀以來對華財界最重
要的組織英商中華協會，成為它的正式成員。

181　同上，第 410 列。
182　Grantham (1953).

結語

　　在柏特士完成了香港有史以來第一次勞工調查的二十年之後，殖民
部於 1958 年派遣 Sheila Ann Ogilvie 助理督察赴港，再次考察當地勞
工狀況。假如不是香港紡織品對英傾銷在議會引起爭議，Ogilvie 可能
要到一兩年後才會來香港作例行調查。從 1951 年到 1956 年的五年中，
英國從香港進口的棉紡織品年輸入量增加了十一倍。被英國議員們稱為
「香港超低收入的勞動力」所製造的產品，使英國棉紡中心蘭開夏郡感
受到嚴重威脅。[1] 有關香港棉紡織品競爭的問題，與殖民大臣就九龍暴動
所作的第一次報告在同一天提上了下議院的辯論日程。在 1957 年 6 月
和 1958 年 5 月和 6 月的幾次後續辯論中，議員們針對香港紡織業工人相
當於英國工人工資的三分之一到五分之二的超低工資和超長工時提出質
疑。[2] 因此，低工資和長工時成為 Ogilvie 調查的兩個中心問題，但她卻
在香港發現了勞工狀況的更多問題。

　　Ogilvie 心懷進步理念，曾經多年擔任工廠巡查員，豐富的閱歷賦
予她敏銳的觀察力和注重細節的雙眼。她的經驗來自從蘇格蘭到波多黎
各、埃及、亞丁灣和毛里求斯等二十多個英國殖民地和管轄地無數個工
廠的現場巡查。香港之行是她第一次駐足遠東。在香港潮濕而炎熱的夏
天，她訪問了五十二個工業運作場所，包括從「第一流到『特別簡陋』」
的工廠和作坊。為了體驗實際工作情況，她把有些實地考察安排在晚上

1　House of Commons [Britain]（下議院），1957 年 6 月 27 日辯論，第 5 系列，第 572 卷，
　　第 382 列。

2　同上，1956 年 10 月 24 日辯論，第 5 系列，第 558 卷，第 621 列；1957 年 6 月 27 日辯
　　論，第 5 系列，第 572 卷，第 382 列；1958 年 5 月 15 日辯論，第 5 系列，第 588 卷，第
　　1731-1752 列；1958 年 6 月 30 日辯論，第 5 系列，第 590 卷，第 878-1012 列。

10 點到凌晨 3 點之間。[3] 她的總結報告分為四個部分：廠房條件、勞資關係、工資和工時。雖然這份報告較柏特士的調查報告來說大為簡短，覆蓋面也更狹窄，但所敍述的內容卻與柏特士二十年前提出的問題有許多相同之處。更重要的是，Ogilvie 的報告還提出了柏特士在二十年前沒有看到的問題。

　　Ogilvie 沒有廣東話的語言能力，但是依靠來自長期工作積累磨練而成的洞察力，她得以跨越語言障礙，透視香港工業運作的關鍵層面。從各式各樣的廠房設施，她既發現了科技的進步，又看到了頑固不變的香港工業操作模式。Ogilvie 的考察只限於棉紡織業，她的分析囊括了二千人的大工廠和只有五個人的作坊。大工廠裏最先進的設備和運作標準使她印象深刻，讚不絕口，而那些「在數量上超乎尋常比例的」無數「雜亂無章的」工業設施裏面的極度擁擠和缺乏安全設施，更使她瞠目結舌。工業設施內部過度擁擠是柏特士在 1938 年已經着重提到的問題；他曾特地描述了一個縫紉工場中的工人被吊在房樑上對着面前從樑上吊下來的熨衣板工作的慘狀。Ogilvie 這次沒有見到這種極端景象，卻依然親眼目睹了在唐樓內部的閣樓中進行工業生產的普遍現象。因為這種隔層的天花板很低，那裏的生產運作「不具備通風條件」。在悶熱潮濕的炎夏，使用電動馬達更加提高了室內溫度，車間環境之惡劣使人無法忍受。除了污濁空氣滯留而造成危害工人健康的工作環境，沒有安全裝置的沖床和沒有保護套的縫紉機轉軸還經常造成事故。即使裝了保護套的機器，也是「質量低劣，很容

3　　Sheila Ann Ogilvie, "Visit to Hong Kong（香港考察）," CO 1030/763，Labour Advisor's Visit to Hong Kong [July 1958]（勞工督察對香港的考察，1958 年 7 月），頁 99-118，引文見頁 100。這份二十頁的報告遞呈殖民部，是一份正式報告，也同香港政府分享，語氣相對溫和並有詳細數據。Ogilvie 還有一份供殖民部內部傳閱的文件，分析更為直接坦率，筆者將在下面引用。所印頁碼均為殖民部案卷頁碼，不是報告頁碼。

易掉落」。[4] 機械設備缺乏安全裝置而導致工傷，就是女工們在戰後團結起來組成工會要求改革的原因之一。十多年過去了，雖然現代化工業不斷發展，政府當局也號稱推行勞工事務改革，這種積弊卻依然故我、普遍流傳。

　　惡劣落後的工作條件以外，還有在英國議會辯論中提到的工資和工時問題。Ogilvie 發現，香港的情況並非以歐洲標準、而是以亞洲國家的普遍水準相比而言，工資過低、工時超長。有些工資計算方法一如既往、似乎如石刻般地永恆不變。計件工資是普遍的做法。僱主以此從每一名工人身上榨取最大的產量和利潤。技術工人或半技術工人的情況相對好些；一名熟練機工的日薪可達 20 元，棉紡織廠的熟練男工和女工每天可掙 6 元至 8 元。但是，「不僅是新手和青年女工，而且女工的總體」都只能得到極低的工資，日薪在 2 元至 3 元間。因為休息日無薪，如果每週休息一天，她們的月工資就只有 50 元到 70 元。[5] 更有甚者，香港工人每週工作時間平均超過六十甚至七十小時。香港一半的男工和佔了全港勞動力三分之一的大部分女工的基本工作情況都是如此。在華資企業，每天工作十一個半小時更是普遍現象。[6] 即使如此，Ogilvie 的這些數據也僅僅反映香港工業勞動力的一部分、即註冊工廠和作坊中 170,000 名工人的情況。官方數據顯示，在「不能註冊」的工廠或作坊中至少還有 150,000 名工人也都是工業勞動力。同建築和運輸業的工人算在一起，他們總共佔香港人口的 17%（34,700 名政府僱員除外）或者 18.5%（見表 5）。[7] 鑒於官方年度報告一再提到本港輕工業的迅速發展，以上五十萬名工業和市政勞動力的估算肯定是大大低於實際數字，完全

4　　Ogilvie，"Visit to Hong Kong,"頁 100-101。

5　　同上，頁 106。

6　　同上，頁 109。

7　　1957 年香港人口近 270 萬。參見 *HKAR* 1957，頁 36。

略去了為註冊和不註冊工廠作坊做加工服務的巨量勞動力。

表 5. 主要行業勞動力的官方統計，1957-1958

行業	勞動力估算
註冊工廠和作坊	170,000
未註冊企業	150,000
建築業	120,000
交通運輸業	21,000
政府僱員	34,700
小計	495,700
農業	200,000
漁業	64,200
小計	264,200
總計	759,900

來源：*LDAR* 1957-58，頁 13。

　　為何大部分香港工人以如此超出尋常的時間勞作不息？殖民部常務
次長 John Profumo 以本地習俗對此作出解釋：「長時間勞作是東方生
活的一個傳統。」[8] 他並非第一個亦非最後一個給出這種辯解的殖民部官
員。1951 年，勞工助理督察 R. G. D. Houghton 受殖民部派遣，前往
香港考察勞工狀況。他的冗長報告認為，「對於許多中國人來說……生
活和工作密不可分，兩者最終就合二為一」。[9] 通過實地調查，Ogilvie
戳穿了這個官方謊言。她發現，香港工人沒有其他選擇，不得不超時工

8　House of Commons　[Britain]（下議院），1958 年 5 元 23 日辯論，第 5 系列，第 588 卷，
　　第 1731-1742 列，引文見第 1738 列。

9　R. G. D. Houghton, C. B. E.（最優秀大英帝國勳章獲得者），"Confidential Report to the
　　Commissioner of Labour on the Labour Problems of Hong Kong（致勞工處長的保密報告：
　　香港勞工問題），" 1951 年 3 月，CO 129/626/3，Labour Department: Report to Labour
　　Commissioner（勞工處致勞工處長報告），頁 33-182，引文見頁 72。

作，否則無法生存。她計算了那裏的基本生活需要，每個人「如果不算
肥皂、衣服或者任何其他開支，每月至少需要 60 元」。這個數字包括 45
元用於日常三餐和 15 元床位費（假如工廠為工人提供宿舍）。未婚工人
可以選擇在別處租賃床位，已婚工人則租賃一個隔間。[10] 顯而易見，因為
這個非常簡單而直接的經濟邏輯，而非甚麼「文化傳統」，使得註冊工廠
中至少一半的工人以及千千萬萬名外包工陷入低工資和超長工時的惡性
循環。[11] 由僱主制定的僱用條件使得這個持續將近一個世紀的勞工工作和
生活狀況周而復始，不斷延續；即使全世界對此惘然不知，倫敦的殖民
部對此早就有所耳聞。

關於香港工資的低下，香港殖民當局和倫敦的殖民部還有一個解
釋的理由：內地的戰亂和共產黨統治使難民源源不斷逃來香港，以致殖
民地的勞動力供應處於超飽和狀態。這個說法當然不無理由。中國內
地在 1949 年前的政治與經濟的失敗是戰後香港人口爆炸的原因之一。
Ogilvie 注意到，許多中國勞工認為低工資和長工時要比失業好些。對
此，英國下議院的辯論提出過一個不難做到的辦法：減少工作時間，以
便「匯總現有工作，使更多的人獲得工作」。[12] 但是這個建議立刻遭到香
港企業和殖民政權的堅決抵制；它們以日本和中國內地在世界市場上的
激烈競爭為理由，拒絕任何改革，繼續維護「香港套路」。

通過研究被英國下議院描述成「醜聞」和「亞洲最糟糕的」香港低
工資和超長工時，Ogilvie 發現了經濟邏輯以外更深層的問題。她對勞資
關係的評論將隱藏許久的真正醜聞公諸於世。香港殖民政權不能算是這

---

10   Ogilvie，"Visit to Hong Kong," 頁 106。

11   1957-1958 年的香港人口為 2,677,000。

12   House of Commons [Britain]（下議院），1958 年 5 月 23 日辯論，第 5:588 卷，第 1731-
1742 列，引文見 1734 列。

種奴役化工業模式的始作俑者，卻是這種模式得以在香港經久不衰的首要同犯。在香港第一位勞工主任建議把最低工資作為勞資關係改革關鍵內容的二十年後，殖民政權無視倫敦在五十年代中的一再敦促，從未制定任何有關法律。[13] 繼柏特士之後，Ogilvie 再一次發現〈工廠和工業設施條例〉依然只適用於二十人和二十人以上的工業運作，無數微小企業因而逍遙法外任所欲為。不僅如此，當發生事故或出現安全問題後，勞工處選擇放棄「要求僱主對存在漏洞作補救」的權力。同勞工得不到最低工資、最長工時限制和安全保障的狀況形影相隨的是另外一種做法：香港勞工處的每位勞工督察都把時間精力投入於「應付在目前許多其他英屬領地已經被廢除的年度註冊」。[14] 香港這種非同尋常的做法當然也表明，香港殖民政權對勞工問題的關注，意在他處。

　　同勞工處對僱主極度寬鬆的姿態相比，它對工會總是萬分警惕。自五十年代初開始，香港總督和勞工處長利用了所有的機會向倫敦警告香

13　1951 年，殖民部派遣勞工事務助理督察 R. G. D. Houghton 前往香港，他做出的報告卻表述了香港殖民政權的意見。Houghton 強調香港勞工工會的政治化，而葛量洪總督和勞工處長也在他們對 Houghton 報告的各自回應中再次強調這個觀點。就是否需要在香港「建立一個工資制度的機制」的問題，殖民部勞工事務助理督察 E. Parry 作出以下紀錄：「看起來他（Houghton）並沒有對此做任何工作。我認為他的觀點猶豫不決、面面俱到。」E. Parry 備忘筆記，1951 年 6 月 20 日，CO 129/626/3，勞工處致勞工處長報告（Labour Department Report to Labour Commissioner，頁 11。長期以來，葛量洪總督和鶴健士勞工處長都以工會政治化的稻草人來嚇唬倫敦，以應付搪塞倫敦一再要求建立有關工資制度立法的指示。參見 Alexander Grantham to James Griffith, M. P.（葛量洪致 James Griffith 議員），1951 年 9 月 10 日，"Comments by the Commissioner of Labour, Hong Kong, on the Memorandum submitted to the Secretary of State by the Colonial Labour Advisory Committee on Trade Unionism in the Colonies（香港勞工處長對殖民地勞工督察委員會就殖民地工會運動問題致殖民大臣的報告的幾點意見），" 1951 年 8 月 24 日，CO 129/626/3。有意思的是，殖民部於 1953 年派遣 E. Parry 考察馬來亞、新加坡和香港三個殖民地的勞工事務；Parry 的十個星期考察重點放在馬來亞，在依然處於緊急狀態的馬來亞，他發現「貧富之間的差距非常驚人」。參見 "Mr. Parry on Labour Problems（Parry 先生論勞工問題），" CO 1022/120，引文見頁 7。

14　Ogilvie, "Visit to Hong Kong," 頁 100。

港工會對於這個殖民地的嚴重威脅。1951 年，殖民部派來的 R. G. D.
Houghton 成為他們的同盟軍。他在向殖民部交出的報告中強調工會受
到外部勢力控制，並聲稱制定最低工資為時過早。葛量洪總督在他寫給
倫敦的信中重申這些觀點，認為工會「主要是為了政治目的」而組成。[15]
1954 年，葛量洪再次向殖民部進言，以他向來的能言善辯強調那個「誠
實而有活力、謹慎而又精明」的左翼工聯會的政治威脅，並對它的福利
工作作出如下的譏諷：

> 事實上，雖然政府有公開政策而勞工處也在不斷努力，以西方定
> 義而言的工會運動在香港不過是個海市蜃樓。這裏有各種各樣的
> 工會，但是無一例外都因為通過組合而被政治傾向所迷惑。工會
> 成員由此得到福利和其他各種好處，但這些不過是工會為了達到
> 它們的主要目的 —— 保持工會會員 —— 而採取的手段。更糟糕
> 的是，上述政治問題與香港自己的問題無關，而是由來自殖民地
> 以外的概念所致。最重要的是，〔對香港來說〕危險性更大的左
> 翼工聯會同它的對手相比，在各個方面都更誠實而有活力，謹慎
> 而又精明。所以，每次香港發生的勞資糾紛往往都徒有其表，實
> 際上未必就是勞資兩方的糾紛。事實上，這種糾紛多半都是不同
> 政治陣營為了達到絕對控制工人這個終極目的而發生。[16]

---

15   Alexander Grantham to James Griffins, M. P.，1951 年 9 月 10 日，CO 129/626/3；這封信
一共三頁，在卷宗內放在頁 20，但是該卷宗未標頁碼。引文見信件頁 1。葛量洪的信還有
勞工處長 1951 年 8 月 24 日對殖民部勞工督察委員會關於工會運動一份備忘錄的幾點意
見，詳細敘述對工會監控的必要。

16   葛量洪致殖民大臣（A. Grantham to Secretary of State for the Colonies），"香港和中國的關
係（Hong Kong: Relations with China），" 1954 年 12 月 22 日，FO 371/115063。

因為 Houghton 在勞資問題上與他們的觀點非常一致，港督和勞工處長很快與他結成統一戰線，通過他的報告傳遞香港當局的政治判斷。[17] 但是，他們無法說服有着豐富的工廠經歷、寬闊的國際視野和進步理念的 Ogilvie。她的正式報告語氣比較溫和。按照殖民部程序，報告首先送交香港勞工處長和葛量洪所推薦的繼任總督柏立基（Robert Black）。即使如此，她還是不得不在開頭就寫道：「香港勞資關係的現狀可以一言以蔽之：不存在。雖然有例外，卻是少之又少。」

在另一份殖民部內部傳閱的文件中，Ogilvie 以更為坦率的方式點明了香港勞工處行政方式與僱主們抵抗勞資關係改革日益堅定的行動的明顯因果關係。勞工處維持着「一個將高層位置留給歐籍人士的政策」。[18] 這是香港勞工處在鶴健士領導下積極推行的政策，也是得到著名的「進步」總督楊慕琦首肯的政策。而在葛量洪總督領導下，殖民當局進一步制定反勞工條例，勞工處則不再調停勞資糾紛。「目前負責這一部分工作的勞工主任不願意對此付出努力」，而且「在鼓勵僱主與勞工談判方面──不管是各方協商、僱主同所有工人的談判，還是僱主同工會的談

17　1953 年，馬來亞工團總會已經為了實行〈僱用條例〉奮鬥了六年。該總會致信日內瓦的國際勞工署，指控「前英國勞工部官員、馬來亞聯邦從 1947 至 1950 年間的勞工處長，現任馬來亞橡膠業僱主聯盟書記的 R. G. D. Houghton 先生」就該條例草案「策劃」僱主的一致對抗。參見 M. Arokiasamy (General Secretary, Malayan Trade Union Council) to L. E. Bodmer, Social Security Division, International Labour Office, Geneva（馬來亞工團總會總書記 M. Arokiasamy 致日內瓦國際勞工署社會安全部 L. E. Bodmer），1953 年 5 月 18 日，CO 1022/120，頁 17-18。

18　Sheila Ann Ogilvie, "Comments for the Colonial Office on Some Points in the Report（致殖民部：關於報告的幾點說明）," CO 1030/763，頁 89-98，引文見頁 89。以下該文件引為〈幾點說明〉。

判、或者是一部分僱主和各個工會一起談判」，都無所作為。[19] 自戰後勞工處重新恢復工作，蘇雲少校一直為勞工處長鶴健士器重。他所負責的勞資關係部，就是 Ogilvie 特別批評的部門。僱主們對殖民政權的這種政治偏向心領神會，因而毫無顧忌地把工會晾在一邊。舉例來說，電車職工會以得到絕大多數業內工人參加而成為全港組織得最好的工會，但電車公司自 1950 年起卻不再承認電車職工會是工人代表。[20]

雖然葛量洪一再提醒倫敦，香港的勞工運動活力非凡、政治傾向嚴重並具有顛覆潛力，Ogilvie 卻發現了完全相反的情況。她看到的是一批有氣無力雜亂無章的工會，完全不敢發動集體抗爭，開展與資方討價還價的談判，而所有的工人都「懼怕被指認為是挑唆分子遞送出境，或因提出改善待遇的要求而導致開除、降薪和失業」。[21] 只有「當個別工人或集體在各種情況下被解僱時」，工會才顯示出一點點「有活力的跡象」。當資方為了減員而解僱工人時，工會就會特別積極地為工人爭取權益。

---

19   Ogilvie，〈幾點說明〉，頁 90。主持設立勞工處的鶴健士處長曾經堅定執行反勞工政策，於 1955 年升職為華民政務司司長。為他器重信任的蘇雲少校從五十年代至六十年代初都是勞工處的骨幹，而其他職務更高的官員作為政務官而任職勞工處，都只作短暫停留。1962 年的勞工處年報第一次具體列出處內各個不同部門以及各部門負責人。蘇雲少校是勞資關係部主任，也是 Ogilvie 特別批評的部門。白加是工會部主任，這是他自 1947 年到達香港以來一直負責的部門。參見 *LDAR* 1954-1955，1955-1956，1956-1957，1957-1958，1958-1959，1959-1960，1960-1961，1961-1962，1962-1963。"List of Staff(職員名單)" 通常載於目錄之後、報告正文之前。

20   Governor Grantham to the Secretary of State for the Colonies（總督葛量洪致殖民大臣）），1954 年 12 月 22 日，"Hong Kong: Relations with China (香港：對中國關係）," FO 371/115063。

21   Ogilvie，〈幾點說明〉，頁 90。

他們不斷採取行動,直到資方同意支付解僱費。[22] 雖然工會幹部「不無自豪地」告訴 Ogilvie,至今為止「很少有減薪的情況」,但在她看來,勞工的實際薪水已經處於基本生活所必需的水平之下。[23] 在工會沒有力量為捍衛她們合法權利而發聲的情況下,女工們在無法直接抵抗僱主過分要求的時候想出一個不得已的辦法:「當僱主非法強求女工在晚上加班,她們會給勞工處打匿名電話,抱怨僱主的做法。」[24] 這些僱主是否因此得到懲罰,當然沒人知道。而白加在勞工處受到壓制的現實,使勞工組織更加走向式微。雖然他在勞工處內依然是負責工會的勞工主任,Ogilvie 認為「他只是盡力而已」。她沒有說出白加的名字,但是明確指出「他以往的熱情已經被撲滅,他的工作也受到限制」。[25]

　　Ogilvie 於 1958 年考察香港勞工時,左右翼工會在殖民政府刻意制衡下的結果已經相當明顯。親國民黨的右翼工團總會邀請 Ogilvie 去它的總部;她在那裏會見了執行委員會成員和工會幹部,「但是沒有見到工人」。工團總會主席宣讀了事先準備好的發言,要求官方制定最長工時和最低工資的立法,修改當前和解與仲裁的機制,並禁止一個行業內兩個以上的平行工會。親大陸的工聯會沒有聯繫 Ogilvie。由於殖民當局不承認工聯會是工會聯合組織,「勞工處無法出面邀請工聯會」同 Ogilvie 見面。為了擺脫這個尷尬局面,勞工處安排 Ogilvie 同港九紡織染業總工

22　同上,頁 103。事實上,由於「現存殖民體系」和官方對資方的偏袒,導致勞工運動「碎片化」,而資方普遍使用的計件工資「以圖剔除年老體衰的女工」等現象,在七十年代繼續存在。人類學者 Janet W. Salaff 於 1971 年和 1976 年在香港進行實地調研,再次發現「在教育程度、就業和收入等方面,男工和女工之間的巨大差別從未改變」。參見 Salaff,頁 13、18、101。

23　Ogilvie, "Visit to Hong Kong," 頁 103。

24　Ogilvie,〈幾點說明〉,頁 94。

25　Ogilvie,〈幾點說明〉,頁 90。她在報告中特別指明她所提到的是「那位管理工會的勞工主任還有香港以外的工作經歷」。白加自到達香港以後就被任命負責勞工工會;勞工處年報從 1962 年開始明確登載各個部門主任官員名字,當年顯示白加為工會部主任。

會的代表見面。該工會是戰後在勞工處的鼓勵下成立，成為工聯會中擁有一萬多名會員的最大工會。紡織染業總工會派來兩位女工代表，要求 Ogilvie 為「許多失業工人創造更多就業機會」。她們的其他建議反映了工聯會在羅素街警察行動以後的工作重點：關注工作環境以外的工人福利。她們希望在沒有工人宿舍和醫療服務的企業內，僱主能為工人提供這些福利。[26] 可以想像，對於接受基本生活需要水準以下的工資、並在缺乏安全措施的環境下工作的工人來說，這些福利措施可以在他們發生事故時獲得一些醫療幫助，維持朝不保夕的生活。但是這些零打碎敲的救急辦法，不會達到系統性改善僱用條件的目的，更不會實現柏特士最早於 1938 年提出的設想，使工人成為這個社會的「公民」。

　　五十年代末香港的勞工狀況使 Ogilvie 震驚。但是，假如她像當年倫敦的決策者那樣，將管控香港勞工視為有關殖民制度及大英帝國生死存亡的問題，或許就會見怪不怪了。香港是最早響應倫敦號召以政府力量干預並改造勞資關係的十多個殖民地之一。然而二十年過去了，這個最初推行勞工事務改革的地方，卻變成了大英帝國與中國勞工對峙的終極戰場。從大趨勢來看，英國殖民統治在香港死灰復燃，成為導向這個戲劇性逆轉的契機。曾經在三四十年代生龍活虎日益壯大的勞工運動，

26　Ogilvie, "Visit to Hong Kong," 頁 104。

到了五十年代末只剩下有氣無力的工會和可嘆可悲的勞資關係。Ogilvie 在 1958 年看到的只是歷史支離破碎的影子。香港勞工運動為何走到這一步，無法用中國勞工內部固有的問題作出解釋，但可以從大英帝國實行勞工事務干預政策過程中的兩個根本性問題入手分析。

香港執行改革性干預措施的過程，首先暴露了殖民體系在操作層面進行頑強抵抗的問題。以國家權力對殖民事務進行干預改革，似乎摒棄了大英帝國歷來的殖民地治理傳統。然而，這項有革命性潛力的政策並沒有改變大英帝國幾個世紀以來由殖民地「在地官員」實際決定治理決策的傳統。由此產生的結果是，改良性干預政策的執行更加依賴殖民地官員。無庸置疑，他們當中不乏認真負責並真心實意為改進勞資關係努力的人，如柏特士和白加。但是，他們的影響只是暫時的，他們的權力有限，最終無法抗拒殖民體系的捍衛者。這些殖民制度的捍衛者始終佔據着殖民地的關鍵性職位，倫敦的改革政策經過他們之手，到了殖民地就所剩無幾。官僚體制的慣性不過是維持現存體制繼續下去的原因之一。然而本書所描述的勞工運動和殖民治理交相互動的過程，展示了殖民地現存體制領導人士意志堅定、手段高明的抵抗，遠不是體制內官僚因循守舊的習慣所然。這些對殖民體制有着堅定信念的部門和人士用了各種方略對策，一步步地抵制、消除並最終顛覆勞工事務的改革。香港的立法局將最早的工會條例束之高閣，使它在無人問津中「自然而然地」消亡。同樣一個立法局，卻在機會來臨之際瞬間重啟或新設壓迫勞工的法律條例。楊慕琦總督以他在任期間試圖進行政制改革並廢除種族歧視的〈山頂條例〉而聞名，卻選擇不支持勞工事務改革。在他核准下，勞工處由殖民體系的堅定捍衛者擔任處長，因此有效地抵制了倫敦大部分的體制改革建議。通過對不同的官員提拔或者降職，勞工處在關鍵的戰後十年有效地保衛了香港一向存在的勞資關係，並成功制止了勞工事務的體制變革。

　　一個殖民體系依靠反歷史潮流而動的領導力量推行進步變革，實在是改革本身最具諷刺意味的悖論。但是更具諷刺意味的是，這個悖論本身來源於倫敦對殖民事務轉向干預主義的這個決策在根本上的自相矛盾。政治學者 Cary Fraser 在分析加勒比海地區的案例時，將倫敦在大英帝國框架內實行干預政策稱為「贖罪」舉措，其目的只在修正過去的錯誤，而非鏟除錯誤的根源。大英帝國的這項「贖罪」計劃不僅止於小打小鬧，而且姍姍來遲。在它開始實行的時候，加勒比海各殖民地人民已經不再滿足於對殖民制度的小修小補，開始要求完全推翻殖民統治，取得國家和民族獨立。最終，這個在帝國框架內的舉措只是再次證明了 Fraser 所稱的「帝國的狂妄自大」——帝國中心始終拒絕承認殖民主義是所有惡行的根源，是每一個殖民地發生不滿與反抗的根本原因。[27]

　　就是基於這種大英帝國的「狂妄自大」，香港的殖民政權對干預性改革政策逆向而行，臭名昭著的勞工狀況不僅得不到改善，反而延年益壽。這是持續將「異族人」置於殖民統治之下的必然結果。以加勒比海群島和英屬非洲而論，那些地區未受軸心國侵略，英國得以專心致志汲取當地原料，為參加第二次世界大戰服務。在亞洲，日本的擴張只是暫時抑制了歐洲各個「帝國的狂妄自大」，卻並未徹底根除之。日本的佔領反而激起了為大英帝國雪恥的內在衝動，「帝國的狂妄自大」死灰復燃。就在世界各地的殖民制度崩潰之際，香港重新恢復殖民制度。當統一的中國使亞洲政治格局發生再一次轉變，英國的地域經濟利益和保衛英屬亞洲殖民地的戰略考量再一次激起倫敦維持帝國領地的決心。香港殖民當局頑強抵制改革，一度成為倫敦修正勞工治理方法的對手。面對中國的統一，倫敦決策者重新權衡勞工事務改革和維護帝國的主次關係，帝

27　Fraser.

國中心和殖民地的短暫對抗迅速化解消泯。倫敦與香港不僅就維護帝國利益的緊急要務達成共識，也在對付中國勞工運動的問題上取得一致。

中國工人運動在英屬香港這幾十年的興起和衰落使論者不得不重新審視英國在全球去殖民化和冷戰中的政策。英國歷史學者曾銳生（Steve Tsang）認為，英國政策並非積極地使香港作為「東方的柏林」並成為反共基地，而是通過與美國的合作採取「在亞洲的純粹防禦姿態」。[28] 確實，倫敦和香港都對保衛英國積累了幾個世紀的海外利益切切在心，因此倫敦的首要考量是「防禦」。然而，近年來的各種研究成果表明，那是一種有強力進攻性的防禦。全方位的設防不僅限於軍事，更通過在文化領域推行反共宣傳的「軟性實力」發起攻勢。[29] 本書的工作則將研究推向又一個前沿，探索英國國家政權通過積極干預勞工事務而在社會經濟領域發起的攻勢。事實證明，殖民政權通過重塑香港的法律規章，有限但有效地運用武力，摒棄了改革目標，返回繼續鎮壓和監控組織起來的中國勞工的傳統路徑。

與殖民系統保衛大英帝國的決心不相上下，香港的勞工大眾對於獲得有尊嚴的生活始終抱着強烈渴望。這種渴望推動着他們在各種逆境中的抗爭，從投入救亡運動，到參加抗日活動，再到戰後勞工運動。為了贏得尊嚴，他們在勞工抗爭中與大英帝國干預殖民事務的努力異途相逢，各自走向不同的終極目標。在殖民地被視為「異族」而受歧視、懷疑和壓制，中國勞工自然而然心向祖國。他們的歸屬感並非源於近代媒體傳播的信息所激發的「想像」，而是源自親身的經歷並再以行動體現。[30]

28　Tsang (1997b).

29　關於殖民當局對教育領域的積極控制，參見 Wong。另外一項較早的研究，雖然採取官方立場，也提到對香港華文學校的嚴密監控，參見 Sweeting。國家政權對文化創作的干預，參見盧瑋鑾、熊志琴（編），《香港文化眾聲道》，第 1 卷。

30　參見 Benedict Anderson。

當祖國陷於危難時，香港的中國勞工為了拯救祖國而付出生命；當祖國獲得新生時，香港的中國勞工為之歡呼雀躍。在外敵入侵的情況下，他們不僅自視為祖國的一員，更以行動表明自己的歸屬；在戰後殖民地進行勞工抗爭中，他們更加明確表示心歸何處。自 1922 年海員罷工萌發、並在 1925-1926 年省港大罷工全面勃發的反帝傳統，在以後的三十年間繼續發揚光大。香港勞工運動在三十年代重振旗鼓，而前輩的鬥爭精神和組織技巧也在經久不息的工運實踐中一代代傳遞。

　　在三十年中，香港勞工的行動跨越了戰爭與和平的不同時段，以及武力抵抗和勞資對抗的不同領域。雖然每個歷史階段的行動和鬥爭目標不同，人道主義精神與心繫祖國的情懷始終貫穿勞工的各項社會行動。十九世紀末，異國統治下的生活和勞作經歷激發了中國勞工的反帝意識，初次將他們推上反帝鬥爭前沿。但是他們並非毫無區別地被仇外心理所驅動。從二十年代反對英帝國主義，到三四十年代抵抗日本侵略，香港勞工守護着公道正義的底線。如歷史學者雷黛娜（Diana Lary）所言，戰爭的災難往往導致社會等級制度的垮塌。[31] 在香港殖民地，戰爭更導致政治制度的崩潰，將不可一世的統治者在一夜間送入牢房。在英屬香港遭受日本軍隊圍攻時，香港勞工並沒有志願衝上保衛殖民地的前線，但是他們也沒有趁着英國統治崩潰之際向淪為階下囚的前殖民者洩憤。在華南地區抗擊日本侵略的同時，他們更向盟國人士伸出援手。他們試圖救援淪入戰俘營的盟國官員和其他人士，但這種努力往往因為英方猜疑半途而廢。對中國政府而言，支援盟軍具有戰略意義。而對擔負救援任務或執行情報行動的中國前方戰士而言，他們經常以個人的巨大付出甚至是生命的代價換得使命的完成。如果沒有他們自願的參與、無

31　參見 Lary，〈導言〉。

私的奉獻和人道主義精神，華南地區的抗日戰爭和第二次世界大戰將會以不同的代價落幕。

香港勞工由自身經歷而自視為中國人，自然而然會在內地的不同政治黨派中尋求同盟軍。自國民黨出現於中國政治舞台上，香港勞工與中國政黨就互相支持。中國政治的變遷，勢必影響到香港勞工運動和中國政黨的關係。國民黨曾經是全國勞工運動的領導力量，也在香港勞工運動中起着重大影響。三十年代以後，國民黨在戰前、戰時和戰後的各項失敗使它在香港社會最有內在動力的群體中的影響逐步消退，香港勞工運動因此轉向政治反對勢力中國共產黨，香港社會運動也由此重新煥發活力。參與中國共產黨領導的抗日游擊戰爭使香港勞工在軍事對抗中獲得組織和紀律上的全面訓練，並增強領導能力和鬥爭技能，戰後勞工運動因此獲得更為強大的骨幹力量。

不言而喻，香港勞工運動中最為精銳而有力的工會同中國共產黨的結盟，使論者不得不認真評估勞工運動的性質。從兩者關係來看，來自香港勞工自下而上的驅動力，而非由內地的共產黨指揮中心自上而下的發號施令，貫穿了自救亡運動到戰時抵抗運動以至戰後勞工集體抗爭的過程。迄今為止，大多數研究中國共產主義運動的專著描述了自上而下的互動模式，而香港自下而上的驅動模式提出了相反的例子。自上而下的互動模式以 Chalmers Johnson 所研究的華北農民在共產黨領導和引導下克服自身政治惰性的案例最為經典，但在其他不同地區的研究，這個模式也都反覆重現。[32] 與此相反，華南勞工在香港從各個不同黨派中自行選擇了共產黨這個領導力量，並主動地自下而上向內地尋求共產黨的組織。不過，同

32　參見 Johnson。他所勾勒的共產黨作為外來者為當地社會提供自上而下的領導以促進社會變遷的模式，也是其他幾項中國共產主義運動研究專著所顯示的模式。參見 Averill、Benton、Keating 以及 Selden 各人的著作。

華北的農民一樣，香港勞工運動積極分子轉向共產黨，選擇的是它保衛祖國的民族主義精神和有效的領導能力。換言之，對華南的工人和華北的農民來說，中國共產黨吸引他們的最根本原因不是遙遠的共產主義憧憬，而是它所展現的承擔保衛本國本鄉本土這一現實重任的能力。在此後的歲月中，對於從新界士紳到心懷疑慮的香港工人等各階層人士，共產黨人一次次證明了他們領導抵抗運動和勞工運動的能力。他們不僅吸引了香港的熱血青年加入他們的隊伍，更贏得其他社會群體的認可。

同上海和北京這些近代大城市一樣，香港勞工也是中國內地遷徙人群的一部分。在加入勞工組織和投入勞工運動之前，他們往往已經是現有社會組織中的成員。事實證明，地緣結社、方言群體、結拜兄弟或結拜姐妹會社，以及手藝人行會等傳統組織，與救亡社團、抗日游擊隊和勞工工會並不相互排斥，而是縱橫交錯、互為表裏。但是，本書所發現的史實還顯示，同論者已經剖析的上海和北京的案例相比，香港勞工運動內部的勞工關係有所不同。民國時期的京滬兩地工人為「現地政治」所困擾而分化，香港工人則以方言和地域組合為橋樑，達到更廣泛的全港勞工大團結。對拯救祖國的認同使方言地域組織成為東江游擊隊最初的組織基礎。它不僅是個包容性的軍事組織，還起到了推動社會革命的作用。在全國，它托舉起華南抗日的重任；在當地，它將陸上居民和船民、本地廣東人和客家人同時融入目標一致的抗日鬥爭，為消除各個語言族群之間的社會壁壘帶來積極的變革力量。結拜姐妹會幫助了一些工會的建立，但是沒有成為全港工會唯一的組建模式。相比任何其他社會團體，在自願的基礎上形成的救亡團體為抗日游擊隊和戰後工會提供了最為廣泛而重要的人員輸送渠道和組織基礎。

香港秘密會社從政治反抗組織到刑事犯罪團伙的蛻化，使之基本淪為戰時抵抗運動和戰後勞工運動的負面反對力量。戰爭結束後，香港的

秘密會社和結拜兄弟會繼續活動，成為工人中間的一種互助組織。[33] 雖然三合會在香港的草根社會無處不在，他們的影響範圍卻是極度狹小，地盤僅限於固定的街區。只有被政黨用作暴力工具的時候，三合會才可能對香港社會產生重大影響。本書的研究表明，同共產黨的衝突和與國民黨的合作，是香港三合會與中國政黨在此三十多年的基本關係模式。這個模式在戰後擁護國共兩黨的不同工會之間的抗爭中一直存在，而在 1956 年九龍暴動中更加明顯。

　　在戰後的轉折性年代裏，最活躍的香港工會依靠民主精神、有效的組織和成功領導集體抗爭的事實，向工友證明了他們的實力。在新興的中國新政權和步入垂暮之年但力圖保衛其亞洲利益的大英帝國之間，這些工會成為舉足輕重的關鍵力量。在香港捲土重來的殖民政權對香港工人在工會領導下進行集體抗爭的目的瞭若指掌，明確知曉改善經濟現狀是勞工們的中心訴求。這種抗爭在香港已經獲得合法地位，然而這些充滿活力的合法工會與充滿希望的祖國心心相印，使殖民政權無法處之泰然。儘管殖民政權與勞工組織一度攜手合作，共同恢復香港經濟，它們只能是短暫的同路人。在這個短期目標實現以後，很難繼續共同前行。從長遠的歷史看，1950 年初殖民政權鎮壓電車工人和其他工會及社會活動骨幹的行動，與歷史上殖民政權鎮壓各次華人支援祖國的公共抗議

33　參加工聯會的一些工會中，有些支會的領導也往往是街區三合會的成員。目前可以肯定的此類工會支會包括工聯會屬下油漆工會西營盤支會，木匠工會九龍支會和打掃工會（即船體防水處理工藝）除一名成員以外的所有理事。倖免被拉進三合會的那位打掃工會理事，因為得到三合會老大的妻子賞識而被其他三合會成員誤以為是老大契仔，將他放過。不過，工會有時也會同街區三合會衝突。1947 年，港島西區的「和合桃」不准木匠工會的人到它的地盤工作。雙方在餐館談判失敗後，以打鬥勝負決定權益。結果木匠工會打死一名和合桃對手，挫了和合桃銳氣，木匠工會成員得以進入西區工作。三名為木匠工會上陣的成員也因此獲得終身會員資格，免付會員費。參見周奕致筆者郵件，2017 年 3 月 25 日。周奕於 2000 年採訪各工會老會員獲得以上材料。

活動並無根本差異。五十年代初，歷史的發展又為鎮壓工會和工人增加了兩個新的因素：冷戰時期的反共意識形態賦予了殖民鎮壓以合理性，而香港勞工毫不掩飾地認同新生的祖國以及這種情感在普通居民中的廣泛回應，更使殖民政權深感恐懼。在當時的環境下，勞工大眾雖然沒有公開提出去殖民化的要求，他們對祖國的認同迂迴地表達了對英國非法重佔香港的抵制。對於重新統治香港的殖民政權來說，逆轉改革方向、從鼓勵勞工工會到使用武力鎮壓最為活躍成功的工會，是唯一的合理選擇，也是日後在香港營造去中國化和去政治化的新文化的首要而必要的一步。[34]

在那些動盪的年代，香港最為活躍的勞工運動骨幹殷切希望祖國在中國共產黨領導下繁榮昌盛，並由此贏得自尊，這也意味着他們必須為此付出長期等待的代價。接手一個在持久戰亂後經濟崩潰社會千瘡百孔的龐大國家，新的共產黨政府必須把力量放在最緊迫的工作和香港以北的區域。這是在內戰即將結束時「向南防禦」戰略決策的基本思想。中國人民解放軍於 1949 年 10 月抵達深圳但是停止繼續南進，也是貫徹了這一決策。朝鮮戰爭爆發和聯合國對華禁運，更加堅定了北京政府貫徹這一戰略方針的決心。同南京的國民政府一樣，北京的中央人民政府對香港殖民地採取了保守的政策，制止與英國當局發生激烈衝突成為它對所有在其影響下包括工會在內的社會團體的指導方針。

堅持克制性方針的北京政府依然無法如香港工人所願。香港勞工曾經興高采烈地升起五星國旗為祖國歡呼，帶着捐贈的物品和無比的熱情一次次去深圳慰問解放軍，在與殖民地警察衝突中高唱國歌，但是祖

---

[34] 香港的政治學者林蔚文（Lam Wai-man）在她對五十年代末至七十年代香港政治運動的概述中認為，殖民當局在此期間在香港努力推行去中國化和去政治化，以此壓制並消除左翼思潮的影響。參見 Lam。

國無法給予他們直接支持。他們的祖國依然積貧積弱，只能在殖民政權使用暴力時給予香港勞工口頭聲援，或是在地區性災難發生時送去有限的物資援助。從勞工運動退卻，成為香港工人的唯一選擇。他們的工會無法繼續為會員尋求工作和僱用待遇的改善，香港的廣大勞工只能繼續忍受低工資、超長工時、缺乏安全設施的工作條件和擁擠不堪的居住環境。香港首位勞工主任柏特士已經於 1938 年將這種勞工狀況系統性地記錄在案，二十年後毫無改善，使見多識廣的 Ogilvie 感到難以置信。這種勞工狀況在香港頑強的生命力，不僅證明了倫敦改良性干預政策的失敗，更凸顯了國際政治和中國政治對香港勞工運動的直接影響。

雖然北京政府將要用武力佔領香港的謠言時有流傳，但倫敦在五十年代末已經確定，北京不會在短期內索回香港。更有甚者，倫敦也不再把來自中國內地的難民視為麻煩。相反，殖民部裏面對此有過相當坦率的討論，認為難民「對〔香港〕殖民地經濟帶來了整體性的好處。新近到來的勞動力不僅降低了勞力成本，而且帶來對食品、衣服和住房等等的需求，即使這些都由政府提供，也為許多居民帶來利益」。[35] 事實上，這些英國官方文件中所稱的「難民」，大都是香港在一個多世紀中司空見慣的經濟移民。在暗中竊喜他們帶來的經濟利益的同時，倫敦和香港殖民政權依然擔憂另外一個歷久彌新的問題——他們「在某種意義上很可能依然首先效忠中國」。[36]

雖然五十年代初果斷的警察行動決定性地削弱了香港勞工運動的活力，普通勞工對祖國的認同和香港工業化所特有的許多問題卻遠遠沒有被根除。Ogilvie 考察香港後不到十年，香港勞工再次爆發全港性的抗議

35　Brief for the Secretary of State for the Colonies（為殖民大臣準備的簡報），1959 年 11 月 24 日，CO 1030/769，Departmental Briefs on Hong Kong（關於香港的部門簡報），頁 15-16，引文見頁 15。無署名作者，僅有縮寫「P」字母。

36　同上。

活動，以支持中國革命的姿態公開宣稱同祖國站在一起。與過去許多勞工運動不同的是，1967 年的抗議以暴烈的方式表達勞工積怨，很快失去社會同情。[37] 即使如此，這次事件再次顯示了香港勞工對祖國的認同和對殖民地勞工狀況的強烈不滿。到七十年代，香港學生將視野轉向內地，在英國殖民地以外的祖國尋求啟迪。如何解釋香港社會對祖國的認同在不斷的打壓下幾十年持續不衰的現象，已經超出了本書的命題範圍。在了解香港勞工從三十至五十年代的各種經歷後，本書讀者也許會同意這個說法：對一個擺脫了外國控制而獲得獨立自主的祖國的認同，表達了香港大多數華人對自我尊嚴、相互尊重和平等的嚮往。這種嚮往曾經激勵了千萬名普通華人超越地域性局限、為了跨區域甚至跨國界的使命作出奉獻甚至犧牲生命。這種嚮往也激勵了全世界無數勞工投入反殖民主義的民族獨立運動。這種嚮往是貫穿香港各個歷史時期不同社會運動的經久不衰的主題之一。這種嚮往使那些運動的參與者成為香港歷史的真正創造者。雖然本書記錄的勞工運動最終以失敗落幕，但是對獲得人身尊嚴的嚮往以及這種嚮往的潛在力量，迫使英國殖民政權正視現實，繼續試行不同治理方式。當香港最長久的勞工運動退潮低迷，殖民政權在心理文化前沿加強去中國化干預的同時，更以超過以往的投入對香港的社會和經濟進行更大程度的干預，為它在「借來的時間」快要終結時做好體面退場的準備，也為回歸祖國後的香港留下了一份棘手的考卷。

37　1967 年的抗爭現有幾個專題研究，包括一本由政治學者寫的專著（Scott），一個由香港和英國學者的文章編成的合集（Bickers and Yip），以及一本由新聞記者用中文出版的紀錄（張）。目前除了一篇尚未出版印行的博士論文（Waldron），尚無歷史學家對這個重要事件寫出專著。

引用書目

一、檔案及其他原始資料

（一）檔案資料及已印行的政府文件

Butters, H. R. *Report on Labour and Labour Conditions in Hong Kong*. Hong Kong: Noranha & Co. Ltd., 1939.

Cabinet (Britain). CAB 28 (38), Public Records Office, London.

_____. CAB 36 (38), Public Records Office, London.

_____. CAB 129/31/29, Public Records Office, London.

_____. CAB 129/33/27, Public Records Office, London.

_____. CAB 129/35/9, Public Records Office, London.

_____. CAB 129/35/10, Public Records Office, London.

_____. CAB 129/35/24, Public Records Office, London.

_____. CAB129/36/27, Public Records Office, London.

_____. CAB 129/36/30, Public Records Office, London.

Colonial Office (Britain). CO 129.

_____. CO 1022.

_____. CO 1023.

_____. CO 1030.

_____. *Labour Supervision in the Colonial Empire, 1937-1943*. London: His Majesty's Stationary Office, 1943.

_____. *Statement of Policy on Colonial Development and Welfare Presented by the Secretary of State for the Colonies to Parliament by the Command of His Majesty*. London: His Majesty's Stationary Office, 1940.

_____. *The Colonial Empire in 1937-1938: Statement to Accompany the Estimate for Colonial and Middle Eastern Services.* London: His Majesty's Stationery Office, 1938.

_____. *The Colonial Office List 1948.* London: His Majesty's Stationery Office, 1948.

_____. *The Dominions Office and Colonial Office List, 1939.* London & Dunstable: Waterlow & Sons Ltd. 1939.

Colonial Secretary's Office (Hong Kong). *The Hong Kong Civil Service List.*

Commissioner of Labour (Hong Kong). *Annual Department Report.* (*LDAR*)

Department of State (United States). *Foreign Relations of the United States.* (*FRUS*)

_____. *United States Relations with China: With Special Reference to the Period 1944-1949.* Stanford: Stanford University Press, 1967.

Foreign Office (Britain). FO 371.

國民黨改造委員會（台北），海祕（39）185。國民黨黨史館（台北）存。

_____，台（40）改秘室字第 603 號。國民黨黨史館（台北）存。

_____，台（39）改秘室字第 0141 號。國民黨黨史館（台北）存。

_____，台（41）改秘室字第 0200 號。國民黨黨史館（台北）存。

_____，台（41）改秘室字第 0395 號。國民黨黨史館（台北）存。

_____，台（42）中祕室字第 0274 號。國民黨黨史館（台北）存。

_____，台（45）中秘室登字第 228 號。國民黨黨史館（台北）存。

Hong Kong Government. "Historical Laws of Hong Kong." http://oelaw.lib.hku.hk.

_____. *Annual Report of Hong Kong.*

_____. *HKRS 843-1-52, "Monthly Reports."* Hong Kong Public Records Office.

_____. *Hong Kong Blue Book.*

_____. *Hong Kong Government Gazette.*

_____. *Hong Kong Hansard: Reports of the Meetings of the Legislative Council.*

_____. "Report on the Census of the Colony of Hong Kong, 1931."

House of Commons (Britain). *Hansard Parliamentary Debates: House of Commons.*

House of Lords (Britain). *Hansard Parliamentary Debates: House of Lords.*

Labour Office (Hong Kong). *Labour Office Report, May 1946-March 1947.*

U.S. Consulate General (Hong Kong). *Review of Hongkong Chinese Press.* Various Years.

外交部亞太司，#11-01-19-04-03-011，中央研究院（台北）近代史研究所存。

（二）日記、演說、回憶錄、採訪紀錄及已出版印行的原始資料

Army Map Service (U.S.). "Hong Kong and New Territory." Washington, D. C. 1945.

Bertram, James. *North China Front.* London: Macmillan & Co. 1939.

_____. *Capes of China Slide Away: A Memoir of War and Peace, 1910-1980.* Auckland: Auckland University Press, 1993.

陳策，〈協助香港抗戰及率英軍突圍經過總報告〉，載徐亨，《徐亨先生訪談錄》。頁 163-182。

陳達明，《香港抗日游擊隊》。香港：環球國際有限公司，2000。

陳君葆（著），謝榮滾（編），《陳君葆日記全集》。香港：商務印書館，2004。共 7 卷。

Chen, Percy. *China Called Me: My Life Inside the Chinese Revolution.* Boston & Toronto: Little, Brown & Co. 1979.

鄧廣殷，《我的父親鄧文釗》。北京：中國文史出版社，1996。

Epstein, Israel. *My China Eye: Memoirs of a Jew and a Journalist.* San Francisco: Long River Press, 2005.

方駿、麥肖玲、熊賢君（編），《香港早期報紙教育資料選萃》。長沙：湖南人民出版社，2006。

方少逸，〈憶學生運動片斷〉，載《廣東青年運動回憶錄》。廣州：廣東人民出版社，1986。頁 100-109。

福建省檔案館（編），《福建事變檔案資料 (1933.11-1934.1)》。福州：福建人民出版社，1984。

Grantham, Alexander. "China as Seen from Hong Kong." A talk to the Council on Foreign Relations, New York, on September 29, 1953, at a dinner in honor of Governor Grantham, as transcribed by David F. Weller, in "The Papers of Hamilton F. Armstrong." Mudd Manuscript Library, Princeton University.

_____. "Hong Kong." *Journal of the Royal Central Asian Society*, Vol. XLVI (1959), 119-129.

_____. "Grantham Interview," by D. J. Crozier on 21 August 1968; transcript in Manuscripts Archive, Rhodes House, Oxford University.

_____. *Via Ports.* Hong Kong: Hong Kong University Press, 1965/2012.

廣東婦女運動歷史資料編輯委員會編，《香港婦女運動資料彙編，1937-1949》。廣州：
1994。

廣東青運史研究委員會研究室、東江港九大隊史徵編組編，《回顧港九大隊》。廣州：廣
東省委辦公廳勞動服務公司，1987。2卷。(*HGGJDD*)

廣東青運史研究委員會研究室編，《青春進行曲：回憶香港虹虹歌詠團》。廣州：廣東人
民出版社，1988。(*QCJXQ*)

郭廷以、王聿均、劉鳳翰，〈馬超俊口述自傳〉，載劉鳳翰等編，《馬超俊傅秉常口述自
傳》。北京：中國大百科全書出版社，2009。

Hambro, Edvard. *The Problem of Chinese Refugees in Hong Kong: Report Submitted to the
United Nations High Commissioner for Refugees.* Leyden: A. W. Sijthoff, 1955.

何錦洲，〈民主革命時期周楠同志在香港、廣州的革命鬥爭〉。http://www.gzzxws.gov.cn/
gzws/cg/cgml/cg1/200808/t20080825_3742_7.htm（2012年10月17日訪問網站）。

何思敬，〈回憶李章達先生〉，《廣東文史資料》，第10期（1963）。

何卓忠，〈何卓忠回憶錄〉。未刊手稿。

何小林、郭際（編），《勝利大營救》。北京：解放軍出版社，1999。

黃秋耘等，《秘密大營救》。北京：解放軍出版社，1986。

黃業衡，《鐸吡往事》。香港：天馬圖書有限公司，2009。

黃作材，〈香港新華社誕生的來龍去脈〉。未刊手稿。

金堯如，《香江五十年憶往》。香港：金堯如紀念基金會，2005。

_____，《中共香港政策祕聞實錄》。香港：田園書屋，1998。

Kerr, Donald W. "I Bring You Go Home Now." 載東江縱隊歷史研究會（編），《克爾日記：
香港淪陷時期東江縱隊營救美軍飛行員紀實》。香港：香港科技大學華南研究中心，
2015。頁159-269。

Koo, Wellington V. K. *The Wellington Koo Memoir.* New York: Columbia University, 1976.
Interviewed by Kai-fu Tsao and edited by James D. Seymour. Microfilm 4 reels.

Laufer, E. M. "Interview with Mr. E. M. Laufer of the Hong Kong China Light and Power
Limited (1938-1980)," by Steve Tsang, June 12, 1990. Transcript (edited by Laufer)
in Manuscripts Archive, Rhodes House, Oxford University.

雷震，《雷震日記：第一個十年（二）》。臺北：桂冠圖書有限公司，1989。

李潔之，〈廣州失陷的經過〉，載《廣州文史》，No. 48 (2008年9月)。網站地址 http://
www.gzzxws.gov.cn/gzws/gzws/ml/48/200809/t20080917_8967.htm.

Li Shufen (Li Shu-fan). *Hong Kong Surgeon.* New York: E.P. Dutton & Co., 1964.

李樹芬，《香港外科醫生》。香港：李樹芬醫學基金會，1965。

李崧，《李崧回憶錄》。香港：香港商報，1987。

連貫同志紀念文集編寫組（編），《賢者不朽：連貫同志紀念文集》。北京：中國華僑出版社，1995。

廖承志文集編輯辦公室（編），《廖承志文集》。香港：三聯書店，1990。

劉潔雲，〈在港九抗日游擊的歲月〉，載《荔灣文史》，No.7（2012 年 1 月 a）。http://www. lw.gov.cn/zx/lwws7/201201，2012 年 11 月 15 日下載。

———，〈參加港九工運回憶錄〉，載《荔灣文史》，no. 7（2012 年 1 月 b）。http://www. gzzxws.gov.cn/lwws7/201201，2012 年 11 月 15 日下載。

盧瑋鑾、熊志琴（編），《香港文化眾聲道》。香港：三聯書店，2014。

羅海星，2008 年夏訪談。錄音紀錄。

MacDougall, David Mercer. "Transcript of an Interview with Brigadier David Mercer MacDougall, CMG, MA of the Cadet Service of Hong Kong (1928-1949) (Colonial Secretary 1946-1949)," by Steven Tsang, 26 February 1987. Manuscripts Archive, Rhodes House, Oxford University.

毛澤東，《毛澤東選集》。北京：人民出版社，1969。

潘江偉，〈抗日戰爭時期的香港工會運動〉。未刊稿。

Priestwood, Gwen. *Through Japanese Barbed Wire*. New York & London: D. Appleton-Century Co. 1943.

喬冠華，〈口述自傳〉，載喬冠華、章含之，《那隨風飄去的歲月》。上海：學林出版社，1997。

薩空了，《香港淪陷日記》。北京：三聯書店，1985/1946。

Selwyn-Clarke, Selwyn. *Footprints: The Memoirs of Sir Selwyn Selwyn-Clarke*. Hong Kong: Sino-American Publishing, 1975.

石覺，《石覺先生訪問紀錄》。台北：中央研究院近代史研究所，1986。

宋慶齡基金會、中國福利會（編），《宋慶齡書信集》。北京：人民出版社，1999。

Stilwell, Joseph W. *The Stilwell Papers*. New York: William Sloane Associates, Inc., 1948.

譚天，〈和克爾中尉隱蔽在一起的日子〉，載《回顧港九大隊》。頁 82-85。

譚天度，〈抗戰勝利時我與港督代表的一次談判〉，載中共中央黨史研究室、中央檔案館（編），《中共黨史資料》，Vol. 62。北京：中共黨史出版社，1997。頁 56-69。

唐海，《香港淪陷記：十八天的戰爭》。上海：新新出版社，1946。

Tu, Elsie. *Colonial Hong Kong in the Eyes of Elsie Tu.* Hong Kong: Hong Kong University Press, 2003.

吳渭池，〈吳渭池傳略〉，梁錫林筆錄（1974），載《田野與文獻》，第 45 期（2006 年 10 月）。頁 12-24。

吳有恆，〈把握風光唱晚晴〉，載吳有恆，《吳有恆文選》，第 2 卷。廣州：花城出版社，1993。頁 243-247。

夏衍，〈走險記〉，載《夏衍雜文隨筆集》。北京：三聯書店，1980。頁 189-202。

_____，《懶尋舊夢錄》。北京／香港：三聯書店，1985。

香港工聯會，《夏季課程 2008》。香港：香港工聯會，2008。

徐亨，《徐亨先生訪談錄》，遲景德、林秋敏紀錄整理。台北：國史館，1998。

徐月清（編），《活躍在香江：港九大隊西貢地區抗日實錄》。香港：三聯書店，1993。

葉德偉（編），《香港淪陷史》。香港：廣角鏡出版社，1982。

原香港文化教育藝術社團慶祝香港回歸祖國（編），《光輝的足跡》。廣州：廣州市委黨校印刷廠，1997。（*GHZJ*）

曾生，《曾生回憶錄》。北京：解放軍出版社，1992。

章含之，《我與喬冠華》。北京：中國青年出版社，1994。

張慧真、孔強生（編），《從十一萬到三千：淪陷時期香港教育口述歷史》。香港：牛津大學出版社，2005。

張婉華、戴宗賢，〈回憶西貢區的民運工作〉，載《回顧港九大隊》。頁 101-117。

鄭民友，〈觀生叔助我搞情報〉，載《活躍在香江》。頁 172-173。

鍾紫（編），《香港報業春秋》。廣州：廣東人民出版社，1991。

中共廣東省委組織部、中共廣東省委黨史研究室、廣東省檔案館（編），《中國共產黨廣東省組織史資料》，上下卷。北京：中共黨史出版社，1994-1996。（*GDZZSZL*）

中共江蘇省委黨史工作委員會等（編），《中共中央南京局》。北京：中共黨史出版社，1990。（*ZGZYNJJ*）

中共中央統一戰線工作部、中共中央文獻研究室（編），《周恩來統一戰線文選》。北京：人民出版社，1984。（*ZELWX*）

中共中央書記處（編），《六大以來：黨內秘密文件》。共 2 卷。北京：人民出版社，1981。

中國國民黨中央委員會第三組（編），《中國國民黨在海外各地黨部史料初稿彙編》。台北：中國國民黨中央委員會，1961。

中央檔案館（編），《中共中央文件選集》。北京：中共中央黨校出版社，1991。共 18 卷。（*ZGZYWJXJ*）

中央檔案館、廣東省檔案館（編），《廣東革命歷史文件彙集》，共 60 卷。廣州／北京：1982-1989。（*GDGM*）

_____，《中共中央香港分局文件彙集 1947.5-1949.3》。北京：中央檔案館，1989。（*XGFJWJ*）

中華全國總工會中國工人運動史研究室（編），《張浩紀念集》。上海：上海人民出版社，1986。

周伯明，〈深切懷念蔡國樑同志〉，載《回顧港九大隊》。頁 24-27。

朱亞民，〈我早期的工人生活和鬥爭〉，載朱亞民，《我與浦東抗日遊擊隊》。上海：上海人民出版社，1996。頁 252-267。

（三）報刊

China Mail（香港）。

《大公報》（香港）。

《華商報》（香港）。

《工商日報》（香港）。

《人民日報》（北京）。

《星島日報》（香港）。

South China Sunday Post（香港）。

South China Morning Post（香港）。

South China Morning Post & the Hongkong Telegraph.（香港）。

The Times（倫敦）。

《華僑日報》（香港）。

《文匯報》（香港）。

《香港時報》（香港）。

(四) 勞工工會出版物

港九紡織染業總工會（編），《紡織染業總工會三週年紀念特刊》。香港：1950 年 6 月
　　25 日。

_____（編），《港九紡織染業總工會五週年紀念特刊》。香港：1952 年 6 月。

港九婦女織工總會（編），《婦女織工》。不定期刊物。

工人文化社（編），《工人的活路》。香港：工人文化社，1948。

《勞工報》（香港）。

摩托車研究總工會，《摩托車研究總工會會刊》。不定期刊物。

_____，《復刊號》。

摩托車職工總工會，《摩托車業職工總會會刊：一九四九年港九的士工潮特刊》。1949 年
　　9 月 1 日。

摩托車職工總會，《摩托通訊》。不定期刊物。

港九紡織染業總工會（編），《紡織染業總工會三週年紀念特刊》。1950 年 6 月 25 日。

_____（編），《港九紡織染業總工會五週年紀念特刊》。1952 年 6 月。

《勞工報》（週刊）。香港。

汽車交通運輸業總工會（編），《汽車交通運輸業總工會成立八十週年紀念特刊，1920-
　　2000》。香港：2000。

香港工會聯合會，《光輝歲月薪火相傳》。香港：新華書店有限公司，2008。

_____（編），《工聯會與您同行：65 周年歷史文集》。香港：中華書局，2013。

香港海員工會，《香港海員》。不定期刊物。

香港洋務工會，《香港洋務》。不定期刊物。

二、學術著作及其他著述

Anderson, Benedict. *Imagined Communities: Reflections on the Origin and Spread of Nationalism.* London/New York: Verso, 1983/1991.

Anderson, E. N. *Essays on South China's Boat People.* Taipei: Orient Cultural Service, 1972.

_____. *The Floating World of Castle Peak Bay.* Washington, D. C.: American Anthropological Association, 1970.

Averill, Stephen C. *Revolution in the Highlands: China's Jinggangshan Base Area.* Lanham, MD: Rowman & Littlefield Publishers, 2006.

Baker, Hugh D. R. "Life in the Cities: The Emergence of Hong Kong Man." *The China Quarterly*, No. 95 (September 1983), 469-479.

Beinin, Joel, and Zachary Lockman. *Workers on the Nile: Nationalism, Communism, Islam, and the Egyptian Working Class, 1882-1954.* Princeton: Princeton University Press, 1987.

Benton, Gregor. *Mountain Fires: The Red Army's Three-year War in South China, 1934-1938.* Berkeley: University of California Press, 1992.

Bickers, Robert, and Ray Yip (eds.). *May Days in Hong Kong: Riot and Emergency in 1967.* Hong Kong: Hong Kong University Press, 2009.

Blyth, Sally and Ian Wotherspoon (eds.). *Hong Kong Remembers.* Hong Kong: Oxford University Press, 1996.

Braga, Stuart. "Making Impressions: The Adaptation of a Portuguese Family to Hong Kong, 1700-1950." Ph.D. Dissertation, Australian National University, 2012.

Bullock, Alan. *Ernest Bevin: Foreign Secretary, 1945-1951.* New York & London: W. W. Norton, 1983.

蔡華，〈港九大隊女戰士〉，載《活躍在香江》。頁 97-101。

蔡少卿，《中國近代會黨史研究》。北京：中國人民大學出版社，2009。

蔡榮芳，《香港人之香港史，1841-1945》。香港：牛津大學出版社，2001。

Carroll, John M. *Edge of Empires: Chinese Elites and British Colonials in Hong Kong.* Cambridge, Mass.: Harvard University Press, 2005.

Cell, John. *Hailey: A Study in British Imperialism, 1872-1969.* Cambridge: Cambridge University Press, 1992.

Chan Lau Kit-ching. *Britain, China and Hong Kong, 1895-1945.* Hong Kong: Chinese

University Press, 1990.

＿＿＿＿. "The Perception of Chinese Communism in Hong Kong, 1921-1934." *China Quarterly*, No. 164 (December 2000), 1044-1061.

＿＿＿＿. *From Nothing to Nothing: The Chinese Communist Movement in Hong Kong, 1921-1936*. New York: St. Martin's, 1999.

Chan Man-lok. "Between Red and White: Chinese Communist and Nationalist Movements in Hong Kong, 1945-1958." M. Phil. Thesis, University of Hong Kong, 2011.

Chan, Ming K. "Labor and Empire: The Chinese Labor in the Canton Delta, 1895-1927." Ph.D. dissertation. Stanford: Stanford University, 1975.

＿＿＿＿ (ed.). *Precarious Balance: Hong Kong between China and Britain, 1842-1992*. Armonk, New York: M. E. Sharpe, 1994.

陳明銶（編），《中國與香港工運縱橫》。香港：香港基督教工業委員會，1986。

Chan Sui-jeung. *East River Column: Hong Kong Guerrillas in the Second World War and After*. Hong Kong: Hong Kong University Press, 2009.

Chan Wai Kwan. *The Making of Hong Kong Society: Three Studies of Class Formation in Early Hong Kong*. Oxford: Clarendon, 1991.

Chan-Yeung, Moira M. W. *The Practical Prophet: Bishop Ronald O. Hall of Hong Kong and His Legacies*. Hong Kong: Hong Kong University Press, 2015.

Chao, Linda, and Ramon H. Myers. *The First Chinese Democracy: Political Life in the Republic of China on Taiwan*. Baltimore and London: The Johns Hopkins University Press, 1998.

陳伯達，《評〈中國之命運〉》。上海：新華書店，1949。

陳達，《中國勞工問題》。上海：商務印書館，1929／上海：上海書店，1990。

陳大同、陳文元（編），《百年商業》。香港：光明文化事業公司，1941。

陳麗鳳、毛黎娟，《上海抗日救亡運動》。上海：上海人民出版社，2000。

陳希豪，《過去三十五年中之中國國民黨》。上海：商務印書館，1929。

Cheng, T. C. "Chinese Unofficial Members in Legislative and Executive Councils in Hong Kong up to 1941." *Journal of the Royal Asian Society Hong Kong Branch*, Vol. 9 (1969), 7-30.

Chesneaux, Jean. *The Chinese Labor Movement, 1919-1927*. Stanford: Stanford University Press, 1968. Trans. from the French by H. M. Wright.

張家偉，《香港六七暴動內情》。香港：太平洋世紀出版社，2000。

Chin, Angelina. *Bound to Emancipate: Working Women and Urban Citizenship in Early Twentieth-Century China and Hong Kong*. Lanham, MD: Rowman & Littlefield, 2012.

Chung, Stephanie Po-yin. *Chinese Business Groups in Hong Kong and Political Change in South China, 1900-1925*. New York: St. Martin's, 1998.

Coates, Austin. "Rizal in Hongkong." In *Proceedings of the International Congress on Rizal*, Vol. 12 (December 1961), 4-8.

Coble, Parks M. "Chiang Kai-shek and the Anti-Japanese Movement in China: Zou Tao-fen and the National Salvation Association, 1931-1937." *Journal of Asian Studies*, 44:2 (Feb. 1985), 293-310.

Cochran, Sherman, and David Strand (eds.). *Cities in Motion*. Berkeley: Institute of East Asian Studies at the University of California, 2007.

Constantine, Stephen. *The Making of British Colonial Development Policy, 1914-1940*. London: Frank Cass, 1984.

Cooper, Frederick. *Decolonization and African Society: The Labor Question in French and British Africa*. Cambridge: Cambridge University Press, 1996.

Cunich, Peter. *A History of the University of Hong Kong, Volume 1, 1911-1945*. Hong Kong: Hong Kong University Press, 2012.

Daniel, George T. "Labor and Nationalism in the British Caribbean." *The Annals of the American Academy of Political and Social Science*, Vol.310 (March 1957), 162-171.

Darwin, John. "Hong Kong in British Decolonisation." In Judith M. Brown and Rosemary Foot (eds.), *Hong Kong's Transition, 1842-1997*. New York: St. Martin's Press, 1997. 16-32.

_____. *The Empire Project: The Rise and Fall of the British World-System, 1830-1970*. Cambridge: Cambridge University Press, 2009.

Davis, S. G. *Hong Kong in Its Geographical Setting*. London: Collins, 1949.

鄧中夏，《中國職工運動簡史》。出版地不明：東北書店，1948／上海：上海書店，1990。

Dickson, Bruce. "The Lessons of Defeat: The Reorganization of the Kuomintang on Taiwan, 1950-52." *China Quarterly*, No. 133 (March 1993), 56-84.

東江縱隊史編寫組，《東江縱隊史》。廣州：廣東人民出版社，1985。

東江縱隊歷史研究會（編），《克爾日記：香港淪陷時期東江縱隊營救美軍飛行員紀實》。香港：香港科技大學華南研究中心，2015。

Donnison, F. S. V. *British Military Administration in the Far East, 1943-46*. London: Her Majesty's Stationery Office, 1956.

Ebury, Sue J. "Sir Lindsay Tasman Ride." In Holdsworth and Munn (eds.), 367-69.

Endacott, G. B., and Alan Birch. *Hong Kong Eclipse*. Hong Kong: Oxford University Press, 1978.

England, Joe, and John Rear. *Chinese Labour under British Rule: A Critical Study of Labour Relations and Law in Hong Kong*. Hong Kong & New York: Oxford University Press, 1975.

范泓，《風雨前行：雷震的一生》。桂林：廣西師範大學出版社，2004。

Faure, David. *Colonialism and the Hong Kong Mentality*. Hong Kong: Centre of Asian Studies, 2003.

_____. "The Common People in Hong Kong History: Their Livelihood and Aspirations till the 1930s." In Pui-tak Lee (ed.), *Colonial Hong Kong and Modern China: Interaction and Reintegration*. Hong Kong: Hong Kong University Press, 2005. 9-37.

_____. *The Structure of Chinese Rural Society: Lineage and Village in the Eastern New Territories, Hong Kong*. Hong Kong & New York: Oxford University Press, 1986.

Fedorowich, Kent. "Decolonization Deferred? The Re-establishment of Colonial Rule in Hong Kong, 1942-1945." *The Journal of Imperial and Commonwealth History*, 28:3 (2000), 25-50.

馮琳，《中國國民黨在台改造研究（1950-1952）》。北京：鳳凰出版社，2013。

Ford, Stacilee. " 'Reel Sisters' and Other Diplomacy: Cathay Studios and Cold War Cultural Production." In Robinson and Carroll (eds.), 183-210.

Fraser, Cary. "The Twilight of Colonial Rule in the British West Indies: Nationalist Assertion vs. Imperial Hubris in the 1930s." *The Journal of Caribbean History*, No. 30 (1996), 1-27.

Friedman, Andrew. "US Empire, World War 2, and the Racialising of Labour." *Race & Class*, 58:4 (2017), 23-38.

Fung Chi-ming. *Reluctant Heroes: Rickshaw Pullers in Hong Kong and Canton: 1874-1954*. Hong Kong: Hong Kong University Press, 2005.

《港澳與近代中國學術研討會論文集》編輯委員會（編），《港澳與近代中國學術研討會論文集》。台北／新店：國史館，2000。

《港九獨立大隊史》編寫組（編），《港九獨立大隊史》。廣州：廣州人民出版社，1989。

葛劍雄、曹樹基、吳松弟，《中國移民史》。福州：福建人民出版社，1997。

Goodman, Bryna. "New Culture, Old Habits: Native-Place Organization and the May Fourth Movement." In Frederic Wakeman, Jr. & Wen-hsin Yeh (eds.), *Shanghai Sojourners*.

Berkeley: Institute of East Asian Studies, University of California, 1992. 76-107.

_____. *Native Place, City, and Nation: Regional Networks and Identities in Shanghai 1853-1937*. Berkeley: University of California Press, 1995.

Gordon, Andrew. *A Modern History of Japan*. New York & Oxford: Oxford University Press, 2009.

關禮雄，《日佔時期的香港》。香港：三聯書店，1993。

Gutkind, Peter C. W., Robin Cohen, and Jean Copans (eds.). *African Labor History*. Beverly Hills, CA: Sage, 1978.

H. L. "The End of Extraterritoriality in China." *Bulletin of International News*, 20:2 (January 23, 1943), 49-56.

Hailey, William Malcolm. "Some Problems Dealt with in the 'Africa Survey'." *International Affairs*, 18:2 (March-April 1939), 194-210.

Hase, Patrick H. *Custom, Land, and Livelihood in Rural South China: the Traditional Land Law of Hong Kong's New Territories, 1750-1950*. Hong Kong: Hong Kong University Press, 2013.

Harrison, Robert T. *Britain in the Middle East, 1619-1971*. London: Bloomsbury Academic, 2016.

Hart, Richard. *Labour Rebellions of the 1930s in the British Caribbean Region Colonies*. Caribbean Labour Solidarity and Socialist History Society, Occasional Papers Series No. 15. n.p. 2002.

賀朗，《吳有恆傳》。廣州：花城出版社，1993。

Henderson, Ian. "Early African Leadership: the Copperbelt Disturbances of 1935 and 1940." *Journal of Southern African Studies*, Vol. 2:1 (October 1975), 83-97.

Henriot, Christian. *Scythe and the City: A Social History of Death in Shanghai*. Stanford: Stanford University Press, 2016.

Hershatter, Gail. *The Workers of Tianjin, 1900-1949*. Stanford: Stanford University Press, 1986.

Hevia, James L. *English Lessons: The Pedagogy of Imperialism in Nineteenth-century China*. Durham and London: Duke University Press, 2003; Hong Kong: Hong Kong University Press, 2003.

Hinder, Eleanor M. *Life and Labour in Shanghai: A Decade of Labour and Social Administration in the International Settlement*. New York: Institute of Pacific Relations, 1944.

Holdsworth, May, and Christopher Munn (eds.). *Dictionary of Hong Kong Biography*. Hong Kong: Hong Kong University Press, 2012.

Holt, Thomas C. *The Problem of Freedom: Race, Labor, and Politics in Jamaica and Britain, 1832-1938*. Baltimore: Johns Hopkins University Press, 1992.

Hong Kong's Who's Who & Residents Register 1947/48. N.P, N. D.

Honig, Emily. *Sisters and Strangers: Women in the Shanghai Cotton Mills, 1919-1949*. Stanford: Stanford University Press, 1986.

Howard, Joshua H. *Workers at War: Labor in China's Arsenals, 1937-1953*. Stanford: Stanford University Press, 2004.

Hughes, Richard. *Hong Kong: Borrowed Place, Borrowed Time*. New York: Frederick A. Praeger, 1968.

Ingrams, Harold. *Hong Kong*. London: Her Majesty's Stationery Office, 1952.

Israel, John. *Student Nationalism in China, 1927-1937*. Stanford: Stanford University Press, 1966.

Jansen, Marius B. *Japan and China: From War to Peace, 1894-1972*. Chicago: Rand McNally College Publishing Company, 1975.

Jarvie, I. C., and Joseph Agassi (eds.). *Hong Kong: A Society in Transition*. London: Routledge & Kegan Paul, 1969.

姜平、羅克祥，《李濟深傳》。北京：檔案出版社，1993。

蔣永敬、劉維開，《蔣介石與國共內戰》。台北：商務印書館，2011。

金光耀，〈1949-1950 英國對新中國的承認〉，載《歷史研究》，1994:5。頁 119-131。

經濟資料社（編），《香港工商手冊》。香港：經濟資料社，1946。

Johnson, Chalmers. *Peasant Nationalism and Communist Power: The Emergence of Revolutionary China*. Stanford: Stanford University Press, 1962.

Jones, Margaret. "Tuberculosis, Housing and the Colonial State: Hong Kong, 1900-1950." *Modern Asian Studies*, 37:3 (July, 2003), 653-682.

Kan Lai-bing, and Grace H. L. Chu (eds.). *Newspapers of Hong Kong, 1841-1979*. Hong Kong: Chinese University of Hong Kong, 1981.

Katznelson, Ira. "Working Class Formation: Constructing Cases and Comparison." In Ira Katznelson and Aristide R. Zolberg (eds.), *Working-Class Formation: Nineteenth-century Patterns in Western Europe and the United States*. Princeton: Princeton University Press, 1986. 3-41.

Keating, Pauline B. *Village Reconstruction and the Cooperative Movement in Northern Shaanxi, 1934-1945*. Stanford: Stanford University Press, 1997.

Keswick, Maggie (ed.). *The Thistle and the Jade: A Celebration of 175 Years of Jardine Matheson*. London: Francis Lincoln, 2008. Revised and updated by Clara Weatherall.

King, Frank H. H. "Arthur Morse." In *Oxford Dictionary of National Biography*, http://www.oxforddnb.com.libproxy.unh.edu (accessed February 4, 2013).

Kuhn, Philip A. *Chinese Among Others: Emigration in Modern Times*. Lanham, MD: Rowman & Littlefield, 2008.

Kuo Tai-chun and Lin Hsiao-ting, *T. V. Soong in Modern Chinese History: A Look at His Role in Sino-American Relations in World War II*. Stanford: Hoover Institution, 2006.

Kwan, Daniel Y. K. *Marxist Intellectuals and the Chinese Labor Movement: A Study of Deng Zhongxia (1894-1933)*. Seattle and London: University of Washington Press, 1997.

Lam Wai-man. *Understanding the Political Culture of Hong Kong: The Paradox of Activism and Depoliticization*. Armonk, NY: M. E. Sharpe, 2004.

Lary, Diana. *Chinese People at War: Human Suffering and Social Transformation, 1937-1945*. Cambridge: Cambridge University Press, 2010.

Leary, William M. *Perilous Missions: Civil War Transport and CIA Covert Operations in Asia*. Washington, D. C.: Smithsonian Institution Press, 1984/2002.

Lebra, Joyce. *Japanese Trained Armies in Southeast Asia: Independence and Volunteer Forces in World war II*. New York: Columbia University Press, 1977.

Lee, Bradford A. *Britain and the Sino-Japanese War, 1937-1939*. Stanford: Stanford University Press, 1973.

Lee, J. M. *Colonial Development and Good Government: A Study of the Ideas Expressed by the British Official Classes in Planning Decolonization, 1939-1964*. Oxford: Clarendon Press, 1967.

Lee, J. M. , and Martin Petter. *The Colonial Office, War, and Development Policy: Organisation and the Planning of a Metropolitan Initiative, 1939-1945*. London: Maurice Temple Smith Ltd., 1982.

Lee, P. C. *Hongkong Album*. Hong Kong: Sin Poh Amalgamated Ltd., 1960.

Lee Pui-tak (ed.). *Colonial Hong Kong and Modern China: Interaction and Reintegration*. Hong Kong: University of Hong Kong Press, 2005.

Lethbridge, Henry J. "Hong Kong under Japanese Occupation." In I. C. Jarvie and Joseph Agassi (eds.), *Hong Kong: A Society in Transition*. London: Routledge & Kegan Paul,

1969. 77-127.

_____. "Hong Kong Cadets." In Henry Lethbridge, *Hong Kong: Stability and Change*. Hong Kong: Oxford University Press, 1978a. 31-51.

_____. "A Chinese Association in Hong Kong: The Tung Wah." In Henry Lethbridge, *Hong Kong: Stability and Change*. Hong Kong: Oxford University Press, 1978b. 52-70.

_____. "The Evolution of a Chinese Voluntary Association in Hong Kong: The Po Leung Kuk." In Henry Lethbridge, *Hong Kong: Stability and Change*. Hong Kong: Oxford University Press, 1978c. 71-103.

_____. "The District Watch Committee: The Chinese Executive Council of Hong Kong?" In Henry Lethbridge, *Hong Kong: Stability and Change*. Hong Kong: Oxford University Press, 1978d. 104-129.

李伯元、任公坦，《廣東機器工人奮鬥史》。台北：中國勞工福利出版社，1955。

李雲漢，《抗戰前中國知識份子的救國運動》。台北：教育部社會司，1977。

梁柯平，《抗日戰爭時期的香港學運》。香港：香港各界紀念抗戰活動籌委會有限公司，2005。

Lindsay, Oliver. *The Lasting Honour: the Fall of Hong Kong, 1941*. London: Hamish Hamilton, 1978.

劉少奇，《中國職工運動史》。出版地不明：真理社，1947。

劉維開，〈淪陷期間中國國民黨在港九地區的活動〉，載《港澳與近代中國學術研討會論文集》。頁 477-500。

Liu Xiaoyuan. *A Partnership for Disorder: China, the United State, and Their Policies for Postwar Disposition of the Japanese Empire, 1941-1945*. Cambridge: Cambridge University Press, 1996.

劉智鵬、周家建，《吞聲忍語：日治時期香港人的集體回憶》。香港：中華書局，2009/2010。

羅亞，《政治部回憶錄》。香港：香港中文大學出版社，1997。

老冠祥（Lo Koon-Cheung），〈國民政府與香港抗戰〉，載陳敬堂、陳家亮編，《香港抗戰》。香港：康樂及文化事務署，2004。頁 88-123。

Lockman, Zachary. *Comrades and Enemies: Arab and Jewish Workers in Palestine, 1906-1948*. Berkeley: University of California Press, 1996.

Louis, William Roger. *Imperialism at Bay: The United States and the Decolonization of the British Empire, 1941-1945*. New York: Oxford University Press, 1978.

Lu Xun. "The American Cold War in Hong Kong, 1949-1960: Intelligence and Propaganda." In Robinson and Carroll (eds.), 117-40.

Lu Yan. "Together with the Homeland: Civic Activism for National Salvation in British Hong Kong." *Modern China*, 40: 6 (2014a), 639-674.

_____. "In the Wake of Political Intervention: British Hong Kong and the Lingnan Macroregion." *Frontiers of History in China*, 9:3 (September 2014b), 449-471.

Luzzatto, Rola, and Rennie Remedios (eds.). *Hong Kong Who's Who: An Almanac of Personalities and Their History, 1958-1960*. Hong Kong: Ye Holde Printerie, 1960.

Malmsten, Neal R. "The British Labour Party and the West Indies, 1918-39." *The Journal of Imperial and Commonwealth History*, 5:2 (January 1977), 172-205.

Manela, Erez. *The Wilsonian Moment: Self-Determination and the International Origins of Anti-Colonial Nationalism*. Oxford: Oxford University Press, 2007.

Mark, Chi-kwan. *Hong Kong and the Cold War: Anglo-American Relations, 1949-1957*. Oxford: Clarendon, 2004.

Martin, Brian G. " 'The Pact with the Devil' : The Relationship between the Green Gang and the Shanghai French Concession Authorities, 1925-1935." In Frederic Wakeman, Jr. & Wen-hsin Yeh (eds.), *Shanghai Sojourners*, 266-304.

_____. "The Green Gang and the Guomindang State: Du Yuesheng and the Politics of Shanghai, 1927-1937." *Journal of Asian Studies*, 54:1 (Feb. 1995), 64-92.

_____. *The Shanghai Green Gang: Politics and Organized Crime, 1919-1937*. Berkeley: University of California Press, 1996.

Matsuda Yasuhiro（松田康博）,《台湾における一党独裁体制の成立》（台灣一黨獨裁體制的建立）。東京：慶應義塾大學出版會，2006。

Mazower, Mark. *Inside Hitler's Greece*. New Haven: Yale University Press, 1993.

Miners, Norman J. "Henry Robert Butters." In Holdsworth and Munn, 54-55.

Morgan, W. P. *Triad Societies in Hong Kong*. Hong Kong: Government Press, 1960.

Munn, Christopher. *Anglo-China: Chinese People and British Rule in Hong Kong, 1841-1880*. Hong Kong: Hong Kong University Press, 2001/2009.

Ngo Tak-Wing. "Industrial History and the Artifice of *Laissez-Faire* Colonialism." In Tak-Wing Ngo (ed.), *Hong Kong's History: State and Society under Colonial Rule*. London & New York: Routledge, 1999. 119-140.

O'Sullivan, Christopher D. *Sumner Welles, Postwar Planning, and the Quest for a New World Order, 1937-1943*. New York: Columbia University Press, 2008.

Ozorio, Anne. "The Myth of Unpreparedness: The Origins of Anti-Japanese Resistance in Prewar Hong Kong." *Journal of the Royal Asiatic Society Hong Kong Branch*, Vol. 42(2002), 161-186.

Parpart, Jane L. *Labor and Capital on the African Copperbelt*. Philadelphia: Temple University Press, 1983.

Paulés, Xavier. "Book Review." *Frontiers of History in China*, 12:1 (2017), 145-48.

Pratt, Mary Louise. "Arts of the Contact Zone." *Profession*, 1991, 33-40.

_____. *Imperial Eyes: Travel Writing and Transculturation*. London: Routledge, 1992.

Pepper, Suzanne. *Civil War in China: The Political Struggle, 1945-1949*. Berkeley: University of California Press, 1978.

_____. *Keeping Democracy at Bay: Hong Kong and the Challenge of Chinese Political Reform*. Lanham, MD: Rowman & Littlefield Publishers, Inc., 2008.

Perry, Elizabeth J. *Shanghai on Strike: The Politics of Chinese Labor*. Stanford: Stanford University Press, 1993.

Peterson, Glen. "Crisis and Opportunity: The Work of Aid Refugee Chinese Intellectuals (ARCI) in Hong Kong and Beyond." In Robinson and Carroll (eds.), 141-159.

Post, Ken. *Arise Ye Starvelings: The Jamaican Labour Rebellion of 1938 and Its Aftermath*. The Hague: Internationaal Instituut, 1978.

Ride, Edwin. *BAAG: Hong Kong Resistance, 1942-45*. Hong Kong: Oxford University Press, 1981.

Robinson, Priscilla, and John Carroll (eds.). *Hong Kong in the Cold War*. Hong Kong: Hong Kong University Press, 2016.

Salaff, Janet W. *Working Daughters of Hong Kong: Filial Piety or Power in the Family?* London: Cambridge University Press, 1981.

Scott, Ian. *Political Change and the Crisis of Legitimacy in Hong Kong*. Honolulu: University of Hawaii Press, 1989.

Selden, Mark. *China in Revolution: The Yanan Way Revisited*. Armonk, N. Y.: M.E. Sharpe, 1995.

Sewell, Sharon. *Decolonization and the Other: The Case of the British West Indies*. Newcastle upon Tyne: Cambridge Scholars Publishing, 2010.

Sinn, Elizabeth. *Power and Charity: A Chinese Merchant Elite in Colonial Hong Kong*. Hong Kong: Hong Kong University Press, 1989/2003.

_____. "Moving Bones: Hong Kong's Role as an 'In-between Place' in the Chinese Diaspora." In Sherman Cochran and David Strand (eds.), 247-71.

Smith, S. A. *Like Cattle and Horses: Nationalism and Labor in Shanghai, 1895-1927*. Durham and London: Duke University Press, 2002.

Snow, Philip. *The Fall of Hong Kong: Britain, China and the Japanese Occupation*. New Haven & London: Yale University Press, 2003.

_____. "David Mercer MacDougall." In Holdsworth and Munn (2012), 297-99.

Stichter, Sharon. "Trade Unionism in Kenya, 1947-1952, the Militant Phase." In Peter C. W. Gutkind, Robin Cohen, & Jean Copans (eds.), 155-174.

Stockard, Janice E. *Daughters of the Canton Delta: Marriage Patterns and Economic Strategies in South China, 1860-1930*. Stanford: Stanford University Press, 1989.

Stranahan, Patricia. *Underground: The Shanghai Communist Party and the Politics of Survival, 1927-1937*. Lanham, Maryland: Rowman & Littlefield Publishers, 1998.

Strand, David. *Rickshaw Beijing: City People and Politics in the 1920s*. Berkeley: University of California Press, 1989.

Sweeting, Anthony. *A Phoenix Transformed: The Reconstruction of Education in Post-war Hong Kong*. Hong Kong/New York: Oxford University Press, 1993.

Tilly, Charles. "Demographic Origins of the European Proletariat." In David Levine (ed.), *Proletarianization and Family History*. Orlando: Academic Press, 1984. 1-85.

Tsai Jung-fang. *Hong Kong in Chinese History: Community and Social Unrest in the British Colony, 1842-1913*. New York: Columbia University Press, 1993.

Tsang, Steve. *Democracy Shelved: Great Britain, China, and Attempts at Constitutional Reform in Hong Kong, 1945-1952*. Hong Kong & New York: Oxford University Press, 1988.

_____. *Hong Kong: Appointment with China*. London: I.B. Tauris, 1997a.

_____. "Strategy for Survival: The Cold War and Hong Kong's Policy towards Kuomintang and Chinese Communist Activities in the 1950s." *The Journal of Imperial and Commonwealth History*, vol. 25, no. 2 (1997b), 294-317.

Tuchman, Barbara W. *Stilwell and the American Experience in China, 1911-1945*. New York: The MacMillan Company, 1970.

Tucker, Nancy B. *Patterns in the Dust: Chinese-American Relations and the Recognition Controversy, 1949-1950*. New York: Columbia University Press, 1983.

_____. *Taiwan, Hong Kong, and the United States, 1945-1992*. New York: Twaye Publishers, 1994.

Ure, Gavin. *Governors, Politics, and the Colonial Office: Public Policy in Hong Kong, 1918-58.* Hong Kong: Hong Kong University Press, 2012.

Wakeman, Frederic, Jr. *Policing Shanghai, 1927-1937.* Berkeley: University of California Press, 1995.

Wakeman, Frederic, Jr., and Wen-hsin Yeh (eds.). *Shanghai Sojourners.* Berkeley: Institute of East Asian Studies, University of California, Center for Chinese Studies, 1992.

Waldron, Stephen Edward. "Fire on the Rim: A Study in Contradictions in Left-wing Political Mobilization in Hong Kong 1967." Ph.D. dissertation, Syracuse University, 1976.

Weiler, Peter. *Ernest Bevin.* Manchester & New York: Manchester University Press, 1993.

Wesley-Smith, Peter. "Anti-Chinese Legislation in Hong Kong." In Ming K. Chan (ed.), *Precarious Balance: Hong Kong between China and Britain, 1842-1992*, 91-105.

Wicker, E. R. "Colonial Development and Welfare, 1929-1957: The Evolution of a Policy." In *Social and Economic Studies*, 7:4 (Dec. 1958), 170-192.

Wilson, Theodore A. *The First Summit: Roosevelt and Churchill at Placentia Bay, 1941.* Lawrence, Kansas: University Press of Kansas, 1991.

Wolton, Suke. *Lord Hailey, the Colonial Office and the Politics of Race and Empire in the Second World War: The Loss of White Prestige.* London: Macmillan Press, 2000.

Wong Ting-hong. *Hegemonies Compared: State Formation and Chinese School Politics in Postwar Singapore and Hong Kong.* New York and London: Routledge Falmer, 2002.

吳明剛，《1933 福建事變始末》。武漢：湖北人民出版社，2006。

Xiang Lanxin. *Recasting the Imperial Far East: Britain and America in China, 1945-1950.* Armonk, New York: M. E. Sharpe, 1995.

謝永光，《香港淪陷：日軍攻港十八天戰爭紀實》。香港：商務印書館，1995。

袁小倫，《戰後初期中共與香港進步文化》。廣州：廣東教育出版社，1999。

Zhai Qiang. *The Dragon, the Lion, and the Eagle: Chinese/British/American Relations: 1949-1958.* Kent, Ohio: Kent State University Press, 1994.

張揚，〈亞洲基金會：香港中文大學創建背後的美國推手〉，載 *Contemporary China Studies,* 22:2，2015 年 3 月。頁 91-102。

鄭宏泰、黃紹倫，《香港身份證透視》。香港：三聯書店，2004。

鄭錦玉，《一代戰神孫立人》。台北：水牛出版社。2004。

中國民用航空局思想政治工作辦公室（編），《兩航起義始末》。北京：中國民航出版社，

2009。

周佳榮、鍾寶賢、黃文江（編），《香港中華總商會百年史》。香港：香港中華總商會，
　　2002。

周蘿西，〈一九四九年前華機會與港府關係〉，載陳明銶（編），《中國與香港工運縱橫》。
　　頁 116-26。

周淑真，《1949 飄搖港島》。北京：時事出版社，1996。

周奕，《香港左派鬥爭史》。香港：利文出版，2002。

_____，《香港工運史》。香港：利訊出版社，2009。

索引

（除部分當地熟知的外資企業，均依條目原文字母順序排列）

責任編輯：郭子晴
裝幀設計：簡雋盈　黃希欣
排　　版：陳先英
印　　務：劉漢舉

異途相逢
勞工運動與香港殖民統治，*1938-1958*

陸延 著

出版 / 中華書局（香港）有限公司
香港北角英皇道 499 號北角工業大廈 1 樓 B 室
電話：(852) 2137 2338　傳真：(852) 2713 8202
電子郵件：info@chunghwabook.com.hk
網址：http://www.chunghwabook.com.hk

發行 / 香港聯合書刊物流有限公司
香港新界荃灣德士古道 220-248 號荃灣工業中心 16 樓
電話：(852) 2150 2100　傳真：(852) 2407 3062
電子郵件：info@suplogistics.com.hk

印刷 / 美雅印刷製本有限公司
香港觀塘榮業街 6 號海濱工業大廈 4 樓 A 室

版次 / 2022 年 3 月第 1 版第 1 次印刷
©2022 中華書局（香港）有限公司

規格 / 16 開（230mm x 170mm）
ISBN / 978-988-8760-85-5